böhlau

**Europäische Diktaturen und ihre Überwindung**
Schriften der Stiftung Ettersberg

**Herausgegeben von**
Jörg Ganzenmüller
Volkhard Knigge
Christiane Kuller

**in Verbindung mit**
dem Wissenschaftlichen Beirat
der Stiftung Ettersberg

# Jüdisches Leben in Deutschland und Europa nach der Shoah

## Neubeginn – Konsolidierung – Ausgrenzung

Herausgegeben von
Jörg Ganzenmüller

Redaktion
Cornelia Bruhn

BÖHLAU VERLAG KÖLN WEIMAR WIEN

Gefördert durch die Thüringer Staatskanzlei

Freistaat Thüringen Staatskanzlei

Bibliografische Information der Deutschen Nationalbibliothek:
Die Deutsche Nationalbibliothek verzeichnet diese Publikation in der Deutschen Nationalbibliografie; detaillierte bibliografische Daten sind im Internet über http://portal.dnb.de abrufbar.



Umschlagabbildung:
Festgottesdienst in der Erfurter Synagoge anlässlich ihrer Einweihung am 31. August 1952 unter der Leitung des Erfurter Kantors Günter Singer und des Landesrabbiners der DDR, Dr. Martin Riesenburger
© Jüdische Landesgemeinde Thüringen



Korrektorat: Anja Borkam, Jena
Einbandgestaltung: Michael Haderer, Wien
Satz: büro mn, Bielefeld
Druck und Bindung: ⊕ Hubert & Co., Göttingen
Gedruckt auf chlor- und säurefreiem Papier
Printed in the EU

**Vandenhoeck & Ruprecht Verlage | www.vandenhoeck-ruprecht-verlage.com**

ISBN 978-3-412-51908-7

# Inhalt

# Einführung

Jörg Ganzenmüller

# Jüdisches Leben in Deutschland und Europa nach der Shoah in erfahrungsgeschichtlicher und transnationaler Perspektive

Mit der Ermordung von 6 Millionen Jüdinnen und Juden im Zweiten Weltkrieg wurde ein wesentlicher Bestandteil europäischer Kultur zerstört. Die Emigration vieler Überlebender nach dem Krieg tat ein Übriges, sodass in weiten Teilen Europas nach 1945 nur noch Reste eines einst reichen jüdischen Lebens existierten, wenn überhaupt. Von den 1.100 Mitgliedern der Erfurter jüdischen Gemeinde kehrten lediglich 15 Überlebende wieder zurück, von den einstmals 6.000 jüdischen Einwohnern Dresdens lebten im Sommer 1945 noch 12 in der Stadt.[1] Und doch gab es jüdisches Leben nach 1945 in Europa, auch in Deutschland, dem »Land der Täter«. Dieses fand unter ganz spezifischen Bedingungen statt und war in erster Linie von den Folgen der Shoah geprägt, aber auch von den politischen und sozialen Voraussetzungen in den jeweiligen Nachkriegsgesellschaften sowie vom aufziehenden Ost-West-Konflikt.

Deutschland blieb für Jüdinnen und Juden über Jahrzehnte hinweg ein geächtetes Land.[2] Diejenigen, die sich dennoch dauerhaft in Deutschland niederließen, ernteten häufig Unverständnis: »Ich staune, dass Sie in dieser Luft atmen können«, schrieb der jüdische Religionswissenschaftler Gershom Scholem im November 1949 an seinen Kollegen Hans-Joachim Schoeps.[3] Der gebürtige Wiener Jean Améry, der nach 1945 überwiegend in Brüssel lebte, bezeichnete Österreich als seine »Feindheimat« und auf Deutschland, das ihm lebenslang »ein doch sehr fremdes Land« bleiben sollte, blickte er im Mai 1945 mit Abscheu: »Das Land war mir widerwärtig in höchstem Grade.«[4]

1 Vgl. Lothar Mertens: Juden in der DDR. Eine schwindende Minderheit. In: *Deutschland-Archiv* 19 (1986), S. 1192–1203, hier S. 1192.

2 Dan Diner: Im Zeichen des Banns. In: Michael Brenner (Hrsg.): Geschichte der Juden in Deutschland von 1945 bis zur Gegenwart. Politik, Kultur und Gesellschaft. München 2012, S. 15–66, hier S. 18 f.

3 Zit. nach Michael Brenner: Jüdische Geistesgeschichte zwischen Exil und Heimkehr. Hans-Joachim Schoeps im Kontext der Wissenschaft des Judentums. In: Monika Boll/Raphael Gross (Hrsg.): »Ich staune, dass Sie in dieser Luft atmen können«. Jüdische Intellektuelle in Deutschland nach 1945. Frankfurt am Main 2013, S. 21–39, hier S. 27.

4 Zit. nach Nicolas Berg: Aus Brüssel. Jean Amérys Blick auf die Bundesrepublik. In: Ebd., S. 264–298, hier S. 266, 273, 276.

Dan Diner wirft in dem Band zur Geschichte der Jüdinnen und Juden im Nachkriegsdeutschland die Frage auf, wie man deren Geschichte nach 1945 erzählen könne. Eine Möglichkeit sieht er darin, sie entlang der erfahrungsgeschichtlichen Dimension der unterschiedlichen Judenheiten zu entfalten, aus denen sich die jüdische Bevölkerung in Deutschland nach 1945 zusammensetzte.[5] Diese erfahrungsgeschichtliche Dimension umfasst drei wesentliche Aspekte: erstens die Erfahrungen von Remigration, Immigration und Emigration, welche die soziale Zusammensetzung des Judentums und die innerjüdischen Beziehungen in den ersten Jahren maßgeblich strukturierten und das intergenerationelle Verhältnis prägten; zweitens die abermaligen Erfahrungen von Ausgrenzung und Gewalt, die vorwiegend Jüdinnen und Juden im östlichen Europa machten und die unter sozialistischen Vorzeichen stattfanden. Sie stellten einen tiefen erfahrungsgeschichtlichen Einschnitt dar, der eine weitere Emigrationswelle nach sich zog. Drittens waren für das Verhältnis zur Mehrheitsgesellschaft die Erfahrungen jener Jüdinnen und Juden symptomatisch, die sich öffentlich mit der Shoah auseinandersetzten. Sie traten als Zeuginnen und Zeugen in Prozessen gegen NS-Unrecht auf oder begannen die wissenschaftliche Erforschung der Shoah, stießen dabei aber zumeist auf Desinteresse und Ressentiments. Mit dieser punktuellen Auswahl sind die vielfältigen Erfahrungen, die Jüdinnen und Juden nach 1945 in Deutschland und Europa machten, naturgemäß nicht abgebildet, doch werfen sie einige Schlaglichter auf die sozialen und politischen Bedingungen jüdischen Lebens im geteilten Deutschland und in Europa nach 1945.

## 1. Remigration – Immigration – Emigration: Die Revitalisierung jüdischen Lebens in Deutschland

Bei Kriegsende befanden sich zwischen 50.000 und 70.000 Überlebende der Shoah in Deutschland, darunter rund 15.000 deutsche Jüdinnen und Juden. Sie waren aus den Konzentrationslagern befreit worden, hatten sich in Verstecken dem Zugriff der Nationalsozialisten entzogen oder durch den Schutz ihrer nichtjüdischen Ehepartnerinnen und Ehepartner überlebt. Hinzu kamen etwa 33.000 Jüdinnen und Juden aus dem deutschsprachigen Raum, die aus dem Exil zurückgekehrt waren. Die große Mehrheit bildeten osteuropäische, meist polnische Jüdinnen und Juden, die in Deutschland gestrandet waren. Sie gehörten zu den Displaced Persons (DPs), die sich kriegsbedingt außerhalb ihres Heimatstaates aufhielten. Eine ›Heimkehr‹ im eigentlichen Sinne war ihnen nicht möglich, denn

5 Diner: Im Zeichen des Banns (wie Anm. 2), S. 44.

ein Zuhause mit Familie und Freunden existierte nach der Shoah häufig nicht mehr. Israel Kaplan, ein Überlebender des KZ-Außenlagers Kaufering, schrieb seine Eindrücke aus Landsberg nieder, wo rund 5.000 Jüdinnen und Juden notdürftig in einem Lager untergebracht worden waren:

> Hier leben keine ganzen und unversehrten Familien, keine Menschen aus denselben Städten oder auch nur Ländern. Ein Durcheinander einsamer Individuen. Nicht wenige unter ihnen sind die letzten Überlebenden von hundertköpfigen Familien, einer Stadt oder sogar eines ganzen Landstriches.[6]

Neben den Überlebenden der Konzentrationslager befanden sich in zunehmender Zahl jüdische Flüchtlinge in den westlichen Besatzungszonen, die nach dem Pogrom von Kielce am 4. Juli 1946 Polen verlassen hatten. Auch aus Ungarn, Rumänien und der Tschechoslowakei strömten jüdische Flüchtlinge ins besetzte Deutschland. 1947 befanden sich dort insgesamt rund 250.000 jüdische DPs. Für die Mehrheit der osteuropäischen Jüdinnen und Juden war ein Leben in Deutschland allerdings nicht vorstellbar. Sie zogen bald weiter nach Palästina, manche auch in die USA. Mit der Gründung des Staates Israel beschleunigte sich die Auswanderung. 1950 war die Zahl der Jüdinnen und Juden in Deutschland auf 30.000 gesunken.[7]

Trotz der hohen Fluktuation existierten im Jahr 1948 wieder über 100 jüdische Gemeinden in Deutschland. Viele waren sehr klein und zählten weniger als 50 Mitglieder. Sie waren überaltert und einem fortgesetzten Mitgliederschwund ausgesetzt. Dennoch entstanden – nicht zuletzt aufgrund der Zuwanderung junger Menschen aus dem östlichen Europa – wieder Orte jüdischen Lebens. Frankfurt am Main entwickelte sich zum intellektuellen und wirtschaftlichen Zentrum jüdischen Lebens in der Bundesrepublik.[8] Für eine Revitalisierung des Gemeindelebens war allerdings der Mangel an Mitgliedern ebenso ein Problem wie das Fehlen von Rabbinern, von Gotteshäusern und religiöser Gegenstände wie Thorarolle oder Gebetbuch.[9] In der DDR war die Entwicklung besonders dramatisch. In Leipzig schrumpfte die Gemeinde zwischen 1945 und 1989 von

---

6 Zit. nach ATINA GROSSMANN/TAMAR LEWINSKY: Erster Teil: 1945–1949. Zwischenstation. In: BRENNER (Hrsg.): Geschichte der Juden in Deutschland (wie Anm. 2), S. 67–152, hier S. 81.

7 Siehe ebd., S. 67–95 und S. 139–152. Siehe auch den Beitrag von Stefan Hellmuth in diesem Band.

8 Siehe den Beitrag von Tobias Freimüller in diesem Band.

9 Siehe MICHAEL BRENNER: Nach dem Holocaust. Juden in Deutschland 1945–1950. München 1995, S. 38 ff., 66–69, 103–108.

300 auf 30. Die Thüringer Landesgemeinde hatte 1946 rund 500 Mitglieder und bestand aus den Gemeinden Erfurt, Eisenach, Gera, Jena und Mühlhausen. Andere Gemeinden mussten sich zusammenschließen oder lösten sich ganz auf. Die DDR sicherte den jüdischen Gemeinden ihre finanzielle Existenzgrundlage, und der Staat finanzierte auch den Wiederaufbau und die Instandhaltung von Synagogen, Gebetsräumen sowie der rund 130 jüdischen Friedhöfe. In Erfurt wurde 1952 der einzige Synagogenneubau der DDR eingeweiht.[10]

Die jüdischen Gemeinden in der DDR repräsentierten allerdings nicht alle Überlebenden mit jüdischen Wurzeln. Kommunistinnen und Kommunisten jüdischer Herkunft grenzten sich vielfach von den religiösen Bräuchen und Traditionen ab. So trat beispielsweise nur rund ein Drittel der Leipziger Jüdinnen und Juden der Gemeinde bei, zwei Drittel blieben dem Gemeindeleben fern.[11] Während Remigrierte mit dem Motiv in die westlichen Besatzungszonen gingen, den Aufbau der Demokratie aktiv zu unterstützen, setzten diejenigen, die sich für die Sowjetische Besatzungszone entschieden, ihre Hoffnung in den Aufbau einer sozialistischen Gesellschaft. Die antifaschistische Doktrin der SED war ein wichtiger Faktor, der zur Identifikation mit einem »neuen Deutschland« beitrug. Die DDR bot den Jüdinnen und Juden ihrerseits die Möglichkeit, ein auskömmliches Leben zu führen und als »Opfer des Faschismus« eine gewisse Würdigung zu erfahren. Eine Karriere in der DDR ging allerdings mit einer Assimilationserwartung einher, die im sozialistischen Gewand erfolgen sollte. Denjenigen, die den Zionismus ablehnten, bot der Sozialismus somit die Möglichkeit, eine Assimilation unter antifaschistischen Vorzeichen zu vollziehen.[12]

Die jüdischen Gemeinden in Deutschland durchzog eine doppelte Trennlinie. Politisch trennte sie die innerdeutsche Grenze, sozial und kulturell unterschieden sich Alteingesessene und Zugezogene: Die kleine und überalterte Gruppe der Alteingesessenen vertrat das Erbe des deutschen Judentums, die Jüdinnen und Juden aus dem östlichen Europa hatten mehrheitlich ein nationales Selbstverständnis und fühlten sich dem Kollektiv des jüdischen Volkes stärker zugehörig.

---

10 Vgl. Peter Maser: Juden und Jüdische Gemeinden in der DDR bis in das Jahr 1989. In: *Tel Aviver Jahrbuch für deutsche Geschichte* 20 (1991), S. 393–426, hier S. 415 f.

11 Siehe Hendrik Niether: Leipziger Juden und die DDR. Eine Existenzerfahrung im Kalten Krieg. Göttingen 2015, S. 32 und S. 48. Zu den intergenerationellen Folgen dieser »Roten Assimilation« siehe den Beitrag von Ofer Waldman in diesem Band.

12 Victor Klemperer ging diesen Weg, wenn auch unter kritischer Selbstbeobachtung und von Selbstzweifeln geplagt, vgl. Steven E. Aschheim: »Genosse Klemperer«. Kommunismus, Liberalismus und Judesein in der DDR 1945–1959. In: Moshe Zimmermann (Hrsg.): Zwischen Politik und Kultur – Juden in der DDR. Göttingen 2002, S. 184–209, hier S. 200–206. Siehe dazu auch den Beitrag von Jeannette van Laak in diesem Band.

Die kulturellen, religiösen und sozialen Unterschiede konnten ebenso zu Konflikten führen wie zu unterschiedlichen Vorstellungen der Restitution jüdischen Vermögens und nicht zuletzt zu unterschiedlichen Einstellungen Deutschland und den nichtjüdischen Deutschen gegenüber. In manchen Städten wie zum Beispiel in Frankfurt am Main, in Augsburg oder in Hannover gründeten sich zunächst zwei jüdische Gemeinschaften: Die deutschen Jüdinnen und Juden knüpften an die jüdische Gemeinde der Vorkriegszeit an, die DPs gründeten ein Hilfskomitee, das sich als eine vorübergehende Einrichtung begriff und sich mitunter verstetigte.[13] Vor diesem Hintergrund lässt sich kaum von einer ›Wiedergründung‹ der jüdischen Gemeinden sprechen, sondern von einer ›Neubegründung‹ jüdischen Lebens in Deutschland.

## 2. Sozialismus – Nationalismus – Antisemitismus: Politische Erfahrungen im östlichen Europa

Ende der 1940er Jahre kam es zu einer weiteren Zuwanderung aus dem östlichen Europa, auch wenn Deutschland nach wie vor als »Land der Täter« galt. In der Sowjetunion und den neu entstandenen sozialistischen Volksrepubliken fand eine Reihe von Schauprozessen statt, die sich insbesondere gegen jüdische Parteimitglieder richtete. Der Ausgangspunkt dieser antisemitischen Kampagnen lag in der Sowjetunion. Dort hatte das Jüdische Antifaschistische Komitee (JAK) die sowjetischen Kriegsanstrengungen unterstützt und daraus die Hoffnung auf eine eigene Sowjetrepublik abgeleitet.[14] Im Kontext des Kalten Krieges und infolge der Selbstverortung Israels im demokratischen Westen galten die sowjetischen Jüdinnen und Juden in stalinistischer Lesart als eine Diasporanation. Als solche wurden die Angehörigen jener nationalen Minderheiten etikettiert, deren Mehrheit in einem Nationalstaat außerhalb der Sowjetunion lebte. Stalin stellte deren Loyalität gegenüber der ›sowjetischen Heimat‹ grundsätzlich in Frage, insbesondere im Falle außenpolitischer Konflikte. So wurden Koreanerinnen und Koreaner sowie Polinnen und Polen in den 1930er Jahren unter Generalverdacht

13 Zu Hannover, wo beide Gemeinschaften fast zehn Jahre getrennt existierten, siehe ANKE QUAST: Nach der Befreiung. Jüdische Gemeinden in Niedersachsen seit 1945 – Das Beispiel Hannover. Göttingen 2001, S. 75–161. Zu Ressentiments deutscher gegenüber osteuropäischen Jüdinnen und Juden siehe auch den Beitrag von Tobias Freimüller in diesem Band.

14 Siehe ARNO LUSTIGER: Rotbuch: Stalin und die Juden. Die tragische Geschichte des Jüdischen Antifaschistischen Komitees und der sowjetischen Juden. Berlin 1998, S. 87–169; FRANK GRÜNER: Patrioten und Kosmopoliten. Juden im Sowjetstaat 1941–1953. Köln/Weimar/Wien 2008, S. 55–128. Siehe auch den Beitrag von Frank Grüner in diesem Band.

gestellt, im Zweiten Weltkrieg war es insbesondere die deutsche Minderheit.[15] Mit der Gründung Israels waren die sowjetischen Jüdinnen und Juden in dieser Sichtweise zu einer Diasporanation geworden. Die Bemühungen Israels, Ausreisegenehmigungen für sowjetische Staatsangehörige zu erwirken, weckten früh das Misstrauen Stalins. Als in Moskau bei einem öffentlichen Auftritt Golda Meirs, der ersten israelischen Botschafterin, 50.000 sowjetische Jüdinnen und Juden offen ihre Solidarität mit Israel bekundeten und die Zahl der Ausreiseanträge weiter anstieg, schien dies die schlimmsten Befürchtungen zu bestätigen.[16]

1949 kam es zu einer »Säuberungswelle« in der sowjetischen Kultur, Wissenschaft, Wirtschaft und Verwaltung. Opfer war überwiegend die jüdische Minderheit. Diese »antikosmopolitische Kampagne« hatte eine antiwestliche und eine antizionistische Stoßrichtung. Sie ging aber auch mit der Verbreitung antisemitischer Feindbilder einher, die im sowjetischen Machtapparat offenbar virulent waren. 1952 fand ein Schauprozess gegen Mitglieder des JAK statt. Und 1953 konstruierte der sowjetische Geheimdienst eine »Ärzteverschwörung«, die insbesondere jüdischen Ärzten gezielte Behandlungsfehler bei der sowjetischen Nomenklatura vorwarf. Der Tod Stalins am 5. März 1953 beendete die staatliche Verfolgung und die mit ihr einhergehende Verunglimpfung der »jüdischen Mörderärzte« in der sowjetischen Presse.[17]

Diese stalinistische Kampagne strahlte in die neuen Volksrepubliken aus. Ihren Höhepunkt erreichte die Verfolgung jüdischer Parteimitglieder im November 1952 in Prag. In einem Schauprozess wurden Rudolf Slánský, einer der führenden Funktionäre der Kommunistischen Partei der Tschechoslowakei, und zehn weitere Angeklagte wegen Hochverrats zum Tode verurteilt und hingerichtet. Slánský und sieben weitere Verurteilte waren jüdischer Herkunft.[18]

Die SED griff die in Prag erhobenen Vorwürfe sowie die antiisraelische Stoßrichtung des Prozesses auf und nahm nun eigene Parteimitglieder ins Visier. Die staatliche Presse stigmatisierte den Zionismus sowie internationale jüdische Organisationen als »Werkzeuge des amerikanischen Imperialismus« und erzeugte ein

---

15 Zur stalinistischen Nationalitätenpolitik siehe Terry Martin: Terror gegen Nationen in der Sowjetunion. In: *Osteuropa* 50 (2000), S. 606–616, hier S. 610 ff.

16 Siehe Wiebke Bachmann: Tel Aviv, 1948. Nationale Interessen und sowjetischer »Antiimperialismus«. In: Andrea Hilger (Hrsg.): Die Sowjetunion und die Dritte Welt. UdSSR, Staatssozialismus und Antikolonialismus im Kalten Krieg 1945–1991. München 2009, S. 19–37, hier S. 36. Siehe auch die Schilderung von Golda Meir: Mein Leben. Stuttgart 1975, S. 255.

17 Siehe Grüner: Patrioten und Kosmopoliten (wie Anm. 14), S. 437–507 sowie auch den Beitrag von Frank Grüner in diesem Band.

18 Siehe Jan Gerber: Ein Prozess in Prag. Das Volk gegen Rudolf Slánský und Genossen. Göttingen 2016. Siehe auch den Beitrag von Kateřina Čapková in diesem Band.

Klima des Misstrauens und der Feindseligkeit gegenüber Jüdinnen und Juden.[19] Paul Merker und Leo Zuckermann hatten sich für Restitution, Entschädigung und die Anerkennung Israels durch die DDR eingesetzt. Während Zuckermann rechtzeitig in den Westen fliehen konnte, wurde Merker verhaftet und im März 1955 zu acht Jahren Zuchthaus verurteilt. Im Januar 1956 wurde er aus der Haft entlassen und im Juli desselben Jahres rehabilitiert.[20] Die antisemitische Kampagne traf insbesondere diejenigen, die aus der westlichen Emigration zurückgekehrt waren. Ihnen wurden nun die damals geknüpften Kontakte zum Verhängnis. In großer Zahl verließen sie die DDR wieder.[21] Die kleinen jüdischen Gemeinden schrumpften daraufhin weiter. Allein im Januar 1953 flohen 400 Jüdinnen und Juden aus der DDR in den Westen, darunter die Vorsteher der Gemeinden von Leipzig, Erfurt, Halle und Schwerin. In Leipzig sanken die Mitgliederzahlen der Gemeinde von 317 im Januar 1950 auf 173 im August 1953.[22] Die Thüringer Landesgemeinde verlor 38 Prozent ihrer Mitglieder. Die Gemeinden Eisenach, Gera, Jena und Mühlhausen mussten mangels Mitglieder geschlossen werden. 1989 gehörten der Thüringer Landesgemeinde nur noch 26 Mitglieder an.[23] Die SED nutzte wiederum die Flucht führender Gemeindemitglieder, um die Vorstände mit Parteimitgliedern zu besetzen.[24]

In Polen fand eine »Parteisäuberung« mit antisemitischer Stoßrichtung vergleichsweise spät statt. Sie erfolgte in zwei Wellen: 1956 und 1967/1968. Die Folge war eine Ausreisewelle. Doch bereits vor diesen antikosmopolitischen Kampagnen hatten viele Jüdinnen und Juden das Land verlassen. Insgesamt emigrierte rund die Hälfte der Überlebenden der Shoah. Grund war, dass in Polen ein gesellschaftlicher

---

19 Siehe Maser: Juden und Jüdische Gemeinden in der DDR (wie Anm. 10), S. 402 ff.

20 Mario Kessler: Die SED und die Juden – zwischen Repression und Toleranz. Politische Entwicklungen bis 1967. Berlin 1995, S. 85–96; Jeffrey Herf: Antisemitismus in der SED. Geheime Dokumente zum Fall Paul Merker aus SED- und MfS-Akten. In: *Vierteljahrshefte für Zeitgeschichte* 42 (1994), S. 635–667. Zum Zusammenhang zwischen Restitutionsforderungen von Paul Merker und Leo Zuckermann und ihrer Verfolgung durch die SED siehe den Beitrag von Philipp Graf in diesem Band.

21 Siehe Michael Brenner/Norbert Frei: Zweiter Teil: 1950–1967. Konsolidierung. In: Brenner (Hrsg.): Geschichte der Juden in Deutschland (wie Anm. 2), S. 153–293, hier S. 176–180.

22 Siehe Mertens: Juden in der DDR (wie Anm. 1), S. 1192; Niether: Leipziger Juden (wie Anm. 11), S. 124.

23 Siehe Helmut Eschwege: Die jüdische Bevölkerung der Jahre nach der Kapitulation Hitlerdeutschlands auf dem Gebiet der DDR bis zum Jahre 1953. In: Siegfried Theodor Arndt u. a. (Hrsg.): Juden in der DDR. Geschichte – Probleme – Perspektiven. Sachsenheim 1988, S. 63–100, hier S. 76.

24 Siehe Ulrike Offenberg: »Sei vorsichtig gegen die Machthaber«. Die jüdischen Gemeinden in der SBZ und der DDR 1945–1990. Berlin 1998, S. 93–105.

Antisemitismus für viele Jüdinnen und Juden eine Alltagserfahrung war. So wie es im Krieg keine polnisch-jüdische Schicksalsgemeinschaft gegeben hatte, so galten Jüdinnen und Juden nach dem Krieg großen Teilen der polnischen Bevölkerung als zweitrangige Opfer der deutschen Besatzung, die nicht infolge ihres Widerstandes, sondern allein aufgrund ihrer jüdischen Herkunft verfolgt worden waren. Sie wurden auch nach 1945 erniedrigt, geschlagen und mitunter auch ermordet. Das Pogrom von Kielce 1946 wurde zur Chiffre für die gewalthafte Entladung eines gesellschaftlichen Antisemitismus', doch es war bei weitem nicht das einzige Vorkommnis dieser Art.[25]

Der Antisemitismus war im östlichen Europa nicht gleichermaßen virulent und gehört nicht zum allgemeinen Erfahrungsschatz. Die staatliche Gewalt in den frühen Volksdemokratien hatte eine politische Stoßrichtung und traf zunächst Gegner, später die Funktionselite der kommunistischen Parteien. Wer hiervon nicht betroffen war, konnte die 1950er Jahre auch als eine glückliche Zeit erfahren, die von sozialem Aufstieg, persönlichem Wohlstand und einem blühenden Gemeindeleben geprägt war.[26] Selbst im »Land der Täter«, wo Jüdinnen und Juden mit antisemitischen Ressentiments in Staat und Gesellschaft konfrontiert waren, etablierte sich wieder jüdisches Leben und bekleideten Jüdinnen und Juden wichtige Funktionen in beiden deutschen Nachkriegsgesellschaften.[27] Nur wenn man diese Erfahrungen in eine Erzählung der jüdischen Geschichte nach 1945 einbezieht, lässt sich erklären, weshalb die Emigration für viele keine Option war.

## 3. Zeugenschaft – Wissenschaft – Musealisierung: Formen der Auseinandersetzung mit der Shoah

Viele Überlebende leiteten aus ihrem Schicksal den Auftrag ab, der Welt von ihren Erlebnissen zu berichten und die Täterinnen und Täter ihrer gerechten Strafe zuzuführen. Sie legten auf unterschiedliche Art und Weise Zeugnis ab: sei es in Strafprozessen, in Selbstzeugnissen oder in literarischer Form. In den

---

25 Siehe den Beitrag von Katrin Stoll in diesem Band. Beispiele von Gewalt gegen Jüdinnen und Juden schildert z. B. Eva Reder: Antijüdische Pogrome in Polen im 20. Jahrhundert. Gewaltausbrüche im Schatten der Staatsbildung 1918–1920 und 1945–1946. Marburg 2019, S. 127–140. Siehe auch Marcin Zaremba: Die große Angst. Polen 1944–1947: Leben im Ausnahmezustand. Paderborn 2016, der die Pogrome allerdings als eine Form der Gewalt in einer vom Krieg zerrütteten Gesellschaft deutet.

26 Siehe für die Tschechoslowakei den Beitrag von Kateřina Čapková in diesem Band.

27 Siehe Jay Howard Geller: Jews in Post-Holocaust Germany, 1945–1953. Cambridge 2005, S. 287.

frühen Nachkriegsprozessen spielten jüdische Überlebende eine wichtige Rolle: Ihre Anzeigen lösten überhaupt erst Ermittlungen aus oder ermöglichten die Festnahme von Verdächtigen. Die Urteile beruhten ganz wesentlich auf ihren Zeugenaussagen.[28] Auch als Akteure der Strafverfolgung spielten jüdische Überlebende eine Rolle. In Leipzig amtierte Nathan Hölzer nach einem halbjährigen Volksrichterlehrgang seit 1947 als Richter und urteilte in einer Reihe von Verfahren gegen NS-Unrecht. Ihm war es ein Anliegen, jüdische Überlebende in den Prozessen aussagen zu lassen und diese als Zeuginnen und Zeugen ernst zu nehmen.[29] In der Bundesrepublik war es insbesondere Fritz Bauer, der sich als Generalstaatsanwalt in Hessen von 1956 bis 1968 nachhaltig für die strafrechtliche Verfolgung von NS-Unrecht einsetzte.[30]

Trotz aller Widerstände war die bundesdeutsche Gesellschaft zunehmend bereit, die Verantwortung für die in die Gegenwart hineinreichenden Ansprüche aus der Vergangenheit zu übernehmen. Die allmählich beginnende Auseinandersetzung mit dem Nationalsozialismus blieb allerdings noch lange Zeit merkwürdig losgelöst von den jüdischen Betrachtungen.[31] Die SED wiederum glaubte, mit der sozialistischen Gesellschaftsordnung der DDR die nationalsozialistische Vergangenheit überwunden zu haben. Dies führte zu dem Paradox, dass sich in der Bundesrepublik trotz ihrer hohen Elitenkontinuität langsam ein gesellschaftliches Bewusstsein für ihre historische Verantwortung entwickelte, während die SED gerade aufgrund ihrer antifaschistischen Haltung vor 1945 keine besondere Verantwortung für den ostdeutschen Teilstaat anerkannte.[32]

In der Geschichtswissenschaft gehörten ebenso Jüdinnen und Juden zu den Ersten, die das Thema unmittelbar nach dem Krieg aufgriffen und in den folgenden Jahrzehnten die Forschung mit bedeutenden Werken bereicherten. Allerdings teilten in Ost und West viele das Schicksal, dass ihre Werke wenig beachtet oder gar missachtet wurden. Man unterstellte ihnen Voreingenommenheit und Unsachlichkeit, selbst wenn sie umfangreiche Dokumentationen vorlegten. Die Reaktionen auf die Arbeiten von Joseph Wulf in der Bundesrepublik, Helmut Eschwege in der DDR oder Léon Poliakov in Frankreich ähneln sich auf verblüffende Weise. Es gab in den europäischen Nachkriegsgesellschaften eine Abwehrhaltung gegenüber

---

28 Siehe den Beitrag von Dagi Knellessen in diesem Band.

29 Siehe Niether: Leipziger Juden (wie Anm. 11), S. 94–102.

30 Siehe u. a. Irmtrud Wojak: Fritz Bauer 1903–1968. Eine Biographie. München 2009.

31 So der Befund von Tobias Freimüller für die Frankfurter Stadtgesellschaft, siehe seinen Beitrag in diesem Band.

32 Siehe Jeffrey Herf: Zweierlei Erinnerung. Die NS-Vergangenheit im geteilten Deutschland. Berlin 1997.

jüdischen Holocaustforscherinnen und Holocaustforschern, die sich aus Voreingenommenheit und einem Exkulpationsbedürfnis speiste.[33]

Auch im östlichen Europa stießen Jüdinnen und Juden auf große Hindernisse, wenn sie die Shoah thematisierten. Vasilij Grossman und Il'ja Ėrenburg erarbeiteten gemeinsam mit einer Reihe von Mitarbeiterinnen und Mitarbeitern des JAK eine umfassende Dokumentensammlung zur Ermordung der sowjetischen Jüdinnen und Juden. Auf Geheiß Stalins konnte das *Schwarzbuch* 1947 nicht erscheinen, es wurde erst nach dem Zusammenbruch der Sowjetunion publiziert.[34] In Polen erhielten jüdische Historikerinnen und Historiker, die sich mit der Shoah auseinandersetzten, ebenso politischen Gegenwind. Dennoch war die Situation hier anders als in der DDR oder der Sowjetunion, da es mit dem Jüdischen Historischen Institut (JHI) eine Einrichtung gab, die schnell hohes internationales Ansehen genoss und ihre Mitarbeiterinnen und Mitarbeiter bis zu einem gewissen Grad schützen konnte, wenn diese die Grenzen des Sagbaren ausloteten.[35] In der DDR gab es hingegen nur wenig Raum für abweichende Narrative. Die Thematisierung jüdischen Leids blieb jenen vorbehalten, die eine Außenseiterrolle im Fach und Restriktionen bei der Publikation in Kauf nahmen.[36]

Der vorliegende Band basiert auf dem 17. Internationalen Symposium der Stiftung Ettersberg, das in Kooperation mit dem Leibniz-Institut für jüdische Geschichte und Kultur – Simon Dubnow und der Landeszentrale für politische Bildung Thüringen am 19. und 20. Oktober 2018 in Weimar stattfand. Zunächst schildert

---

33 Zu Joseph Wulf siehe Nicolas Berg: Der Holocaust und die westdeutschen Historiker. Erforschung und Erinnerung. Göttingen 2003, S. 337–370; zu Helmut Eschwege siehe die entstehende Dissertation von Alexander Walther und seinen Beitrag in diesem Band; zu Poliakov siehe Jonathan Judaken: Léon Poliakov, the Origins of Holocaust Studies, and Theories of Anti-Semitism. Rereding Bréviaire de la haine. In: Seán Hand/Steven T. Katz (Hrsg.): Post-Holocaust France and the Jews, 1945–1955. New York/London 2015, S. 169–192.

34 Wassili Grossman/Ilja Ehrenburg u. a. (Hrsg.): Das Schwarzbuch. Der Genozid an den sowjetischen Juden. Reinbek bei Hamburg 1994.

35 Siehe den Beitrag von Stephan Stach in diesem Band. Zu den frühen Dokumentationen der Shoah im Nachkriegspolen und der Vorgeschichte des Instituts siehe Laura Jokusch: Collect and record! Jewish Holocaust documentation in early postwar Europe. Oxford 2012, S. 84–120; Dies.: »Jeder überlebende Jude ist ein Stück Geschichte«. Zur Entwicklung jüdischer Zeugenschaft vor und nach dem Holocaust. In: Martin Sabrow/Norbert Frei (Hrsg.): Die Geburt des Zeitzeugen nach 1945. Göttingen 2012, S. 113–144.

36 Zum Umgang mit der Shoah in der DDR siehe Alexander Walther: Keine Erinnerung, nirgends? Die Shoah und die DDR. In: *Deutschland Archiv,* 15. Juli 2019. Abgerufen unter der URL: https://www.bpb.de/geschichte/zeitgeschichte/deutschlandarchiv/293937/keine-erinnerung-nirgends-die-shoah-und-die-ddr, letzter Zugriff: 23. 04. 2020 sowie seinen Beitrag in diesem Band.

*Stefan Hellmuth* die vielfältigen Schwierigkeiten, vor denen Jüdinnen und Juden in den westlichen Besatzungszonen nach 1945 standen: erstens bei der Neubegründung jüdischen Lebens angesichts ihrer äußerst heterogenen Zusammensetzung, zweitens in der Begegnung mit der Mehrheitsgesellschaft und drittens bei der Rückerstattung des geraubten Eigentums und dem Kampf um eine materielle Entschädigung. *Tobias Freimüller* nimmt daraufhin mit Frankfurt am Main einen Ort in den Blick, in dem sich die Revitalisierung jüdischen Lebens in der Bundesrepublik wie unter einem Brennglas betrachten lässt: die innerjüdischen Konflikte, die komplizierte Beziehung zur nichtjüdischen Mehrheitsgesellschaft und die prägenden Fremdheitserfahrungen, die bis in die 1980er Jahre hinein relevant für die Beziehung zu Deutschland waren.

Die Remigration in die SBZ/DDR wird bis heute als eine politische Entscheidung aus kommunistischer Überzeugung gedeutet. *Jeannette van Laak* nimmt die Lebensläufe jüdischer Remigrantinnen und Remigranten in den Blick und zeigt, dass die Rückkehrmotive weniger eindeutig, sondern ein Konglomerat aus privaten, sozialen und politischen Beweggründen waren. *Ofer Waldman* schildert die Vater-Sohn-Beziehung von Horst und Thomas Brasch als eine jüdisch geprägte, intergenerationelle Konstellation, die im literarischen Werk von Thomas Brasch eine wichtige Rolle spielte.

*Frank Grüner* rekonstruiert die Genese der antisemitischen Kampagnen in der Sowjetunion und stellt diese den enttäuschten jüdischen Nachkriegshoffnungen entgegen. *Kateřina Čapková* zeigt auf der Basis von Interviews, dass eine Erfahrungsgeschichte der tschechoslowakischen Jüdinnen und Juden nicht auf den Slánský-Prozess reduziert werden kann. Für diejenigen, die sich weder in der Kommunistischen Partei noch anderweitig politisch engagierten, prägen die Errungenschaften eines Lebens in Sicherheit viel stärker den Rückblick auf diese Zeit. *Philipp Graf* kann zeigen, dass Paul Merker und Leo Zuckermann ein für die DDR erstaunliches Restitutionsgesetz entworfen hatten, damit scheiterten und letztlich Opfer einer innerparteilichen »Säuberung« wurden. *Katrin Stoll* betont die Kontinuitäten des Antisemitismus in der polnischen Gesellschaft und zeigt, wie dieser nach dem Krieg eine soziale Praxis blieb und von der Polnischen Vereinigten Arbeiterpartei instrumentalisiert wurde.

*Dagi Knellessen* schildert am Beispiel der ersten Sobibor-Verfahren die Bedeutung von jüdischer Zeugenschaft für die Verurteilung von NS-Verbrechen. *Alexander Walther* wendet sich gegen das Diktum, dass es in der DDR keine Holocaustforschung gegeben habe. Am Beispiel von Helmut Eschwege zeigt er, dass jüdische Historikerinnen und Historiker bemüht waren, der Staatsdoktrin vom kommunistischen Widerstand eine Lesart entgegenzusetzen, welche das besondere Schicksal der Jüdinnen und Juden im Zweiten Weltkrieg thematisierte. Deren

Leistung sei bei allen Anpassungsstrategien nicht gering zu schätzen. *Stephan Stach* beleuchtet den wichtigen und lange Zeit wenig beachteten Beitrag des Jüdischen Historischen Instituts in Warschau zur frühen Holocaustforschung der späten 1940er und 1950er Jahre. *Sebastian Voigt* und *Alexandra Bandl* zeigen die mehrfachen Bezüge, die das Shoah-Gedenken und der Entkolonialisierungsdiskurs in Frankreich aufweisen und welche Folgen dies für das jüdische Leben bis heute hat. Zum Abschluss führt *Jutta Fleckenstein* am Beispiel zweier Ausstellungen vor, wie man die Geschichte von Jüdinnen und Juden im Deutschland der unmittelbaren Nachkriegszeit im Museum erzählen kann.

Die Zusammenschau dieser wenigen Schlaglichter bietet keinen allgemeingültigen Modus, in dem jüdische Geschichte nach 1945 erzählt werden kann. Zwei Perspektiven dieses Bandes erscheinen dennoch lohnenswert, weiterverfolgt zu werden: erstens eine erfahrungsgeschichtliche Perspektive, die jüdische Selbstzeugnisse stärker einbezieht und zum Ausgangspunkt jeder Betrachtung macht; zweitens eine transnationale Perspektive, welche die vielfältigen Zusammenhänge von nationalstaatlichen Bedingungen, die politischen Folgen des Kalten Krieges und eine grenzüberschreitende Migration aufzeigt. Wenn diese Perspektiven nicht nur historiographisch bearbeitet, sondern in Ausstellungen und anderen Formaten der historischen Bildung einer breiten Öffentlichkeit vermittelt werden, bietet sich eine Chance, der Verantwortung, welche aus der Shoah erwächst, gerecht zu werden.

# Remigration – Immigration – Emigration
# Die Revitalisierung jüdischen Lebens in Deutschland

Stefan Hellmuth

# Der Neubeginn jüdischen Lebens nach 1945 in den westlichen Besatzungszonen und der Bundesrepublik

Im Dezember 1946 wandte sich Alfred Mayer, ein jüdischer Rechtsanwalt aus Wiesbaden, im Gemeindeblatt *Unzer Hofenung* an seine deutsch-jüdischen Landsleute:

> Hier gehören wir hin. Hier haben wir Heimatrecht und hier haben wir den Beweis zu führen, daß die Männer und Frauen des Nationalsozialismus gelogen haben, als sie uns absprechen wollten, daß wir gleichen Rechtes seien wie sie. Ja, wir wenigen, eine Handvoll nur, haben vielleicht eine Sendung zu erfüllen.[1]

Was Mayer hier artikulierte, war zunächst die trotzige Haltung vieler deutscher Jüdinnen und Juden, nach der Shoah in Deutschland zu bleiben und zu leben, weil es ihre Heimat war. Dabei sahen sich die Sche'erit Haplejta[2] allzu oft mit Anfeindungen, auch aus den eigenen Reihen, konfrontiert, wie man nach der Shoah noch im »Land der Täter« leben könne, dessen Bevölkerung Jüdinnen und Juden der Vernichtung preisgegeben hatte. Die »Sendung«, die Alfred Mayer für die in Deutschland überlebenden Jüdinnen und Juden sah, war, einen Neuanfang jüdischen Lebens zu wagen und neue Gemeinden zu gründen.

Für den vorliegenden Beitrag bedarf es einer begrifflichen Ausdifferenzierung derer, die im Folgenden als ›Juden‹ benannt werden. Was die Menschen, die sich selbst nach 1945 in Deutschland als ›Juden‹ bezeichneten oder bezeichnet wurden, gemeinsam hatten, waren die Boykott- und Verfolgungserfahrungen unter den Nationalsozialisten. Qua Nürnberger Rassegesetze wurden ab 1935 Menschen nach

1 Michael Brenner (Hrsg.): Geschichte der Juden in Deutschland von 1945 bis zur Gegenwart. Geschichte, Politik, Religion. München 2012, S. 72.

2 Die Selbstbezeichnung für die jüdischen Überlebenden nach 1945 bedeutet »geretteter Rest« und wurde aus dem Buch Esra, Kap. 9, Vers 14 und 15 entlehnt: »Können wir nach alledem von neuem deine Gebote brechen und uns mit diesen greuelbeladenen Völkern verschwägern? Mußt du uns dann nicht zürnen, bis wir ganz vernichtet sind, so daß kein Rest von Geretteten mehr übrigbleibt?«, zit. nach Angelika Königseder/Juliane Wetzel: Lebensmut im Wartesaal. Die jüdischen DPs (Displaced Persons) im Nachkriegsdeutschland. Frankfurt am Main 1994, S. 7.

pseudowissenschaftlichen Merkmalen zu Feinden erklärt, egal, ob sie Mitglieder der jüdischen Gemeinden waren, nach der Halacha[3] als jüdisch galten oder einfach nur jüdische Vorfahren hatten. Für die Diskriminierung und Verfolgung spielte der tatsächliche jüdische Glaube keine Rolle. Nach dem Kriegsende wurde die rassistische Klassifikation[4] der NS-Zeit teilweise von den Betroffenen selbst übernommen.

Die individuelle Identifikation mit der jüdischen Religion oder Kultur wandelte sich mit den Verfolgungs- und Hafterfahrungen: Gläubige Jüdinnen und Juden verloren nach der Befreiung aus den Konzentrationslagern ihren Glauben, bereits konvertierte Jüdinnen und Juden in christlichen Ehen fanden zum Glauben und bauten neue jüdische Gemeinden auf. Wenn in diesem Beitrag von ›Juden‹ gesprochen wird, sind nicht ausschließlich gläubige Mitglieder jüdischer Gemeinden bedacht, sondern alle Menschen, die unter dem Stigma ›Jude‹ von antisemitischen Verfolgungsmaßnahmen in und nach der NS-Zeit betroffen waren. Eine nach religiösen und historischen Gesichtspunkten notwendige Ausdifferenzierung bzw. Individualisierung ließe sich bei der folgenden überblickshaften Darstellung kaum handhaben.[5]

Woher kamen aber die Jüdinnen und Juden, die im »Land der Täter« eine neue Heimat gefunden hatten oder auf ihre Weiterreise nach Israel oder in die USA warteten? Welche sozialen Strukturen und Konflikte machten die neu gegründeten jüdischen Gemeinden in den westlichen Besatzungszonen aus? Und wie gestaltete

---

3 Die rechtliche Überlieferung des Judentums. Demnach richtet sich die jüdische Religionszugehörigkeit nach der Mutter. Jude ist, wer eine jüdische Mutter hat.

4 Inwieweit die ehemals diskriminierenden Klassifizierungen weiterhin Verwendung fanden und wie die Frage der Zugehörigkeit zum Judentum behandelt wurde, siehe ATINA GROSSMANN: Juden, Deutsche, Alliierte. Begegnungen im besetzten Deutschland (Hamburger Beiträge zur Geschichte der deutschen Juden, 39). Göttingen 2012, S. 162–170.

5 Vergleichende Überlegungen siehe RAPHAEL UTZ: Die Sprache der Shoah: Verschleierung – Pragmatismus – Euphemismus. In: JÖRG GANZENMÜLLER/DERS. (Hrsg.): Orte der Shoah in Polen. Gedenkstätten zwischen Mahnmal und Museum (Europäische Diktaturen und ihre Überwindung, 22). Köln/Weimar/Wien 2016, S. 25–48, besonders S. 27–30; KIRSTEN HEINSOHN: »Aber es kommt auch darauf an, wie einen die anderen sehen.« Jüdische Identifikation und Remigration. In: IRMELA VON DER LÜHE/AXEL SCHILDT/STEFANIE SCHÜLER-SPRINGORUM (Hrsg): »Auch in Deutschland waren wir nicht wirklich zu Hause«. Jüdische Remigration nach 1945 (Hamburger Beiträge zur Geschichte der deutschen Juden, 34). Göttingen 2008, S. 71 f. und HAUS DER GESCHICHTE BADEN-WÜRTTEMBERG (Hrsg.): Untergang und Neubeginn. Jüdische Gemeinden nach 1945 in Südwestdeutschland. Heidelberg 2009, S. 31. Die Annahme einer jüdischen »kollektiven Identität« führe gefährlich nahe an die Reduktion auf das »Jüdisch-Sein« der nationalsozialistischen Politik heran, die die individuellen Identitäten jüdischer Menschen zugunsten einer diskriminierenden Stigmatisierung negierte. Siehe LUTZ NIETHAMMER: Kollektive Identität. Heimliche Quellen einer unheimlichen Konjunktur. Hamburg 2000, S. 460 ff.

sich das Verhältnis zwischen den Jüdinnen und Juden im westlichen Deutschland und der Nachkriegsgesellschaft? Der vorliegende Beitrag will beleuchten, wie in den ersten Nachkriegsjahrzehnten neues jüdisches Leben im westlichen Deutschland zu entstehen begann.[6]

## 1. Rückkehr und Immigration

Nach dem sechsmillionenfachen Mord an den europäischen Jüdinnen und Juden konnten im Frühjahr 1945 noch etwa 200.000 Menschen aus den Konzentrations- und Vernichtungslagern in Europa befreit werden. Einige Tausend von ihnen verstarben noch in den ersten Wochen nach der Befreiung an den Folgen der Lagerhaft. Auf dem Territorium der westlichen Besatzungszonen befanden sich zu jener Zeit schätzungsweise zwischen 50.000 und 75.000 jüdische Überlebende – etwa 15.000 von ihnen deutsche Jüdinnen und Juden.[7] Und Tausende jüdische Menschen kamen auf anderen Wegen in den ersten Nachkriegsjahren in die westlichen Besatzungszonen: als Zurückkehrende oder Immigrant*innen.

Die Geschichte der jüdischen Remigration zerfällt in individuelle Schicksale. Mikrogeschichtliche Studien zeigen die Vielfalt der Lebensläufe, die nicht zuletzt vor Augen führen, dass verallgemeinernde Aussagen die jüdischen Remigrant*innen zu einem sozialen Kollektiv machen würden, das nach 1945 in Deutschland nicht existierte. Allein die Entscheidung, in das »Land der Täter« zurückzukehren, kostete die meisten Überlebenden große Überwindung. Die Motive für die Rückkehr aus dem Exil waren vielschichtig: Es waren familiäre, gesundheitliche, materielle, kulturelle oder wirtschaftliche Gründe. Aber auch die ideologische Absicht, sich mit Engagement am politischen Neuaufbau Deutschlands zu beteiligen, spielte eine Rolle. Der Aufbau neuer jüdischer Gemeinden war jedoch für wenige ausschlaggebend. Ein politisches oder religiöses Sendungsbewusstsein, wie es der eingangs zitierte Alfred Mayer vermutete, fand teilweise seinen Ausdruck im Engagement jüdischer Rückkehrer*innen im Demokratisierungsprozess der westlichen Besatzungszonen. Jüdische Zeitungen empfahlen zwar den in Deutschland lebenden Jüdinnen und Juden zu bleiben – von einer systematischen Remigration rieten im Juli 1946 viele ab, »bis die Verhältnisse geklärt« seien.[8]

---

6 Zum jüdischen Leben und zu jüdischen Restitutionsansprüchen in der SBZ/DDR siehe den Beitrag von Philipp Graf in diesem Band.

7 Königseder/Wetzel: Lebensmut im Wartesaal (wie Anm. 2), S. 14 f.

8 Michael Brenner: Nach dem Holocaust. Juden in Deutschland 1945–1950. München 1995, S. 87–90, zit. nach S. 88; Anthony D. Kauders: Unmögliche Heimat. Eine deutsch-jüdische

Nur ein Teil der deutschen Jüdinnen und Juden hatte nach 1933 die Möglichkeiten und Kontakte zu emigrieren. Fast ausnahmslos Intellektuellen, Politiker*innen, Künstler*innen und Wissenschaftler*innen war vor und während des Nationalsozialismus die Ausreise gelungen und sie waren es auch, die nach 1945 in das Land zurückkehrten, in dem ihre kulturellen Wurzeln aus der Weimarer Zeit lagen. Geschlechterdifferenzierende Angaben lassen sich zu den remigrierten Jüdinnen und Juden in der frühen Bundesrepublik allerdings nur schwer treffen. Nach einer Analyse aus dem Jahr 1960 waren Jüdinnen der Rückkehr nach Deutschland weit weniger zugeneigt als ihre Lebenspartner und Landsleute. Zumeist folgten sie ihren Ehemännern zurück nach Deutschland, blieben aber oft sozial und beruflich isoliert. Da das deutsche Umfeld Erinnerungen an Diskriminierung und Verfolgung wachrief und sie oft nur als ›Jüdinnen‹ wahrgenommen wurden, unterließen sie vielfach die Rückkehr. So blieb für viele Jüdinnen die Bundesrepublik die ›verlorene Heimat‹, in die eine tatsächliche Rückkehr nicht möglich schien.[9]

Bis 1952 remigrierten ca. 5.000 deutsche Jüdinnen und Juden nach Westdeutschland, womit der Anteil der Rückkehrenden unter den jüdischen Immigrant*innen bei nur 5 Prozent lag. Hingegen waren zwischen 1950 und 1952 ca. 7.000 deutsche Jüdinnen und Juden ausgewandert. In den ersten Nachkriegsjahren stellten damit die Rückgekehrten etwa 10 Prozent der Gemeindemitglieder in Westdeutschland. Die Zahlen müssen als grober Richtwert gesehen werden, da sich nicht alle Rückkehrenden bei den jüdischen Gemeinden registrieren ließen und so keine verlässliche Quantifizierung möglich ist.[10]

Die Zahl derer, die als Displaced Persons (DPs) aus der NS-Gefangenschaft zurückkamen, war weitaus größer. In den ersten Wochen nach dem Kriegsende errichteten die westlichen Besatzungsarmeen deshalb improvisierte Lager für DPs in Deutschland, Italien und Österreich. Zwar war es den alliierten Besatzer*innen gelungen, bis September 1945 etwa 6 Millionen europäische

---

Geschichte der Bundesrepublik. München 2007, S. 126–129 und Andreas Kruse/Eric Schmitt: Wir haben uns als Deutsche gefühlt. Lebensrückblick und Lebenssituation jüdischer Emigranten und Lagerhäftlinge. Darmstadt 2000, S. 211–231 und Heinsohn: »Aber es kommt auch darauf an, wie einen die anderen sehen.« (wie Anm. 5), S. 69–85.

9 Zu den jüdischen Remigrantinnen siehe den Beitrag von Jeannette van Laak in diesem Band.

10 Brenner: Nach dem Holocaust (wie Anm. 8), S. 90 f. und S. 196 sowie Irmela von der Lühe/Axel Schildt/Stefanie Schüler-Springorum: Einleitung. In: Dies. (Hrsg.): »Auch in Deutschland waren wir nicht wirklich zu Hause« (wie Anm. 5), S. 9–18. Betrachtungen zur weiblichen Remigration siehe Martina Kliner-Fruck: Jüdische Frauen zwischen NS-Deutschland, Emigration nach Palästina und ihrer Rückkehr. In: Julius H. Schoeps (Hrsg.): Leben im Land der Täter. Juden im Nachkriegsdeutschland (1945–1952). Berlin 2001, S. 287–301.

DPs zu repatriieren. Dennoch war zu diesem Zeitpunkt noch 1 Million Menschen fern ihrer Herkunftsorte, darunter Zwangsarbeiter*innen, nichtdeutsche Kollaborateur*innen und jüdische Menschen, die nicht ohne weiteres in ihre Heimatstädte oder -länder zurückkehren konnten. Davon verteilte sich 1946 der überwiegende Teil der jüdischen DPs auf die amerikanische (140.000) und die britische Besatzungszone (15.000). In den deutschen DP-Lagern – eingerichtet in Hotels, Klöstern, ehemaligen Arbeitslagern oder Kasernen – lebten jeweils 50 bis 7.000 Insass*innen. Deutsche Jüdinnen und Juden galten in den Lagern nicht als eigene Opfergruppe, sondern wurden entlang ihrer Nationalität kategorisiert. Zum einen bedeutete das, dass sie als Angehörige eines ehemaligen Feindstaates wie alle Deutschen behandelt wurden. Zum anderen mussten Jüdinnen und Juden mit nichtjüdischen Insass*innen, unter anderem ehemaligem KZ-Aufsichtspersonal, auf engstem Raum leben. Zudem waren die Lager anfangs von Militärpolizei bewacht und mit Stacheldraht gesichert; eine Situation, die die jüdischen Insass*innen die vergangenen Jahre der Haft erneut durchleben ließ und oft psychische Folgen hatte. Der anfängliche Umgang der alliierten Soldaten mit den jüdischen DPs in und außerhalb der Lager war von Hilflosigkeit geprägt und zeigt die Distanz zwischen Befreiten und Befreier*innen: Den meist jungen alliierten Soldat*innen, die nicht mehr die Erfahrung der KZ-Befreiungen der Fronttruppen teilten, war das Verhalten und Aussehen der DPs befremdlich. Dabei resultierte der körperliche Zustand der Lagerbewohner*innen aus der KZ-Haft und den hygienischen Bedingungen vor Ort. Ihr Verhalten bei der Nahrungsmittelverteilung sowie ihre anfängliche Apathie ließen erahnen, welchen Überlebenskampf diese Menschen hinter sich hatten. Offener war die Haltung der alliierten Besatzer*innen gegenüber der deutschen Bevölkerung, der sie, trotz des Non-Fraternization-Befehls, mehr Sympathien entgegenbrachten als beispielsweise osteuropäischen DPs.[11]

Als im Sommer 1945 die Berichte über die desolaten Zustände in den DP-Lagern der amerikanischen Besatzungszone in der US-amerikanischen Öffentlichkeit bekannt wurden und jüdische Organisationen bei US-Präsident Harry S. Truman Gehör gefunden hatten, wurde Earl G. Harrison mit der Untersuchung der Umstände beauftragt. Nach dem Besuch von etwa 30 DP-Lagern legte Harrison einen Bericht vor, der nicht nur die Lebensumstände in den Lagern beschrieb, sondern auch harsche Kritik am Verhalten der amerikanischen Armee enthielt. Nach dem Harrison-Bericht besserte sich ab August 1945 die Lage der DPs in der amerikanischen Besatzungszone: Jüdinnen und Juden wurde ein eigener Opferstatus zuerkannt und es wurden DP-Lager für ausschließlich jüdische

11 Königseder/Wetzel: Lebensmut im Wartesaal (wie Anm. 2), S. 26–31.

Abb. 1 Gottesdienst im DP-Lager Zeilsheim in der amerikanischen Besatzungszone, der Kantor singt das Kaddisch für die Opfer der Shoah

Insass*innen eingerichtet und so die Möglichkeit geschaffen, dass Jüdinnen und Juden ihre Religion ausüben konnten. Damit entstand wieder jüdisches Leben in den DP-Lagern.[12]

Auch in der britischen Zone besserte sich die Situation bis 1946. Der überwiegende Teil der deutschen Jüdinnen und Juden aus den DP-Lagern konnte mithilfe der neu gegründeten Gemeinden bis zum Sommer 1946 repatriiert werden oder entschied sich für ein Leben in Deutschland außerhalb der Lager.[13]

## 2. Anfänge jüdischen Lebens

Überlebende deutsche Jüdinnen und Juden waren bei der Rückkehr aus den KZs oder den DP-Lagern oft auf sich allein gestellt und auf Hilfe angewiesen. Jedoch fühlten sich sowohl die Besatzungsverwaltung als auch internationale jüdische Hilfsorganisationen für deutsche Jüdinnen und Juden zunächst nicht zuständig. Die meisten KZ-Rückkehrer*innen waren mittellos, fanden bei ihrer Heimkehr weder Familie noch Wohnung vor. Oftmals hatten sich nichtjüdische Deutsche

12 Ebd., S. 35–39.
13 Ebd., S. 18–21, 35–38, 45, 56.

ihrer Habe und ihrer Arbeitsplätze bemächtigt. Die jüdischen Rückkehrer*innen »fühlten sich von Gott und der Welt verlassen«, wie es der britische Offizier Julius Posner 1947 in seinem Bericht über seine Dienstzeit vom April 1945 bis Ende 1946 formulierte. Nachdem die deutsche Zivilbevölkerung im Frühjahr 1945 mit der Realität der nationalsozialistischen Vernichtungspolitik konfrontiert worden war, berichtete Posner von Gefühlen der Scham und des Entsetzens über das Ausmaß der Judenverfolgung. Als Reaktion darauf kam es zu Gesten der Wiedergutmachung[14] und individueller Hilfe für jüdische Rückkehrer*innen oder die neu gegründeten Gemeinden.[15]

Die wenigen Jüdinnen und Juden, die in Deutschland in sogenannten Mischehen oder im Untergrund überlebt hatten, bauten in den ersten Wochen nach der Befreiung die neuen Gemeinden auf. Die Mehrzahl dieser Menschen hatte im Schutz ihrer christlichen Ehepartner*innen gelebt, teilweise waren sie bereits konvertiert oder galten nach der Halacha nicht mehr als jüdisch. Viele, die so in Deutschland überlebt hatten, hatten auch vor dem Krieg eher am Rande der jüdischen Gemeinschaft gestanden. Und obwohl sie von jüdischem Ritus und jüdischer Kultur oft kaum Kenntnis hatten, fühlten sich die meisten von ihnen durch die Jahre der Verfolgung zur Gründung neuer Gemeinden berufen. Als Vorsteher wurden meist ehemalige Gemeindemitglieder, die versteckt überlebt hatten oder aus den KZs zurückgekehrt waren, ernannt. Exilrückkehrer wurden anfangs nur selten zu Repräsentanten der Gemeinden. Die Vorsteher machten es sich zur Aufgabe, die noch in den Lagern oder in Heilanstalten untergebrachten deutschen Jüdinnen und Juden zurückzuholen. Dabei stellten

---

14 Der Begriff Wiedergutmachung wird im Folgenden als Terminus technicus verwendet. Unbestreitbar war der millionenfache Mord an den europäischen Jüdinnen und Juden, deren Verfolgung, Ausbeutung und Diskriminierung nicht ›wieder gut zu machen‹. In diesem Aufsatz fasst der Begriff alle Bestrebungen der Entschädigung, Fürsorge oder Rückerstattung gegenüber NS-Verfolgten zusammen. Präzisierend geht der fünfte Abschnitt auf die einzelnen Aspekte von Wiedergutmachung ein. Siehe auch David Forster: »Wiedergutmachung« in Österreich und der BRD im Vergleich. Innsbruck u. a. 2001, S. 24–29 und Hans Günter Hockerts: Wiedergutmachung. Ein umstrittener Begriff und ein weites Feld. In: Ders./Christiane Kuller (Hrsg.): Nach der Verfolgung. Wiedergutmachung nationalsozialistischen Unrechts in Deutschland (Dachauer Symposien zur Zeitgeschichte, 3)? Göttingen 2003, S. 7–33

15 Frank Stern: Im Anfang war Auschwitz. Antisemitismus und Philosemitismus im deutschen Nachkrieg (Schriftenreihe des Instituts für Deutsche Geschichte, 14). Gerlingen 1991, S. 67–84, zit. nach S. 71. Was die deutsche Zivilgesellschaft von der Shoah und der versuchten Ausrottung der europäischen Jüdinnen und Juden wusste bzw. wissen konnte, diskutiert Peter Longerich umfänglich in einer 2006 erschienenen Publikation: Peter Longerich: »Davon haben wir nichts gewusst!« Die Deutschen und die Judenverfolgung 1933–1945. München 2006, besonders S. 221–240.

Hilfsorganisationen oder private Initiativen den Kontakt her, um die Überlebenden in ihre Heimat zu bringen, teilweise mit Unterstützung der Besatzungstruppen. Am dringlichsten war, die medizinische Versorgung der oft kranken und unterernährten Menschen sicherzustellen sowie Möglichkeiten zur religiösen Bestattung zu schaffen.[16]

Die ersten Gemeindevorsteher besuchten zunächst die jüdischen Friedhöfe der Region und veranlassten meist durch die Bürgermeister deren Wiederherstellung, insofern diese verwüstet worden waren. Befand sich keine jüdische Gemeinde vor Ort, war jedoch der Verkauf eines Friedhofsgrundstücks nach den halachischen Bestimmungen (ewige Ruhefrist) ausgeschlossen. Die Rückgabe von beschlagnahmten Gebäuden aus ehemaligem Gemeindebesitz, wie Synagogen, Gemeinschaftsräumen oder Büroräumen, verlief regional unterschiedlich schnell. Nach dem Beschluss eines rabbinischen Senats 1949 sollten dort, wo wieder jüdische Gemeinden bestanden, die baufälligen Synagogen und kulturellen Güter erhalten bleiben und ihrem ursprünglichen Zweck zugeführt werden. Einem Verkauf wurde nur dann zugestimmt, wenn es keiner religiösen Nutzung durch die jüdische Bevölkerung bedurfte. Teilweise gab es von städtischer Seite Unterstützung bei der nominellen Neugründung der Gemeinden, der Rückholung deutscher Jüdinnen und Juden und dem Ausfindigmachen eines Betraumes, selten jedoch durch die Besatzungsmacht. Bei der Vermittlung von rar gewordenem Wohnraum wurden die jüdischen Rückkehrer*innen vor allem von den jüdischen Gemeinden und später teilweise von den deutschen Behörden unterstützt. Die Hilfe von Bürgermeistern kann in Einzelfällen als humanitärer Akt und Geste der Wiedergutmachung verstanden werden.[17]

Die Bemühungen, die deutschen Kehillot[18] wiederherzustellen, trugen zumindest zahlenmäßig erst nach Jahren Früchte. Im Sommer 1945 schwankten die Mitgliederzahlen der ersten jüdischen Gemeinden in der Bundesrepublik zwischen einem Dutzend und wenigen Hundert. So fanden in der Anfangszeit vieler Gemeinden nur an den Feiertagen Gottesdienste statt, da zu den wöchentlichen

---

16 BRENNER: Nach dem Holocaust (wie Anm. 8), S. 65–68 und S. 90 sowie GROSSMANN: Juden, Deutsche, Alliierte (wie Anm. 4), S. 241–251.

17 BRENNER: Nach dem Holocaust (wie Anm. 8), S. 65 ff. und S. 97 f.; STERN: Im Anfang war Auschwitz (wie Anm. 15), S. 70 f.; JÜRGEN ZIEHER: Im Schatten von Antisemitismus und Wiedergutmachung. Kommunen und jüdische Gemeinden in Dortmund, Düsseldorf und Köln: 1945–1960 (Reihe Dokumente, Texte, Materialien/Zentrum für Antisemitismusforschung der Technischen Universität Berlin, 55). Berlin 2005, S. 39–69.

18 Die Kehillah (pl. Kehillot) bezeichnet die jüdische Vollgemeinde. Dafür sind das rituelle Bad (hebr.: Mikwe), ein jüdischer Begräbnisplatz (hebr.: Bet-Olam) und ein Versammlungshaus (altgriech.: Synagoge) maßgeblich.

Schabbat-Gottesdiensten kein Minjan[19] zusammenkam. Die religiösen Gegenstände für den Gottesdienst, wie Thorarollen, Gebetbücher und Gebetsmäntel, waren entweder vor der Zerstörung bewahrt und versteckt worden oder wurden von jüdischen Hilfsorganisationen gestellt. Ein Problem blieb die geistige Führung der neu gegründeten Gemeinden. Bis in die 1960er Jahre hinein war es für deutsche Gemeinden schwierig, remigrierte Rabbiner dauerhaft zu halten, da diese Deutschland häufig nach ein paar Wochen wieder verließen. Anfangs halfen Militärrabbiner oder Rabbiner aus dem östlichen Europa aus. Den wenigen Rabbinern in den 1950er Jahren fehlte allerdings der fachliche Austausch mit Kollegen. Bis 1960 waren in der Bundesrepublik nur sieben ausgebildete Rabbiner tätig, die den »religiösen Versorgungsengpass« nie gänzlich beheben konnten. Ihnen kam unter anderem die Aufgabe zu, die sich häufenden Übertrittsgesuche nichtjüdischer Deutscher zu beantworten. Bei der Berliner Gemeinde gingen 1946 bei einer Mitgliederzahl von 7.000 allein 2.500 Gesuche ein. Da den meisten Gemeinden jedoch die Rabbiner fehlten, war es oft nicht möglich, die Konversion zu entscheiden. Unter den Konversionswilligen waren vor allem nichtjüdische Ehepartner*innen von ehemaligen Gemeindemitgliedern und Christen, die gerade vor dem Hintergrund der Shoah zum Judentum konvertieren wollten.[20]

Hinzu kam die Zuwanderung osteuropäischer Jüdinnen und Juden in die jungen Gemeinden. Allein zwischen Herbst 1945 und dem Jahresende 1946 flohen und immigrierten aus Osteuropa etwa 150.000 Jüdinnen und Juden nach Deutschland, das paradoxerweise Sicherheit bot und zur Transitstation nach Israel wurde. Das neuerliche Aufkommen von offenem Antisemitismus in Osteuropa (z. B. der Pogrom von Kielce 1946) und die »antikosmopolitischen« Kampagnen, die ab 1948 von der Sowjetunion ausgingen, sorgten für eine osteuropäische Diaspora gen Westen. Von dem massiven Zustrom zunächst überfordert, nahmen die westlichen Besatzungsmächte die osteuropäischen Jüdinnen und Juden als DPs in ihre Lager auf. Damit veränderte sich das Verhältnis von deutschen und osteuropäischen Jüdinnen und Juden in den Westzonen massiv, etwa 80 bis 90 Prozent

19 Um einen jüdischen Gottesdienst feiern zu können, ist es notwendig, zehn religiös mündige Jüdinnen und Juden versammeln zu können. Diese zehn Juden, in der Orthodoxie Männer, sind der Minjan.

20 Brenner: Nach dem Holocaust (wie Anm. 8), S. 38 f., 66–69, 103–108 und Juliane Wetzel: Jüdisches Leben in München. In: Schoeps (Hrsg.): Leben im Land der Täter (wie Anm. 10), S. 83. Siehe auch: Andreas Brämer: »... die Rückkehr eines Rabbiners nach Deutschland ist keine Selbstverständlichkeit.« Zur Remigration jüdischer Geistlicher nach Westdeutschland (1945–1965). In: von der Lühe/Schildt/Schüler-Springorum (Hrsg): »Auch in Deutschland waren wir nicht wirklich zu Hause« (wie Anm. 5), S. 169–189, zit. nach S. 189.

der jüdischen Bevölkerung war nun aus Osteuropa zugewandert. Der überwiegende Teil deutscher Jüdinnen und Juden war aus den DP-Lagern bereits in eigene Unterkünfte gezogen, sodass dort mehrheitlich die sogenannten Ostjuden auf eine Weiterreise nach Israel oder in die USA warteten. Einigkeit herrschte unter ihnen darüber, dass Deutschland nach der Shoah keine Heimat mehr für Jüdinnen und Juden sein könne. Als Vertretung für diese »ostjüdische« Parallelgesellschaft in den größeren DP-Lagern wurden Zentralkomitees der befreiten Juden gewählt, die gegenüber den Besatzungsmächten die Ansprüche der Insass*innen vertraten und so beispielsweise Ausreisemöglichkeiten verhandelten. Die Mehrheit in den Lagern stellten polnische Jüdinnen und Juden (80 Prozent), die überwiegend orthodox waren und so auch das religiöse Leben in den Lagern bestimmten.[21]

## 3. Antisemitismus in der westdeutschen Nachkriegsgesellschaft

Das komplexe Verhältnis von Antisemitismus und Philosemitismus in der deutschen Gesellschaft nach 1945 ergab sich aus den verschiedenen Akteurs- bzw. Opfergruppen, die das gesellschaftliche Klima der Nachkriegszeit prägten und der Verzahnung innenpolitischer Konsolidierung mit außenpolitischen Entwicklungen. Zum einen kann eine grobe Unterscheidung zwischen den eingewanderten osteuropäischen und den remigrierten oder gebliebenen deutschen Jüdinnen und Juden getroffen werden, wobei letztere der deutschen Öffentlichkeit nicht selten als die ›guten Juden‹ galten. Zum anderen war das Verhalten der Zivilbevölkerung, der politischen Öffentlichkeit, der deutschen Bürokratie und der militärischen Besatzungsmacht höchst ambivalent.[22]

Die Nachkriegsbevölkerung in Europa hatte mit einer Rückkehr ihrer jüdischen Nachbar*innen nicht gerechnet. So waren nicht nur die alliierten Soldaten immer wieder erstaunt, dass Jüdinnen und Juden sogar in Deutschland überlebt hatten. Auch die Zivilbevölkerung wurde von der Rückkehr ihrer jüdischen

21 KÖNIGSEDER/WETZEL: Lebensmut im Wartesaal (wie Anm. 2), S. 47–57 und BRENNER: Nach dem Holocaust (wie Anm. 8), S. 24–28.

22 Am umfangreichsten setzte sich Frank Stern mit dem Verhältnis von Nachkriegsgesellschaft und den Juden in Deutschland auseinander: STERN: Im Anfang war Auschwitz (wie Anm. 15). Siehe auch WERNER BERGMANN: »Wir haben Sie nicht gerufen«. Reaktionen auf jüdische Remigranten in der Bevölkerung und Öffentlichkeit der frühen Bundesrepublik. In: VON DER LÜHE/SCHILDT/SCHÜLER-SPRINGORUM (Hrsg): »Auch in Deutschland waren wir nicht wirklich zu Hause« (wie Anm. 5), S. 19–39. Zum mitunter spannungsreichen Verhältnis von deutschen und osteuropäischen Jüdinnen und Juden siehe auch den Beitrag von Tobias Freimüller in diesem Band.

Nachbar*innen überrascht, wenn diese, in der Hoffnung, in ihrer alten Wohnung noch Familienmitglieder vorzufinden, vor ihrer Tür standen. In diesen Situationen wich die Überraschung schnell schroffer Ablehnung, wenn die vormals jüdischen Besitzer*innen den eigenen Hausrat oder persönliche Dinge – nicht zuletzt die Wohnung – als das Ihre identifizierten und die Herausgabe forderten. Mit der Gewissheit, dass ihre jüdischen Nachbar*innen oder Arbeitskolleg*innen nicht mehr wiederkommen würden, hatte sich die deutsche Mehrheitsbevölkerung deren Besitz angeeignet. Zumeist fehlte es beim Zusammentreffen nach Kriegsende an Verständnis für die Situation der Zurückkehrenden. Stattdessen flüchtete man sich in Exkulpationsstrategien. Unwissend habe man den jüdischen Besitz erworben und wähnte sich nun als rechtmäßige Eigentümer*innen. Mit der Kapitulation der deutschen Wehrmacht war auch die deutsche »Volksgemeinschaft« mit ihren Ausgrenzungsstrategien an ein Ende gekommen. Antisemitismus war nicht länger salonfähig, zumindest in der Öffentlichkeit veränderte sich der Ton: Deutschen Politikern war vor allem vor internationalem Publikum wichtig, eine philosemitische Haltung[23] einzunehmen. Dennoch blieben in der deutschen Nachkriegsgesellschaft antisemitische Einstellungen und Vorurteile virulent. Ein tatsächliches Umdenken hat in Deutschland nicht stattgefunden.[24]

Die Haltung der amerikanischen Besatzungsmacht gegenüber den osteuropäischen Jüdinnen und Juden war von Fürsorge und anfangs sogar Bevorzugung geprägt, was wiederum antisemitische Tendenzen heraufbeschwor. Die Begünstigung jüdischer Überlebender beispielsweise bei der Wohnungsvergabe rief, in Anbetracht der sich verschlechternden Versorgungslage, den Neid der deutschen nichtjüdischen Bevölkerung hervor und führte nicht selten zu offen artikulierter Ablehnung. Einige deutsche Jüdinnen und Juden, die zurückkehrten, trugen die Uniformen der alliierten Siegermächte. Sie waren als Angehörige der Streitkräfte und jüdischer Einheiten nach Deutschland gekommen, ihre Anwesenheit wurde von der deutschen Bevölkerung nicht selten als zusätzliche Demütigung empfunden. Den überlebenden deutschen Jüdinnen und Juden begegneten die meisten

23 Die Entwicklung philosemitischer Haltungen in Deutschland muss jedoch in Verschränkung mit konkreten antijüdischen Stereotypen gedacht werden. Siehe Frank Stern: Entstehung, Bedeutung und Funktion des Philosemitismus in Westdeutschland nach 1945. In: Werner Bergmann/Rainer Erb (Hrsg.): Antisemitismus in der politischen Kultur nach 1945. Opladen 1990, S. 180–196 und Yael Kupferberg: Philosemitismus im Kontext der deutschen Nachkriegszeit. In: Schoeps (Hrsg.): Leben im Land der Täter (wie Anm. 10), S. 267–283.

24 Stern: Im Anfang war Auschwitz (wie Anm. 15), S. 67–71; Brenner: Nach dem Holocaust (wie Anm. 8), S. 77 f. und in europäischer Perspektive mit Beispielen aus Litauen, Österreich, Griechenland, Ungarn und Tschechien Götz Aly: Europa und die Juden 1880–1945. Frankfurt am Main 2017, S. 27–49.

Besatzungssoldat*innen mit Anteilnahme, halfen mit Lebensmitteln oder Rotkreuzpaketen aus, um die erste Not zu lindern.[25]

Die Entnazifizierungsmaßnahmen in der amerikanischen Besatzungszone stießen bei den Betroffenen meist auf feindselige Ablehnung oder zumindest Unverständnis. Hinzu kam das Bewusstwerden der militärischen Niederlage, nicht zuletzt durch die Rückkehr Tausender Wehrmachtsangehöriger und deutscher Geflüchteter aus den sogenannten Ostgebieten. Die deutsche Bevölkerung litt unter Wohnungsnot, Hunger und Kälte. Als dann die Militärverwaltungen zunehmend politische Verantwortung in deutsche Hände gaben, war es nur eine Frage der Zeit, bis antisemitische Ressentiments wieder zutage treten würden. Die deutschen Behörden bekamen zunehmend Handlungsfreiheiten und stellten nicht selten die Belange jüdischer Antragsteller*innen zurück, indem sie sich hinter bürokratischen Verfahren versteckten. Dabei ließen deutsche Beamte oftmals die Sensibilität im Umgang mit den Verfolgten der NS-Zeit vermissen: so zum Beispiel durch die weitere Verwendung der diffamierenden jüdischen Vornamen Sara und Israel, die ab 1938 zur diskriminierenden Kennzeichnung von Jüdinnen und Juden in allen Dokumenten anzugeben waren. Auch an diesem Beispiel brachten jüdische Gemeindevertreter zum Ausdruck, wie enttäuschend die Entwicklungen in Deutschland für die jüdische Gemeinschaft verliefen.[26]

Auf das Unbehagen vieler jüdischer Rückkehrender oder Immigrant*innen, nur ›geduldet‹ zu werden oder sich ›eingeschlichen‹ zu haben, folgte ab 1946 die Angst, als vielfach antisemitische Übergriffe, Diskriminierungen oder Friedhofsschändungen publik wurden. Antisemitismus und Fremdenfeindlichkeit gegen ›Immigranten‹ gingen hierbei Hand in Hand. Damit blieb das jüdisch-deutsche Verhältnis auf der einen Seite von Misstrauen und Zurückhaltung, auf der anderen Seite von Opportunismus oder Ablehnung geprägt.[27]

Die jüdischen Rückkehrenden zogen sich infolge des nach wie vor grassierenden Antisemitismus zumeist aus dem gesellschaftlichen Leben zurück. Das Gefühl, ›Fremde im eigenen Land‹ zu sein, einte viele deutsche Jüdinnen und Juden in den Anfangsjahren. Dabei fungierten die Gottesdienste in der Synagoge und die Gemeinde als Zuflucht in der Fremde. Bei einem Gottesdienst waren vertraute Lieder und Geschichten zu hören und es konnten soziale Kontakte geknüpft

---

25 Grossmann: Juden, Deutsche, Alliierte (wie Anm. 4), S. 191–197 und Königseder/Wetzel: Lebensmut im Wartesaal (wie Anm. 2), S. 44 f. und S. 219 f.

26 Stern: Im Anfang war Auschwitz (wie Anm. 15), S. 146 f. und S. 111–114; Zieher: Im Schatten von Antisemitismus und Wiedergutmachung (wie Anm. 17), S. 158–162.

27 Brenner: Nach dem Holocaust (wie Anm. 8), S. 77–87, zit. nach S. 78 und Bergmann: »Wir haben Sie nicht gerufen« (wie Anm. 22), S. 19–39.

werden. Auch wenn die Gottesdienste nur von wenigen besucht wurden, war vielen deutschen Jüdinnen und Juden die religiöse Gemeinschaft wichtig – sie wollten sich nicht mehr allein durchschlagen oder gar auf die nichtjüdische Gesellschaft angewiesen sein. Die Gottesdienste blieben noch bis weit in die 1960er Jahre hinein schlecht besucht, selbst orthodoxe osteuropäische Jüdinnen und Juden blieben den Synagogen fern – in vielen der DP-Gemeinden besuchten nicht mehr als 5 Prozent den Schabbat-Gottesdienst. So waren die in den 1950er und 1960er Jahren neu gebauten Synagogen in der Bundesrepublik oft zu groß für die kleinen Gemeinden, die sich deren Unterhalt teilweise kaum leisten konnten.[28]

## 4. Entwicklung der westdeutschen jüdischen Gemeinden von den späten 1940er bis 1970er Jahren

Die Hoffnung der »ostjüdischen« DPs, nach Israel weiterziehen zu können, zerstreute sich mit der Palästinapolitik der britischen Regierung, die die Ausreise bis zur Gründung des Staates Israel massiv behinderte.[29] Im Zuge der Schließung bzw. Räumung der meisten DP-Lager ab 1947 (das Lager Föhrenwald wurde 1957 als letztes geschlossen)[30] wurden die verbliebenen jüdischen Überlebenden auf die größeren Städte in der Umgebung aufgeteilt, wo bereits neue Gemeinden existierten. Die Umsiedlung fand anfangs in separaten Wohnblocks statt, sodass jüdische Menschen von der nichtjüdischen Gesellschaft getrennt lebten. Mussten Deutsche ihre Wohnung zugunsten jüdischer DPs räumen, beschwerten sie sich bei den Behörden und fanden dort ein offenes Ohr. Der Widerstand der deutschen Bürokratie gegen die jüdischen Rechtsansprüche ging teilweise so weit, dass die Besatzungsmacht eingreifen musste. Die Schließung der DP-Lager bedeutete aber auch, dass die 15.000 zumeist osteuropäischen Jüdinnen und Juden auf die deutschen in den neu gegründeten Gemeinden trafen. Dort, wo noch keine Gemeinden bestanden, gründeten die DPs eigene Gemeinden und Jüdische Komitees, die als provisorische Organisationsform gedacht waren und sich mit der Emigration ihrer Mitglieder wieder auflösen sollten. Ab den 1950er Jahren war jedoch klar, dass einige dieser Gemeinden bestehen bleiben sollten, da den ehemaligen DPs nicht mehr an einer Auswanderung gelegen war. Mit dem Zusammentreffen deutscher und osteuropäischer Jüdinnen und Juden aus den DP-Lagern verschob sich vor

28 Kauders: Unmögliche Heimat (wie Anm. 8), S. 161–165 und S. 172 f.
29 Königseder/Wetzel: Lebensmut im Wartesaal (wie Anm. 2), S. 54–57 und S. 213 f.
30 Ebd., S. 8. Zum DP-Lager Föhrenwald und seiner Musealisierung siehe auch den Beitrag von Jutta Fleckenstein in diesem Band.

allem in Bayern und Württemberg das Mitgliederverhältnis in den Gemeinden: Bei einem Anteil von ca. 80 bis 90 Prozent osteuropäischer Mitglieder sahen sich die deutschen Jüdinnen und Juden ab 1948 in der Minderheit.[31]

Das Aufeinandertreffen verschiedener religiöser Strömungen und die heterogene soziale Zusammensetzung führten zu fünf Konfliktpunkten innerhalb und außerhalb der deutschen Gemeinden. Erstens: Einige jüdische Gemeinden nahmen die osteuropäischen Jüdinnen und Juden aus den DP-Lagern in ihre Gemeinden auf, gestanden ihnen jedoch nicht dieselben Rechte zu wie ihren deutschen Mitgliedern. Beispielsweise wurden sie beim Stimmrecht für die Wahl von Gemeindevorstehern oder der Verwaltung benachteiligt. Die Gemeinden in Hannover und Augsburg weigerten sich sogar gänzlich, sogenannte Ostjuden als Mitglieder aufzunehmen, sodass zunächst zwei Gemeinden entstanden: eine deutsche Gemeinde und ein Jüdisches Komitee. Dabei stammten die Vorbehalte gegenüber osteuropäischen Jüdinnen und Juden noch aus der wilhelminischen Kaiserzeit. Der eingangs zitierte Rechtsanwalt Alfred Mayer forderte in seinem Aufruf 1946 nicht nur die Besinnung auf das Heimatrecht der deutschen Jüdinnen und Juden, sondern zugleich die Auswanderung der osteuropäischen Jüdinnen und Juden, die »durch keine Bande der Zuneigung, durch keine Pflicht der Loyalität mit diesem Lande verbunden waren«.[32] Damit sprach Mayer jenen deutschen Jüdinnen und Juden aus der Seele, die ihre liberale jüdische Tradition bzw. jüdisch-deutsche Kultur in Gefahr sahen. Ein positives Beispiel war hingegen die Münchner Jüdische Gemeinde, zu der die zwei getrennten Gemeinden in den 1950er Jahren fusionierten und in der die jüdischen DPs als Bereicherung begriffen wurden.[33]

Zweitens: Ein religiöser Konfliktpunkt war, dass die osteuropäischen DPs aus überwiegend orthodox geprägten Gemeinden kamen und sich von der liberalen Religiosität der deutschen Jüdinnen und Juden abgrenzten. Nicht selten wurden Jüdinnen und Juden mit nichtjüdischen Ehepartner*innen innerhalb von orthodoxen DP-Gemeinden diskriminiert. Die Abneigung osteuropäischer Jüdinnen

31 Brenner: Nach dem Holocaust (wie Anm. 8), S. 62 f. und Atina Grossmann/Tamar Lewinsky: Erster Teil 1945–1949. Zwischenstation. In: Brenner (Hrsg.): Geschichte der Juden in Deutschland (wie Anm. 1), S. 118 f.

32 Brenner (Hrsg.): Geschichte der Juden in Deutschland (wie Anm. 1), S. 72.

33 Brenner: Nach dem Holocaust (wie Anm. 8), S. 70 f.; Wetzel: Jüdisches Leben in München (wie Anm. 18), S. 81–96; Anke Quast: Nach der Befreiung. Jüdische Gemeinden in Niedersachsen seit 1945 – das Beispiel Hannover (Veröffentlichungen des Arbeitskreises Geschichte des Landes Niedersachsen (nach 1945), 17). Göttingen 2001, S. 79 ff. und Meinhard Tenné: Die Entwicklung der jüdischen Gemeinden in Württemberg. In: Haus der Geschichte Baden-Württemberg (Hrsg.): »Unrecht gut gedeihet nicht«, »Arisierung« und Versuche der Wiedergutmachung (Laupheimer Gespräche, 15). Heidelberg 2015, S. 71–83.

und Juden gegen deutsche, die sich in ihren Augen von der jüdischen Tradition entfernt hatten und abfällig »Jeckes« genannt wurden, hatte sich aus der Vorkriegszeit erhalten. Hinzu kamen sprachliche Unterschiede. Durch den osteuropäischen Einfluss prägte zunehmend das Jiddische die Gemeindeversammlungen, das von den deutschen Mitgliedern als »schlechtes Deutsch« diffamiert wurde.[34]

Drittens: Auch am Willen oder Unwillen, sich in die deutsche Nachkriegsgesellschaft zu integrieren, sich am demokratischen Aufbau des Landes zu beteiligen und am gesellschaftlichen Leben zu partizipieren, schieden sich in den Gemeinden die Geister. Anfangs sahen die meisten ehemaligen DPs die Gemeinden in Deutschland als Transitstation für die geplante Ausreise nach Israel an, was dazu führte, dass sie sich kaum am Gemeindeleben oder an dessen Aufbau beteiligten. Eine Zukunft in Deutschland war für sie undenkbar. Und auch unter den deutschen Jüdinnen und Juden fand die zionistische Idee viele Sympathisant*innen.

Viertens: Die vermeintlichen Schwarzmarktaktivitäten von osteuropäischen Jüdinnen und Juden wurden innerhalb der deutschen jüdischen Gemeinden und der deutschen nichtjüdischen Gesellschaft zum neuralgischen Punkt. Waren sie doch in den Augen deutscher Jüdinnen und Juden dazu geeignet, die jüdische Gemeinschaft in Deutschland in Verruf zu bringen und erneut antisemitischen Klischees Vorschub zu leisten. Zudem schlug die Diskussion über Schwarzmarktaktivitäten bei der deutschen Bevölkerung in die Kerbe der NS-Propaganda.[35] Dass die gesamte Nachkriegsgesellschaft in den illegalen Handel mit Waren involviert war, spielte dabei offenbar keine Rolle.

Fünftens: Ein weiterer Konflikt zwischen deutschen Jüdinnen und Juden und jüdischen DPs ergab sich aus der Verteilung von Hilfsleistungen internationaler Organisationen. Die United Nations Relief and Rehabilitation Administration (UNRRA, dt.: Nothilfe- und Wiederaufbauverwaltung der Vereinten Nationen) hatte die Aufgabe, die in den Mitgliedstaaten der UNO beheimateten DPs zu betreuen, zu registrieren und zu repatriieren. Ab November 1945 bzw. März 1946 war die UNRRA für die Verwaltung der DP-Lager in der amerikanischen und britischen Besatzungszone zuständig. Anfangs wurden deutsche Jüdinnen und Juden, die als deutsche Bürger*innen galten, bei den Hilfsleistungen nicht bedacht, was zu einer Konkurrenz zwischen DPs und deutschen Jüdinnen und Juden führte. Das der UNRRA unterstellte American Jewish Joint Distribution Committee (AJDC/Joint), das im Juni 1945 seine humanitäre Arbeit in den befreiten Konzentrationslagern begonnen hatte, unterstützte auch den Wiederaufbau der Gemeinden, organisierte Ausreisemöglichkeiten oder richtete Suchdienste ein.

---

34 Brenner: Nach dem Holocaust (wie Anm. 8), S. 74 f.

35 Longerich: »Davon haben wir nichts gewusst!« (wie Anm. 15), S. 211.

Ebenfalls konfliktbehaftet waren die Verhandlungen von Hilfsleistungen seitens deutscher Organisationen für die späteren DP-Gemeinden in den 1950er Jahren. So hatte in München das Bayerische Hilfswerk der Israelitischen Kultusgemeinde die Unterstützung versagt, da die Gemeinde überwiegend aus osteuropäischen Jüdinnen und Juden bestand.[36]

Entlang dieser Konfliktlinien brachen immer wieder fremdenfeindliche Vorbehalte gegenüber den osteuropäischen Immigrierten sowie antisemitische Einstellungen der nichtjüdischen Bevölkerung hervor.[37] Zudem prägten Auseinandersetzungen innerhalb der jüdischen Gemeinschaft die Anfangszeit, zum Beispiel über das Recht oder die Pflicht, als Jüdinnen und Juden wieder in Deutschland leben zu können. Das Eingangszitat Alfred Mayers macht deutlich, dass die Rückkehr nach Deutschland nicht nur Ausdruck eines National- bzw. Heimatgefühls und einer kultureller Identifikation, sondern auch des Lebenswillens und Trotzes sein konnte. Ein jüdischer Leserbrief aus dem Jahr 1946 verdeutlicht: »Ich und meinesgleichen, wir sind in Deutschland geblieben, weil wir nicht herausgehen wollten, weil uns kein Narr und Wahnwitziger, kein Verführer unserer deutschen Heimat unser Deutschland rauben sollte und konnte.«[38] Aber auch zwingende Gründe wie Alter oder Krankheit ließen den Menschen keine Wahl bei der Rückkehr. Trotz verschiedener Differenzen einte die Sche'erit Haplejta in Deutschland aber ihr Lebensmut und der Wille, neu anzufangen.

Letztlich erholten sich die jüdischen Gemeinden in den westlichen Besatzungszonen – quantitativ gesehen – schnell. Drei Jahre nach Kriegsende existierten bereits etwa 100 neue jüdische Gemeinden in Westdeutschland mit zumeist weniger als 50 Mitgliedern. In den größeren Städten wie Köln, Stuttgart und Frankfurt am Main hatten sich zu der Zeit bereits über 500 Menschen den jüdischen Gemeinden angeschlossen, München und Berlin stachen heraus mit 3.300 bzw. 8.000 Gemeindemitgliedern.[39]

---

36 Königseder/Wetzel: Lebensmut im Wartesaal (wie Anm. 2), S. 31–34 und S. 58–66; Brenner: Nach dem Holocaust (wie Anm. 8), S. 70–76 und zum Beispiel der Münchener Gemeinde Wetzel: Jüdisches Leben in München (wie Anm. 18), S. 92 f.

37 Zum Antisemitismus in der deutschen Nachkriegsbevölkerung hat Werner Bergmann bereits 1990 eine Studie mit Meinungsumfragen in der bundesdeutschen Bevölkerung zwischen 1946 und 1987 veröffentlicht. Er kam zu dem Ergebnis, das der Antisemitismus nach 1945 seine ideologische Funktion zugunsten diffuser und privater Vorurteile eingebüßt habe. Werner Bergmann: Sind die Deutschen antisemitisch? Meinungsumfragen von 1946–1987 in der Bundesrepublik Deutschland. In: Bergmann/Erb (Hrsg.): Antisemitismus in der politischen Kultur (wie Anm. 23), S. 108–130.

38 Brenner: Nach dem Holocaust (wie Anm. 8), S. 72 f., zit. nach S. 73.

39 Brenner: Nach dem Holocaust (wie Anm. 8), S. 68 f.; Haus der Geschichte Baden-Württemberg (Hrsg.): Untergang und Neubeginn (wie Anm. 5), S. 73 f.; Quast: Nach

Abb. 2 Herstellung von Matzen in einer Bäckerei in Frankfurt am Main, welche die Zerstörung durch die Nationalsozialisten überstanden hatte, ca. 1945–1948

Mit der Gründung des Staates Israel hatten im Jahr 1948 etwa 130.000 jüdische DPs Deutschland wieder in Richtung Israel verlassen, ca. 15.000 emigrierten in die USA.[40] Diejenigen, die dennoch im »Land der Täter« geblieben waren, mussten sich erklären. Für einen Großteil der jüdischen Gemeindemitglieder in der frühen Bundesrepublik hatte es ›sich so ergeben‹. Die im Einzelfall individuelle Entscheidung wurde in der Öffentlichkeit durch eine Reihe von Rechtfertigungsstrategien unterstützt, da jüdisches Leben in Deutschland von Jüdinnen und Juden weltweit nicht nur als Unmöglichkeit, sondern als Schande empfunden wurde. Aufgrund ihres schlechten Gewissens reagierten Jüdinnen und Juden in Deutschland, nach Anthony Kauders, auf zweierlei Weise auf diese Vorwürfe: Zum einen habe man sich nicht eingerichtet und das schnelle Geld dem bindenden Grundbesitz vorgezogen, was den Übergangscharakter des Aufenthalts

der Befreiung (wie Anm. 33), S. 79–87; Ludger Heid: Jüdische Gemeinden im Ruhrgebiet. »Die messianische Zeit fängt mit dem Bau eines Gotteshauses an.« In: Otto R. Romberg/Susanne Urban-Fahr: Juden in Deutschland nach 1945. Bürger oder Mit-bürger? Bonn 2000, S. 146–153; Ursula Homann: Juden in Hessen. Geschichte und Gegenwart. In: Ebd., S. 124–133; Zieher: Im Schatten von Antisemitismus und Wiedergutmachung (wie Anm. 17), S. 39–47.

40 Königseder/Wetzel: Lebensmut im Wartesaal (wie Anm. 2), S. 70–73; Brenner: Nach dem Holocaust (wie Anm. 8), S. 61 und Kauders: Unmögliche Heimat (wie Anm. 8), S. 96.

belege. Zum anderen pflegten viele Jüdinnen und Juden in Deutschland ein inniges Verhältnis zu Israel, das als Ziel einer zukünftigen Emigration galt. Die Koffer waren also schon gepackt. Seitens des Zentralrats der Juden in Deutschland (ZdJ) wurden ab den 1950er Jahren zwei weitere pragmatische Rechtfertigungen vorgebracht: Einerseits könne eine deutsche jüdische Gemeinschaft zwischen der Bundesrepublik und Israel vermitteln, andererseits seien Jüdinnen und Juden in Deutschland für den Aufbau einer belastbaren Demokratie maßgeblich. Ständige Begleiter waren für die deutschen Jüdinnen und Juden jedoch die Schuldgefühle, die der Druck der internationalen jüdischen Organisationen auf die in Deutschland Gebliebenen oder der Exilfreundeskreis auf die Zurückgekehrten evozierte.[41]

## 5. Die Rolle der Wiedergutmachung beim Neubeginn jüdischen Lebens

Für den Neuanfang jüdischen Lebens im Deutschland nach der Shoah spielten die Auseinandersetzungen um die Rückerstattung jüdischer »arisierter« Vermögenswerte eine wesentliche Rolle. Die Entschädigung nach der systematischen wirtschaftlichen Vernichtung bzw. des organisierten Raubes jüdischen Vermögens war sowohl in den westlichen als auch in der östlichen Besatzungszone nach 1945 keine Selbstverständlichkeit. Zudem gehörten die erwartete Entschädigung und vor allem die Restitution, zumindest nachgeordnet, zu den Motiven für die Rückkehr deutscher Jüdinnen und Juden aus dem Exil. Im Laufe der ersten Nachkriegsjahrzehnte sollte diese Hoffnung jedoch vielfach enttäuscht werden.[42]

Die Strategien der Alliierten zur Rückerstattung bzw. Entschädigung ergaben sich aus den jeweiligen politischen Rahmenbedingungen. Sie als moralische Konsequenz von Shoah, Krieg und Diktatur zu betrachten, greife nach Constantin Goschler in jedem Fall zu kurz. Mit dem Kriegsende kristallisierten sich zwei

---

41 Kauders: Unmögliche Heimat (wie Anm. 8), S. 15–49 und S. 131 ff., zit. nach S. 132; zur gesellschaftlichen Rolle der in Deutschland lebenden Jüdinnen und Juden siehe Michael Bodemann: Staat und Minorität. Antisemitismus und die gesellschaftliche Rolle der Juden in der Nachkriegszeit. In: Bergmann/Erb (Hrsg.): Antisemitismus in der politischen Kultur (wie Anm. 23), S. 320–331 und ausführlich dargestellt wird das Verhältnis von Jüdinnen und Juden zu Deutschland und Israel in Tamara Anthony: Ins Land der Väter oder der Täter? Israel und die Juden in Deutschland nach der Schoah (Dokumente, Texte, Materialien/Zentrum für Antisemitismusforschung der Technischen Universität Berlin, 54). Berlin 2004, hier besonders S. 27–74.

42 Brenner: Nach dem Holocaust (wie Anm. 8), S. 91 und Constantin Goschler: Schuld und Schulden. Die Politik der Wiedergutmachung für NS-Verfolgte seit 1945 (Beiträge zur Geschichte des 20. Jahrhunderts, 111). Göttingen 2005, S. 56–59.

jüdische Standpunkte heraus, die den beschriebenen Konflikt zwischen Jüdinnen und Juden in Deutschland und internationalen jüdischen Organisationen widerspiegeln. Auf der einen Seite sollte die Entschädigung von individueller Verfolgung in der Shoah geschehen. Auf der anderen Seite sollte der nationalsozialistische Angriff auf das gesamte jüdische Volk bedacht werden. Bei letzterer Position lag die zionistische Idee zugrunde, dass eine kollektive Entschädigung für die weltweite Judenheit stattzufinden habe, ab 1948 vertreten durch den Staat Israel. Die Alliierten verfolgten jedoch vor allem zwei Strategien: Reparationen als äußere Wiedergutmachung gegenüber den kriegsgeschädigten Nationen einerseits und die innere Wiedergutmachung als Entschädigung für die Opfer der NS-Verfolgung und die internationalen Fluchtbewegungen andererseits. Dabei standen die USA den Entschädigungsansprüchen am aufgeschlossensten gegenüber, da sie vor allem durch die massiven Flucht- bzw. Immigrationsbewegungen betroffen waren. Im Gegensatz dazu fokussierte sich die Sowjetunion auf Reparationen zum Wiederaufbau der eigenen Wirtschaft, was zu umfangreichen Beschlagnahmungen, auch von ehemals jüdischem Besitz, führte. Somit spiegelten die Ergebnisse des Pariser Reparationsabkommens Ende 1945 überwiegend die Haltung der westlichen Alliierten wider: Das NS-Raubgold, zusammen mit 25 Millionen US-Dollar des Auslandsvermögens des Deutschen Reiches, sollte zur Repatriierung und Rehabilitierung der Opfer des Nationalsozialismus genutzt werden. 1946 wurde präzisiert, dass davon 90 Prozent jüdischen Flüchtlingen und 10 Prozent nichtjüdischen Opfern zukommen sollten. Die Pariser Vereinbarungen trugen damit zunächst den kollektiven Wiedergutmachungsansprüchen Rechnung. Schon vor den Beschlüssen von 1945 distanzierten sich die westlichen Alliierten von einer deutschen Kollektivschuld und der damit verbundenen finanzielle Belastung der gesamten deutschen Bevölkerung. Ein demokratischer Neuaufbau Deutschlands sollte nicht durch erdrückende Reparationslasten gefährdet werden – die Folgen des Versailler Vertrages für die junge Weimarer Demokratie waren den Akteur*innen noch gut in Erinnerung; eine Überlegung, für die die meisten Opfer der Shoah kein Verständnis hatten.[43]

Anfangs bestimmten die alliierten Besatzungsmächte die Bedingungen für die Wiedergutmachung und befassten sich zunächst mit der sozialen Fürsorge der NS-Verfolgten in Deutschland. Für die Rückerstattung und Entschädigung gab es in der Anfangszeit noch lokale oder kommunale Eigeninitiativen, die zugunsten einer wachsenden gesetzlichen Regelung der Wiedergutmachungsfrage in den Hintergrund traten. Nachdem die Verhandlungen über eine deutschlandweite

43 Goschler: Schuld und Schulden (wie Anm. 42), S. 56–59. Siehe auch Forster: »Wiedergutmachung« in Österreich und der BRD im Vergleich (wie Anm. 14), S. 38 f.

und besatzungszonenübergreifende Einigung gescheitert waren, beschritten die SBZ und die westlichen Besatzungszonen unterschiedliche Wege der Wiedergutmachung: Zuerst setzte sich in der amerikanischen Besatzungszone die ›bürgerliche‹ Herangehensweise durch, die vornehmlich durch eine individualisierte Entschädigungspraxis und die Verrechtlichung der Wiedergutmachung geprägt war. Mit dem Militärregierungsgesetz Nr. 59 vom November 1947 wurde die Rückerstattung von Vermögen, das aus rassischen, politischen oder religiösen Gründen entzogen worden war, in der amerikanischen Besatzungszone geregelt. Die britische und französische Zone zogen etwas später, aber in ähnlicher Form nach. So konnte im Verlauf der 1940er und 1950er Jahre ehemals jüdisches Vermögen restituiert werden, was jedoch mit massivem Widerstand der betroffenen deutschen Nutznießer*innen einherging.[44]

In der SBZ wiederum bekamen moralisierende und klassenkämpferisch-ideologische Aspekte mehr Gewicht, sodass die Wiedergutmachung im Zuge einer »sozialistischen Eigentumsrevolution« zum Bestandteil des Systemwechsels wurde: Die bürgerlichen Gesellschafts- und Besitzvorstellungen, die nach marxistisch-leninistischer Lesart den Nationalsozialismus hervorgebracht hatten, sollten überwunden werden. In den westlichen Besatzungszonen blieb das Privateigentum bestehen, die sowjetische Besatzungsregierung hingegen verstaatlichte dieses fast vollständig und kompensierte konkrete Entschädigungsansprüche deutscher Jüdinnen und Juden durch soziale Fürsorgeleistungen. Grundlegend war dabei, dass in der SBZ jüdische Verfolgte noch hinter der Sowjetunion und den deutschen Kommunist*innen als Hauptopfer von Krieg und Faschismus rangierten. Wiederum wurden mit den Entschädigungsgesetzen der Westzonen die europäischen Jüdinnen und Juden als die zentrale Opfergruppe des Nationalsozialismus anerkannt.[45]

Einen Balanceakt für beide Besatzungsgebiete bedeuteten einerseits die Forderungen der Opfer nach Gerechtigkeit, andererseits die Integration von mehreren Millionen NS-Belasteten in die deutschen Nachkriegssysteme. Die SED-Führung betrachtete das Problem in einer sozialistischen Gesellschaftsordnung kurzerhand als gelöst und sah auch keine Notwendigkeit einer individuellen Entschädigung. Auch in Westdeutschland waren die Besatzungsmächte bemüht,

---

44 Goschler: Schuld und Schulden (wie Anm. 42), S. 122 ff. und Ders.: Die Bedeutung der Entschädigungs- und Rückerstattungsfrage für das Verhältnis von Juden und deutscher Nachkriegsgesellschaft. In: Schoeps (Hrsg.): Leben im Land der Täter (wie Anm. 10), S. 219–235.

45 Goschler: Schuld und Schulden (wie Anm. 42), S. 122 ff., zit. nach S. 112 und Jan Philipp Spannuth: Rückerstattung Ost. Der Umgang der DDR mit dem »arisierten« Eigentum der Juden und die Rückerstattung im wiedervereinigten Deutschland. Essen 2007, S. 62–67 und S. 49 f.

Entschädigungsansprüche nicht zum Vehikel für die Verhandlung individueller Schuld an NS-Verbrechen zu machen. Der Konflikt zwischen denen, die ihr Eigentum durch »Arisierungen« verloren hatten, und denen, die es als ›Deutsche‹ erworben hatten, bestand auf westdeutscher Seite noch viele Jahre fort.[46] Am Ende war die Wiedergutmachungspolitik der Alliierten in Bezug auf die jüdischen Betroffenen sowohl Ausdruck der Anerkennung als auch der Ignoranz jüdischen Leids, jüdischen Verlusts und jüdischer Versehrtheit.

In den westlichen Besatzungszonen, in denen die Etablierung eines liberalen Wirtschaftssystems und einer entsprechenden Eigentumsordnung angestrebt wurde, blieb der Umstand, dass es sich um *jüdisches* Eigentum handelte, maßgeblich für den politischen und gesellschaftlichen Umgang mit Rückerstattungs- bzw. Wiedergutmachungsfragen. Die Forderungen deutscher und internationaler jüdischer Institutionen nach Wiedergutmachung reanimierten in der öffentlichen Wahrnehmung die stereotype antisemitische Verbindung von ›den Juden‹ und Geld. Damit einher ging der Versuch, den Rückerstattungsansprüchen nach 1945 die Legitimation zu entziehen. Zudem befanden sich jüdische Entschädigungsforderungen zunehmend in einer Konkurrenz mit den Ansprüchen von Kriegsgeschädigten, Vertriebenen und Rückkehrenden aus der Kriegsgefangenschaft. Daraus folgte die Viktimisierung der durch Kriegsfolgen und (jüdische) Immigration belasteten deutschen Bevölkerung.[47]

Zu Beginn der 1950er Jahre geriet in beiden deutschen Staaten die gesellschaftliche Akzeptanz jüdischer Wiedergutmachungsforderungen ins Wanken. Mit der Verhaftung ihrer prominentesten Vertreter, Philipp Auerbach 1951 (Bundesrepublik) und Paul Merker 1952 (DDR), wurde die Arbeit der Wiedergutmachungsbehörden nachhaltig ausgebremst und im Falle Merkers in der DDR schließlich eingestellt.[48] Im Zuge der Affäre um Philipp Auerbach verlor die Wiedergutmachung

46 Goschler: Schuld und Schulden (wie Anm. 42), S. 122 ff.

47 Constantin Goschler: Zwei Wellen der Restitution: Die Rückgabe des jüdischen Eigentums nach 1945 und 1990. In: Haus der Geschichte Baden-Württemberg (Hrsg.): »Unrecht gut gedeihet nicht« (wie Anm. 32), S. 103–119, hier S. 104. Rainer Erb sieht in der westdeutschen Wiedergutmachungspolitik gar den Katalysator für die Regeneration antisemitischer Haltungen, auch durch die sich etablierende fiktive Rangfolge von unterstützungsberechtigten Opfern von Krieg und Vertreibung. Rainer Erb: Die Rückerstattung: ein Kristallisationspunkt für Antisemitismus. In: Bergmann/Erb (Hrsg.): Antisemitismus in der politischen Kultur (wie Anm. 23), S. 238–252.

48 Philipp Auerbach war bis 1952 Staatskommissar für die rassisch, religiös und politisch Verfolgten, kommissarischer Präsident des Landesentschädigungsamtes in Bayern und Direktoriumsmitglied im ZdJ. Er setzte sich für die Gründung neuer jüdischer Gemeinden ein und nutzte die anfänglich lockeren Amtsstrukturen, um in zahlreichen Einzelfällen auf unbürokratischem Weg eine, wenn auch kleine, finanzielle Entschädigung für NS-Verfolgte zu ermöglichen. Auerbach

ihren politischen Sonderstatus und kam die Frage auf, wer nun als rechtmäßiger Erbe jüdischen Eigentums auftreten solle: die deutschen Gemeinden und der ZdJ oder internationale jüdische Organisationen wie die Jewish Claims Conference? Durch die Forderungen internationaler jüdischer Organisationen nach einer globalen Entschädigung wurde, nicht nur in der deutschen Gesellschaft, dem antisemitischen Klischee eines »Weltjudentums« Vorschub geleistet.[49]

Mit dem ersten Entschädigungsgesetz in der amerikanischen Besatzungszone 1949 bzw. spätestens mit dem 1953 in Kraft getretenen Bundesentschädigungsgesetz begann für die jüdischen Anspruchsberechtigten ein oft beschwerliches bürokratisches Prozedere; auch deshalb, weil nach der Befreiung aus den KZs die wenigsten noch Ausweispapiere oder Nachweise für erfahrenen Schaden erbringen konnten und somit dem Wohlwollen der deutschen Beamten ausgeliefert waren. In der Praxis konnten die Geschädigten erst Ende der 1950er Jahre mit tatsächlichen Entschädigungszahlungen rechnen – was angesichts der teilweise prekären wirtschaftlichen Situation der jüdischen Überlebenden für Unverständnis und Verbitterung sorgte.[50]

Zur Restitution von jüdischem erbenlosem Vermögen und dessen Nutzbarmachung wurden Nachfolgeorganisationen wie die Jewish Restitution Successor Organization (JRSO) gegründet. Diese war dafür verantwortlich, die Erlöse aus dem Verkauf von ungenutztem Gemeindeeigentum oder erbenlosem Vermögen den jüdischen Überlebenden weltweit als Unterstützung zukommen zu lassen. Bei der Verteilung des erbenlosen jüdischen Vermögens traten wiederum Konfliktpotentiale zwischen den deutschen Gemeindemitgliedern und den ehemaligen DPs, die sich in Deutschland niedergelassen hatten, hervor: Die jüdischen Gemeinden mussten ihren Nachfolgeanspruch sowohl gegen die JRSO als auch

---

wurde 1952 unter anderem wegen Veruntreuung und Bestechung im Zuge seiner Tätigkeiten beim Landesentschädigungsamt zu über zwei Jahren Haft und einer Geldstrafe verurteilt. Einen Tag nach der Urteilsverkündung nahm Auerbach sich das Leben, mit der Begründung, dass ihm »Unrecht angetan« worden sei. Philipp Auerbach hatte teilweise mit unlauteren Mitteln eine Entschädigung für jüdische Opfer durchgesetzt und avancierte damit zur Zielscheibe für antisemitische Kräfte in der frühen BRD. Constantin Goschler: Der Fall Philipp Auerbach: Wiedergutmachung in Bayern. In: Ludolf Herbst/Ders.: Wiedergutmachung in der Bundesrepublik Deutschland (Schriftenreihe der Vierteljahreshefte für Zeitgeschichte, Sondernr.). München 1989, S. 77–98 und Wolfgang Kraushaar: Die Auerbach-Affäre. In: Schoeps (Hrsg.): Leben im Land der Täter (wie Anm. 10), S. 208–218. Zu Paul Merker und der Wiedergutmachungspraxis in der DDR siehe auch den Beitrag von Philipp Graf in diesem Band.

49 Brenner: Nach dem Holocaust (wie Anm. 8), S. 91–99; Goschler: Die Bedeutung der Entschädigungs- und Rückerstattungsfrage (wie Anm. 44), S. 219–235.

50 Brenner: Nach dem Holocaust (wie Anm. 8), S. 91–94.

gegen die Vertreterorganisationen der DPs, die das erbenlose Vermögen zugunsten Israels auslösen wollten, durchsetzen. Dabei sahen sich die Gemeindevorsteher teilweise dem Vorwurf ausgesetzt, keinen Anteil am Leid ihrer Glaubensgenoss*innen in Israel und der Welt zu nehmen.[51] Letztlich bildete die Frage, ob es überhaupt neue jüdische Gemeinden in Deutschland geben sollte, den Ausgangspunkt bei der jüdischen Positionierung zur Wiedergutmachungspolitik in Deutschland und fand bei dem Thema Rückerstattung und Entschädigung ihren materiellen Ausdruck.[52]

## 6. Schlussbetrachtungen

Das jüdische Gemeindeleben in Westdeutschland blieb in den Anfangsjahren fragmentiert, nur langsam entwickelten sich neue Strukturen, die Mitgliederzahlen und ihr politischer Einfluss stiegen nur langsam. Allein die religiöse Entwicklung stagnierte bis in die 1970er Jahre hinein. Bis dahin entstanden keine bedeutenden Zentren kulturellen und religiösen jüdischen Lebens in der jungen Bundesrepublik. Die jüdischen Gemeinden partizipierten an den internationalen jüdischen Debatten kaum oder wurden wenig von diesen beeinflusst. Wie auch? Erstens war die Gemeinschaft der Sche'erit Haplejta viel zu klein. Der überwiegende Teil der religiösen, kulturellen und intellektuellen jüdischen Elite war im Exil geblieben oder in den nationalsozialistischen Konzentrations- und Vernichtungslagern ermordet worden. Zweitens bildeten sich mit der Verhärtung der ideologischen Fronten und dem Beginn des Kalten Krieges in der zweiten Hälfte des 20. Jahrhunderts zwei Zentren heraus, in denen sich mit dem Erbe der Shoah auseinandergesetzt und jüdische Kultur wiederbelebt wurde: Israel und die USA. Die Gemeinden im Nachkriegsdeutschland waren in diese außereuropäischen Entwicklungen nicht eingebunden. Mit der Ermordung von ca. 180.000 und der Vertreibung von etwa 230.000 deutschen Jüdinnen und Juden bis 1945 war die jüdische Kultur in Deutschland nahezu ausgelöscht worden.[53] Zudem war den meisten jüdischen Überlebenden daran gelegen, ein neues Leben in Deutschland aufzubauen, oder sie hofften auf die Auswanderung nach Israel oder in die

---

51 Ebd., S. 94–97 und Anthony: Ins Land der Väter oder der Täter? (wie Anm. 41), S. 108–112.

52 Goschler: Die Bedeutung der Entschädigungs- und Rückerstattungsfrage (wie Anm. 44), S. 97 f.

53 Anthony Kauders stellt die Entwicklung in den genannten Zentren jüdischer Kultur in den Kontext zionistischer, kapitalistischer und kommunistischer Politik und Weltanschauung: Kauders: Unmögliche Heimat (wie Anm. 8), S. 13 f. und Königseder/Wetzel: Lebensmut im Wartesaal (wie Anm. 2), S. 9.

USA. Für viele der Gebliebenen waren ein alltägliches Leben und die Suche nach Gemeinschaft, Normalität und Heimat in den neu gegründeten Gemeinden von zentraler Bedeutung. Damit einher gingen die soziale Abschottung und die kulturelle Abgrenzung auch derer, die sich gar nicht erst in den Gemeinden registriert hatten. Für die ersten Nachkriegsjahre spricht Anthony Kauders gar von einer »antiintellektuellen« jüdischen Gemeinschaft in der Bundesrepublik.[54]

Die religiöse Isolation der jüdischen Gemeinden in Deutschland von der restlichen jüdischen Welt resultierte auch aus den Vorbehalten gegenüber dem »Land der Täter«. Dass wieder jüdisches Leben in Deutschland entstehen sollte, war für internationale jüdische Organisationen nicht oder nur schwer zu akzeptieren. Ohne die Unterstützung und den religiösen Austausch mit der Judenheit außerhalb Deutschlands waren die, im Vergleich zu vor 1933, kleinen jüdischen Gemeinden auf sich allein gestellt. Zwar gab es kulturelle Lichtblicke wie den Nachdruck des *Babylonischen Talmuds* durch jüdische DPs 1949 – das kulturelle deutsch-jüdische Leben erholte sich insgesamt jedoch nur langsam. So zeigt auch die Arbeitsweise der Jewish Cultural Reconstruction Corporation in Bezug auf jüdisches Kulturgut, wie das deutsche Judentum demontiert wurde: Die erhaltenen jüdischen Kunstsammlungen, Bibliotheken und Kultgegenstände, die sich noch nicht außerhalb Deutschlands befanden, wurden bis auf wenige Ausnahmen exportiert, um sie jüdischen Gemeinden weltweit zur Verfügung zu stellen.[55]

All dem zum Trotz richteten sich Jüdinnen und Juden in Deutschland wieder ein, gründeten Gemeinden und Familien und zeigten der Welt, »daß auch in Deutschland wieder ein kleiner Zweig des Lebensbaumes der jüdischen Geschichte im Wachsen begriffen war und bald seine ersten Knospen zeigen sollte«.[56]

---

54 Kauders: Unmögliche Heimat (wie Anm. 8), S. 14.

55 Königseder/Wetzel: Lebensmut im Wartesaal (wie Anm. 2), S. 97 f.; Brenner: Nach dem Holocaust (wie Anm. 8), S. 98–102 und Anthony: Ins Land der Väter oder der Täter? (wie Anm. 41), S. 119–127.

56 Zit. nach Brenner: Nach dem Holocaust (wie Anm. 8), S. 99.

Tobias Freimüller

# Kontinuität, Migration und Fremdheitserfahrungen

## Jüdisches Leben in Frankfurt am Main nach 1945

Frankfurt am Main war vor 1933 die deutsche Stadt mit dem höchsten jüdischen Bevölkerungsanteil, ihre jüdische Gemeinde war – nach der Berliner – die zweitgrößte in Deutschland. Rund 30.000 Einwohner, also etwa 5 Prozent der Frankfurter, waren jüdischen Glaubens, wogegen im Landesdurchschnitt die Zahl bei unter 1 Prozent lag. Vier Synagogen, drei jüdische Schulen, ein jüdisches Waisenhaus sowie Erholungsheime und Altersheime fanden sich in Frankfurt sowie eine nahezu unüberschaubare Vielzahl jüdischer Vereine und Stiftungen, in den letzten Jahren der Weimarer Republik waren es rund 500. Mit Ludwig Landmann wurde im Jahr 1925 ein Jude zum Oberbürgermeister gewählt. In dem von Franz Rosenzweig geprägten Freien Jüdischen Lehrhaus unterrichteten unter anderem Martin Buber und Siegfried Kracauer. Fast 80 Prozent des Gründungskapitals der Frankfurter Universität stammte aus jüdischer Hand, besonders prominent war das 1923 von Felix Weil gegründete Institut für Sozialforschung.[1] Im Jahr 1933 wurden 17 der 23 Warenhäuser in Frankfurt von Juden geführt, in der Textilindustrie und im Textilhandel stellten sie fast 80 Prozent der Firmeninhaber. Juden spielten eine wichtige Rolle im Frankfurter Bank- und Manufakturwesen und an der Börse. Ein Schwerpunkt jüdischer Tätigkeit war auch das Rechtswesen: 1913 waren mehr als 62 Prozent der Frankfurter Rechtsanwälte Juden. Die Bedeutung der jüdischen Bevölkerung für den Erfolg und die Prosperität der Stadt Frankfurt war ganz unbestritten.

Im Zuge der Pogrome im November 1938 wurden nahezu alle jüdischen Männer aus Frankfurt verschleppt und in Gefängnisse oder Konzentrationslager verbracht,

1 Zur Frankfurter jüdischen Geschichte vor 1933 und im »Dritten Reich« siehe Paul Arnsberg: Die Geschichte der Frankfurter Juden seit der Französischen Revolution (bearbeitet und vollendet durch Hans-Otto Schembs). Bd. 1: Der Gang der Ereignisse, Bd. 2: Struktur und Aktivitäten der Frankfurter Juden von 1789 bis zu deren Vernichtung in der nationalsozialistischen Ära, Bd. 3: Biographisches Lexikon. Darmstadt 1983; Rachel Heuberger/Helga Krohn: Hinaus aus dem Ghetto. Juden in Frankfurt am Main 1800–1950. Frankfurt am Main 1988; Monica Kingreen (Hrsg.): Nach der Kristallnacht. Jüdisches Leben und antijüdische Politik in Frankfurt am Main 1938–1945. Frankfurt am Main/New York 1999.

mehr als 2.600 von ihnen allein in das Konzentrationslager Buchenwald. Alle Synagogen wurden zerstört und mit Ausnahme der 1910 eingeweihten Westend-Synagoge abgerissen. Die Deportationen der Frankfurter Juden begannen im Oktober 1941. Mit einem letzten großen Transport wurden am 14. Februar 1945 noch einmal 191 Personen aus Frankfurt nach Theresienstadt verschleppt. Im Frühjahr 1945 war das jüdische Leben in der Stadt vollkommen zerstört. Insgesamt waren mindestens 12.000 Juden von Frankfurt aus deportiert worden, darunter vermutlich etwa 8.000 Einwohner Frankfurts.[2] Am 6. April 1945 berichtete der *Aufbau* in New York, dass 106 Juden in »sechs ›Judenhäusern‹ in dieser halb in Ruinen liegenden Stadt« Frankfurt lebten.[3]

In diesem Moment war kaum vorstellbar, dass Frankfurt nach 1945 erneut als jüdischste Stadt der Bundesrepublik gelten würde.[4] Doch die Präsenz der amerikanischen Besatzungstruppen, die in Frankfurt ihr Hauptquartier errichteten, sorgte zum einen dafür, dass sich in der Stadt schnell ein enges Netz jüdischer Institutionen und Organisationen bildete. Zum anderen war die Anwesenheit der Amerikaner auch der entscheidende Grund dafür, dass in großer Zahl jüdische Displaced Persons (DPs) aus Osteuropa nach Frankfurt gelangten.

In späteren Jahrzehnten galt Frankfurt als ein Ort, an dem in ungewöhnlicher Weise an jüdisch geprägte intellektuelle und institutionelle Vorkriegstraditionen angeknüpft werden konnte. Die Frankfurter Schule kehrte in das wiedererrichtete Institut für Sozialforschung zurück, die Psychoanalyse fand wenige Straßen entfernt im neu gegründeten Sigmund-Freud-Institut wieder eine Heimat in Deutschland. Daneben spielten sich in Frankfurt aber auch einige der aufsehenerregendsten Konflikte der deutsch-jüdischen Nachkriegsgeschichte ab. In den 1980er Jahren stritt man hier über Rainer Werner Fassbinders Theaterstück *Der Müll, die Stadt und der Tod,* das wiederum zurückging auf den Frankfurter ›Häuserkampf‹ der 1970er Jahre mit seinen antisemitischen Zwischentönen. Wenig später wurde der Börneplatz im Stadtzentrum besetzt,

---

2 Das Jüdische Museum in Frankfurt am Main verfügt über eine Datenbank, in der die Namen von 12.800 aus Frankfurt deportierten Menschen enthalten sind.

3 Die Letzten in Frankfurt a. M. (o. A.) In: *Aufbau*, 6. April 1945, S. 1 f.

4 Cilly Kugelmann: Frankfurter Nachkriegskarrieren. In: Fritz Backhaus/Raphael Gross/Michael Lenarz (Hrsg.): Ignatz Bubis. Ein jüdisches Leben in Deutschland. Frankfurt am Main 2007, S. 46–51, hier S. 46. Zur Geschichte der Juden in Frankfurt nach 1945 siehe Georg Heuberger (Hrsg.): Wer ein Haus baut, will bleiben. 50 Jahre Jüdische Gemeinde Frankfurt am Main. Anfänge und Gegenwart. Frankfurt am Main 1998; Helga Krohn: »Es war richtig, wieder anzufangen.« Juden in Frankfurt am Main nach 1945. Frankfurt am Main 2011; Alon Tauber: Zwischen Kontinuität und Neuanfang. Die Entstehung der jüdischen Nachkriegsgemeinde in Frankfurt am Main 1945–1949. Wiesbaden 2008.

Abb. 1 Mitglieder der jüdischen Gemeinde während der Einweihung der Gedenktafel für eine der 1938 durch die Nationalsozialisten zerstörte Synagogen in Frankfurt am Main, 20. März 1946

nachdem bei Bauarbeiten die Reste der Frankfurter »Judengasse« zutage getreten waren und ein heftiger Streit um den Umgang mit den Zeugnissen jüdischer Stadtgeschichte entbrannte.

Jüdisches Leben im Nachkriegsfrankfurt war in diesem Sinne zwar deutlich unterschieden von der Situation in anderen westdeutschen Großstädten. Aber es war andererseits auch typisch. Die jüdische Gemeinde, die hier entstand, war durchaus vergleichbar mit denen in Berlin, Hamburg, Düsseldorf oder München. Die Geschichte jüdischen Lebens in Frankfurt soll im Folgenden in drei thematischen Zugriffen umrissen werden: Kontinuität, Migration und Fremdheitserfahrungen.[5]

5 Dieser Beitrag beruht auf meiner Studie: Frankfurt und die Juden. Neuanfänge und Fremdheitserfahrungen 1945–1990. Göttingen 2020.

## 1. Kontinuität

Es ist einer der Ausgangspunkte der Forschung zur jüdischen Nachkriegsgeschichte, dass nach dem Massenmord an den Juden Europas die Tradition des jüdischen Lebens in Deutschland abgeschnitten und auf lange Sicht zerstört war.[6] Eine stark dezimierte jüdische Gemeinschaft blieb zwar im »Land der Täter«, doch sie war weitgehend osteuropäisch geprägt und hatte wenig gemein mit der deutsch-jüdischen Geschichte der Vorkriegszeit. Gleichwohl lassen sich auch Spuren von Kontinuitäten erkennen und Versuche identifizieren, an diese deutsch-jüdische Geschichte der Vorkriegszeit anzuknüpfen. Für die Gründerväter der Nachkriegsgemeinde in Frankfurt – vor allem für den Rechtsanwalt Max Cahn und den Kaufmann Max Meyer – stand in den ersten Nachkriegsjahren völlig außer Frage, dass eine jüdische Gemeinde 1947 nicht *neu,* sondern *wieder* gegründet werde, dass man in der Tradition der Vorkriegsgemeinde stehe. Das galt nicht nur für diejenigen Überlebenden, die – wie Meyer und Cahn – ihr Leben im Wesentlichen in Frankfurt verbracht hatten, sondern auch

6 Die Forschung zur Geschichte der Juden im Nachkriegsdeutschland ist inzwischen breit entfaltet. Siehe Tamara Anthony: Ins Land der Väter oder der Täter? Israel und die Juden in Deutschland nach der Schoah. Berlin 2014; Michael Brenner: Nach dem Holocaust. Juden in Deutschland 1945–1950. München 1995; Micha Brumlik u. a. (Hrsg.): Jüdisches Leben in Deutschland seit 1945. Frankfurt am Main 1988; Erica Burgauer: Zwischen Erinnerung und Verdrängung. Juden in Deutschland nach 1945. Hamburg 1993; Fritz Bauer Institut (Hrsg.): Überlebt und unterwegs. Jüdische Displaced Persons im Nachkriegsdeutschland. Frankfurt am Main/New York 1997; Jay H. Geller: Jews in Post-Holocaust Germany 1945–1953. Cambridge 2005; Atina Grossmann: Juden, Deutsche, Alliierte. Begegnungen im besetzten Deutschland. Göttingen 2012; Anthony D. Kauders: Unmögliche Heimat. Eine deutsch-jüdische Geschichte der Bundesrepublik. München 2007; Andreas Nachama (Hrsg.): Aufbau nach dem Untergang. Deutsch-jüdische Geschichte nach 1945. In memoriam Heinz Galinski. Berlin 1992; Otto R. Romberg/Susanne Urban-Fahr (Hrsg.): Juden in Deutschland nach 1945. Bürger oder »Mit«-Bürger. Frankfurt am Main 1999; Irmela von der Lühe/Axel Schildt/Stefane Schüler-Springorum (Hrsg.): »Auch in Deutschland waren wir nicht wirklich zu Hause«. Jüdische Remigration nach 1945 (Hamburger Beiträge zur Geschichte der deutschen Juden, 34). Göttingen 2008; Richard Chaim Schneider (Hrsg.): Wir sind da! Die Geschichte der Juden in Deutschland von 1945 bis heute. Berlin 2000; Julius H. Schoeps (Hrsg.): Leben im Land der Täter. Juden im Nachkriegsdeutschland 1945–1952. Berlin 2001; Andrea Sinn: Jüdische Politik und Presse in der frühen Bundesrepublik. Göttingen 2013; Stephanie Tauchert: Jüdische Identitäten in Deutschland. Das Selbstverständnis von Juden in der Bundesrepublik und der DDR 1950 bis 2000. Berlin 2007; als Gesamtdarstellung siehe Michael Brenner (Hrsg.): Geschichte der Juden in Deutschland von 1945 bis zur Gegenwart. Politik, Kultur und Gesellschaft. München 2012.

für jemanden wie den Rechtsanwalt Joseph Klibansky, der aus dem Exil nach Frankfurt zurückkehrte.[7]

Die Gründerväter der Nachkriegsgemeinde prägten jüdisches Leben in der Stadt zum Teil bis in die 1960er Jahre. Sie bauten die Infrastruktur auf, die neues jüdisches Leben ermöglichte, sie etablierten die Kommunikation zu Stadtverwaltung und Politik, sie stellten auch, wo dies möglich war, das Personal der Vorkriegsgemeinde wieder ein. Die Frankfurter Nachkriegsgemeinde entstand nicht als Hilfsgemeinschaft von Holocaust-Überlebenden, sondern gleichsam in der Gestalt einer jüdischen Gemeinde der Vorkriegszeit. Die deutlichste Kontinuität in Frankfurt symbolisierte der Rabbiner Leopold Neuhaus, der bis 1942 in der Stadt gelebt hatte und dann nach Theresienstadt deportiert worden war, wo er zusammen mit Leo Baeck dem Lagerältestenrat angehört hatte.[8] 1945 kehrte Neuhaus nach Frankfurt zurück und konnte als einziger Rabbiner in Deutschland sein altes Amt wieder aufnehmen.

Auch in den Frankfurter Amtsstuben ging man davon aus, es bei den in der Stadt lebenden Juden mit überlebenden Frankfurtern zu tun zu haben. Ende April 1945 wurden in einem Runderlass des Fürsorgeamtes alle Amtsvorsteher ermahnt, sich für die Betreuung der Überlebenden einzusetzen. Der Jargon holperte noch ein wenig, wenn begründend hinzugefügt wurde, dass »die Wiedereingliederung der genannten Personen in die deutsche Volksgemeinschaft [...] mit allen zur Verfügung stehenden Mitteln durchzusetzen« sei.[9] Hinter aller semantischer Verwirrung, aller Gedankenlosigkeit und Verunsicherung, die aus solchen Formulierungen sprach, war doch klar, dass man sich gedanklich in der Kontinuität einer deutsch-jüdischen bzw. frankfurterisch-jüdischen Geschichte bewegte. In diesem Geist formulierte der sozialdemokratische Oberbürgermeister Walter Kolb in seiner Neujahrsbotschaft zum Jahr 1947 auch eine explizite Aufforderung an die – vermutlich etwa 10.000 – Frankfurter Jüdinnen und Juden, die nach 1933 aus der Stadt vertrieben worden waren:

> Wir wissen alle, dass Frankfurt reich und groß wurde, nicht zuletzt durch die Leistungen und die Arbeit seiner jüdischen Mitbürger, von denen ein unsagbarer Strom des Segens und des Wohltuns ausgegangen ist. Und ich kann nur ganz schlicht die Hoffnung und die Bitte

---

7 Vgl. ausführlich zur Gründungsgeschichte der Frankfurter Jüdischen Gemeinde Tauber: Zwischen Kontinuität und Neuanfang (wie Anm. 4).

8 Tauber: Zwischen Kontinuität und Neuanfang (wie Anm. 4), S. 34; Krohn: »Es war richtig, wieder anzufangen« (wie Anm. 4), S. 40.

9 Viktora Pollmann: »Ehrenpflicht« und »Judenbetreuung«. Die Stadtverwaltung und die überlebenden Frankfurter Juden im Jahre 1945. In: *Tribüne* 44 (2005), S. 137–154, hier S. 139.

> aussprechen, an manchen der alten Frankfurter jüdischer Konfession, die ja noch im Herzen Bürger unserer Stadt geblieben sind, sich die ernsthafte Überlegung zu stellen, ob sie nicht trotz aller Not und allen Misstrauens wieder zurückkehren wollen. Wir versprechen von ganzem Herzen, Sie aufzunehmen, und sichern Ihnen feierlich zu, unser Bestes zu tun, dass Sie sich in der alten Heimat wohlfühlen werden.[10]

Diese Rede war eine seltene Geste im Nachkriegsdeutschland, die zwar zunächst folgenlos blieb, aber den Ton setzte in der Frankfurter Stadtpolitik. Die neue Jüdische Gemeinde konnte offenbar darauf zählen, dass man ihre Interessen im Römer stets einigermaßen solidarisch vertrat. Das erwies sich schließlich 1956 in besonderem Maße, als sich Frankfurt – als erste Stadt in der Bundesrepublik – sowie das Land Hessen zu einer weitreichenden Entschädigungsgeste gegenüber der Jüdischen Gemeinde, die Rückerstattung von Gemeindeeigentum und ein globales Entschädigungsabkommen betreffend, bereit fanden. Diese Vereinbarungen verschafften der Gemeinde finanzielle Sicherheit und erlaubten es, in den folgenden Jahren die Institutionen jüdischen Lebens, die jüdische Bildung und die Sozialvorsorge auszubauen. Auch die Ermöglichung der späteren institutionellen Errungenschaften jüdischen Lebens in Frankfurt bis hin zur Eröffnung des Jüdischen Museums und eines Gemeindezentrums in den 1980er Jahren standen in der Tradition der nach 1945 schnell etablierten Solidarität der Stadt mit den Juden. Selbst die Demographie schien zunächst die Vorstellung zu bestätigen, dass jüdisches Leben an die lokalen Traditionen anknüpfte. Der Anteil von Mitgliedern der neuen Frankfurter Jüdischen Gemeinde, die schon der Vorkriegsgemeinde angehört hatten, betrug Mitte 1946 immerhin mehr als 50 Prozent, die Zahl sank allerdings dann bald auf nur noch 30 Prozent im Frühjahr 1947.[11]

Neben der Stadtpolitik konnte die jüdische Gemeinschaft in Frankfurt auch auf ein Netz von Intellektuellen zählen, das um die Universität herum entstand, welche sich vergleichsweise stark um die Rückkehr von ehemals vertriebenen jüdischen Frankfurterinnen und Frankfurtern bemühte und in den ersten Nachkriegsjahren binnen weniger Jahre drei jüdische Professoren zu Rektoren machte, darunter auch Max Horkheimer. Die Rückkehr des Instituts für Sozialforschung war nur ein besonders weithin sichtbarer Leuchtturm dieser Politik.[12] Im Ergebnis existierte bald eine intellektuelle Szene in Frankfurt, die innerhalb der jungen

---

10 Oberbürgermeister Kolb zum neuen Jahr (o. A.). In: *Frankfurter Rundschau*, 21. Januar 1947. Das Manuskript der Rede Walter Kolbs ist bis heute nicht auffindbar.

11 Tauber: Zwischen Kontinuität und Neuanfang (wie Anm. 4), S. 184.

12 Monika Boll/Raphael Gross (Hrsg.): Die Frankfurter Schule und Frankfurt. Eine Rückkehr nach Deutschland. Göttingen 2009.

Bundesrepublik ihresgleichen suchte. Auch wenn dieses Netzwerk mit der Jüdischen Gemeinde kaum Berührungspunkte hatte, so prägte es doch ein Klima, in dem sich jüdisches Leben verlässlich entwickeln konnte. Dass der Emigrant Hans Mayer die Eröffnungsrede bei der Gründungsversammlung der Frankfurter Vereinigung der Verfolgten des Naziregimes hielt, die zudem in der Synagoge in der Freiherr-vom-Stein-Straße unter Teilnahme des Oberbürgermeisters Walter Kolb stattfand, symbolisierte die intellektuellen und solidarischen Bande, die sich hier entwickelten.

Das führte auch dazu, dass die Praxis der ›christlich-jüdischen Zusammenarbeit‹ in Frankfurt zwar den gleichen stark ritualisierten Formen folgte wie andernorts – eine andere Sprache als die eines feierlichen Versöhnungsdiskurses stand noch nicht zur Verfügung –, dass aber das politische, intellektuelle und moralische Gewicht der Redner, die beispielsweise im Kontext der *Wochen der Brüderlichkeit* auftraten, größer war als an anderen Orten. Ausgangspunkt dieser Politik der Solidarität und rhetorischen Versöhnung war stets die jüdische Vorkriegsgeschichte der Stadt. Da Frankfurt durch die Diskriminierung und Vertreibung der Juden einen so unermesslichen Verlust an Menschen, Institutionen und Kultur erlitten habe, leite sich daraus eine moralische Pflicht zur ›Wiedergutmachung‹ ab, zur ›christlich-jüdischen Zusammenarbeit‹ und zur Toleranz. Diese offizielle Versöhnungspolitik ignorierte damit allerdings systematisch, dass die neue Jüdische Gemeinde mit der Vorkriegsgemeinde personell kaum noch etwas zu tun hatte.

Als sich die Stadt Frankfurt in den frühen 1960er Jahren darauf besann, über die Gedenkveranstaltungen zum 9. November und die *Wochen der Brüderlichkeit* hinaus auf die Frankfurter Juden zuzugehen, wandte man sich nicht an die Jüdische Gemeinde in Frankfurt, sondern an die Frankfurter Juden im Exil. Eine Nachfrage bei der Jüdischen Gemeinde nach deren Namen und Adressen erwies, dass die Gemeinde keine Informationen über die Frankfurter im Ausland hatte. Daraufhin schaltete die Stadt Frankfurt im New Yorker *Aufbau* und in mehreren Zeitungen in Israel Annoncen, in denen man die ehemaligen Frankfurter dazu aufforderte, sich zu melden. Wer dies tat (und es taten über 1.000 Menschen), erhielt fortan in regelmäßigen Abständen Buchsendungen oder ähnliche Aufmerksamkeiten aus der alten Heimat.[13] In den 1960er und 1970er Jahren intensivierten sich in diesem Sinne die Bemühungen der Stadt um die ehemaligen Frankfurter Juden im Exil, während die Frankfurter Gemeinde dabei im Abseits stand.

13 Vermerk, 06.04.1962, Institut für Stadtgeschichte, Frankfurt am Main, Magistratsakten, 1.075.

## 2. Migration

Schon bald nach Kriegsende zeigte sich, dass zwar in vieler Hinsicht eine Kontinuität zur jüdischen Vorkriegsgeschichte angestrebt wurde, dass diese aber tiefe Brüche haben musste. Ausgerechnet Rabbiner Leopold Neuhaus, der als Person für die Wiederanknüpfung stand, schrieb Ende 1945 an einen Freund, er und seine Frau hätten die Absicht, »sobald es möglich ist, zu unseren Kindern nach New York auszuwandern. Auf keinen Fall bleiben wir hier in Frankfurt/M., um mit den Nazis weiter dieselbe Luft zu atmen.«[14] Für die Mitglieder der Jüdischen Gemeinde in Frankfurt völlig überraschend, verließ das Ehepaar im Sommer 1946 die Stadt und ging in die USA, wo der 67-jährige Neuhaus aber nicht mehr Fuß fassen konnte. Er fand keine Anstellung und starb 1954 völlig verarmt.

Als Nachfolger in Frankfurt wurde der Rabbiner Wilhelm Weinberg gewonnen, der gebürtig aus Galizien stammte, aber schon als junger Mann nach Berlin gekommen war. Doch auch Weinberg verließ Frankfurt schon 1951. Sein Abschied war ein noch größerer Paukenschlag als die Demission von Neuhaus. In seiner Abschiedspredigt las Weinberg den Deutschen so deutlich die Leviten, dass der vertretungsweise entsandte Bürgermeister Dr. Walter Leiske dem Oberbürgermeister Walter Kolb nur konsterniert berichten konnte, dass zwar Weinbergs »Ansprache gegen das Wiederaufleben des Neo-Faschismus und des Antisemitismus« durchaus »wohlbegründet« gewesen sei, »nur haben wohl alle Hörer das Empfinden gehabt, dass diese Anklagen in dieser Schärfe und in dieser übertriebenen Vergrößerung [sic] nicht recht in den Rahmen der Abschiedsrede passten«. Weinberg, der seinen Abschied mit der Sorge um die Erziehung seiner Kinder begründete, sagte, er verlasse »dieses Land mit Verbitterung«.[15] Es war also nicht die oft betonte kulturelle Kluft zwischen überlebenden deutschen Juden und den nach 1945 in großer Zahl nach Westen strömenden jüdischen Displaced Persons aus Osteuropa, die die Frankfurter Rabbiner alsbald an ihrer Aufgabe verzweifeln ließ, sondern ihr Empfinden, in einer ihnen unbekannten und fremden Stadt zu wirken, bedroht von einem latenten und wieder anwachsenden Antisemitismus.

Die jüdische Gemeinschaft in der Stadt hatte sich gegenüber der Gemeinde, die Neuhaus aus den 1930er Jahren kannte, völlig verändert: nicht nur durch die weitgehende Vertreibung und Vernichtung der jüdischen Bevölkerung, sondern

14 Brief von Neuhaus vom 05. 11. 1945, zit. nach Tauber: Zwischen Kontinuität und Neuanfang (wie Anm. 4), S. 165.

15 Walter Leiske an Walter Kolb, 12. 11. 1951, Institut für Stadtgeschichte, Frankfurt am Main, Magistratsakten, 5.800.

auch infolge einer massiven Migration nach 1945. Auch in Frankfurt gab es ein großes Lager für jüdische Displaced Persons, das im Stadtteil Zeilsheim eingerichtet wurde.[16] Um dieses Lager herum entstand ein veritabler Schwarzmarkt und es waren nicht zuletzt die sich daraus ergebenden Konflikte, die das Lager immer wieder in die Schlagzeilen brachte. Wie andernorts, so blieb auch in Frankfurt ein Teil der DPs, die doch eigentlich in einem »exterritorialen Amerika«[17] wie in einem »Wartesaal«[18] auf ihre Ausreise nach Israel oder in die USA warteten, auch dann noch in Deutschland, als sich die Grenzen der Auswanderungsländer 1948 öffneten.

Schon 1945 hatte sich im Lager Zeilsheim ein Komitee der befreiten Juden, Zeilsheim bei Frankfurt gebildet, zudem existierte in der Stadt das Komitee der befreiten Juden in Frankfurt am Main. Diese Parallelstruktur zur jüdischen Gemeinde war erst beendet, als 1949 die Gemeinde auch offiziell mit den DP-Vertretungen fusionierte. Bereits zuvor hatten sich die Mitgliedschaften vermischt; die Gemeinde nahm durchaus auch »Ostjuden« auf, wenn sie bereits vor dem Krieg in Deutschland, wie es hieß, »verbürgerlicht« worden waren. Das bedeutete freilich nicht, dass es nicht auch in Frankfurt den Konflikt gab zwischen »hoch assimilierte[n] Juden deutscher Herkunft, oft mit höherer Bildung, doch mit geringen Kenntnissen jüdischer Tradition und typischerweise in höherem Alter; in scharfem Kontrast dazu die relativ jungen, zumeist polnischen oder baltischen Juden, oft tief in jüdischen Traditionen verwurzelt und mit geringer, meist durch den Krieg unterbrochener Schulbildung«.[19]

Jüdisches Leben nach 1945 war von Beginn an tief geprägt durch andauernde Migrationsbewegungen. In der zweiten Hälfte der 1950er Jahre verzeichnete man eine massive Zuwanderung in die Bundesrepublik, nachdem das Bundesentschädigungsgesetz von 1956 eine Soforthilfe von 6.000 D-Mark vorsah, was für viele Juden in aller Welt, und nicht zuletzt in Israel, einen entscheidenden Anstoß bildete, in die Bundesrepublik zu kommen. Viele hatten sich in dem Wüstenstaat, der mit existentiellen wirtschaftlichen Problemen kämpfte, nicht etablieren können. Mancher wollte die eigenen Ansprüche auf ›Wiedergutmachung‹ nicht mehr auf dem Luftpostweg verfolgen, andere sahen womöglich die Demokratie

16 Jim G. Tobias: Zeilsheim. Eine jüdische Stadt in Frankfurt. Nürnberg 2011.

17 Cilly Kugelmann: Zur Identität osteuropäischer Juden in der Bundesrepublik. In: Brumlik u. a. (Hrsg.): Jüdisches Leben in Deutschland (wie Anm. 6), S. 177–181, hier S. 178.

18 Angelika Königseder/Juliane Wetzel: Lebensmut im Wartesaal. Die jüdischen DPs (Displaced Persons) im Nachkriegsdeutschland. Frankfurt am Main 1994.

19 Y. Michal Bodemann: Staat und Ethnizität. Der Aufbau der jüdischen Gemeinden im Kalten Krieg. In: Brumlik u. a. (Hrsg.): Jüdisches Leben in Deutschland (wie Anm. 6), S. 49–69, hier S. 53.

in der Bundesrepublik als inzwischen so gefestigt an, dass man seinen Lebensabend wieder in der deutschen Heimat verbringen konnte. Von mehr als 6.000 Juden, die nun in die Bundesrepublik zogen, kamen zwei Drittel aus Israel. Nach Frankfurt übersiedelten bis Ende 1958 1373 Juden (soweit sie Gemeindemitglieder wurden), 840 von ihnen kamen aus Israel. Nur sehr wenige der Zuwanderer hatten früher bereits einmal in Frankfurt gelebt, immerhin 62 Prozent der Rückwanderer besaßen die deutsche Staatsangehörigkeit.[20]

Diese Zuwanderungswelle veränderte die jüdische Gemeinschaft vor Ort erneut. Viele der Neuankömmlinge hatten zwar einen deutsch-jüdischen Hintergrund, aber unterschiedlich lange in Israel gelebt.[21] 1968 erlebte die Bundesrepublik eine Immigrationswelle von Juden nach der Niederschlagung des Prager Frühlings; seit den 1970er Jahren gab es immer wieder Zuwanderung von Juden aus der Sowjetunion.[22] Die Juden in Frankfurt dürften das mobilste Segment der Stadtbevölkerung gewesen sein. Damit schien der Dualismus zwischen deutschen Juden und ehemaligen Displaced Persons zunehmend zu verschwimmen.

Als die Frankfurter Gemeinde Ende der 1950er Jahre eine Befragung durchführte, durch die man sich Aufschluss über »Lage und [...] Bedürfnisse der Personen über 60 Jahre in der jüdischen Gemeinde Frankfurt/Main« erhoffte, waren die jungen Interviewer durchaus überrascht, als sie nach der Durchführung von 20 Interviews feststellten,

> dass wir ein Problem übersehen hatten, das wohl als ein spezifisches Problem in Deutschland lebender Juden betrachtet werden darf und auch in den Problemkomplex der alten Menschen hineinreicht, nämlich den tiefen Gegensatz zwischen den in Deutschland geborenen und dort verbliebenen oder dorthin zurückgekehrten Juden und den Ostjuden. Die überwiegende Mehrheit der deutschgeborenen Interviewten gab immer wieder ihrer Ablehnung der Ostjuden Ausdruck, und zwar sowohl des gesellschaftlichen Verhaltens als auch der religiösen Gebräuche der Ostjuden, und begründete zum Teil ihre mangelnde Teilnahme am jüdischen Gemeindeleben mit ihrer Abneigung, mit dem ostjüdischen Element zusammenzutreffen.[23]

20 Harry Maor: Über den Wiederaufbau der Jüdischen Gemeinden in Deutschland seit 1945. (Diss.) Mainz 1961, S. 44 f.

21 Dan Diner: Im Zeichen des Banns. In: Brenner (Hrsg.): Geschichte der Juden in Deutschland (wie Anm. 6), S. 15–66, hier S. 46.

22 Constantin Goschler/Anthony Kauders: Dritter Teil. 1968–1989. Positionierungen. In: Brenner (Hrsg.): Geschichte der Juden in Deutschland (wie Anm. 6), S. 295–378, hier S. 300.

23 Charlotte Roland: Bericht über die Untersuchung der Lage und der Bedürfnisse der Personen über 60 Jahre in der Jüdischen Gemeinde Frankfurt, hektogr. Frankfurt am Main 1959, S. 26 f.

Um die Lage und die Bedürfnisse der jüdischen Seniorinnen und Senioren systematisch zu erfassen, teilte die Studie die Interviewten in drei Gruppen ein: Eine *K1* genannte Gruppe bestand aus Akademikern und Kaufleuten, entweder wohlsituiert oder mit »ausreichendem Einkommen« und mehrheitlich mit deutsch-jüdischem Hintergrund. Die Angehörigen dieser Gruppe waren, so hieß es, »sozial befriedigend eingeordnet«. Die Angehörigen der Gruppe *K2* waren zumeist Angestellte, kleine Kaufleute und Fabrikanten, sie waren mehrheitlich in Deutschland geboren und verfügten über ein »ausreichendes Einkommen«. Sie waren »sozial unbefriedigend eingeordnet«. Die Gruppe *K3* dagegen bestand mehrheitlich aus Menschen »ostjüdischer« Herkunft, teils mit unzureichendem Einkommen, teils auch wohlsituiert, allerdings »sozial isoliert«. Nahezu die Hälfte der Angehörigen der letzten Gruppe litt unter körperlichen und seelischen Erkrankungen.

Die Lage der jüdischen Senioren in Frankfurt entschied sich, so ergab die Studie, wesentlich entlang der Frage, ob sie ein soziales Umfeld hatten oder nicht. Angehörigen höherer Bildungsschichten und den ›Altfrankfurtern‹ fiel es leichter, sich ein solches Umfeld zu schaffen, insbesondere da sich Letztere, ungeachtet aller Katastrophen, immer noch oder wieder in ihrer angestammten Lebenswelt bewegten. Die oftmals vollkommen vereinsamten, schwer traumatisierten alten Menschen, die ohne jeden sozialen Kontakt lebten, waren die Entwurzelten, die Vertriebenen. Um sie kümmerte sich zwar der Sozialdienst der jüdischen Gemeinde, doch diese Betreuung muss man sich, gemessen an heutigen Standards, als bestenfalls rudimentär vorstellen.

Die jungen Soziologen, die die Befragung durchführten und auswerteten, diagnostizierten am Ende eine »Gruppenrivalität«[24] zwischen deutschen Juden und Juden aus Osteuropa. Sie hielten fest, dass sich die Befragten allenfalls in einem Punkt einig waren, nämlich darin, dass sich die jüdische Gemeinde zu wenig um die jeweiligen Belange kümmere – ohne dass die Befragten, wie die Interviewer anmerkten, immer hätten sagen können, worin dieses Kümmern hätte bestehen sollen.

Der Gegensatz zwischen deutschen Juden und ehemaligen DPs, den die Interviewer unter den älteren Gemeindemitgliedern identifizierten, scheint in den Protokollen der Vorstands- und Gemeinderatssitzungen nur selten auf. Als sich ein Gemeindemitglied in einer Ratssitzung 1962 zu der Äußerung hinreißen ließ: »Ihr polnischen Juden habt in Frankfurt gar nichts zu suchen; geht dahin, wo Ihr hergekommen seid«, sah sich die Gemeinde veranlasst, in einer Erklärung »jede Herabsetzung von Gemeindemitgliedern hinsichtlich ihrer Geburts- oder Herkunftsorte schärfstens« zu verurteilen:

---

24 Ebd., S. 73.

> Die Nazi-Verfolgung, der Krieg und die Nachkriegszeit haben die Juden aus vielen Gegenden Europas vertrieben, deportiert bzw. zur Auswanderung gezwungen. Jeder Jude hat in jeder jüdischen Gemeinde das Recht der Mitgliedschaft mit gleichen Rechten und Pflichten wie die Ortsansässigen und darf weder wegen Herkunft oder Geburtsortes [sic] noch etwa gewohnter anderer Gebräuche oder Mundarten irgendwie benachteiligt oder gekränkt werden. Die in Frankfurt Geborenen und dort wieder Ansässigen sollten sich darüber freuen, daß ihnen das bittere Los des zwangsweisen Umzugs erspart wurde.[25]

Vorbehalte gegenüber »Ostjuden« und Ressentiments gegenüber Ausländern fanden ihren gemeinsamen Ausdruck auch in der nichtjüdischen Bevölkerung. Schon die Displaced Persons im Lager Zeilsheim wurden vielfach nicht in erster Linie als Opfer des Holocaust, sondern als »polnische Flüchtlinge«, wenn auch durchaus als Juden wahrgenommen. Diese Haltung gegenüber den ehemaligen Displaced Persons flammte in Frankfurt wieder auf, als sich einige der im ›Stadterweiterungsgebiet Westend‹ tätigen Immobilienunternehmer 20 Jahre später als Juden und Zugewanderte entpuppten.

## 3. Fremdheitserfahrungen

Die »zirkulierende Migration«,[26] die die jüdischen Gemeinden in der Bundesrepublik kennzeichnete, war in Frankfurt besonders stark und sorgte dafür, dass fast alle ihrer Angehörigen fremd am jeweiligen Ort waren. Diese Fremdheitserfahrung ließ sich nur von wenigen ins Positive wenden – so wie Daniel Cohn-Bendit das tat, der seine ruhelose Existenz zwischen Frankreich, Deutschland und anderen europäischen Ländern als Zustand eines Heimatlosen und sich selbst als »Paria«[27] charakterisierte. Seine Zugehörigkeit zum Judentum entstand in seiner Lesart überhaupt erst aus der Wahrnehmung der Heimatlosigkeit und dem Gefühl der Zugehörigkeit zu einer übernationalen Gemeinschaft.

Aber es war längst nicht nur die Folge von Migration, dass jüdische Geschichte in Westdeutschland in hohem Maße eine Geschichte von Fremdheitserfahrungen

25 Protokoll der Gemeindemitgliederhauptversammlung, 18. 11. 1962; Rundschreiben des Gemeindevorstands, G. an Vorstand, 21. 11. 1962, Zentralarchiv zur Erforschung der Geschichte der Juden in Deutschland, Heidelberg, B 1/13 (Jüdische Gemeinde Frankfurt), 02 699 (Mitgliederversammlungen 1959–1963).

26 Goschler/Kauders: Positionierungen (wie Anm. 22), S. 299.

27 Rede Daniel Cohn-Bendits. In: Kulturreferat der Landeshauptstadt München (Hrsg.): Reden über das eigene Land: Deutschland. Herbert Achternbusch, Cordelia Evardson, Daniel Cohn-Bendit, Stephan Hermlin. München 1986, S. 61–90, hier S. 67.

war. Auch der Holocaust stand der Begegnung von Juden und Nichtjuden, allen Bemühungen um ›christlich-jüdische Zusammenarbeit‹ zum Trotz, auf lange Zeit im Wege. Zwar kehrte das Thema der nationalsozialistischen Vergangenheit seit den späten 1950er Jahren massiv zurück – in den öffentlichen Diskurs der Bundesrepublik und auch in die Frankfurter Stadtöffentlichkeit. Doch es blieb bei Anstößen. Die Juden in Frankfurt spürten wenig von der neu erwachten Aufmerksamkeit für die Geschichte des »Dritten Reiches«. Ungeachtet der Tatsache, dass junge Juden in ihren Schulen neue, ganz unterschiedliche und widersprüchliche Erfahrungen machten und dabei durchaus auch erlebten, wie Lehrer eindrücklich und kritisch den Nationalsozialismus thematisierten – ein eingehendes Interesse für die Geschichten, die die Generation der Überlebenden noch hätte erzählen können, blieb aus. Das Schweigen auch innerhalb der Familien wurde nicht gebrochen. So sehr man sich auch mit dem Schicksal des Frankfurter Mädchens Anne Frank beschäftigen und identifizieren konnte, so wenig wollte man wissen von dem älteren jüdischen Überlebenden in der Nachbarschaft. Die jüdischen Familien blieben allein mit ihren seelischen Belastungen. Ein Bewusstsein für die ›Opferperspektive‹ war in den 1960er bis 1980er Jahren noch kaum vorhanden.

Die sich langsam aufbauende Bereitschaft vieler Westdeutscher, sich mit der deutschen ›jüngsten Vergangenheit‹ auseinanderzusetzen, fand ein Ventil in einem Philosemitismus, der mit der realen jüdischen Bevölkerung wenig oder nichts zu tun hatte. Diese Distanz bestand nicht nur hinsichtlich des Themas des Holocaust. Auch wer an die jüdische lokale Geschichte und Tradition erinnern wollte, war in den 1970er Jahren ein einsamer Rufer. So erging es dem in Frankfurt geborenen Paul Arnsberg, der nach einem turbulenten Lebensweg als Zionist, Journalist und Jurist 1958 aus Israel nach Frankfurt zurückkehrte und von nun an so etwas wie das jüdische Gedächtnis der Stadt war und beeindruckende Publikationen zur Frankfurter jüdischen Geschichte geradezu im Alleingang auf die Beine stellte.[28] Arnsberg, der heute in Frankfurt als wichtige Gestalt der Stadtgeschichte und jüdischer Historiker gesehen wird, war zu seinen Lebzeiten für viele ein Störfaktor, ein Enfant terrible.

Arnsberg wurde nicht hinzugebeten, als in den frühen 1960er Jahren eine prominent besetzte Kommission zur Erforschung der Geschichte der Frankfurter Juden gebildet wurde, die unmittelbar mit ihrer Arbeit begann und die sich unter anderem auf einige Vorarbeiten ihres stellvertretenden Leiters Dietrich Andernacht stützen konnte, der als Stadtarchivar schon seit längerem mit der Sammlung einschlägiger Quellen begonnen hatte. Die von Andernacht angelegten

28 Zu Arnsberg siehe Arnsberg: Die Geschichte der Frankfurter Juden (wie Anm. 1), S. 22ff.

Bestände – eine Fotosammlung, eine Sammlung von Erinnerungsberichten Frankfurter Juden, eine Mitgliederkartei der Jüdischen Gemeinde, eine Kartei jüdischer Firmen in Frankfurt und eine Bibliothek – sollten gut 20 Jahre später zu einem wichtigen Grundstein der Bestände des Frankfurter Jüdischen Museums werden. Binnen kürzester Zeit konnte die Kommission einen ersten Quellenband vorlegen. Dieser behandelte bemerkenswerterweise nicht, wie man hätte erwarten können, die Geschichte der Juden in Frankfurt vor 1933, sondern umfasste die Jahre 1933 bis 1945.[29] Erst anschließend erschien eine Reihe autobiographischer Publikationen und eine Bibliographie zur Geschichte der Frankfurter Juden.

Die Jüdische Gemeinde blieb von der allmählich beginnenden Auseinandersetzung der Deutschen mit dem Nationalsozialismus seltsam entkoppelt. Die Rhetorik der deutsch-jüdischen bzw. der ›christlich-jüdischen‹ Zusammenarbeit und Versöhnung in Toleranz veränderte sich bis in die späten 1980er Jahre nicht merklich. Friedhofsschändungen als Indikatoren eines nicht nur im Privaten fortwirkenden, sondern geradezu zur Tat drängenden Antisemitismus kehrten in Wellen immer wieder.[30]

Die Arbeit der Gemeindeführung richtete sich weniger nach außen und auf einen Dialog mit der nichtjüdischen Stadtbevölkerung, sondern auf die Integration ihrer äußerst heterogenen Mitgliedschaft. Das bedeutete in erster Linie – neben dem Ausbau von Gemeinde- und Versorgungsinstitutionen – eine stärkere Berücksichtigung der Bedürfnisse der nach 1945 zugewanderten Mitglieder aus Osteuropa und damit ging einher, dass der prägende Einfluss der deutsch-jüdischen Gemeindegründer eher schwand. Dass man beispielsweise, wie es in den ersten Nachkriegsjahren vorgekommen war, Schreiben in hebräischer Schrift, die die Gemeinde erreichten, als unleserlich zurückschickte,[31] war jetzt undenkbar. Nicht mehr die ›Altfrankfurter‹ gaben den Ton an, die Orientierung richtete sich mehr und mehr auf Israel und auf die Lebenswelt der Mitglieder mit osteuropäischen Wurzeln.

Dafür erwies sich der neue Rabbiner, den man 1954 gewinnen konnte, als Glücksgriff. Nachdem Leopold Neuhaus und Wilhelm Weinberg Frankfurt enttäuscht und verbittert verlassen hatten, fand man nun mit dem aus Ostgalizien stammenden Isaac Emil Lichtigfeld einen Nachfolger, der alle Gruppen in der

---

29 Kommission zur Erforschung der Geschichte der Frankfurter Juden (Hrsg.): Dokumente zur Geschichte der Frankfurter Juden 1933–1945. Frankfurt am Main 1963.

30 Andreas Wirsching: Jüdische Friedhöfe in Deutschland 1933–1957. In: *Vierteljahrshefte für Zeitgeschichte* 50 (2002), 1, S. 1–40.

31 Tauber: Zwischen Kontinuität und Neuanfang (wie Anm. 4), S. 173.

jüdischen Gemeinschaft ansprechen konnte.[32] Lichtigfeld hatte in Frankfurt studiert und im Ersten Weltkrieg in der deutschen Armee gekämpft, jetzt kam er als britischer Staatsangehöriger nach Frankfurt zurück und wurde zu einer dominierenden Gestalt jüdischen Lebens. Er bekannte sich klar zu einer unbedingten Unterstützung Israels – das immer mehr als »Identitätsersatz« (Dan Diner) fungierte.[33] Lichtigfeld verzichtete aber darauf, die älteren Gemeindemitglieder offensiv zur Auswanderung aufzufordern. Wohl aber suchte er die nachwachsende zweite Generation zur Übersiedlung nach Israel zu erziehen. Streng und geduldig versuchte Lichtigfeld Disziplin und Ordnung im Gottesdienst durchzusetzen, gleichzeitig ging er aber einen Schritt auf die Juden aus Osteuropa zu, indem er seit 1956 im Gottesdienst von dem traditionellen Frankfurter Brauch (hebr.: Minhag) abwich. Aller heftigen Kritik zum Trotz blieb der Rabbiner bei dieser symbolischen Opferung Frankfurter Traditionen im Sinne der religiösen und sozialen Integration.

Vordergründig schien das wenig Erfolg zu haben. Der Besuch der Gottesdienste war und blieb beklagenswert gering;[34] das jüdische Leben schien in den 1960er Jahren immer schneller zu erodieren. Die Gemeinde war nicht nur überaltert, sondern sah sich auch durch immer mehr »Mischehen« bedroht und zu allem Überfluss beobachtete man seit den späten 1960er Jahren auch eine steigende Zahl von Austritten, hinter denen man als Motiv vermutete, dass die Betreffenden schlicht keine Gemeindesteuern mehr zahlen wollten. Gleichwohl hielt Lichtigfelds Integrationskurs die Gruppierungen in der Gemeinde vermutlich durchaus zusammen. Immerhin konnte man in einer optimistischen Lesart feststellen, dass prozentual auch vor 1933 nicht mehr Gemeindemitglieder in die Synagoge gegangen waren.[35]

Fremdheitserfahrungen prägten jüdisches Leben nicht nur innerhalb der Gemeinde und in dem oftmals distanzierten Verhältnis der Mitglieder zur jüdischen Religion und Kultur. Auch das Fremdheitsgefühl gegenüber der Bundesrepublik nahm bei vielen offenbar nicht ab. 1977 gaben 92 Prozent der Juden in Westdeutschland an, sich nicht als Deutsche zu verstehen. Auch von denjenigen, die

32 Vgl. zu Lichtigfeld ANDREAS BRÄMER: »Die Rückkehr eines Rabbiners nach Deutschland ist keine Selbstverständlichkeit.« Zur Remigration jüdischer Geistlicher nach Westdeutschland (1945–1965). In: VON DER LÜHE/SCHILDT/SCHÜLER-SPRINGORUM: »Auch in Deutschland waren wir nicht wirklich zu Hause.« (wie Anm. 6), S. 169–189, besonders S. 178–182.

33 DAN DINER: Negative Symbiose. Deutsche und Juden nach Auschwitz. In: BRUMLIK u. a. (Hrsg.): Jüdisches Leben in Deutschland (wie Anm. 6), S. 243–257, hier S. 253.

34 WALTER W. JACOB OPPENHEIMER: Jüdische Jugend in Deutschland. München 1967, S. 52–55.

35 BRENNER: Nach dem Holocaust (wie Anm. 6), S. 107.

in Deutschland geboren waren, äußerten sich 82 Prozent in diesem Sinne. 84 Prozent der Befragten, und über 90 Prozent der jüngeren unter ihnen, gaben an, in der Bundesrepublik keinerlei Heimatgefühl zu verspüren.[36] Das war tatsächlich ein Rückschritt gegenüber älteren Befragungen. Zwar hatte die zweite Generation der Juden im Nachkriegsdeutschland eine sehr viel größere Chance als die Generation der Überlebenden, über die Institutionen des deutschen Bildungswesens, über Kontakte zu nichtjüdischen Gleichaltrigen und über die Teilnahme an der Freizeit- und Konsumwelt des Westens ein inneres Verhältnis zu dem Land zu entwickeln, in das ihre Eltern nach 1945 gelangt waren. Doch auch viele Angehörige der zweiten Generation taten sich außerordentlich schwer, einen Platz zu finden zwischen Deutschland und Israel, Familiengeschichte und Holocaust-Erinnerung.[37]

Die sogenannte Jüdische Gruppe Frankfurt, die sich in den späten 1970er Jahren als ein Diskussionszirkel über die Themen des jüdischen Selbstverständnisses, des Verhältnisses zu Israel und zur Generation der Eltern zusammenfand, verkörperte die komplizierte Situation der zweiten Generation der Juden im Nachkriegsdeutschland.[38] In Frankfurt gingen aus dieser Generation auffällig viele Intellektuelle hervor, die in den 1980er Jahren auch die geschichtswissenschaftliche Bearbeitung jüdischer Nachkriegsgeschichte anstießen. Bei näherem Hinsehen fiel es aber auch Micha Brumlik, Dan Diner, Cilly Kugelmann und anderen nicht leicht, ein Verhältnis zum Nachkriegsdeutschland zu entwickeln. Sehr viele Angehörige dieser Alterskohorte gingen in den späten 1960er Jahren zeitweise nach Israel – und kehrten zumeist desillusioniert nach Frankfurt zurück.

Für einige Zeit sah es so aus, als könnte das Feld der politischen Linken eine Sphäre sein, in der man mit den nichtjüdischen Altersgenossen gemeinsam die Vergangenheit hinter sich ließ. Doch die Hinwendung der westdeutschen Linken zu den palästinensischen Befreiungsbewegungen und ihre zunehmend antisemitisch konnotierte Israelkritik erschwerten den Dialog, ehe er noch recht begonnen hatte. In Frankfurt verschränkte sich dieser Konflikt zudem mit dem ›Häuserkampf‹ im Westend, der in den frühen 1970er Jahren zuweilen in regelrechten Straßenschlachten eskalierte und in dem antisemitische Untertöne unüberhörbar waren. Angesichts der – von der Stadt vorangetriebenen und von den Banken finanzierten – Umgestaltung des Viertels zum Cityerweiterungsgebiet machte sich

36 Doris Kuschner: Die jüdische Minderheit in der Bundesrepublik Deutschland. (Diss.) Köln 1977, S. 126, 134 f., 172.

37 Lea Fleischmann: Dies ist nicht mein Land. Eine Jüdin verlässt die Bundesrepublik. Hamburg 1980.

38 Shila Khasani: Oppositionelle Bewegung oder Selbsterfahrungsgruppe? In: Susanne Schönborn (Hrsg.): Zwischen Erinnerung und Neubeginn. Zur deutsch-jüdischen Geschichte nach 1945. München 2006, S. 160–177.

seit den 1960er Jahren die Wut sowohl des Frankfurter Bürgertums – in Gestalt einer Bürgerinitiative – als auch der jetzt entstehenden linken Hausbesetzerszene nicht ausschließlich, aber doch in deutlich wahrnehmbarem Maße an der Tatsache fest, dass unter den Immobilienhändlern auch Juden waren. Die Debatte um die jüdischen »Spekulanten« im Westend war das verstörendste Kapitel in der deutsch-jüdischen Nachkriegsgeschichte.[39]

Die Frankfurter Presse hielt sich in den frühen 1960er Jahren mit der Nennung der Namen von Investoren und Bauherren ebenso wenig zurück, wie sie das nach 1945 mit Berichten über Kriminalität und Schwarzhandel im Milieu der Displaced Persons getan hatte. Die Namen der jüdischen Immobilienhändler waren bekannt. Ignatz Bubis gehörte ebenso dazu wie Moses Korn, der Vater von Salomon und Benjamin Korn. Der Schriftsteller Gerhard Zwerenz beschrieb in einem *Bericht aus dem Landesinneren – City Strecke Siedlung* das »profitable Vernichtungsunternehmen«[40] der Immobilienhändler und räsonierte darüber, dass sich darunter auch Juden fanden:

> Juden kenne ich, die reden wie Juden, sehen aus wie Juden, verdienen wie Juden und denken nicht wie Juden. Es sind Nachkommen einer alten Rasse und großen Klasse, aber ich kenne sie nicht wieder und frage mich, wie es passieren konnte, dass jene Rasse- und Klasse-Leute, die einen Marx, Heine, Tucholsky hervorgebracht haben, sich derart ins Kleine, Mittelmäßige und Rechte wenden. [...] Eine Lehre aus den Gaskammern oder den Schneid abgekauft, wo seid ihr, Genossen, Brüder, Leidensgefährten, vergangener Schlachten und Niederlagen.[41]

In seinem 1973 publizierten Roman *Die Erde ist unbewohnbar wie der Mond,* aus dem dann Rainer Werner Fassbinder ab 1974 sein Theaterstück *Der Müll, die Stadt und der Tod* entwickelte, sponn Zwerenz den Faden weiter. Jetzt erschien ein Bodenspekulant in der Figur des »heimatlosen Juden von Frankfurt«. Das erstaunte den Rezensenten der *Frankfurter Allgemeinen Zeitung* nicht:

> Weil der Roman vorgibt, Frankfurt am Main zum Schauplatz zu haben, und weil Zwerenz auch realistisch verfahren will, hat er seinem Baulöwen einen jüdischen Namen und eine jüdische Herkunft gegeben, was jedoch nur ortsunkundigen Lesern als antisemitischer Ausfall vorkommen dürfte.[42]

---

39 Vgl. allgemein Karl Christian Führer: Die Stadt, das Geld und der Markt. Immobilienspekulation in der Bundesrepublik 1960–1985. Berlin 2016.

40 Gerhard Zwerenz: Berichte aus dem Landesinneren – City Strecke Siedlung. Frankfurt am Main 1972, S. 42.

41 Ebd., S. 42 f.

42 Wohl doch nur Literatenfrotzelei (o. A.). In: *Frankfurter Allgemeine Zeitung,* 9. Oktober 1973.

Abb. 2 *Der Müll, die Stadt und der Tod*

In der zweiten Hälfte der 1970er Jahre gelang es, die Konflikte einzudämmen. Die Stadt Frankfurt änderte ihre Politik der Stadterweiterung im Westend, das letzte besetzte Haus wurde 1978 geräumt, eine für August 1975 geplante Uraufführung des Fassbinder-Stücks *Die Stadt, der Müll und der Tod* kam nicht zustande[43] und eine kurze Feuilletondebatte über die Publikation der Bühnenfassung in der edition suhrkamp im Frühjahr 1976 endete damit, dass der Verlag die Auslieferung des von vielen Seiten als antisemitisch empfundenen Textes stoppte und die Restexemplare einstampfen ließ.

Doch bekanntlich wurden der Streit über den ›Häuserkampf‹ und seine literarische Verarbeitung in Fassbinders Theaterstück in den 1980er Jahren wieder aufgenommen und die geplante Aufführung von *Der Müll, die Stadt und der Tod* im Frankfurter Schauspiel durch eine spektakuläre Bühnenbesetzung durch Mitglieder der jüdischen Gemeinde verhindert, an der sich auch deren Vorstandsvorsitzender Ignatz Bubis beteiligte, den viele in Fassbinders Figur des

43 Vgl. die ausführliche Darstellung bei Wanja Hargens: Der Müll, die Stadt und der Tod. Rainer Werner Fassbinder und ein Stück deutscher Zeitgeschichte. Berlin 2010, S. 65–70 und bei Janusz Bodek: Die Fassbinder-Kontroversen. Entstehung und Wirkung eines literarischen Textes. Frankfurt am Main u. a. 1991, S. 247–250.

namenlosen »reichen Juden« portraitiert sahen.[44] Während Bubis persönlich immer bestrebt war, dem Zerrbild des reichen Juden das des »deutschen Staatsbürgers jüdischen Glaubens« entgegenzustellen und – erst recht in seiner Funktion als Zentralratsvorsitzender in den 1990er Jahren – eine stete Botschaft der Zusammengehörigkeit von Deutschen und Juden im Geiste des Verfassungspatriotismus auszusenden, wurde die Frankfurter Bühnenbesetzung vom Oktober 1985 oftmals als erste demonstrative Einmischung von Juden in der Geschichte der Bundesrepublik gedeutet.

Im Frankfurt der späten 1980er Jahre erschien die zerrissene Geschichte der Juden in der Bundesrepublik wie unter einem Brennglas. Einige herausragende Köpfe der zweiten Generation fanden sich inzwischen in der Frankfurter Stadtpolitik, in Universitäten und Museen wieder. Ein neues Gemeindezentrum demonstrierte den Entschluss, nicht mehr auf gepackten Koffern auszuharren, sondern eine dauerhafte Zukunft jüdischen Lebens anzustreben – und das erste jüdische Museum in der Bundesrepublik Deutschland, das am 9. November 1988 eröffnet wurde, wandte sich der jüdischen Geschichte der Stadt zu. Noch ahnte niemand, dass sich nur wenige Jahre später infolge der massiven Zuwanderung aus der untergegangenen Sowjetunion der Charakter jüdischen Lebens erneut stark verändern würde und dass diejenigen, die nach 1945 nach Frankfurt gekommen waren, nun ihrerseits die Rolle der Alteingesessenen übernehmen würden.

44 Zu Bubis siehe Backhaus/Gross/Lenarz (Hrsg.): Ignatz Bubis (wie Anm. 4), sowie Ignatz Bubis: Damit bin ich noch längst nicht fertig. Die Autobiographie. Frankfurt am Main 1996.

Jeannette van Laak

# Jüdische Remigrant*innen und ihr Refugium in der SBZ/DDR

Nachdem die Amerikaner Anfang Mai 1945 Leipzig besetzt hatten und der Zweite Weltkrieg mit den Verhandlungen vom 8. und 9. Mai 1945 offiziell beendet worden war, regte sich auch in Leipzig wieder jüdisches Leben, allzumal die Leipziger jüdische Gemeinde mit ihren 12.000 Mitgliedern um 1933 eine der größten in der Region gewesen war. 24 Bürger jüdischer Herkunft hatten das Kriegsende im sogenannten Judenhaus überlebt. Sie begründeten im Mai 1945 die jüdische Gemeinde in der Messestadt neu.[1] Hierzu wurde der Stadtverwaltung mitgeteilt:

> Die in Leipzig noch vorhandenen Juden haben die frühere Gemeinde wieder erneuert und bis zur Rückkehr der aus Leipzig verschleppten Gemeindemitglieder zur Wahrung der Gemeindeangelegenheiten einen provisorischen Vorstand gewählt.[2]

Dies wurde nicht zuletzt deshalb möglich, weil die Besatzungsmächte religiösen Glaubensgemeinschaften erlaubten, Gottesdienste abzuhalten, um den Menschen seelischen Zuspruch zukommen zu lassen. Unterstützung erhielten die jüdischen Gemeinden zudem von jüdischen Hilfsorganisationen aus den USA und aus Palästina, die finanzielle und materielle Spenden verteilten. Da Leipzig bis Anfang Juli 1945 von den Amerikanern verwaltet wurde, konnte das American Jewish Joint Distribution Committee (AJDC/Joint) zunächst auch hier tätig werden. Bis etwa 1953 versorgte der Joint die jüdische Bevölkerung der Sowjetischen Besatzungszone (SBZ) bzw. der DDR mit Lebensmitteln, Kleidung und Medikamenten.[3] Dennoch ist anzunehmen, dass diese Versorgung in der SBZ weitaus geringer ausfiel, weil die Hilfsorganisationen hauptsächlich in den jeweiligen Besatzungszonen des Herkunftslandes tätig wurden und nicht jede Besatzungsmacht die Hilfsorganisationen der anderen tolerierte.

---

1 Steffen Held: Juden in der DDR. Das Beispiel Leipzig. Lehr- und Lernmaterialien. Leipzig 2011, S. 6; Ders.: Juden in Leipzig. Ein geschichtlicher Überblick. In: Volker Rodekamp (Hrsg.): Spuren jüdischen Lebens in Leipzig. Leipzig 2007, S. 5 f. und S. 88.

2 Zit. nach Held: Juden in der DDR (wie Anm. 1), S. 6.

3 Hendrik Niether: Leipziger Juden und die DDR. Eine Existenzerfahrung im Kalten Krieg. Göttingen 2014, S. 25.

Über die Geschichte der jüdischen Gemeinde in Leipzig sind wir seit Hendrik Niethers Studie aus dem Jahr 2014, die den Zeitraum zwischen 1945 und 1990 umfasst, gut informiert.[4] Auch wenn vergleichbare Studien zu Erfurt, Dresden, Chemnitz oder Halle bislang ausstehen, soll im Folgenden dennoch skizziert werden, wie sich die jüdischen Gemeinden in der SBZ/DDR in ihrer Größenordnung entwickelten. Ferner wird gefragt, worin sich ihre Entwicklung von denen in den westlichen Zonen bzw. der Bundesrepublik unterschied und worin das Singuläre der jüdischen Akteure in der damaligen Zeit bestand. In diesem Zusammenhang wird auf weniger bekannte Aspekte jüdischen Lebens in der DDR hingewiesen, etwa auf die Rolle der Rückkehrerinnen. Abschließend beschäftigen wir uns mit der Frage, warum jüdische Remigrant*innen den Mythos von der Folgerichtigkeit ihrer Rückkehr in die DDR unterstützten und warum es sich dennoch lohnt, ihre Erzählungen hierüber genauer zu untersuchen.

## 1. Ausgangslage und Größenordnung

Die Situation der Jüdinnen und Juden in der Sowjetischen Besatzungszone in den Jahren nach 1945 war ähnlich desaströs wie in den westlichen Zonen.[5] Mit dem Adjektiv ›desaströs‹ wird nicht die allgemeine Nachkriegsnot charakterisiert, mit denen auch die nichtjüdischen Deutschen ihren Alltag in den Nachkriegsjahren beschrieben, sondern die Größenordnung derjenigen Jüdinnen und Juden, die den Holocaust und die NS-Herrschaft überlebt hatten. Ihre geringe Anzahl verdeutlicht, wie umfassend sich die Auslöschung der Jüdinnen und Juden und ihrer Gemeinden ausnahm – auch in der sowjetisch besetzten Zone Deutschlands. 1946 wurde in den deutschen Ländern der SBZ eine erste Volkszählung durchgeführt. Danach waren etwa 4.500 Jüdinnen und Juden hier gemeldet, 2.500 von ihnen, also über die Hälfte, lebten in Berlin.[6] In Sachsen wurden etwa 652 gläubige Jüdinnen und Juden registriert, in Sachsen-Anhalt waren es 435, in Brandenburg 424 und in Mecklenburg etwa 153.[7]

4 Ebd.

5 Siehe Atina Grossmann/Tamar Lewinsky: 1945–1949. Zwischenstation. In: Michael Brenner (Hrsg.): Geschichte der Juden in Deutschland. Von 1945 bis zur Gegenwart. München 2012, S. 67–152.

6 Angelika Timm: Juden in der DDR und der Staat Israel. In: Moshe Zuckermann (Hrsg.): Zwischen Politik und Kultur. Juden in der DDR. Göttingen 2002, S. 17–33, hier S. 18; Judith Kessler: Fast »unsichtbar« – Juden in der SBZ/DDR 1945–89. Abgerufen unter der URL: http://www.hagalil.com/2014/11/juden-in-der-ddr/, letzter Zugriff: 06.05.2020; Grossmann/Lewinsky: 1945–1949 (wie Anm. 5), S. 130 ff.

7 Kessler: Fast »unsichtbar« (wie Anm. 5), S. 3

Um die Auslöschung jüdischen Lebens noch genauer zu verdeutlichen, sei auch auf die Städte Dresden und Erfurt verwiesen. In Dresden waren bis 1933 etwa 4.400 Jüdinnen und Juden Mitglied der jüdischen Gemeinde gewesen, überlebt hatten 41.[8] Und in Erfurt hatten bis 1933 1.100 Mitglieder der Jüdischen Gemeinde angehört, 1945 lebten noch 15 Personen.[9] Wenngleich die Zahl der Überlebenden gering war, so belegt sie, dass sich schon unmittelbar nach Kriegsende jüdische Überlebende in neu gegründeten Gemeinden zusammenfanden, um ihren Glauben auszuüben und um das Gemeindeleben wiederzubegründen, wie die Eröffnung der Erfurter Synagoge belegt. Doch die Mitgliederzahlen bilden den Anteil jüdischer Menschen, die sich tatsächlich in einer Stadt niederließen, nur unzureichend ab, wie das Beispiel Leipzig zeigt. Hier wurden im Juni 1945 zwischen 900 und 1.200 Jüdinnen und Juden registriert, aber nur 334 von ihnen traten der Gemeinde bei.[10] Das zeigt, dass sich nur rund ein Drittel von ihnen in den jüdischen Gemeinden einfand, zwei Drittel der Überlebenden und Rückkehrer*innen waren und blieben säkularisiert.

Das Gemeindeleben wurde von der alliierten Besatzung in allen Besatzungszonen toleriert und gefördert. Dennoch war ihre Politik den jüdischen Gemeinden und Organisationen gegenüber in den ersten Nachkriegsjahren widersprüchlich, gerade in der sowjetisch besetzten Zone. So stand die sowjetische Besatzungsmacht den jüdischen Überlebenden zunächst wohlwollend gegenüber und erlaubte ihnen, in Berlin einen der ersten Nachkriegssabbate zu begehen.[11] Eine Rückübertragung des durch die Nationalsozialisten geraubten jüdischen Eigentums erwogen die sowjetischen Funktionäre hingegen nicht. Ähnlich verhielt es sich mit Überlegungen zur Entschädigung jüdischer Familien,[12] wie sie in den 1950er Jahren in der Bundesrepublik dann praktiziert wurde. Um 1948/1949, mit dem Beginn des Kalten Krieges, änderte sich die Haltung der sowjetischen Besatzer zu den jüdischen Gemeinden.[13] Dies wird zum einen damit begründet, dass sich Israel im dualen

8 Siehe Lilli Ulbrich (Hrsg.): Buch der Erinnerung. Deportiert, ermordet, verschollen. 1933–1945. Dresden 2006.

9 Landeshauptstadt Erfurt, Stadtverwaltung (Hrsg.): Ausgelöschtes Leben. Juden in Erfurt 1933–1945. Biographische Dokumentation. Erfurt 2013, S. 17. Bis Mai 1949 traten der Erfurter Jüdischen Gemeinde 42 Mitglieder bei, bei denen es sich vorwiegend um Überlebende des Holocaust handelte. Diesen Hinweis verdanke ich Jutta Hoschek.

10 Niether: Leipziger Juden (wie Anm. 3), S. 48.

11 Robin Ostow: Überleben und Wandlung. Die Geschichte der Jüdischen Gemeinde von Ost-Berlin. In: Dies.: Jüdisches Leben in der DDR. Berlin 1988, S. 12.

12 Siehe auch den Beitrag von Philipp Graf in diesem Band.

13 Kessler: Fast »unsichtbar« (wie Anm. 6), S. 4; Niether: Leipziger Juden (wie Anm. 3), S. 43.

Kräfteverhältnis an die Seite der USA stellte, zum anderen damit, dass in der Sowjetunion erneut antisemitische Stimmungen auftraten, die sich auch in der Haltung der Parteieliten zu ihren jüdischen Mitgliedern niederschlug.[14] Letzteres fand seine Höhepunkte im Slánský-Prozess und in der sogenannten Ärzteverschwörung von 1953, als jüdische Ärzte in der Sowjetunion unter Generalverdacht gerieten. Diese Entwicklungen wurden von in der DDR lebenden Jüdinnen und Juden genau beobachtet, sodass auch sie in den Jahren 1952 und 1953 eine erneute Verfolgung fürchteten.[15] Diese Sorge schien nicht unbegründet, hatte es sich doch die SED in der SBZ und DDR vorbehalten, vor allem aus der Westemigration zurückgekehrte jüdische Parteimitglieder wiederholt zu überprüfen und gegebenenfalls unter fadenscheinigen Gründen von ihren Posten zu relegieren.[16] Die Folge hiervon war, dass immer mehr Jüdinnen und Juden die DDR und damit die jüdischen Gemeinden verließen. Waren 1949 noch 1150 in den jüdischen Gemeinden der DDR gemeldet, so wurden 1952 weniger als 1.000 Gemeindemitglieder gezählt.[17] Neue Verfolgungen sprachen sich also schnell herum. Außerdem bestätigten sie die Skepsis der weltweit agierenden jüdischen Hilfsorganisationen gegenüber den Deutschen, die ohnehin der Ansicht waren, dass in Deutschland eigentlich gar keine Gemeinden entstehen sollten. Wenn sie dennoch gebildet wurden, dann um die Vorbereitungen für die baldige Ausreise der Gemeindemitglieder zu treffen.[18]

In den jüdischen Gemeinden der SBZ/DDR wurden anfangs ebenso wie in den Gemeinden der westlichen Zonen die Fragen diskutiert, wer zur Gemeinde gehöre, wer als Jude anzusehen sei und wer aufgenommen werde.[19] Unter den Gemeindemitgliedern befanden sich Personen, die in sogenannten Mischehen überlebt hatten, wie etwa Victor Klemperer. Andere waren während des Kriegs ›untergetaucht‹,[20] und wieder andere hatten die NS-Lager überlebt und suchten vor allem in den Städten nach ihren Angehörigen. Ein Großteil dieser Displaced Persons (DPs)

---

14 Siehe LUTZ FIEDLER: Drei Geschichten einer Desillusionierung. Wassili Grossman, Ilja Ehrenburg und das Antifaschistische Komitee. In: *Jahrbuch des Simon-Dubnow-Instituts* 15 (2016), S. 511–531. Zur Situation der sowjetischen Jüdinnen und Juden siehe auch den Beitrag von Frank Grüner in diesem Band.

15 MATTHIAS VETTER: Paul-Merker-Fall. In: WOLFGANG BENZ (Hrsg.): Handbuch des Antisemitismus. Judenfeindschaft in Geschichte und Gegenwart. Bd. 4, S. 265 ff. Zum Slánský-Prozess siehe auch den Beitrag von Kateřina Čapková in diesem Band.

16 Siehe KARIN HARTEWIG: Zurückgekehrt. Die Geschichte der jüdischen Kommunisten in der DDR. Köln u. a. 2000.

17 GROSSMANN/LEWINSKY: 1945–1949 (wie Anm. 5), S. 130 ff. sowie KESSLER: Fast »unsichtbar« (wie Anm. 6), S. 4.

18 NIETHER: Leipziger Juden (wie Anm. 3), S. 54.

19 Siehe hierzu und im Folgenden GROSSMANN/LEWINSKY: 1945–1949 (wie Anm. 5), S. 67 ff.

20 Ebd.

blieb in der Folgezeit nicht in den Gemeinden, sondern reiste auf der Suche nach Angehörigen und/oder einem neuen Zuhause weiter.[21] Erster Anlaufpunkt hierbei war die amerikanische Besatzungszone, deren Besatzungsmacht den Staatenlosen umfangreiche und bedingungslose Unterstützung und Schutz zugesichert hatte.

Es mag kaum überraschen, dass die Arbeit der Jüdischen Gemeinden in den ersten Jahren alles andere als reibungslos verlief: Nicht nur, dass die Politik der sowjetischen Besatzungsmacht als wenig verlässlich wahrgenommen wurde, auch die intern geführten Diskussionen erschwerten die Gemeindearbeit.[22] Hinzu kam der Umstand, dass nur verhältnismäßig wenige Personen in den jüdischen Gemeinden die DPs versorgten und das Gemeindeleben organisierten. Dass sich ihr Kreis vergrößern würde, war kaum zu erwarten, denn die Zahl derjenigen, die tatsächlich zurückkehren wollten, war während des Krieges und je mehr über die NS-Verbrechen an den Jüdinnen und Juden bekannt wurde, stark zurückgegangen. Die Forschung spricht von einem Drittel aller politischen Emigrant*innen und von etwa 4 Prozent aller jüdischen Emigrant*innen, die in den Nachkriegsjahren überhaupt nach Deutschland zurückkehrten.[23] Für das Gros der jüdischen Überlebenden verbot es sich nach dem Krieg nahezu von selbst, ins »Land der Täter« zurückzukehren.[24] Diejenigen, die dennoch zurückkamen, traten oftmals nicht in die jüdischen Gemeinden ein, da ihre ›religiöse‹ Heimat die KPD geworden war. Der Anteil kommunistischer Rückkehrer*innen jüdischer Herkunft, die in die SBZ gingen, war wie ihre Anzahl in den Führungsebenen der KPD/SED demgegenüber verhältnismäßig hoch.[25] Diese Befunde überraschen vor allem deshalb, weil die Wiedereinreise ähnlich schwierig war wie seinerzeit die Ausreise. Seit 1944 kursierten in den Aufnahmeländern Listen, die diejenigen vermerkten, die einen Rückkehrwunsch äußerten. Die KPD behielt es sich vor, jeden zu überprüfen, der nach Deutschland und konkret in die SBZ zurückkehren wollte.[26] Weder die Besat-

21 Siehe Niether: Leipziger Juden (wie Anm. 3), S. 54.

22 Wie schwierig die Situation in den jüdischen Gemeinden in den ersten Nachkriegsmonaten war, kann man beispielsweise dem Bericht Philip Skornecks entnehmen. Dieser in Berlin eingesetzte Joint-Vertreter war fassungslos darüber, wie die jüdische Gemeinde in Berlin arbeitete und nach welchen Kriterien sie sich zusammensetzte. Siehe Ostow: Überleben und Wandlung (wie Anm. 11), S. 13.

23 Harry Moar: Über den Wiederaufbau der jüdischen Gemeinden in Deutschland seit 1945. Mainz 1961, S. 32; Grossmann/Lewinsky: 1945–1949 (wie Anm. 5), S. 122 ff.

24 Siehe Dan Diner: Im Zeichen des Banns. In: Michael Brenner (Hrsg.): Geschichte der Juden in Deutschland. Von 1945 bis zur Gegenwart. München 2012, S. 15–66.

25 Hartewig: Zurückgekehrt (wie Anm. 16), S. 250; Timm: Juden in der DDR (wie Anm. 6), S. 20.

26 Michael F. Scholz: Sowjetische Besatzungszone. In: Claus-Dieter Krohn u. a. (Hrsg.): Handbuch der deutschsprachigen Emigration. Darmstadt 2008, S. 1180–1188, hier S. 1183.

zungsbehörden noch die politischen Akteure der Länder und auch nicht die im Gefolge der Roten Armee kommenden KPD-Initiativgruppen hatten ein grundsätzliches Rückkehrrecht für Emigrant*innen erwogen. Trotzdem ließen sich viele politische Emigrant*innen aus ganz unterschiedlichen Gründen nicht von diesem Vorhaben abbringen.[27] Bei ihrer Rückkehr konnten sie immerhin wählen, ob sie die Staatsbürgerschaft der DDR annehmen wollten. Viele, die einen österreichischen, britischen oder US-amerikanischen Pass hatten, zogen es aufgrund ihrer Vertreibungserfahrungen vor, zunächst zwei Pässe zu besitzen, was bis Mitte der 1950er Jahre in der DDR möglich war.

Über die Rückkehrer*innen wissen wir oft kaum mehr als ihre Größenordnung.[28] So bildeten die jüdischen Rückkehrer*innen aus Großbritannien die zahlenmäßig stärkste Gruppe. Etwa 400 jüdische Kommunist*innen, die Krieg und Verfolgung im englischen Exil überlebt hatten, wählten die SBZ als Ort ihrer Rückkehr. Weitere 800 Jüdinnen und Juden kamen hinzu, die nach Kriegsende ins Sudetenland zurückgekehrt waren, dieses aber – aufgrund der im August 1945 beschlossenen Grenzverschiebung – 1946/1947 erneut verlassen mussten. Je 200 Personen kehrten aus der Schweiz und aus der Sowjetunion zurück, 160 aus Frankreich und den Beneluxländern, 80 Jüdinnen und Juden kamen aus Mexiko. 1947 kamen außerdem 429 Jüdinnen und Juden aus Shanghai in der SBZ an.[29]

Während Befunde über die aus dem sowjetischen und dem amerikanischen Exil zurückgekehrten deutsch-jüdischen Kommunist*innen vorliegen, wissen wir über die zahlenmäßig größte Gruppe, die Jüdinnen und Juden aus dem britischen Exil, kaum etwas.[30] Dabei machten nicht wenige von ihnen in der DDR

27 Zu den Rückkehrgründen siehe stellvertretend Thomas Koebner (Hrsg.): Rückkehr aus dem Exil. Emigranten aus dem Dritten Reich in Deutschland nach 1945. München 1990; Marita Krauss: Heimkehr in ein fremdes Land. Geschichte der Remigration nach 1945. München 2001; Claus-Dieter Krohn (Hrsg.): Rückkehr und Aufbau nach 1945. Deutsche Remigranten im öffentlichen Leben Nachkriegsdeutschlands. Marburg 1997; Irmela von der Lühe (Hrsg.): Fremdes Heimatland. Remigration und literarisches Leben nach 1945. Göttingen 2005; Moar: Über den Wiederaufbau (wie Anm. 23); Andrea von der Treuenfeld: G[o]ing back. 16 Jewish women tell their life stories, and why they returned to Germany – the country that once wanted to kill them. Cleveland 2015.

28 Hierzu und im Folgenden Scholz: Sowjetische Besatzungszone (wie Anm. 26), S. 1180.

29 Francoise Kreissler: Emigration aus China – Die soziopolitischen Kontexte im Shanghai der Nachkriegszeit (1945–1946). In: Katharina Prager/Wolfgang Straub (Hrsg.): Bilderbuch – Heimkehr? Resignation im Kontext. Wuppertal 2017, S. 349–359.

30 Siehe hierzu Hartewig: Zurückgekehrt (wie Anm. 16), S. 68–83; gerade erschienen ist die Studie von Mario Kessler: Westemigranten. Deutsche Kommunisten zwischen USA-Exil und DDR. Köln u. a. 2019. Diese Studie vermeidet es jedoch, die Anzahl der Rückkehrer*innen

durchaus eine – wenn auch meist wechselvolle – Karriere, wie das Beispiel von Jürgen Kuczynski zeigt.[31] Ebenso spannend und aufschlussreich dürfte der Lebensweg von Margarete Wittkowski sein, die eine enge Vertraute von Kuczynski war. Sie war bereits 1946 in die SBZ gegangen. 1947 wurde sie zu einer Schulung nach Moskau geschickt und übernahm später wichtige Funktionen in verschiedenen Plankommissionen. Von 1967 bis 1974 wurde sie sogar Präsidentin der Staatsbank. Zwar findet sich eine Kurzbiographie zu ihr im Lexikon *Wer war wer in der DDR,*[32] dennoch ist sie heute allenfalls Insidern als jüdische Remigrantin bzw. als kommunistische Wirtschaftsfunktionärin bekannt. Über ihre Funktion als Wirtschaftswissenschaftlerin in der DDR und ihren Einfluss auf die sozialistische Planwirtschaft wissen wir ebenfalls nur wenig. Hatte sie in dieser Funktion wirtschaftliche Gestaltungsfreiheit oder handelte es sich eher um eine repräsentative Funktion? Sie war in der Zwischenkriegszeit ausgebildet worden, konnte sie dieses Wissen beim Aufbau der DDR einbringen?

Das fehlende Wissen über Rückkehrerinnen mag darauf zurückzuführen sein, dass allgemein nur wenig über Frauen als Migrantinnen bekannt ist. Ob es daran liegt, dass Frauen nur selten in ihr Herkunftsland zurückkehrten, kann an dieser Stelle nicht abschließend erörtert werden. Jedoch hat die Forschung gezeigt, dass ledige Migrantinnen weitaus seltener in ihr Herkunftsland zurückgingen als gleichaltrige Männer. Dies wird darauf zurückgeführt, dass die Migrantinnen in der Fremde Emanzipationserfahrungen machten, von denen sie fürchteten, sie im Herkunftsland wieder aufgeben zu müssen.[33] In die SBZ/DDR hingegen kehrte eine Reihe von jüdischen Kommunistinnen zurück.

---

aus dem US-amerikanischen Exil anzugeben. Anzunehmen ist, dass etwa 150 politische Emigrant*innen die USA als Exilland wählten. Von diesen kehrten 49 Personen zurück, folgt man den bei Kessler angegebenen Kurzbiographien.

31 Siehe hierzu stellvertretend Wolfgang Girnus (Hrsg.): Sozialistischer Weltbürger und Enzyklopädist. Mosaiksteine zu Jürgen Kuczynski. Leipzig 2007, zu Kuczynski siehe auch den Beitrag von Alexander Walther in diesem Band.

32 Helmut Müller-Enbergs u. a. (Hrsg.): Wer war wer in der DDR? Ein Lexikon ostdeutscher Biografien. Berlin [5]2010 (= Artikel Wittkowski, Margarete (Grete)). Abgerufen unter der URL: https://www.bundesstiftung-aufarbeitung.de/wer-war-wer-in-der-ddr-%2363;-1424.html?ID=3851, letzter Zugriff: 06.05.2020.

33 Siehe Karen Schniedewind: Fremde in der Alten Welt. Die transatlantische Rückwanderung. In: Klaus J. Bade (Hrsg.): Deutsche im Ausland. Fremde in Deutschland. Migration in Geschichte und Gegenwart. München 1993, S. 179–184.

## 2. Rückkehrerinnen und Wahl-DDR-Bürgerinnen

Viele jüdische Rückkehrerinnen begleiteten ihre Ehemänner. Damit hatten sie einen anderen gesellschaftlichen und sozialen Status als ledige Emigrantinnen. Ein Großteil von ihnen verkörperte im 20. Jahrhundert die selbstbewusste und berufstätige Frau, die in den 1920er Jahren sozialisiert worden und in der Folgezeit fast ausnahmslos berufstätig gewesen war. Doch waren es nicht oder nur sehr selten die Frauen, die nach 1945 berufliche Angebote zur Rückkehr erhielten. Infolgedessen kehrten sie als Ehefrauen an der Seite ihrer Männer zurück, so etwa Lilly Becher, Hilde Eisler, Karola Bloch oder Ruth Seydewitz. Zu verweisen ist außerdem auf Gertrud Gelbin, die amerikanische Ehefrau von Stefan Heym, oder auf Edith Anderson, die Ehefrau von Max Schröder, einem leitenden Mitarbeiter des Aufbau Verlags. Beide Frauen waren ebenfalls Jüdinnen.

Aufmerken lässt, dass der Großteil von ihnen in den sich etablierenden Medien eine bzw. ihre Nische fand, in denen sie sich beruflich etablieren konnten. So war Lilly Becher in den Jahren zwischen 1945 und 1950 Chefredakteurin bei der *Neuen Berliner Illustrierten (NBI)*,[34] Hilde Eisler begründete erst die *Wochenpost* mit, 1953 wechselte sie zum *Magazin* und übernahm dort 1955 die Chefredaktion.[35] Sybille Gerstner-Boden, die im französischen Exil überlebt hatte und kurz vor Kriegsende nach Berlin zurückkehrte, lieh der Modezeitschrift *Sybille* ihren Namen.[36] Parteiintern wurde der Umstand, Westemigrant*innen mit Funktionen in der DDR-Presse zu betrauen, als Herabsetzung verstanden, wurden sie damit doch von wichtigen Funktionen in der Parteiführung ferngehalten.[37]

Für die Entwicklung einer verhältnismäßig ›bunten‹ und für damalige Verhältnisse innovativen Zeitungslandschaft bedeutete dieser Umstand etwas ganz anderes: Die Rückkehrerinnen, die hier Zeitungen machten, Beiträge schrieben und Rechercheaufträge vergaben, orientierten sich dabei an westeuropäischen Medien, mit denen sie während ihrer Emigration in Berührung gekommen waren. Es scheint eine lohnende Aufgabe zu sein, etwa das *Magazin* oder auch die Wochenzeitungen *NBI* und die *Wochenpost* dahingehend zu untersuchen, welchen Vorbildern man sich

34 Doris Danzer: »Mit guten Grüßen auch an Ihre Frau!«. Exil und Remigration als Beziehungs- und Bewährungsprobe im Leben der Ehefrauen kommunistischer Intellektueller. In: Inge Hansen-Schaberg/Hiltrud Häntzschel (Hrsg.): Politik-Parteiarbeit-Pazifismus in der Emigration: Frauen handeln (Frauen und Exil, 3). München 2010, S. 39–58.

35 Siehe Kessler: Westemigranten (wie Anm. 30), S. 415 ff.

36 Siehe Ute Mahler/Uwe Neumann (Hrsg.): Sibylle – Zeitschrift für Mode und Kultur, 1956–1995. Stuttgart 2017.

37 Elke Reuter/Detlef Hansel: Das kurze Leben der VVN von 1947 bis 1953. Berlin 1997, S. 59.

Abb. 1 Hilde Eisler (l.) und Anna Seghers (r.), 1949

hinsichtlich der Inhalte und der Beiträger bediente. Bereits jetzt ist festzustellen, dass die genannten Frauen das Bild der DDR-Medien in den 1950er und 1960er Jahren prägten und meist den jüdischen Freunden und Bekannten Schreib- und Publikationsaufträge vermittelten, die zunächst keine Anstellung fanden oder in anderen gesellschaftlichen Bereichen Zurücksetzungen erfuhren. Wie sehr diese Frauen ihre Mitmenschen beeindruckten, verdeutlicht etwa folgende Aussage über Hilde Eisler:

> Hilde residierte in einem kleinen Zimmer im fünften Stock, eine gepflegte Dame, die so gar nicht dem Typ der Frau entsprach, der damals in der DDR Karriere machte, sie war modern gekleidet und dezent geschminkt. Sie war gerade fünfzig geworden, und von dem Fest sprach man in der Redaktion noch immer.[38]

Hilde Eisler, aber auch andere jüdische Rückkehrerinnen, gestaltete nicht nur Medien, sie gehörte zu denjenigen, die der DDR »ein wenig Farbe und Glanz« verliehen,[39] die mit ihren in der westlichen Welt gesammelten Erfahrungen die

38 Manfred Gerhardt: Die Nackte unterm Ladentisch. Das Magazin in der DDR. Berlin 2002, S. 8 f.

39 Annette Leo: Die Falle der Loyalität. Wolfgang Steinitz und die Generation der DDR-Gründungsväter und -mütter. In: Irmela von der Lühe/Axel Schildt/Stefanie

DDR durch Kreativität, rhetorische Fähigkeiten, Liberalität und Weltläufigkeit bereicherten, sie etwas ›bunter‹ machten. Die Rolle der Rückkehrerinnen in den Printmedien, aber auch in Funk und Fernsehen zu untersuchen, lohnt vor allem deshalb, weil wir damit nachvollziehen könnten, wie sie sich zu ihrer jüdischen Herkunft in einem atheistischen Land verhielten.

Ähnliches gilt für jüdische Wahl-DDR-Bürgerinnen, wie sie an dieser Stelle bezeichnet werden. Gertrud Gelbin etwa war eine Kosmopolitin wie aus dem Bilderbuch: Ihre Eltern waren aus Osteuropa kommend nach Amerika eingewandert, sie heiratete den deutschen Juden Stefan Heym und ging mit ihm nach Kriegsende in dessen Heimat. Heimisch wurde sie in der DDR zwar nicht,[40] aber sie betreute beim Verlag Volk und Welt eine kleine Sparte, die sich für Übersetzungen linker US-amerikanischer Literatur einsetzte. Ganz ähnlich verhielt es sich mit Judith Anderson, die sich in den USA als Kommunistin verstand und ihrem Mann Max Schröder in die SBZ/DDR nachfolgte. Hier arbeitete sie zunächst als Übersetzerin, später dann als Journalistin.[41] Frauen wie diese werden dazu beigetragen haben, dass der Alltag in der DDR seinerzeit facettenreicher und vermutlich auch liberaler wahrgenommen wurde.

In diesem Zusammenhang wird gern darauf verwiesen, dass es sich bei den Rückkehrenden, aber auch bei den Wahl-DDR-Bürger*innen zweifelsohne um hundertprozentige Kommunist*innen gehandelt habe, die allein wegen ihrer Einstellung in der DDR geblieben bzw. eingewandert seien. Ihre Lebenswege hingegen zeigen, dass ihre Entscheidung, in der DDR zu bleiben, nicht nur darauf, sondern auch auf ihre privaten Bindungen und persönlichen Erfahrungen aus der Emigrationszeit zurückzuführen ist. Warum das Narrativ von der kommunistischen Überzeugtheit so wirkmächtig ist, soll im Folgenden verdeutlicht werden.

---

Schüler-Springorum (Hrsg): »Auch in Deutschland waren wir nicht wirklich zu Hause«. Jüdische Remigration nach 1945 (Hamburger Beiträge zur Geschichte der deutschen Juden, 34). Göttingen 2008, S. 299–312, hier S. 306.

40 Cathy C. Gelbin: Lehrjahre auf dem Weg zum Dissidenten: Stefan Heyms Freundschaft mit Robert Havemann und Wolf Biermann. In: *Jahrbuch des Simon-Dubnow-Instituts* 17 (2020).

41 Siehe Sybille Klemm: Eine Amerikanerin in Ostberlin. Edith Anderson und der andere deutsch-amerikanische Kulturaustausch. Bielefeld 2015.

## 3. Der Mythos von der Folgerichtigkeit der Rückkehr in die SBZ/DDR

Ganz gleich, ob man einen Forschungsbericht oder populärwissenschaftliche Publikationen über Jüdinnen und Juden in der DDR in die Hand nimmt, meist heißt es über die kommunistischen Jüdinnen und Juden in der DDR, für sie sei nach Kriegsende gar kein anderer Staat als eben dieser in Betracht gekommen. Ein Beispiel jüngeren Datums hierfür ist Jana Hensels Besprechung des Films *Familie Brasch*. Hensel erklärt die Rückkehr von Horst Brasch aus der britischen Emigration wie folgt:

> Nach dem Ende des Krieges kamen Juden aus Amerika, Westeuropa und der Sowjetunion als überzeugte Sozialisten in die DDR, sie wollten ein besseres, neues Deutschland aufbauen. Die Künstler und Schriftsteller Anna Seghers, Helene Weigel, Stefan Heym, Stephan Hermlin, Wieland Herzfelde und sein Bruder John Heartfield gehören dazu, die Komponisten Hanns Eisler und Paul Dessau.[42]

Hensel referierte hier den Mythos von der Folgerichtigkeit der Entwicklung kommunistisch-deutsch-jüdischer Persönlichkeiten im 20. Jahrhundert, deren Lebenswege nach dem Ende des Zweiten Weltkriegs und nach den Erfahrungen des Holocaust in gar kein anderes Gebiet als die Sowjetische Besatzungszone hätten führen können. Dieser Mythos suggeriert zudem, dass es leicht gewesen wäre, in die SBZ/DDR einzureisen und sich hier niederzulassen.

Unternimmt man stattdessen biographische Tiefenbohrungen und schaut sich die politischen und sozialen Verhältnisse und die individuellen Lebenslagen genauer an, zeigt sich, dass die Rückkehr in die SBZ/DDR nicht in jedem Falle selbstverständlich war. Vielmehr ist sie verschiedenen Interessen und Gemengelagen zuzuschreiben, die sowohl auf die politischen und gesellschaftlichen Bedingungen in jenen Jahren in den Exilländern als auch auf private Entscheidungen der Akteure zurückzuführen sind. Dies mögen die folgenden Lebenswege beispielhaft verdeutlichen: Hanns und Louise Eisler wurden im Rahmen des Prozesses gegen den Bruder Gerhard Eisler aus Amerika ausgewiesen, ungeachtet dessen, dass Hanns Eisler gar nicht KP-Mitglied war und es auch später nie wurde. Eisler und seine Frau gingen zunächst nach Wien, hier eruierten sie ihre Möglichkeiten, beruflich Fuß zu fassen. Doch Eisler hatte bei Arnold Schönberg studiert, das war in Wien und Prag noch immer bekannt, auch deshalb wurden ihm keine beruflichen Offerten unterbreitet. Da wirkte das Angebot der SED-Kulturfunktionäre,

42 Jana Hensel: Was erzählen sie von heute? In: *DIE ZEIT*, 30. August 2018, S. 11.

Abb. 2 Hanns Eisler und seine Frau Louise bei ihrer Ankunft am Wiener Flughafen, 1948

einen Lehrstuhl für Komposition an der Akademie der Künste ausüben zu können, gleichsam wie Balsam für die Seele und bot einen Ausweg aus der drohenden Isolierung. Dass sich auch dies als ein Trugschluss erweisen sollte, war für Eisler 1949/1950 kaum absehbar und Alternativen schien es nicht gegeben zu haben.[43]

Ähnlich verhielt es sich bei Helene Weigel und Berthold (Bertolt) Brecht. Brecht wurde 1948 aus den USA ausgewiesen. Das Künstlerpaar ging zunächst nach Zürich, wo Weigel mit Anfang 50 und nach 13-jähriger erzwungener Pause die *Antigone* spielte. Brecht erkundete die Möglichkeiten, in Wien, Zürich und München an einem Theater genommen zu werden.[44] In Ost-Berlin bot man dem Künstlerehepaar ideale Bedingungen: ein eigenes Theater, ein Engagement für Helene Weigel und zahlreiche weitere Privilegien.

Und ein letztes Beispiel sei genannt: Arnold Zweig entschied sich 1948, nach Ost-Berlin zu gehen. Auch er wird als bekennender Sozialist bezeichnet. Zweig hatte Verfolgung und Krieg in Palästina überlebt. Hier hatte er sich kein Publikum

43 Louise Eisler-Fischer: Es war nicht immer Liebe. Texte und Briefe, hrsg. von Maren Köster, Jürgen Scherba, Friederike Wißmann. Wien 2006, S. 67; Friederike Wissmann: Hanns Eisler – Komponist, Weltbürger, Revolutionär. München 2012.

44 Carola Stern: Männer lieben anders. Helene Weigel und Bertolt Brecht. Hamburg 2000; Sabine Kebir: Abstieg in den Ruhm. Helene Weigel. Eine Biografie. Berlin 2000; Helene Weigel: »Wir sind zu berühmt, um überall hinzugehen«. Briefwechsel 1935–1971, hrsg. von Stefan Mahlke. Berlin 2000.

erschließen können, weil er unter anderem aus gesundheitlichen Gründen nicht Hebräisch lernte. Viele deutsche Jüdinnen und Juden, die nach Palästina emigrierten, taten sich mit der neuen Landessprache schwer, vor allem dann, wenn sie nicht mehr ganz jung waren und wenn die Sprache ihr bevorzugtes Ausdrucksmittel war und dem Broterwerb gedient hatte.[45] Nach dem Krieg wollte Zweig also wieder gelesen werden. Um die Bedingungen der Rückkehr nach Deutschland auszuloten, reiste er 1948 nach Prag. Er verhandelte sowohl mit westdeutschen Verlegern als auch mit den Kulturfunktionären der KPD/SED. Während Erstere wie in vielen anderen Fällen eher zögerlich reagierten, unterbreitete ihm der damalige Präsident des Kulturbundes Johannes R. Becher ein Angebot, das der damals 61-Jährige kaum ausschlagen konnte, zumal er fast 15 Jahre keine Öffentlichkeit gehabt hatte: Seine Romane sollten wieder aufgelegt und gedruckt werden. Darüber hinaus wurde ihm das Amt des Präsidenten der Akademie der Künste angeboten.[46]

Die jüdischen Rückkehrer*innen waren sich sehr wohl bewusst, dass sie, wenn sie sich für die SBZ/DDR entschieden, kaum noch offizielle Einladungen oder berufliche Angebote aus den westlichen Zonen erhalten und erneut zwischen die Fronten geraten würden, zwischen die des Kalten Krieges. Auch in der SBZ war ihr Status in den 1950er Jahren alles andere als sicher, wenngleich man doch hätte annehmen können, dass sie aufgrund ihrer kommunistischen Einstellung ›auf der richtigen Seite‹ standen. Diese gewährte ihnen eine Vielzahl an Privilegien, die anderen Staatsbürger*innen der DDR in dieser Form nicht zugestanden wurden. Zu den Sonderrechten gehörte der Umstand, meist über zwei Pässe zu verfügen und damit jederzeit aus der DDR ausreisen zu können. Hierbei handelte es sich um ein Vorrecht, das sie zwar regelmäßig nutzten, hierüber aber Stillschweigen wahrten, um die Parteiführung nicht in Erklärungsnot zu bringen. Weitere Privilegien bestanden in der unmittelbaren Nachkriegszeit darin, bei der Wohnungszuweisung bevorzugt zu werden und auch sonst mit Waren des täglichen Bedarfs besser versorgt zu werden als ihre Nachbar*innen. Die Anerkennung als ›Kämpfer gegen den Faschismus‹ war nicht nur ideell, sondern führte zu einer Form von ›Opferrente‹, die als Ausgleichszahlung für erlittenes Unrecht während der NS-Zeit verstanden wurde. Das Paradoxe an der Situation für viele jüdische Parteimitglieder war, dass sie zwar einen Großteil

45 Tom Segev: Die siebte Million. Der Holocaust und Israels Politik der Erinnerung. Reinbek 1995, S. 77 f.

46 Ludger Heid (Hrsg.): »Das nenne ich ein haltbares Bündnis!« Arnold Zweig/Beatrice Zweig und Ruth Klinger. Briefwechsel (1936–1962). Bern u. a. 2005, S. 58; siehe auch Lion Feuchtwanger/Arnold Zweig: Briefwechsel 1933–1958. Bd. 2: 1949–1958. Frankfurt am Main 1986.

dieser Privilegien in Anspruch nehmen konnten und nahmen, dass diese sie aber nicht vor erneuter Verfolgung schützten. Noch schwieriger wurde die Gesamtsituation, weil nun nicht mehr die politischen Gegner für Verunsicherung und Verfolgung sorgten, sondern es die eigenen Genoss*innen waren, die fadenscheinige Anklage gegen jüdische Parteimitglieder erhoben und die entsprechenden Parteiverfahren durchführten.

Ungeachtet dieser schwierigen Lage halfen die Rückkehrer*innen ab den 1950er Jahren fleißig mit, den Mythos von der Folgerichtigkeit ihres Lebens in der DDR durchzusetzen und dieses Bild in der (kollektiven) Erinnerung der DDR zu verankern. Die Vielzahl der repräsentativen Funktionen, die sie bis in die 1980er Jahre hinein ausübten, spielte dabei sicherlich eine wichtige Rolle. Einen noch wichtigeren Beitrag aber stellte ihre Memoirenliteratur dar. Zu jedem runden Jahrestag der DDR-Gründung erschienen Autobiographien von deutschen Kommunist*innen, darunter auch deutsch-jüdische Kommunist*innen. Man denke an Auguste Lazars *Arabesken* (1957), an Lea Grundigs *Gesichte und Geschichte* (1958) oder an Lin Jaldatis und Eberhard Reblings *Sag nie, Du gehst den letzten Weg* (1986), um nur einige aufzuzählen.[47]

Ihnen gemeinsam ist die ausführliche Erzählung über ihre Herkunft, ihren beruflichen Werdegang und ihre politischen Motive und Einstellungen; darüber, wie sie zum Kommunismus fanden, und darüber, wie und wo sie den Krieg überlebten. Endpunkt einer jeden Erzählung ist die Ankunft in der SBZ/DDR. Die Hoffnungen und Schwierigkeiten des Neuanfangs, die Erwartungen und Zweifel sowie die Erstbegegnungen mit den nichtjüdischen Deutschen, bei denen sie sich fragten, was diese wohl im Krieg gemacht hatten, fanden keinen Niederschlag in diesen Publikationen. Auf den ersten Blick sind diese Texte also Loyalitätsbekundungen bzw. -beteuerungen, die die Anpassungsleistungen der Remigrant*innen unterstreichen. Damit verstärkten sie zweifelsohne die Wirkmächtigkeit des antifaschistischen Gründungsmythos von der Folgerichtigkeit des zweiten deutschen Staates.[48] Auf den zweiten Blick offenbart ihre Lektüre jedoch, welche der jüdischen Traditionen, welches jüdische Kulturgut, welches jüdische Wissen durch den Holocaust verloren gingen. Indem Auguste Lazar oder Lea Grundig, aber auch andere SED-Mitglieder jüdischer Herkunft, dieses in ihren Memoiren beschrieben, gedachten sie der Ihren in ganz eigener Weise. Im Grunde setzten

---

47 Auguste Lazar: Arabesken. Berlin 1957; Lea Grundig: Gesichte und Geschichte. Berlin 1958; Lin Jaldati/Eberhard Rebling: »Sag nie Du gehst den letzten Weg!« Lebenserinnerungen 1911 bis 1988. Berlin 1986.

48 Siehe hierzu auch Jeffrey Herf: Zweierlei Erinnerung. Die NS-Vergangenheit im geteilten Deutschland. Berlin 1998.

sie damit gerade den Toten und dem mit ihnen unwiederbringlich Verlorenen ein eigenwilliges Denkmal. Und vielleicht kehrten sie ja gerade deshalb nach Deutschland zurück, um das Wissen an die Toten, an ihre Traditionen, an ihr Kulturgut wachzuhalten.

Somit ist die Rückkehr vieler deutsch-jüdischer Emigrant*innen meist auf eine komplexe Gemengelage politischer und gesellschaftlicher Ereignisse bzw. persönlicher und privater Entscheidungen zurückzuführen. Diesen Entscheidungen eine Folgerichtigkeit aufgrund der jeweils politischen Grundeinstellung der Remigrant*innen zuzuschreiben, verweist dabei eher auf die Meisternarrative des Kalten Krieges als auf die jeweilige historische Situation.

Ofer Waldman

# *Ödipus in Charlottenburg*

## Thomas Braschs biographisch-literarische Widerspiegelungen

### 1989

Selten genug trägt der Lauf der Geschichte literarische Qualitäten: So erlebten in den Sommermonaten des Jahres 1989 ein Mensch und ein Staat, deren Geschichten aufs Engste miteinander verflochten waren, ihre letzten Tage. Horst Brasch, Jahrgang 1922, ehemaliger stellvertretender Kulturminister der DDR, gehörte als deutsch-jüdischer Kommunist und Remigrant aus dem englischen Exil gleichsam zur Gründergeneration der Deutschen Demokratischen Republik. Sein Tod im August 1989[1] wie auch das kurz danach eintretende Ende der DDR verwandelten für seinen ältesten Sohn, den zum Zeitpunkt der Wende in Westdeutschland lebenden Autor und DDR-Bürger Thomas Brasch, das Widerrufliche in das Unwiderrufliche, das Politische in das Chronologische: das Exil in eine Verwaistheit.[2]

Im Folgenden werden die Verflechtungen biographischer und politischer Umstände im Fall von Thomas Brasch näher beleuchtet, die wiederum in Braschs literarischem Schaffen ihre deutlichste Widerspiegelung fanden. Diese Verflechtung ist zwischen zwei zeitliche Zäsuren gespannt: zum einen die Rückkehr Horst Braschs in die SBZ/DDR nach dem Zweiten Weltkrieg,[3] zum anderen der Kollaps der DDR im Jahr 1990. Innerhalb dieser Zeitspanne lässt sich vor allem ein Zeitpunkt ausnehmen, der für diese Verflechtung emblematisch ist, ja an dem sie von einer Rück- zu einer Abkehr wurde, in dem das Politische mit dem Familiären, das Literarische mit dem Historischen zusammenfiel: 1976, das Jahr, in dem (auch) Thomas Brasch die DDR verließ, um seine Werke im Westen veröffentlichen zu

1 Bundesarchiv – Stiftung Archiv der Parteien und Massenorganisationen (BArch), DY/30/IV 2/11/V. Todesvermerk, Horst Brasch, 18.08.1989; die Trauerrede wurde zusammengefasst im *Neuen Deutschland* am 30.08.1989 nachgedruckt.

2 Die vorliegenden Erörterungen entstammen meiner sich in Arbeit befindenden Dissertation Ofer Waldman: Zwischen Zerbrechen und Beschreiben. Thomas Brasch als Exponent der zweiten Generation jüdisch-kommunistischer Remigranten in der SBZ/DDR (i.V.).

3 BArch, NY/4301/11. Erinnerungen von Horst Brasch – III – Solidarität für und durch die DDR, aufgezeichnet 1988.

können.[4] Es wird hier ein rückwärts konstruierter Blick angeboten, der nach den Residuen des Früheren greift und sich mit diesen stufenweise zurück in die Zeit bewegt: von 1986 über 1976 und 1968 bis schließlich ins Jahr 1945.

## 1986

Das Jahr 1986 bietet sich als Anfangspunkt an. In diesem Jahr schrieb Thomas Brasch von West-Berlin aus an seinen Vater:[5]

> Ach, Vater, lieber, es ist nicht leicht gewesen zu lieben, was man lieben will, aber muß, die DDR, den Traum vom Sozialismus und den Vater. [...] Die DDR ist meine Familie, (auch wenn ich sie verlassen habe), aber ich kann nicht zurück. [...] Ich mache Dir einen Vorwurf: Ihr (das heißt Du; für mich) hattet keine Geduld (und keine Zeit), uns zu lehren, Euch (Dich) zu verstehen. Und ich mache uns (mir) einen Vorwurf: Wir haben geglaubt (Euch!): Der Sozialismus (das schönste schwierige) ist eine glatte Straße, gerade [...] deshalb bin ich aus einem Land gegangen, das meine Familie war (in Potsdam, Cottbus, Naumburg, Neustrelitz, Berlin – von der Schule bis zum Gefängnis: meine Familie).[6]

Es entfaltet sich hier eine Verdichtung von politischen und familiären Imperativen, in der die Unterscheidung zwischen dem Persönlichen, dem Singulären und dem Kollektiven verwischt wird: *Ich* wird zu *Wir, Du* zu *Euch*. So bleibt unklar, ob die in die Worte eingeflochtene Ironie familiärer oder politischer Natur ist, beispielsweise in der Behauptung, die DDR, also den ›Arbeiter-und-Bauern-Staat‹, verlassen zu müssen, um arbeiten zu können.

Durch die Briefzeilen hindurch lässt sich eine Vielfalt von Trennlinien ausnehmen: zwischen Brasch und seinem Vater, zwischen Brasch und der DDR. Diese Trennlinien lassen sich wiederum nicht nur biographisch und geographisch, sondern auch chronologisch verorten.

---

4 Erklärung Thomas Braschs vor dem Bahnhof Zoologischer Garten in West-Berlin nach seiner Übersiedlung, in: Christian Friedrich Delius: Für meinen ersten Verleger. In: Martina Hanf/Kristin Schulz (Hrsg.): Das blanke Wesen. Arbeitsbuch Thomas Brasch. Berlin 2004, S. 95–99, besonders S. 98.

5 In einem neulich erschienenen Dokumentarfilm über die Familie Brasch bezweifelt Marion Brasch, die Schwester Thomas', ob dieser Brief je verschickt wurde, wodurch seine Aussagekraft für die vorliegenden Erörterungen jedoch unberührt bleibt. Siehe Annekatrin Hendel: *Familie Brasch. Ein Dokumentarfilm.* D 2018.

6 Akademie der Künste, Berlin, Thomas-Brasch-Archiv (im Folgenden TBA) Signatur (Sig.) 925, 30. 03. 1986, Brief von Thomas Brasch an Horst Brasch.

Abb. 1 Thomas Brasch, 1977

## 1976

Am Morgen des 12. Dezember 1976 überquerte Thomas Brasch mit Katharina Thalbach und Thalbachs Tochter Anna den Berliner Grenzübergang Friedrichstraße gen Westen. Damit zählt Brasch chronologisch zu jenem ›Exodus‹ aus der DDR, über den Barbara Honigmann in ihrem Buch *Bilder von A.* spricht[7] und dessen Anfang durch die Ausbürgerung Wolf Biermanns markiert ist.[8] Tatsächlich lässt sich Braschs Unterschrift auf jener Protesterklärung finden, die von namenhaften DDR-Schriftstellerinnen und Schriftstellern gegen die Ausbürgerung Biermanns initiiert wurde.[9] Dabei fiel er unter jene, welche die Staatssicherheit mit Blick auf die Protestaktion als »feindliche Kräfte unter der künstlerischen Intelligenz« bezeichnete, »insbesondere Schriftsteller, Theaterschaffende und andere Kulturschaffende der DDR«, die durch »feindlich tätige Einzelpersonen« »zu antisozialistischen Aktivitäten angeregt« worden seien.[10]

7 Barbara Honigmann: Bilder von A. München 2011, S. 82.

8 Fritz Pleitgen: 25 Jahre Ausbürgerung Wolf Biermann. In: Fritz Pleitgen: Die Ausbürgerung. Anfang vom Ende der DDR. Berlin 2001, S. 13–24, hier S. 14.

9 Offener Brief prominenter Künstlerinnen und Künstler, hrsg. v. Bundeszentrale für politische Bildung und Robert-Havemann-Gesellschaft e. V., letzte Änderung Dezember 2019. Abgerufen unter der URL: www.jugendopposition.de/145376, letzter Zugriff: 06.05.2020.

10 Hauptabteilung XX, Aktivitäten und Wirksamkeit des Feindes in Bereichen der künstlerischen Intelligenz der DDR, o. D. (vermutlich 1978), BStU, HA XX/AKG 1494, S. 298 ff., zit. nach

Dass Schriftstellerinnen und Schriftsteller eine zentrale Rolle in der »Literaturgesellschaft DDR«[11] einnahmen, wird schon aus einem auf sie gerichteten Passus im Urheberrecht der DDR unter dem Titel *Pflichten und Verantwortung als Staatsbürger und Schriftsteller der DDR*[12] deutlich. Man war also nicht nur Bürger, sondern auch »Schriftsteller des Staates«. Dass die Protestaktion eine Wahrnehmung dieser Pflichten und der mit ihr verbundenen Verantwortung darstellte, die keineswegs SED-konform war, ist selbstredend.

Mit dem Grenzübertritt im Dezember 1976 erreichten bei Brasch indes mehrere, ineinander verwobene – und freilich nicht nur biographische – Erzählstränge ihren Höhepunkt. Neben jenem mit dem Weggang aus der DDR konnotierten politischen Strang kam bei Brasch ein weiterer literarischer hinzu, denn dem jungen Dichter und Bühnenautor fehlte in seiner Heimat das, was ein Schriftsteller zur Vollendung braucht: die Möglichkeit, die eigenen Werke zu veröffentlichen. Bis auf einige wenige Schriftstücke durften die Texte Braschs in der DDR nicht gedruckt werden.[13]

Wie sein reger Schriftverkehr mit dem Rostocker Hinstorff-Verlag belegt, markierte dabei das Jahr 1976 eine Zäsur. In diesem Jahr versuchte der junge Autor, die Veröffentlichung seines ersten großen Erzählbandes mit dem Arbeitstitel *Auf der Leinwand sind die Zwerge Riesen* zu erwirken. Das ganze Jahr über bemühte sich der Verlag, der für seinen geübten Umgang mit »schwierigen« Autoren bekannt[14] und an einer Veröffentlichung des Bandes interessiert war, »auf verschiedene Texte in beiderseitigem Einvernehmen« zu verzichten, um »die Wirklichkeit der DDR künstlerisch relevant« widerzuspiegeln.[15] Braschs Entgegenkommen reichte jedoch aus Sicht des Verlags nicht aus, die Schwelle der Druckgenehmigung[16] in

---

Dagmar Schittly: Zwischen Regie und Regime. Die Filmpolitik der SED im Spiegel der DEFA-Produktionen. Berlin 2002, S. 294.

11 Wolfgang Emmerich: Kleine Literaturgeschichte der DDR. Erw. Neuausgabe. Berlin $^{4}$2000 (Erstausgabe 1981), S. 49.

12 Artur-Axel Wandtke/Winfried Bullinger: Gesetz über das Urheberrecht (DDR). In: Dies.: Praxiskommentar zum Urheberrecht. München 2009, Anhang S. 1.

13 Die einzige, allein den Werken Braschs gewidmete Veröffentlichung in der DDR (und die fast zur Entlassung des Herausgebers führte) war Thomas Brasch: Poesiealbum 89, hrsg. von Bernd Jentzsch. Berlin 1975.

14 Thomas Jung: »Widerstandskämpfer oder Schriftsteller sein ...« – Jurek Becker – Schreiben zwischen Sozialismus und Judentum: eine Interpretation der Holocaust-Texte und deren Verfilmungen im Kontext (Osloer Beiträge zur Germanistik, 20). Frankfurt am Main u.a. 1998, S. 141.

15 TBA, Sig. 1106, Korrespondenz Thomas Braschs mit dem VEB Hinstorff-Verlag.

16 Zum Veröffentlichungsverfahren in der DDR siehe vor allem Simone Barck/Martina Langermann/Siegfried Lokatis: »Jedes Buch ein Abenteuer«. Zensur-System und

der DDR zu überschreiten. Der Staatssicherheit gegenüber bezeichnete der Verlagslektor das Werk, in dem die DDR als »Knast mit Grünanlagen« bezeichnet wird, als »Bombe«.[17] Brasch war jedoch an einer Veröffentlichung auch deshalb gelegen, da das Buch, wie er einem Inoffiziellen Mitarbeiter des Ministeriums für Staatssicherheit anvertraute, autobiographisch konzipiert war.[18] Marion Brasch, seine Schwester, wird später kommentieren, sie habe erst nach vielen Jahren verstanden, »dass es in diesen Texten um seine eigene Geschichte und den Konflikt mit unserem Vater ging«.[19]

Am 8. September 1976 lehnte der Hinstorff-Verlag das Manuskript für eine Veröffentlichung in der DDR endgültig ab.[20] Brasch schickte es daraufhin an den West-Berliner Rotbuch Verlag. Dieser versuchte die Rechte vom zuständigen Ost-Berliner Büro für Urheberrechte zu erwerben, wurde aber auf Anweisung des DDR-Kulturministeriums abgewiesen.[21]

Am 6. Oktober 1976 notierte die Staatssicherheit die Ablehnung des Vertrags zwischen dem West-Berliner Verlag und Brasch.[22] Christa Wolf gegenüber äußerte sich Brasch in dieser Zeit, er wisse nicht, warum er in der DDR bleiben solle.[23] Etwas mehr als einen Monat später wurde Biermann ausgebürgert; wiederum einen Monat später stand Brasch vor dem West-Berliner Bahnhof Zoo und sagte:

> Weil für mich eine öffentliche Auseinandersetzung mit meiner Arbeit lebenswichtig ist, sah ich mich gezwungen, einen Antrag auf Ausreise aus der DDR zu stellen. Diesem Antrag ist stattgegeben worden.[24]

---

literarische Öffentlichkeiten in der DDR bis Ende der sechziger Jahre (Zeithistorische Studien, 9). Berlin 1997.

17 TBA Sig. 1804; BStU, ZMA XX 479, Anlage C, S. 17 f., Hauptabteilung XX/7, Information.

18 TBA Sig. 1804; BStU, ZMA XX 479, Anlage C, S. 20 ff., Hauptabteilung XX/7, Berlin, 06. 10. 1976, Information.

19 Martina Hanf/Kristin Schulz: Das Thema ›Familie‹. Aus einem Gespräch zwischen Marion Brasch und den Herausgeberinnen am 27. November 2003. In: Hanf/Schulz (Hrsg.): Das blanke Wesen (wie Anm. 4), S. 63–66, hier S. 63.

20 Insa Wilke: Ist das ein Leben. Der Dichter Thomas Brasch. Berlin 2010, S. 18.

21 Delius: Für meinen ersten Verleger (wie Anm. 4); siehe auch TBA Sig. 1070, Briefwechsel zwischen dem Büro für Urheberrechte der DDR und Thomas Brasch, 21. 10. 1976, 23. 10. 1976, 28. 10. 1976.

22 TBA Sig. 1804; BStU, ZMA XX 479, Anlage C, S. 20 ff., Hauptabteilung XX/7, Berlin, 06. 10. 1976, Information.

23 Christa Wolf: Laudatio für Thomas Brasch. In: Dies.: Ansprachen. Darmstadt 1988, S. 55.

24 Delius: Für meinen ersten Verleger (wie Anm. 4), S. 98.

Kurz darauf veröffentlichte der Rotbuch Verlag Braschs Erzählband, nun unter dem Titel *Vor den Vätern sterben die Söhne.*[25] Es folgten, dammbruchartig, mehrere andere Veröffentlichungen: Prosa, Lyrik, Theaterstücke. Brasch wurde mit Stipendien und Arbeitsaufträgen geradezu überhäuft, die seine Existenz im Westen absicherten.[26]

Eines jener Stücke, die kurze Zeit nach seinem Gang in den Westen veröffentlicht wurden, war das auf der Biographie des Dichters Georg Heym basierende Stück *Lieber Georg.*[27] Das Stück gewährt einen Einblick in Braschs dichte, kantige, ironisch-poetische Sprache und beginnt mit der folgenden Unterhaltung:

> HEYM Ich kann dich nicht mehr tragen Papa du
> bist so schwer Steig ab Warum weinst du denn
>
> PAPA Weiter Georg weiter Es muß vorwärts gehen
> Was soll denn aus dir werden Als ich in deinem Alter
> war habe ich schon zwei Todesurteile beantragt und
> beide Prozesse gewonnen Aber du Erst pisst du fünf
> Jahre lang ins Bett und jetzt Und jetzt Der einzige
> Sohn ein Stotterer Lachhaft Mann
>
> HEYM Ohne dich wär ich der größte deutsche Dichter
> Längst
>
> PAPA Lachhaft Mit deine Gedichte wisch ich mir den
> Arsch
> Jawohl den Arsch Weiter jetzt Los Und halt die Fresse
> Ins Gerichtsarchiv werd ich dich stecken In den Staub
> Und dann mit dem Säbel ein paar Ausrufezeichen
> auf die Backen Das ist Lyrik Vorwärts jetzt
>
> HEYM Wohin Papa wohin Die Richtung

25 THOMAS BRASCH: Vor den Vätern sterben die Söhne. Berlin 1977.

26 TBA Sig. 1203/4, 05. 01. 1977, Arbeitsvertrag Staatliche Schauspielbühnen Berlins; Brasch wurde unter anderem mit dem Lessing-Stipendium der Stadt Hamburg, dem Gerhard-Hauptmann-Preis der Volksbühne Berlin und dem Ernst-Reuter-Preis ausgezeichnet, siehe TBA Sig. 1208/1, Sig. 1208/2, Sig. 1208/3.

27 Sechs moderne Theaterstücke. Thomas Bernhard: Der Weltverbesserer. Edward Bond: Das Bündel. Thomas Brasch: Lieber Georg. Jürg Federspiel: Brüderlichkeit. Alfred Jarry: Ubu Rex. Franz Xaver Kroetz: Mensch Meier (Spectaculum, 30). Frankfurt am Main 1979.

PAPA Die geht dich einen Dreck an
Knackknack Da hab ich wieder einen[28]

Auf Braschs eigener Aussage basierend, die biographischen Ähnlichkeiten mit Georg Heym erlaubten ihm, höchst autobiographisch zu schreiben – 1997 sagte er gar, »›Lieber Georg‹ ist ein Brief an mich«[29] –, lässt sich durch die poetische Sprache dieser ersten Passage der Anklang einer imaginierten Unterhaltung Braschs mit seinem Vater erhaschen. Das Genre einer in die Literatur übertragenden Unterhaltung mit dem Vater, die eine Auseinandersetzung ersetzen sollte, die in Wirklichkeit nicht stattgefunden hatte, entlieh Brasch Franz Kafkas *Brief an den Vater.*[30] »Ich kann dich nicht mehr tragen Papa du bist so schwer [...] Ohne dich wäre ich der größte deutsche Dichter längst [...] wohin Papa wohin die Richtung«. Dies schrieb Brasch zwei Jahre nachdem er das Land seines Vaters verlassen hatte, um Dichter zu werden; zwei Jahre nachdem er dem Land und dem Vater, »die man lieben will, aber muss«, den Rücken gekehrt hatte. Um das alles zu unterstreichen, betitelte Brasch diesen Abschnitt, aus dem die Eingangspassage stammt, mit *Ödipus in Charlottenburg.*

Offensichtlich begriff Brasch seinen Grenzübertritt durchaus als ödipalen Akt; die Figur des Ödipus taucht in vielen seiner Texte aus jener Zeit auf, beispielweise in einer Rezension, die er 1979 für die *ZEIT* über eine Neuauflage von Robert Musils *Die Verwirrungen des Zöglings Törleß* schrieb.[31] Brasch konzentrierte sich bei der Rezension auf die Erfahrung Törleß' als Kadett in der militärischen Kadettenanstalt, eine Erfahrung, die Brasch auf die Biographie Musils zurückführte. Thomas Brasch teilte ähnliche Erfahrungen, denn er selber hatte als Jugendlicher die Kadettenanstalt der Nationalen Volksarmee in Naumburg besucht.[32] In der besagten Rezension schrieb er:

---

28 Thomas Brasch: Lovely Rita; Rotter; Lieber Georg: drei Stücke. Frankfurt am Main 1989, S. 107.

29 Aus einem 1997 geführten Interview mit Jens Ponath, zit. nach Wilke: Ist das ein Leben (wie Anm. 20), S. 76.

30 Franz Kafka: Brief an den Vater, hrsg. und komm. von Michael Müller. Stuttgart 1995; siehe auch Peter-André Alt: Franz Kafka. Der ewige Sohn. Eine Biographie. München 2005; eine für den Fall Brasch ebenfalls relevante Lesart des Briefes an den Vater von Kafka bietet Jacques Derrida: Literature in Secret. An Impossible Filiation. In: Ders.: The Gift of Death and Literature in Secret. Translated by David Wills. Chicago 1995, S. 121–157.

31 Thomas Brasch: Die Verwirrungen des Zöglings Törless. In: *DIE ZEIT*, 10. August 1979.

32 Peter Joachim Lapp: Schüler in Uniform. Die Kadetten der Nationalen Volksarmee. Aachen 2009; Michael Buddrus: ›Kaderschmiede für den Führungsnachwuchs‹? Die Kadettenschule der Nationalen Volksarmee in Naumburg 1956–1961. Ein Beitrag zur Geschichte der Militär- und Jugendpolitik der SED. In: Hartmut Mehringer (Hrsg.): Von der SBZ zur

> Der eigene Sohn, im Internat zum blutig geräderten, melancholischen Ödipus heruntergekommen und aufgestiegen, wird im nächsten Krieg als Offizierswerkzeug ohne wirklichen Standesstolz zerbrechen oder er wird den väterlichen Staat – beschreiben.[33]

Zwischen Zerbrechen und Beschreiben: Der ödipale Akt des Verlassens des »väterlichen Staates« findet also seine Ergänzung in der Beschreibung jenes Staates, im literarischen Akt. Auch bei Brasch war das Schreiben ein Akt gegen das Zerbrechen. Der Ursprung des Zerbrechens, der Höhepunkt des Konflikts zwischen Vater und Sohn, lässt sich etwa acht Jahre vor Braschs Weggang aus der DDR finden.

## 1968

Am 21. August 1968 marschierten die Truppen des Warschauer Pakts in Prag ein, um dem sogenannten Prager Frühling ein Ende zu bereiten.[34] In der folgenden Nacht verteilte Thomas Brasch zusammen mit anderen Kindern prominenter SED-Mitglieder jüdischer Herkunft in Ost-Berlin Flugblätter gegen die Invasion. Auf den Flugblättern, die in S-Bahnen, Telefonzellen und Briefkästen verteilt wurden, stand unter anderem »Hände weg vom roten Prag« oder »Ein Dubček für die DDR«.[35] Andere Freunde von Brasch verteilten wiederum in jener Nacht Kopien von Wolf Biermanns Gedicht *In Prag ist Pariser Kommune.*[36] Daraufhin versteckte sich Brasch bei Freunden am Müggelsee bei Berlin. Vier Tage später, am 26. August 1968, folgte er der Bitte seines Vaters, in die elterliche Wohnung in der Berliner Alexanderstraße 1 zu kommen. Parallel dazu verständigte der Vater die zuständigen ZK-Stellen, woraufhin die Abteilung VII des Staatssicherheitsdienstes den Sohn in der Wohnung seiner Eltern verhaftete und nach Berlin Hohenschönhausen brachte.[37]

---

DDR. Studien zum Herrschaftssystem in der Sowjetischen Besatzungszone und in der Deutschen Demokratischen Republik (Schriftenreihe der Vierteljahrshefte für Zeitgeschichte). München/Oldenbourg 1995, S. 167–232.

33 Brasch: Die Verwirrungen des Zöglings Törless (wie Anm. 31).

34 Jan Pauer: Prag 1968. Der Einmarsch des Warschauer Paktes. Hintergründe – Planung – Durchführung. Bremen 1995.

35 TBA Sig. 1800; BStU Anlage D/1, Ermittlungsverfahren, Archiv-Nr. 339/90, Hauptabteilung IX/2, Berlin, 24. 08. 1968, Bericht, S. 75; TBA Sig. 1234; BStU, MfS, AU 339/90, Anlage 10, S. 169 ff., Bericht, MfS, 17. 09. 1968.

36 »Hoch Dubcek!« – Kinder von Berliner Intellektuellen protestieren, hrsg. v. d. Bundeszentrale für politische Bildung und Robert-Havemann-Gesellschaft e. V., letzte Änderung Dezember 2019. Abgerufen unter der URL: www.jugendopposition.de/145443, letzter Zugriff: 08. 05. 2020.

37 TBA Sig. 1800; BStU Anlage D/1, S. 32, Stadtbezirksgericht Berlin-Mitte, Ermittlungssache, 27. 08. 1968.

Abb. 2 Thomas und Horst Brasch, 1956. Thomas in Kadettenuniform

Es folgten zwei Monate Verhör, in denen Brasch die Verantwortung für die von der Staatssicherheit als »staatsfeindliche Hetze« genannte Aktion übernahm. Danach wurde er in einem schnellen Prozess zu zwei Jahren und drei Monaten Haft verurteilt,[38] eine Strafe, die alsbald in eine Bewährungsstrafe mit einer Arbeitsplatzbindung umgewandelt wurde.[39] Brasch, der Elitensohn,[40] befand sich

38 TBA Sig. 1802; BStU MfS AU, Ermittlungsverfahren gegen Thomas Brasch, Anlage D/3, S. 873 f., Stadtgericht von Groß-Berlin, Urteil.

39 TBA Sig. 1802 Bd. 3; BStU MfS AU 339/90 BA Bd. 1 Anlage 9, S. 1 f.; Stadtgericht von Groß-Berlin, Beschluß, gez. Klabuhn, wie auch: TBA Sig. 1192, Thomas Brasch, Tagebucheintrag vom 11. 11. 1969. Eine eckpunktuelle Biographie Braschs findet sich in Thomas Brasch: »Die nennen das Schrei«. Gesammelte Gedichte. Berlin 2015, S. 975 ff.; zur Zwangsbeschäftigung als Strafmittel siehe Klaus Marxen/Gerhard Werle (Hrsg.): Strafjustiz und DDR-Unrecht. Dokumentation. Band 5/2. Teilband: Rechtsbeugung. Berlin 2007, S. 582.

40 Zur Bezeichnung der Kinder deutsch-jüdischer Remigrantinnen und Remigranten in der DDR als ›elitär‹ siehe z. B. Karin Hartewig: Zurückgekehrt. Die Geschichte der jüdischen Kommunisten in der DDR. Köln/Weimar/Wien 2000, S. 249 f.; Peter Honigmann: Über den Umgang mit Juden und jüdischer Geschichte in der DDR. In: Siegfried Theodor Arndt (Hrsg.): Juden in der DDR. Geschichte – Probleme – Perspektiven (Arbeitsmaterialien zur Geistesgeschichte, Salomon Ludwig Steinheim-Institut für Deutsch-Jüdische Geschichte, 4). Köln 1988, S. 101 – 124.

demnach in den folgenden zwei Jahren im identitätsbildenden Epizentrum des sozialistischen Staates – in der Fabrikhalle.[41] Hier, im VEB Transformatorenwerk Oberschöneweide, lernte er Arbeiterinnen und Arbeiter kennen, die ihm halfen, jene der DDR eigenen Diskrepanzen zwischen der Idealisierung des Arbeiters und dem harten Arbeitsalltag zu beschreiben, und die – teils mit ihren echten Namen – im Erzählband *Vor den Vätern sterben die Söhne* (wie auch in anderen Werken Braschs) als Figuren auftraten.[42]

Doch nicht nur Thomas Brasch wurde für jene Flugblattaktion bestraft. Eine weitere Folge erlebte der Vater, Horst Brasch, der seiner Funktion als stellvertretender Kulturminister entkleidet und zu einer Nachschulung nach Moskau geschickt wurde.[43] Diese Verschränkung der Strafen von Sohn und Vater, des Politischen mit dem Familiären, klingt auch in einem von Braschs Texten an, den er direkt nach seiner Ankunft in West-Berlin veröffentlichte:

> Er humpelt zur S-Bahn. Hinter ihm schließt der Betriebsschutz das Werktor. Die Norm ist geschafft (1200 Schaltstücke in 540 Minuten). Auf diesen Füßen marschiert die Zukunft, steht auf dem Plakat über dem Warenhaus. Auf diesen Füßen kam Lajos' Schicksal über die Berge, sagt Sophokles. Mit Blindheit geschlagen.

Der Text trägt natürlich den Titel *Ödipus.*[44]

## 1945

Der letzte Abschnitt ist zugleich der Anfang der betrachteten Zeitspanne: das Jahr 1945. In einem der ersten Verhörprotokolltexte der Staatssicherheit wird Thomas Brasch im Jahr 1968 auf folgende Weise zitiert: »Die Tatsache, daß ich in England geboren wurde und bis 1946 dort lebte, erklärt sich aus dem Umstand,

---

41 Arnd Bauerkämper: Die Sozialgeschichte der DDR (Enzyklopädie deutscher Geschichte, 76). München 2005, S. 3, 13 ff., 28.

42 So beispielweise die Figur Ramturs in *Der Schlag gegen den Kopf des Ochsen,* in Brasch: Vor den Vätern sterben die Söhne (wie Anm. 25), S. 79–82, die auf den Kollegen Braschs basiert, siehe TBA Sig. 1192, Thomas Brasch, Tagebucheintrag vom 24. 10. 1969.

43 BArch, DY/30/IV 2/11/V, Kulturabteilung des ZK der SED, 12. 09. 1968; ZK der SED, 26. 11. 1968.

44 Thomas Brasch: Kargo. 32. Versuch auf einem untergehenden Schiff aus der eigenen Haut zu fahren. Frankfurt am Main 1977, S. 8; eine frühere Version des Text (allerdings in Gedichtform), die bereits Mitte der 1970er geschrieben wurde, wurde hier gedruckt: Thomas Brasch: Ödipus. In: *Wespennest. Zeitschrift für brauchbare Texte und Bilder*, Dezember 1976, S. 18 f., zit. nach Brasch: »Die nennen das Schrei« (wie Anm. 39), S. 877.

daß meine Eltern 1938, weil sie Juden sind, aus Deutschland beziehungsweise Österreich emigrieren mußten und in der Folgezeit in England lebten. Von meinen Eltern wurde ich im sozialistischen Sinne erzogen.«[45] Die Verwendung der Präsenzform – »weil sie Juden sind« – im Jahre 1968, also zu einer Zeit, in der die jüdische Herkunft beider Eltern angeblich keine Rolle mehr spielte – ist kein Zufall; in ihrem 2015 veröffentlichten autobiographischen Roman rekonstruiert Marion Brasch eine Unterhaltung, die sie mit ihrem Vater Horst Brasch bei einem Besuch in seinem einstmaligen Exilort London Mitte der 1980er Jahre am Grabmal Karl Marx' führte:

> »Und was ist mit deinem Judentum, Papa?«, fragte ich ihn nach einer Weile. Sein Blick kehrte in die Gegenwart zurück. »Was soll damit sein?«, antwortete er gereizt. »Jude war ich nur nach den Rassengesetzten der Nazis, mehr nicht. Für mich hat das nie eine Rolle gespielt.«
> »Du musstest doch aber als Jude aus Deutschland weg. Und hättest du nicht weggemusst, […] und du wärst nie Kommunist geworden, oder?«
> »Hätte, wäre, wenn«, sagte mein Vater kühl. »Wäre ich nicht Jude gewesen, wäre sowieso einiges anders gelaufen.«[46]

Das »Hätte, wäre, wenn«, die Präsenzform des elterlichen Jüdischseins, ist Ursprung der Brasch'schen Familiengeschichte. Über die intergenerationellen Strukturen hinweg wurde jener Ursprung auch für Thomas Brasch prägend. Wäre die Geschichte aus der Perspektive von Horst Brasch erzählt worden, hätte sie hier ihren Anfang gehabt.

Die politische, intergenerationelle Spannung innerhalb der DDR-Gesellschaft, von Heinz Bude als »Ironisierung der Sozialverhältnisse« und »sukzessiver Verlust von innerer Legitimität des sozialistischen Neuanfangs nach 1945 in der historischen Generationenfolge« beschrieben,[47] wurde oft mit familiären Begriffen gekennzeichnet. So wurden die Gründungsväter der DDR um Walter Ulbricht und Wilhelm Pieck vielfach als moralisch annehmbare Ersatzväter dargestellt; Ersatz also für all jene Väter, die durch ihre Taten in der Zeit des Nationalsozialismus ihre moralische Autorität eingebüßt hatten.[48]

---

45 TBA Sig. 1800; BStU Anlage D/1, S. 106 f., Vernehmungsprotokoll, Thomas Brasch, 30. 08. 1968.

46 Marion Brasch: Ab jetzt ist Ruhe. Roman meiner fabelhaften Familie. Frankfurt am Main 2015, S. 295 f.

47 Heinz Bude: Die ironische Nation: Soziologie als Zeitdiagnose. Hamburg 1999, S. 68.

48 Frank Schirrmacher: »Dem Druck des härteren, strengeren Lebens standhalten«. In: Thomas Anz (Hrsg.): »Es geht nicht um Christa Wolf«. Spangenberg 1991, S. 77–89; siehe auch Thomas Ahbe/Rainer Gries: Gesellschaftsgeschichte als Generationengeschichte. Theoretische und methodologische Überlegungen am Beispiel der DDR. In: Annegret

Die bedingungslose, ideologische Anbindung Horst Braschs an die DDR entsprang jedoch einem fundamental anderen Umstand. Die nationalsozialistische, rassische Judenverfolgung zwang ihn (ungeachtet seiner im jugendlichen Alter vollzogenen Konvertierung zum Katholizismus) zur Flucht nach England.[49] Als (deutscher) »Enemy Alien« (dt.: feindlicher Ausländer) wurde er nach Kriegseintritt Großbritanniens in einem kanadischen Prisoners-of-War-(POW-) Lager[50] zusammen mit anderen deutschen Exilanten und Kriegsgefangenen inhaftiert. Dieser Umstand, zwischen Kommunisten, säkularen und religiösen Juden interniert zu sein, die sich allein aufgrund ihrer deutschen Herkunft im Lager befanden, wurde von Barbara Honigmann literarisch festgehalten. Auf der Suche nach »intelligenten Menschen« hatte ihr Vater Georg Honigmann, der ebenfalls als »Enemy Alien« nach Kanada deportiert wurde, die Wahl zwischen »den religiösen Juden und den Kommunisten«. Er »zog den Gebeten und dem ›Lernen‹ der religiösen Juden die Schulungen zur Geschichte der KPdSU vor«.[51] Auch Horst Brasch optierte für die Schulungen der Kommunisten und absolvierte im Lager den Kurs *Das Kapital Band I* sowie *Dialektischer und historischer Materialismus.*[52] Aus dem Lager befreit, stieß Horst Brasch als Führungsfigur zur Exil-FDJ in Großbritannien.[53] Damit eröffnete ihm der Kommunismus die sogenannte Rote Assimilation[54] als Mittel zur Bewahrung seiner durch die Nationalsozialisten aberkannten Zugehörigkeit zum deutschen Kollektiv. Diesen Umstand teilte er mit vielen jungen mitteleuropäischen, deutschsprachigen Jüdinnen und Juden, die, vom ausufernden Nationalismus der späten Weimarer Periode ausgegrenzt, über die »Rote Assimilation« ihren

---

Schüle/Thomas Ahbe/Rainer Gries (Hrsg.): Die DDR aus generationengeschichtlicher Perpektive. Eine Inventur. Leipzig 2006, S. 475–572.

49 BArch, DY/30/IV 2/11/V, Lebenslauf Horst Brasch, 03.09.1968.

50 David J. Carter: Behind Canadian Barbed Wire: Alien, Refugee, and Prisoner of War Camps in Canada, 1914–1946. Toronto 1980.

51 Barbara Honigmann: Ein Kapitel aus meinem Leben. München 2012, S. 106.

52 BArch, NY/4301/10. »Werner Fischer«. Erinnerungen von Horst Brasch, Mai 1988, S. 4.

53 BArch, DY/30/IV 2/11/V, Lebenslauf Horst Brasch, 1968. Siehe auch Bruno Retzlaff-Kresse: Illegalität Kerker Exil. Erinnerungen aus dem Antifaschistischen Kampf. Berlin (Ost) 1980 sowie Alfred Fleischhacker: Das war unser Leben. Erinnerungen und Dokumente zur Geschichte der FDJ in Großbritannien 1939–1946. Berlin 1996.

54 Zur Begriffserklärung siehe Jan Gerber: »Rote Assimilation«. Judentum und Kommunismus im mittleren und östlichen Europa (1917–1968). In: Markus Börner/Anja Jungfer/Jakob Stürmann (Hrsg.): Judentum und Arbeiterbewegung. Das Ringen um Emanzipation in der ersten Hälfte des 20. Jahrhunderts. Berlin/Boston 2018, S. 183–201; Hannah Arendt: Introduction. Walter Benjamin: 1892–1940. In: Dies. (Hrsg.): Illuminations. New York 1968, S. 34 – hier bettet Arendt den Begriff der »Roten Assimilation« im jüdisch-biographischen Kontext der ersten Hälfte des 20. Jahrhunderts ein.

Abb. 3 Horst Brasch, undatiert (vmtl. um 1950)

Weg in die KPD fanden. Dieser Umstand machte sie nach 1945, gemessen an ihrem geringen Bevölkerungsanteil, zu einem überdurchschnittlich großen Teil der deutschen politischen Remigrierten in die SBZ/DDR und infolgedessen zum festen Bestandteil der dortigen politischen Elite.[55]

Auf dieser Rückkehr zum ›deutschen Kollektiv‹ durch die sogenannte Rote Assimilation gründete der unzertrennliche Bund zwischen Horst Brasch und der DDR, zwischen Vater und Staat. Dieser fand 1968, in der Auslieferung des eigenen Sohnes an die Staatssicherheit (in der der biblische Topos von Abraham und Isaak nachhallt) seine eindeutigste Entsprechung. Durch die Verbindung zwischen der ideologischen Hingabe des Vaters und der Aufopferung des Sohnes wird der Ort, an dem dies alles geschieht – in diesem Fall Ost-Berlin – sakralisiert. Es war dieser Bund, von dem aus sich Thomas Brasch in eine ödipale Rolle hineingezwungen sah. Er verlieh der familiären Auseinandersetzung eine politische Dimension, die seit 1976 ein Hauptmotiv der Literatur Thomas Braschs, seines Beschreibens, war.

55 Die ausführlichste Studie, die durch einzelne Biographien dieses kollektive, jüdische Phänomen beleuchtet, ist Hartewig: Zurückgekehrt (wie Anm. 40); siehe auch Dan Diner/Jonathan Frankel: Jews and Communism: The Utopian Temptation. In: Dies. (Hrsg.): Dark Times, Dire Decisions: Jews and Communism (Contemporary Jewry, 20). New York 2004, S. 3–12.

Aus dem historischen Geflecht der Jahre 1945, 1968 und 1976 heraus lässt sich demnach eine in ihrem Ursprungsumstand jüdisch geprägte, intergenerationelle Konstellation ausnehmen. Dabei markierte für Thomas Brasch das Jahr 1976 nicht nur den Übergang von einem zum anderen deutschen Staat, sondern auch den Übergang von der prägendsten Phase seines Lebens zu deren Beschreibung, von der Geschichte zur Literatur, die stets einer Zeugenschaft des väterlichen Bundes und seiner Auswirkung auf die Biographie des Sohnes,[56] emblematisch festgehalten in jener nächtlichen Aufopferungsszene des Jahres 1968, entsprach. Die Texte Braschs bündeln mit ihrer distinkten poetischen Sprache verschiedene historische, biographische und literarische Erzählstränge, zusammengeschnürt aus den Residuen der Erzählung eines jüdischen Umstandes in einem deutschen Staat.

56 Diese Lesart wird bestärkt durch Derridas Lektüre der Aufopferung Isaaks, festgehalten in Derrida: Literature in Secret (wie Anm. 30).

# Sozialismus – Nationalismus – Antisemitismus
## Politische Erfahrungen im östlichen Europa

Frank Grüner

# Sowjetische Jüdinnen und Juden zwischen Nachkriegshoffnungen und antisemitischen Kampagnen

Der Zweite Weltkrieg – und in dessen Folge der Holocaust – bildete auch für die sowjetischen Jüdinnen und Juden die entscheidende Zäsur in dem an Umbrüchen und exzessiver Gewalt nicht eben armen 20. Jahrhundert. Hatten bereits der Erste Weltkrieg sowie die Revolution von 1917 und der von zahlreichen antijüdischen Pogromen begleitete Russische Bürgerkrieg einen bedeutenden Bruch im Leben der jüdischen Bevölkerung auf dem Gebiet des ehemaligen Zarenreichs markiert, brachten die folgenden Jahre unter dem bolschewistischen Regime tiefgreifende Veränderungen jüdischen Lebens mit sich. Viele Jüdinnen und Juden aus Osteuropa hatten sich zum Zeitpunkt von Weltkrieg und Revolution bereits von Russland abgewandt und waren unter anderem in die Vereinigten Staaten, nach Großbritannien, Südafrika, Argentinien und Palästina immigriert; weitere Hunderttausende folgten ihnen bis zum Beginn der 1920er Jahre. Zwischen 1870 und den frühen 1920er Jahren verließen fast 3 Millionen Jüdinnen und Juden Osteuropa, der Großteil von ihnen emigrierte aus dem Russischen Imperium bzw. den Nachfolgestaaten Sowjetrussland und dem Ende 1918 wiedergegründeten Polen.[1] Aber auch für die in Russland verbliebenen Jüdinnen und Juden waren die ersten Jahre unter sowjetischer Herrschaft nach Revolution und Bürgerkrieg vielfach mit Migration – und zwar in die Großstädte des Landes wie Kiev, Charkov, Leningrad oder Moskau – und mit erheblicher sozialer Mobilität verbunden.[2] Am Vorabend des Zweiten Weltkriegs hatte sich das Judentum nach nicht einmal einem Vierteljahrhundert Sowjetherrschaft von Grund auf verändert. Als eine überdurchschnittlich gut gebildete, in großen Teilen städtisch-moderne und in die neu entstandene Sowjetgesellschaft integrierte

---

1 Tobias Brinkmann: Jüdische Migration. In: *Europäische Geschichte Online (EGO)*, hrsg. vom Institut für Europäische Geschichte (IEG), Mainz, 03. 12. 2010. Abgerufen unter der URL: http://www.ieg-ego.eu/brinkmannt-2010-de, letzter Zugriff: 08. 05. 2020.

2 Vgl. Yuri Slezkine: The Jewish Century. Princeton 2004, S. 208. Zum Phänomen der jüdischen Migration in die sowjetischen Großstädte siehe exemplarisch die Studie von Gabriele Freitag: Nächstes Jahr in Moskau! Die Zuwanderung von Juden in die sowjetische Metropole 1917–1932. Göttingen 2004.

Bevölkerungsgruppe hatten die Jüdinnen und Juden in beachtlichem Maße an dem gesellschaftlichen Umbau unter dem bolschewistischen Regime partizipiert.[3] Für viele sowjetische Jüdinnen und Juden, besonders der jüngeren Generation, die innerhalb der Sowjetgesellschaft sozial aufgestiegen waren und einen Status erreicht hatten, der für ihre Eltern unter den Bedingungen des zarischen Russlands noch unvorstellbar gewesen war, stellte die Entwicklung vom ›Schtetl-Juden‹ zum modernen ›Sowjetmenschen‹ eine Erfolgsgeschichte dar. Das galt ohne Frage nicht für alle Gruppen der jüdischen Bevölkerung im selben Maße; vor allem für die religiösen, der traditionellen jüdischen Lebensweise verhafteten Bevölkerungsteile brachte der forcierte, erzwungene Umbau der Gesellschaft unter dem Sowjetregime umfassende Diskriminierungen und vielfach gewaltsame Unterdrückung mit sich.

Mit Blick auf die 1920er und 1930er Jahre lässt sich die durchaus heterogene jüdische Bevölkerung in der Sowjetunion zumindest in drei größere Gruppen unterscheiden, die in einem mitunter schwierigen und konflikthaften Verhältnis zueinander standen und deren führende Repräsentant*innen sich auf ideologisch-weltanschaulicher Ebene nicht selten scharf attackierten. Als die größte Gruppe lassen sich die mehr oder weniger stark assimilierten Sowjetbürger*innen jüdischer Herkunft verstehen, die sich aus eigener Überzeugung oder aufgrund der konkreten Lebensumstände kulturell assimiliert hatten und in der jeweiligen russischen, ukrainischen oder weißrussischen Mehrheitsbevölkerung kaum mehr als Jüdinnen und Juden auszumachen waren; viele von ihnen lebten in größeren Städten, waren mit nichtjüdischen Sowjetbürger*innen verheiratet und hatten eine nur schwach ausgeprägte oder gar keine Beziehung zur jüdischen Religion und Kultur. Eine zweite, mit Blick auf ihre zahlenmäßige Bedeutung kleinere Strömung bildeten die Jüdinnen und Juden, die jüdische Tradition und Religion – in welcher Ausprägung auch immer – unter den Bedingungen des Sowjetregimes als wesentlichen Bestandteil ihres Alltags betrachteten und im Rahmen der Möglichkeiten pflegten; aufgrund der antireligiösen Politik der Bolschewiki mussten sie religiöse Aktivitäten

3 Siehe dazu u. a. Mordechai Altshuler: Soviet Jewry on the Eve of the Holocaust. A Social and Demographic Profile. Jerusalem 1998; Zvi Y. Gitelman: Jewish Nationality and Soviet Politics. The Jewish Sections of the CPSU, 1917–1930. Princeton 1972; Lionel Kochan (Hrsg.): The Jews in Soviet Russia since 1917. Oxford/London/New York [3]1978; Heinz-Dietrich Löwe: Reconstructing in the Image of Soviet Man: The Jews in the Soviet Union, 1917–1941. In: *Cahiers slaves* 11/12 (2010), S. 259–303; Benjamin Pinkus: The Jews of the Soviet Union. The History of a National Minority. Cambridge/New York 1988; David Shneer: Yiddish and the Creation of Soviet Jewish Culture 1918–1930. Cambridge 2004; Slezkine: The Jewish Century (wie Anm. 2), besonders S. 206–274; Solomon M. Schwarz: The Jews in the Soviet Union. Syracuse 1951.

in der Regel im Verborgenen praktizieren.[4] Eine dritte Gruppierung schließlich umfasste diejenigen Jüdinnen und Juden, die sich als Anhänger des bolschewistischen Regimes von jüdischer Tradition und Religion losgesagt hatten und eine säkulare, jiddische Sowjetkultur propagierten.[5] Vor allem unter ihren prominenten Vertreter*innen, den Repräsentant*innen der jiddischen Intelligenz, war eine explizit jüdisch-kulturelle Identität vorherrschend, die mitunter auch nationale Züge trug.

Über die gesamte Sowjetunion betrachtet repräsentierten die Anhänger*innen der sowjetisch-jiddischen Kultur keine Massenbewegung, doch waren sie besonders innerhalb des großstädtischen Kulturbetriebs sowie in Partei und Staat prominent vertreten und hier vor allem in den 1920er Jahren durchaus einflussreich. Insbesondere die Aktivist*innen der jüdischen Parteisektionen, der Evrejskie Sekcii (kurz: Evsekcii), die bis zu ihrer Auflösung im Jahr 1930 bestanden und zu keinem Zeitpunkt mehr als 70 Einheiten mit insgesamt 1.500 Aktivist*innen zählten, trugen maßgeblich zur Umsetzung des bolschewistischen Programms unter der jiddischsprachigen Sowjetbevölkerung bei und waren nicht zuletzt wegen ihres rigiden Vorgehens gegen jüdische Religion und Tradition in der jüdischen Bevölkerung sehr umstritten und gefürchtet.[6] Bis das sowjetische Regime nach einem Kurswechsel in seiner Politik gegenüber den Nationalitäten zu Beginn der 1930er Jahre dazu überging, in wenigen Jahren alle jiddischsprachigen Einrichtungen, deren Aufbau es zuvor gefördert hatte, wieder zu schließen und zahlreiche führende Vertreter*innen der jiddischen Sowjetkultur als »jüdische Nationalisten« zu kritisieren, zeigte sich die sowjetisch-jiddische Intelligenz von der fruchtbaren Symbiose zwischen jüdisch-säkularer Kultur und bolschewistischem System überzeugt. Das galt insbesondere für die jungen, radikalen Aktivist*innen der Evsekcii sowie eine Reihe bekannter, vor allem aus der Ukraine und Weißrussland stammender sowjetisch-jiddischer Schriftsteller*innen, darunter Perec Markiš, Lejb Kvitko, David Gofštejn (Hofstein), Icik Fefer oder Šmuel Halkin, deren sozialer Aufstieg eng mit dem bolschewistischen Projekt und der Blüte der sowjetisch-jiddischen Literatur verbunden war.[7] David Shneer hat die

4 Heinz-Dietrich Löwe/Frank Grüner: Die Juden und die jüdische Religion im bolschewistischen Russland. In: Christoph Gassenschmidt/Ralph Tuchtenhagen (Hrsg.): Politik und Religion in der Sowjetunion 1917–1941. Wiesbaden 2001, S. 167–205.

5 Siehe u.a. Zvi Gitelman: A Century of Ambivalence. The Jews of Russia and the Soviet Union, 1881 to the present. Bloomington/Indianapolis $^{2}$2001, S. 88–114; Shneer: Yiddish and the Creation of Soviet Jewish Culture (wie Anm. 3), S. 14–29.

6 Gitelman: Jewish Nationality and Soviet Politics (wie Anm. 3), S. 233–320.

7 Siehe dazu Gennady Estraikh: In Harness. Yiddish Writers' Romance with Communism. Syracuse (NY) 2005; Shneer: Yiddish and the Creation of Soviet Jewish Culture (wie Anm. 3), S. 134–178.

Vertreter*innen der sowjetisch-jiddischen Intelligenz in seiner Studie treffend als Mittler*innen zwischen der jüdischen Bevölkerung und dem Sowjetstaat charakterisiert, die sich die Zukunft einer jüdischen Kultur und Gesellschaft im Sowjetstaat ausmalten und sich zu ihrer Realisierung der staatlichen Macht bedienten.[8] Nachdem praktisch alle Institutionen der sowjetisch-jiddischen Kultur unter dem stalinistischen Regime geschlossen worden waren, darunter auch die rund 1.100 säkularen jüdischen Schulen, und viele ihrer Vertreter*innen vor allem im Zuge der stalinistischen »Säuberungen« von Staats- und Parteiorganen repressiert worden waren, war diese Strömung Ende der 1930er Jahre faktisch ihrer Existenzgrundlage beraubt und zur Bedeutungslosigkeit innerhalb der Sowjetgesellschaft verdammt worden.[9] Ironischerweise hatte es die jiddische Sowjetintelligenz dem Überfall Hitler-Deutschlands auf die Sowjetunion bzw. dem Zweiten Weltkrieg zu ›verdanken‹, dass sie bzw. eine Reihe ihrer Repräsentant*innen noch einmal für wenige Jahre in der Kriegs- und Nachkriegszeit eine Rolle spielen sollten. Es waren die folgenden ›schwarzen Jahre‹ des sowjetischen Judentums zwischen 1939/1941 und 1953,[10] die – maßgeblich bestimmt durch die Erfahrungen von Vernichtung, Verfolgung und Antisemitismus einerseits sowie von Widerstand gegen das NS-Regime und seine Ausführenden, Trauer bzw. Gedenken der Opfer und Rückbesinnung auf jüdische Kultur und Tradition andererseits – die Frage nach der Stellung und Zukunft der Jüdinnen und Juden im Sowjetstaat neu auf die Agenda setzten. Bis zu diesem Zeitpunkt, also vor der im September 1939 beginnenden Besetzung Ostpolens, des Baltikums und Bessarabiens infolge des Hitler-Stalin-Pakts, lässt sich die Mehrheit der etwa 3 Millionen jüdischen Sowjetbürger*innen als weitgehend in das sowjetische System integriert bezeichnen, auch wenn dieser Prozess – wie die gesellschaftliche Umwälzung insgesamt – mit erheblichem politischem Druck und vielfach mit Gewalt forciert worden war.[11] In der Folge zeigten sich jüdische Religion und traditionelle Lebensweise, wie sie über Jahrhunderte hinweg in den Schtetln Osteuropas alltägliche Praxis gewesen waren, Ende der 1930er Jahre in

---

8 Shneer: Yiddish and the Creation of Soviet Jewish Culture (wie Anm. 3), S. 15.

9 Siehe Gitelman: Jewish Nationality and Soviet Politics (wie Anm. 3), S. 321–512; Ders.: A Century of Ambivalence (wie Anm. 5), S. 88–114.

10 Yehoshua A. Gilboa: The Black Years of Soviet Jewry 1939–1953. Boston/Toronto 1971.

11 Offiziellen Angaben zufolge lebten im Januar 1939 insgesamt 3.028.538 Jüdinnen und Juden auf dem Gebiet der Sowjetunion, also in den Grenzen der Sowjetunion vor dem 17. September 1939, die einen Anteil von ca. 1,8 Prozent an der Gesamtbevölkerung der UdSSR hatten, siehe Mordechai Altshuler (Hrsg.): Distribution of the Jewish Population of the USSR 1939. Jerusalem 1993, S. 9.

Auflösung begriffen.[12] Mit der gewaltsamen Besetzung und dem »Anschluss« Ostpolens, der baltischen Staaten sowie der Nordbukovina und Bessarabiens zwischen 1939 und 1941 gerieten dann weitere schätzungsweise 2 Millionen Jüdinnen und Juden unter sowjetische Herrschaft, die im Unterschied zu den sowjetischen Jüdinnen und Juden insgesamt noch eine vergleichsweise starke Verwurzelung in jüdischer Religion und jüdischem Brauchtum aufwiesen und die nun unter den neuen Machthabenden durch deren radikale und brutale Maßnahmen der Transformation ihrer Sozialstruktur ausgesetzt waren.[13] Noch dramatischer wirkten sich für die sowjetische Jüdinnen und Juden dann der im Juni 1941 beginnende Überfall des nationalsozialistischen Deutschland auf die Sowjetunion und der Vernichtungskrieg gegen die Sowjetbevölkerung aus. Von den rund 5 Millionen Jüdinnen und Juden auf dem Gebiet der Sowjetunion in den Grenzen vom 22. Juni 1941 kamen in den Jahren von 1941 bis 1945 insgesamt rund 2.825.000 Menschen ums Leben.[14] Ein Sieg der Sowjetunion gegen das Deutsche Reich hatte für die sowjetischen Jüdinnen und Juden in den Kriegsjahren faktisch die einzige Hoffnung auf Überleben dargestellt. Entsprechend stark engagierten sie sich in der Armee und im Widerstand und verbanden das Schicksal des Sowjetregimes eng mit ihrem eigenen.[15]

Diese hohe Identifikation mit der Roten Armee und der Sowjetmacht konnte mit Kriegsende aber zunehmend weniger verdecken, dass Teile der Sowjetbevölkerung mit dem deutschen Besatzungsregime kollaboriert und sich an antijüdischen Verbrechen beteiligt hatten, wie das Beispiel des Massakers von Babij

---

12 Siehe dazu Löwe/Grüner: Die Juden und die jüdische Religion im bolschewistischen Russland (wie Anm. 4), S. 167–205.

13 Die konkreten Schätzungen der jüdischen Bevölkerungszahlen in den zwischen 1939 und 1941 sowjetisch besetzten Gebieten bewegen sich zwischen 1,97 und 2,3 Millionen Menschen. Die mit Blick auf die Größe der jüdischen Bevölkerungszahl vorsichtigsten Berechnungen von Mordechai Altshuler gehen von ca. 1,97 Millionen Juden aus, siehe Altshuler: Soviet Jewry on the Eve of the Holocaust (wie Anm. 3), S. 9 und S. 323–328. Zu der vom Sowjetregime erzwungenen »Angleichung« der politischen und sozioökonomischen Verhältnisse und dem radikalen Vorgehen gegen jüdische Einrichtungen und Organisationen siehe u. a. Norman Davies/Antony Polonsky (Hrsg.): Jews in Eastern Europe and the USSR, 1939–1946. London u. a. 1991; Dov Levin: The Baltic Jews under the Soviets 1940–1946. Jerusalem 1946, S. 1–155.

14 Il'ja Al'tman: Opfer des Hasses. Der Holocaust in der UdSSR 1941–1945. Gleichen/Zürich 2008, S. 366. Siehe dazu auch Lucjan Dobroszycki/Jeffrey Gurock (Hrsg.): The Holocaust in the Soviet Union. Studies and sources on the destruction of the Jews in the Nazi-occupied territories of the USSR, 1941–1945. New York 1993.

15 Siehe dazu verschiedene Beiträge in Harriet Murav/Gennady Estraikh (Hrsg.): Soviet Jews in World War II. Fighting, Witnessing, Remembering. Boston 2014.

Jar bei Kiev gezeigt hatte.[16] Auch hatte die antisemitische Propaganda des Besatzungsregimes in der Sowjetunion zum Teil durchaus Wirkung gezeigt, sodass auch nach dem Sieg der Sowjetunion über Hitler-Deutschland antijüdische Einstellungen virulent blieben und vor dem Hintergrund der materiellen Nöte der Zeit noch zunahmen.[17] Das sowjetische Regime zeigte sich nicht nur unfähig, sondern in der Mehrheit auch unwillig, auf diese antijüdischen Stimmungen und Übergriffe in der Bevölkerung zu reagieren. Während die Jüdinnen und Juden, die unter dem Eindruck der traumatischen Erfahrungen von Holocaust und Judenfeindschaft ein starkes Zusammengehörigkeitsgefühl im Sinne einer Schicksalsgemeinschaft entwickelten, mit Kriegsende eine besondere Unterstützung bei dem Wiederaufbau jüdischen Lebens erwarteten, forcierte das stalinistische Regime ganz im Gegenteil in den 1940er Jahren eine Politik des Verschleierns des Holocaust auf sowjetischem Boden und unterdrückte den Wiederaufbau jüdisch-gesellschaftlichen Lebens. Ganz offensichtlich sollten durch ein Gedenken der jüdischen Tragödie nicht die propagierte Einheit der Sowjetbevölkerung und ihr heldenhafter Sieg gegen das faschistische Deutschland in Frage gestellt werden.

---

16 Zum Phänomen der Kollaboration von Sowjetbürger*innen mit der deutschen Besatzungsmacht im Kontext des Holocaust siehe Martin C. Dean: Collaboration in the Holocaust: Crimes of the Local Police in Belorussia and Ukraine, 1941–44. New York 2000. Die offiziellen Dokumente über die Verbrechen von Babij Jar, darunter Berichte, Briefe führender sowjetischer Politiker und verschiedene Redaktionen des Textes der offiziellen Erklärung der Außerordentlichen Staatlichen Kommission, die mit der Untersuchung der Massenverbrechen vom 29. und 30. September 1941 beauftragt war, siehe Soobščenie Črezvyčajnoj Gosudarstvennoj Komissii: O razrušenijach i zverstvach, soveršennych nemecko-fašistskimi zachvatčikami v gorode Kieve [Bericht der Außerordentlichen Staatlichen Kommission: Über die von den deutsch-faschistischen Invasoren verübten Zerstörungen und Gräueltaten in der Stadt Kiev]. In: GARF (Gosudarstvennyj Archiv Rossijskoj Federacii/Staatliches Archiv der Russischen Förderation): f. 7021, op. 116, d. 36, ll. 22–82, 103–121. Zur Darstellung der historischen Ereignisse des Massakers von Babij Jar siehe Eberhard Jäckel/Peter Longerich/Julius H. Schoeps (Hrsg.): Enzyklopädie des Holocaust. Die Verfolgung der europäischen Juden. Bd. 1. München/Zürich [2]1998, S. 144–147. Zum offiziellen Umgang des sowjetischen Regimes mit Babij Jar und der künstlerischen Erinnerung an die Verbrechen in der Sowjetunion siehe Frank Grüner: Die Tragödie von Babij Jar im sowjetischen Gedächtnis. Künstlerische Erinnerung versus offizielles Schweigen. In: Ders./Urs Heftrich/Heinz-Dietrich Löwe (Hrsg.): »Zerstörer des Schweigens«. Formen künstlerischer Erinnerung an die nationalsozialistische Rassen- und Vernichtungspolitik in Osteuropa. Köln 2006, S. 57–96.

17 Vgl. dazu Frank Grüner: Did anti-Jewish mass violence exist in the Soviet Union? – Anti-Semitism and collective violence in the USSR during the war and post war years. In: *Journal of Genocide Research* 11 (2009), 2–3, S. 355–379.

Von der Situation der Kriegsjahre ausgehend sollen im Folgenden zunächst die Nachkriegshoffnungen der sowjetischen Jüdinnen und Juden untersucht werden, wie sie im Kontext der Initiative des Jüdischen Antifaschistischen Komitees (JAK) zur Gründung einer jüdischen Republik auf der Krim wohl am deutlichsten zum Ausdruck kamen. Sie bilden den entscheidenden Hintergrund, ohne den die Motive des stalinistischen Regimes für die Herausbildung einer antisemitischen Politik nicht verständlich werden. Wie sich der Blick des sowjetischen Regimes auf die sowjetischen Jüdinnen und Juden in den Nachkriegsjahren grundsätzlich veränderte, wird in dem vorliegenden Beitrag vor allem am Beispiel der Kampagnen gegen den »Kosmopolitismus« beleuchtet.

## 1. Jüdische Nachkriegshoffnungen und das Krim-Projekt

Dass alle Bevölkerungsgruppen – unabhängig ihres Alters und Geschlechts, ihrer sozialen und ethnischen Zugehörigkeit, ob an der Front oder im Hinterland – das Kriegsende herbeiwünschten, braucht kaum eigens erwähnt zu werden. Nach vier Jahren Vernichtungskrieg und brutaler Besatzungsherrschaft durch das nationalsozialistische Deutschland, in deren Kontext verschiedenen Schätzungen zufolge zwischen 20 und 30 Millionen Sowjetbürger*innen ums Leben gekommen und kaum zu beziffernde materielle Verluste entstanden waren, sehnte sich eine körperlich ausgezehrte und psychisch erschöpfte Bevölkerung vor allem nach Frieden, dem Ende von Leid und Entbehrungen sowie überhaupt nach einer Normalisierung der Lebensverhältnisse.[18] Unter Normalität verstand ein großer Teil allerdings nicht nur die Abwesenheit von Krieg, Leiden und Tod, sondern auch eine rasche Verbesserung der Versorgungslage mit Lebensmitteln und elementaren Konsumgütern, ein Minimum an medizinischer Versorgung, die Schaffung von Wohnraum sowie ein Nachlassen des politischen und ökonomischen Drucks, unter dem Millionen Menschen in der Sowjetunion bereits vor Kriegsbeginn – vor allem in den Jahren der Kollektivierung der Landwirtschaft und des Großen Terrors – gelitten hatten. Die weit verbreiteten Hoffnungen, dass die Staats- und Parteiführung mit Kriegsende sowohl die verhasste Kollektivwirtschaft lockern und die Kolchosen auflösen würde als auch von neuen Repressalien gegenüber der Bevölkerung absehen würde, erwiesen sich sehr bald

18 Siehe dazu Elena Zubkova: Die sowjetische Gesellschaft nach dem Krieg. Lage und Stimmung der Bevölkerung 1945/46. In: *Vierteljahrshefte für Zeitgeschichte* 47 (1999), 3, S. 363–383; Dies.: Russia after the War. Hopes, Illusions, and Disappointments, 1945–1957. Armonk/New York/London 1998, hier S. 20–30.

als große Enttäuschung.[19] Bereits die Missernte des Jahres 1946 und die auf sie folgende Hungersnot von 1946/1947 zeitigten katastrophale Auswirkungen auf die Bevölkerung; schätzungsweise 100 Millionen Menschen in der Sowjetunion litten zwischen 1946 und 1948 Hunger und etwa 2 Millionen Menschen starben an den Folgen von Unterernährung und den mit ihnen verbundenen Krankheiten.[20] Angesichts der Versorgungsschwierigkeiten und Krisensituation in der Nachkriegszeit musste das sowjetische Regime in seinen Berichten über die Lage im Land eine insgesamt schlechte Stimmung in der Bevölkerung konstatieren, die sich zumindest potentiell gegen die Machthabenden wenden konnte, auch wenn Stalin selbst, dessen Popularität als »großer Führer« durch den Sieg im Zweiten Weltkrieg ihren Höhepunkt erreicht hatte, nicht in Frage gestellt wurde.[21] Vom Glanz der Siegermacht strahlte in der Nachkriegszeit allerdings wenig in den Alltag der Menschen aus, der noch Jahre von den Nachwirkungen des Krieges beeinträchtigt blieb. Unter den extrem harten Lebensbedingungen in der Nachkriegssowjetunion mussten die Erwartungen auf ein besseres Leben nach dem Krieg bei der Mehrheit der Bevölkerung auf bittere Enttäuschung und Desillusionierung stoßen.[22] Dieses sich krisenhaft auswirkende Aufeinandertreffen von hoffnungsvollen Erwartungen einerseits und enttäuschten Hoffnungen andererseits war charakteristisch für die Stimmung in der Sowjetbevölkerung, und es war – neben dem Szenario des beginnenden Kalten Krieges – nicht zuletzt diese Krisenstimmung im Land, die das Regime zu neuen Repressalien gegenüber der eigenen Bevölkerung veranlasste, sei es, um mittels neuer »Säuberungen« partei- bzw. regimekritische Stimmen in der Gesellschaft zu unterdrücken oder der Bevölkerung aus den eigenen Reihen vermeintliche Schuldige für das Andauern der Krise zu präsentieren.

Eine Mischung aus Hoffnungen auf ein besseres Leben nach den zerstörerischen Erfahrungen von Krieg und Vernichtung und dem Gefühl tiefer Niedergeschlagenheit angesichts des erlebten Leids und Verlustes prägte grundsätzlich auch die Stimmungen in der jüdischen Bevölkerung. Zugleich unterschieden sich die Hoffnungen bzw. konkreten Erwartungen der Jüdinnen und Juden aufgrund ihrer spezifischen Erfahrungen in den Kriegs- und Nachkriegsjahren aber von denen der Mehrheitsgesellschaft. So entwickelte sich in der jüdischen Bevölkerung ungeachtet der unterschiedlichen Einstellungen zum bolschewistischen Regime und der Bewertung der Rolle von jüdischer Kultur und Religion ein

19 Ebd., S. 59–67; Dies.: Die sowjetische Gesellschaft nach dem Krieg (wie Anm. 18), S. 378–383.
20 Ebd., S. 380.
21 Ebd., S. 382 f.
22 Vgl. ebd., S. 101–108.

Zusammengehörigkeitsgefühl, das für die Nachkriegsjahre bestimmend werden sollte.[23] Die Moskauer Historikerin Irina Ščerbakova hat diesen Prozess am Beispiel ihrer Familie beschrieben:

> Ich wurde 1949 geboren. Meine Eltern studierten zu diesem Zeitpunkt beide an der Moskauer Universität. Mein Vater kam 1945 – eigentlich direkt von der Front – an die philologische Fakultät, meine Mutter gleich nach ihrem Schulabschluss. Mein Vater ist genau vier Jahre älter als meine Mutter. Ein lächerlicher Altersunterschied unter normalen Umständen, damals aber waren diese vier Jahre eine ganze Ewigkeit. Zwischen ihnen lag nämlich der Krieg. Aber meine Eltern trennte nicht nur der Krieg, sie kamen auch aus sehr verschiedenen Familien. Was sie vereinte – ohne dass sie sich das damals eingestanden hätten –, war die Tatsache, dass sie beide Juden waren. In einem so antisemitisch ausgerichteten Land ist das ein sehr starkes Bindeglied.[24]

Hatten während der Kriegsjahre vor allem die Verbrechen im Zuge der nationalsozialistischen Rassen- und Vernichtungspolitik im Zentrum der jüdischen (Selbst-)Wahrnehmung als einer Schicksalsgemeinschaft gestanden, kam mit Kriegsende der Antisemitismus vonseiten der sowjetischen Bevölkerung als weiteres Bindeglied hinzu. Im Unterschied zu den Kriegsjahren, als sich die Jüdinnen und Juden sowohl mit ihrem Judentum als auch ihrer Zugehörigkeit zum Sowjetstaat identifizieren konnten, wurde das Verhältnis von jüdischer Bevölkerung und Sowjetstaat nach 1945 durch das indifferente und widersprüchliche Verhältnis des stalinistischen Regimes gegenüber dem seit den Kriegsjahren in der Bevölkerung stark um sich greifenden Antisemitismus zunehmend erschüttert.[25] Die Artikulation der jüdischen Hoffnungen, in denen im Laufe der 1940er Jahre zunehmend ein jüdisches Nationalbewusstsein zum Ausdruck kam, und die Kommunikation der konkreten Erwartungen der jüdischen Bevölkerung gegenüber dem Sowjetregime seit Kriegsende waren auf das Engste mit dem Wirken des JAK verbunden.

---

23 Zu den Auswirkungen von Judenfeindschaft und Holocaust auf die sowjetischen Jüdinnen und Juden siehe Frank Grüner: Patrioten und Kosmopoliten. Juden im Sowjetstaat 1941–1953. Köln/Weimar/Wien 2008, S. 214–410.

24 Irina Scherbakowa: Nur ein Wunder konnte uns retten. Leben und Überleben unter Stalins Terror. Frankfurt am Main/New York 2000, S. 11.

25 Zum Antisemitismus in der sowjetischen Gesellschaft während der Kriegs- und Nachkriegsjahre siehe Mordechai Altshuler: Antisemitism in Ukraine toward the End oft he Second World War. In: *Jews in Eastern Europe* 22 (1993), 3, S. 40–81; Grüner: Patrioten und Kosmopoliten (wie Anm. 23), S. 40–54; Ders.: Did anti-Jewish mass violence exist in the Soviet Union? (wie Anm. 17), S. 355–379; Gennadij Kostyrčenko: Tajnaja politika Stalina. Vlast' i antisemitizm [Die geheime Politik Stalins. Macht und Antisemitismus]. Moskau 2001, S. 353–361.

Wenige Monate nach dem deutschen Überfall auf die Sowjetunion hatte sich auf Initiative oder zumindest mit Unterstützung der Sowjetführung eine Reihe zumeist prominenter und einflussreicher Vertreter*innen der sowjetisch-jüdischen Intelligenz, vor allem aus den Bereichen Kultur, Politik und Wissenschaft, zu einem Antifaschistischen Komitee zusammengeschlossen.[26] Unter den 63 Gründungsmitgliedern des JAK befanden sich die Schriftsteller David Bergel'son, Šmuel Halkin, David Gofštejn (Hofstein), Vasilij Grossman, Lejb Kvitko, Perec Markiš, Der Nister, Abraham Suckever und Il'ja Ėrenburg, der Literaturkritiker Isaak Nusinov, bekannte Musiker, Schauspieler, Regisseure, Dramaturgen, Kritiker, Künstler, Journalisten, führende Wissenschaftler*innen und Ärzte sowie hochrangige Militärs und Politiker.[27] Zu ihrem Vorsitzenden wählten die Mitglieder des JAK den populären Schauspieler und Leiter des Moskauer Jüdischen Theaters, Solomon Michoėls, der das JAK bis zu seiner Ermordung im Januar 1948 leitete. Als dessen Stellvertreter fungierte der jiddische Dichter Icik Fefer und der jiddische Journalist und Schriftsteller Šachno Ėpštejn wurde zum verantwortlichen Sekretär des JAK und leitenden Redakteur des publizistischen Organs des Komitees, der jiddischsprachigen Zeitung *Eynikayt,* bestimmt. Erklärtes Ziel dieses Komitees war es, sowohl die jüdische Bevölkerung in der UdSSR als auch die Weltöffentlichkeit vom heldenhaften antifaschistischen Widerstand der Sowjetunion gegen das nationalsozialistische Deutschland zu überzeugen und durch die Mobilisierung ausländischen Kapitals die Rote Armee und die sowjetische Bevölkerung materiell zu unterstützen.[28] Nicht nur im Ausland, sondern auch unter der jüdischen Bevölkerung der Sowjetunion war das JAK schon kurze Zeit nach seiner

---

26 Neben dem Jüdischen Antifaschistischen Komitee wurden noch vergleichbare Komitees weiterer sowjetischer Nationalitäten sowie antifaschistische Komitees der Frauen, Wissenschaftler*innen, der Jugend und anderer gesellschaftlicher Gruppen gegründet; sie standen unter direkter Leitung der im Juni 1941 gegründeten Informations- und Propagandaabteilung (Sovinformbüro) im sowjetischen Außenministerium. Siehe Frank Grüner: Jüdisches Antifaschistisches Komitee. In: Dan Diner (Hrsg.): Enzyklopädie der jüdischen Geschichte und Kultur. Bd. 3. Stuttgart 2012, S. 268–273.

27 Ebd., S. 268–273.

28 Zur Geschichte des Jüdischen Antifaschistischen Komitees in der Sowjetunion siehe Grüner: Patrioten und Kosmopoliten (wie Anm. 23); Ders.: Jüdisches Antifaschistisches Komitee (wie Anm. 26), S. 268–273; Arno Lustiger: Rotbuch: Stalin und die Juden. Die tragische Geschichte des Jüdischen Antifaschistischen Komitees und der sowjetischen Juden. Berlin 1998; Simon Redlich: War, Holocaust and Stalinism. A Documented Study of the Jewish Antifascist Committee in the USSR. Luxembourg u. a. 1995; Ders./Gennadij Kostyrčenko (Hrsg.): Evrejskij antifašistskij komitet v SSSR 1941–1948: dokumentirovannaja istorija [Das Jüdische Antifaschistische Komitee in der UdSSR 1941–1948: eine dokumentierte Geschichte]. Moskau 1996; Joshua Rubenstein/Vladimir P. Naumov (Hrsg.): Stalin's Secret Pogrom: The Postwar Inquisition of the Jewish Anti-Fascist Committee. New Haven 2005.

Abb. 1 Icik Fefer und Solomon Michoėls auf ihrer USA-Reise bei einem Treffen mit Albert Einstein im Januar 1943 zur Akquirierung finanzieller und politischer Unterstützung für die Sowjetunion im Kampf gegen das nationalsozialistische Deutschland

Gründung äußerst populär. Aus Sicht des stalinistischen Regimes waren die Aufgaben des JAK von vornherein eng gesteckt, seine Existenz der Notwendigkeit des Krieges geschuldet und nicht auf Dauer angelegt. Der Sowjetführung ging es bei der Gründung des JAK wesentlich um die jüdische Unterstützung aus dem Ausland, vornehmlich aus den Vereinigten Staaten.

Den sowjetischen Jüdinnen und Juden wiederum bot sich nach Auflösung der jüdischen Parteisektionen und dem Zurückdrängen des jüdischen Kulturlebens in den 1930er Jahren wieder Aussicht auf eine eigene zentrale Organisation, eine Art neues »Kommissariat für jüdische Angelegenheiten«. Das JAK, dessen Tätigkeit in den Kriegsjahren außerordentlich erfolgreich war und von zahlreichen jüdischen Partnerorganisationen im Ausland maßgeblich unterstützt wurde, existierte bis zu seiner gewaltsamen Auflösung durch die Organe der Staatssicherheit im November 1948, hatte aber bereits mit Kriegsende seine ursprüngliche Funktion verloren.[29] Obwohl dieser einzigen jüdischen Organisation in der Sowjetunion vonseiten der Sowjetführung eine primär propagandistische Funktion zugedacht war, konnte das JAK angesichts der katastrophalen Lage der Mehrheit der sowjetischen

29 Siehe Grüner: Jüdisches Antifaschistisches Komitee (wie Anm. 26), S. 268–273.

Jüdinnen und Juden nicht tatenlos gegenüber dem Ansturm von Hilfesuchenden bleiben und wurde zunehmend in die Rolle eines ›Anwaltes der sowjetischen Jüdinnen und Juden‹ gedrängt. In Tausenden von Briefen während des Krieges und unmittelbar danach wurde das JAK von Jüdinnen und Juden aus allen Teilen der UdSSR über die katastrophale Lage der jüdischen Bevölkerung informiert und dazu aufgefordert, materielle und moralische Unterstützung für jüdische Sowjetbürger*innen zu leisten, die sich infolge von Krieg, Holocaust und antijüdischen Übergriffen vonseiten der sowjetischen Bevölkerung in einer psychisch wie materiell ausweglosen Situation befanden.[30] Sie baten die Vertreter des JAK, gegenüber den sowjetischen Organen auf eine sofortige Besserung der Situation der jüdischen Bevölkerung zu drängen. Zahlreiche Schreiben ähnlichen Inhalts gingen direkt an das Zentralkomitee, den Ministerrat oder einzelne führende sowjetische Politiker. Offensichtlich versprachen sich viele Jüdinnen und Juden von Stalin und der Sowjetführung nicht nur eine klar ablehnende Haltung gegenüber antisemitischen Handlungen, sondern hofften auch auf schnelle Abhilfe der drängendsten materiellen Probleme. Zweifelsohne rechneten viele Jüdinnen und Juden aufgrund ihres engagierten antifaschistischen Kampfes und der zahllosen Opfer, welche Krieg und Holocaust unter der jüdischen Bevölkerung gefordert hatten, mit besonderer Rücksichtnahme des Regimes nach dem Ende des Krieges – eine Annahme, die sich schon sehr bald als folgenschwerer Irrtum erweisen sollte.

Vor diesem Hintergrund ist die Diskussion um die Gründung einer jüdischen Republik auf der Krim zu verstehen. Aufgrund ermutigender Signale, die führende Mitglieder des JAK anscheinend aus dem Umfeld der Sowjetführung erhielten, wandte sich im Februar 1944 die Leitung des JAK mit einem Brief an den Vorsitzenden des Rates der Volkskommissare der UdSSR, Iosif V. Stalin, aus dem hier eine zentrale Stelle zitiert werden soll:

> Im Sinne des oben Dargelegten halten wir die Gründung einer jüdischen Sowjetrepublik für sinnvoll, und zwar in einem der Gebiete, die das aus politischen Erwägungen erlauben. Eine der geeignetsten Regionen dafür scheint uns das Territorium der Krim zu sein, das in hohem Maße den räumlichen Anforderungen für eine Übersiedlung entspricht und in dem es bereits gute Erfahrungen mit der Entwicklung jüdischer autonomer Gebiete gegeben hat. Die Schaffung einer jüdischen Sowjetrepublik würde in bolschewistischer Weise und im Geiste der leninistisch-stalinistischen Nationalitätenpolitik ein für allemal das Problem der staatlichen und rechtlichen Stellung der jüdischen Bevölkerung und der weiteren Entwicklung ihrer jahrhundertealten

30 GARF: f. 8114, op. 1, d. 913, l. 6. Eine Auswahl von Briefen sowjetischer Bürger*innen an das JAK aus den Jahren von 1944 bis 1946 ist veröffentlicht in Redlich: War, Holocaust and Stalinism (wie Anm. 28), S. 225–240.

> Kultur lösen. Ein solches Problem, das man über Jahrhunderte hinweg nicht hatte bewältigen können, kann nur in unserem großen sozialistischen Land gelöst werden.[31]

Unter der jüdischen Intelligenz, besonders in den Kreisen des JAK, blieb die Idee einer jüdischen Sowjetrepublik bis in die frühen Nachkriegsjahre hinein ein favorisiertes Projekt, auch wenn sich mit Il'ja Ėrenburg und weiteren Mitgliedern prominente kritische Stimmen innerhalb des Jüdischen Komitees zu Wort meldeten und es vonseiten der Sowjetführung keine positiven Reaktionen gab, die auf eine Chance zur Realisierung des Krim-Projekts hingedeutet hätten. Dass der Brief der JAK-Führung an Stalin unbeantwortet blieb, obwohl der Sowjetführer über dessen Existenz und Inhalt nachweislich im Bilde war, erscheint aus heutiger Perspektive wenig erstaunlich. Aus Sicht Stalins hatte das Jüdische Komitee seine Kompetenzen zweifelsohne weit überschritten und sich in Fragen der Nationalitätenpolitik in die Angelegenheiten der Regierung eingemischt, indem es das Problem des Antisemitismus offen ansprach, das ja nach offizieller Lesart in der Sowjetgesellschaft gar nicht mehr existierte. Den Verweis auf »das Problem der staatlichen und rechtlichen Stellung der jüdischen Bevölkerung und der weiteren Entwicklung ihrer jahrhundertealten Kultur« wurde mit großer Wahrscheinlichkeit von der Sowjetführung als Kritik an ihrer unvollendet gebliebenen oder sogar gescheiterten Politik gegenüber der jüdischen Minderheit im Sowjetstaat gewertet. Noch schwerer wog dabei vermutlich, dass das JAK mit seiner Initiative als Sprecher der jüdischen Bevölkerung in der Sowjetunion aufgetreten war, was keineswegs im Sinne des stalinistischen Regimes sein konnte. Illusionär und naiv wirken aus heutiger Perspektive daher die hohen Erwartungen, welche die sowjetischen Jüdinnen und Juden ihrem vermeintlichen Retter Stalin entgegenbrachten. Die von führenden Mitarbeiter*innen des JAK gehegten Hoffnungen auf die Gründung einer jüdischen Sowjetrepublik auf der Halbinsel im Schwarzen Meer erscheinen vor dem Hintergrund der repressiven Nationalitätenpolitik des stalinistischen Regimes in den Jahren vor und während des Zweiten Weltkriegs einerseits, das bekanntermaßen vor massiver Verfolgung und Deportation ganzer Völker nicht zurückschreckte, und dem während der Kriegsjahre in weiten Teilen der sowjetischen Bevölkerung geradezu explodierenden Antisemitismus andererseits, ausgesprochen gewagt.[32]

---

31 GARF: f. 8114, op. 1, d. 792, ll. 35–36 (Übersetzung des Autors). Eine Übersetzung des vollständigen Briefes an Stalin in deutscher Sprache findet sich in LUSTIGER: Rotbuch: Stalin und die Juden (wie Anm. 28), S. 166–169.

32 Zur sowjetischen Nationalitätenpolitik bis 1939, vor allem zur brutalen Politik der »ethnischen Säuberungen« und Zwangsumsiedlungen von Völkern und Nationalitäten unter Stalin, siehe

Mit Blick auf die stark antisemitisch geprägte Politik der Sowjetführung in den Jahren 1948 bis 1953, die im Folgenden noch betrachtet werden soll, stellt sich die Frage, ob das im Februar 1944 von den Vertreter*innen der jüdischen Intelligenz verfasste Krim-Memorandum möglicherweise das Produkt einer gezielten Provokation vonseiten der sowjetischen Führung bzw. von Stalins Geheimdienst gewesen sein könnte. Tatsächlich diente das vom JAK angeregte Projekt zur Gründung einer jüdischen Republik auf der Krim dem stalinistischen Regime nur wenige Jahre später als Vorwand, gegen die »jüdischen Nationalisten« und »Zionisten« in den Reihen des JAK und der sowjetisch-jüdischen Intelligenz zu Felde zu ziehen. Ungeachtet der Tatsache, dass sich keine Hinweise auf eine um 1943/1944 durch das stalinistische Regime inszenierte Provokation finden,[33] spricht vieles dafür, dass sich das Verhältnis von stalinistischem Regime und jüdischer Intelligenz erst in den Jahren nach dem Krim-Memorandum massiv zu verschlechtern begann. Zudem scheint die antisemitische Wende der Politik Stalins ohne den Kontext des um 1946/1947 beginnenden Kalten Kriegs und der innenpolitischen Krise zwischen 1946 und 1948 kaum plausibel erklärbar. In diesem Kontext zweifelsohne entscheidender ist, dass die Krim-Initiative des JAK letztlich nur vor dem Hintergrund der emotionalen Verfasstheit der jüdischen Bevölkerung und ihrer Hoffnungen für die Zeit nach dem Krieg wirklich verständlich wird. Angesichts der fundamentalen Zerstörung und existentiellen Bedrohung jüdischen Lebens durch die Erfahrungen von Krieg und Holocaust hatte sich die jüdische Bevölkerung zunehmend als eine historische Schicksalsgemeinschaft und Nation zu verstehen begonnen – eine Entwicklung, die dem Prozess der Assimilation und Integration der Jüdinnen und Juden in die Sowjetgesellschaft, wie er von den Bolschewiki und Teilen der jüdischen Sowjetbevölkerung in den Jahren vor dem Zweiten Weltkrieg aktiv betrieben worden war, diametral entgegenlief.[34] Aus jüdischer Perspektive fügte sich dieses erstarkende Nationalbewusstsein aber durchaus stimmig in das grundsätzliche Bekenntnis zum Sowjetregime ein, schien letzteres doch in dem Kampf der sich feindlich gegenüberstehenden Ideologien der alleinige Garant für das jüdische Überleben zu sein. So war es durchaus verständlich, dass in den Kriegsjahren und partiell auch noch in

---

vor allem TERRY MARTIN: The Affirmative Action Empire: Nation and Nationalism in the Soviet Union, 1923–1939. Ithaca/London 2001, besonders S. 311–343 und S. 344–393. Zum Antisemitismus in der sowjetischen Bevölkerung vgl. Fn 25.

33 Der Moskauer Historiker Gennadij Kostyrčenko hat zu Recht darauf hingewiesen, dass zur Stützung dieser Annahme bislang kein Beleg habe vorgelegt werden können; siehe dazu KOSTYRČENKO: Tajnaja politika Stalina [Die geheime Politik Stalins] (wie Anm. 25), S. 436.

34 Siehe dazu GRÜNER: Patrioten und Kosmopoliten (wie Anm. 23), S. 219–294.

Abb. 2 Mitglieder des Jüdischen Antifaschistischen Komitees, erste Reihe v. l. n. r. Samuil Maršak, Perec Markiš, David Bergel'son, Solomon Michoėls, Boris Iofan, Il'ja Ėrenburg; zweite Reihe v. l. n. r. Jakov Flier, David Ojstrach, Isaak Nusinov, Jakov Zak, Beniamin Zuskin, Aleksandr Tyšler, Šachno Ėpštejn

der unmittelbaren Nachkriegszeit die jüdischen Hoffnungen maßgeblich auf Stalin und den Sowjetstaat gegründet waren. Die territorialen Ambitionen der sowjetischen Jüdinnen und Juden, wie sie in der Krim-Initiative des JAK zum Ausdruck kamen, waren zwar nicht mit den gerade gültigen Vorgaben der sowjetischen Nationalitätenpolitik kompatibel, doch für viele Sowjetbürger*innen schien das angesichts der existentiellen Bedrohung des jüdischen Volkes im Zweiten Weltkrieg und der mit dem Kriegsende bevorstehenden kolossalen Aufgaben hinsichtlich des politischen und ökonomischen Wiederaufbaus des Sowjetstaats eine Frage von eher untergeordneter Bedeutung zu sein.[35] Ganz anders stellte sich die Frage des jüdischen Vorstoßes zur Gründung einer Republik auf der Krim zweifelsohne in der Wahrnehmung des Regimes dar, wie im Folgenden noch zu zeigen sein wird.

Eine weitere wichtige Aktivität der jüdischen Intelligenz in der Übergangsphase von der Kriegs- in die Nachkriegszeit, die in diesem Kontext zumindest kurz erwähnt werden muss, stellte das Engagement des JAK bei der Erstellung und Herausgabe des *Schwarzbuchs der nationalsozialistischen Verbrechen an den*

35 Zum Entstehen des Nationalgefühls und zu den territorialen Ambitionen der sowjetischen Jüdinnen und Juden in den Kriegs- und Nachkriegsjahren siehe ebd., S. 295–361.

*sowjetischen Juden* dar.[36] Auch diese Initiative, die eng mit dem Wirken der beiden Schriftsteller Vasilij Grossman und Il'ja Ėrenburg verbunden war, trug maßgeblich zu der drastischen Verschlechterung des Verhältnisses zwischen dem stalinistischen Regime und dem JAK bei. Auf Anregung von Albert Einstein und eines von ihm geleiteten Unterstützungskomitees in den USA arbeiteten in den Jahren zwischen 1943 und 1946 eine Reihe von Mitarbeiter*innen des JAK unter der Leitung von Grossman und Ėrenburg an der Herausgabe eines Sammelbands mit Dokumenten über den Genozid an der jüdischen Bevölkerung in der Sowjetunion. Das Projekt wurde vonseiten der sowjetischen Behörden von Beginn an mit Skepsis betrachtet. Daher intervenierten diese mehrfach in die laufende Arbeit der Redaktion insbesondere mit Blick auf Themen, welche aus Sicht des Sowjetregimes unerwünscht waren, wie die Kollaboration von Sowjetbürger*innen mit der deutschen Besatzung bei den Verbrechen an der jüdischen Bevölkerung. Eine Veröffentlichung des *Schwarzbuchs* in der Sowjetunion wurde so schließlich verhindert. Die in der *Schwarzbuch*-Angelegenheit für die jüdische Bevölkerung zum Ausdruck kommende fehlende Bereitschaft der sowjetischen Führung, die Vernichtung der Jüdinnen und Juden als ein besonderes Phänomen anzuerkennen und ein Gedenken der jüdischen Opfer zumindest in der jüdischen Öffentlichkeit in begrenztem Umfang zu tolerieren, vertiefte die Entfremdung der Jüdinnen und Juden vom Sowjetstaat. Das weitgehende Verschweigen des Holocaust in der Sowjetgesellschaft war eng mit der Etablierung der sowjetischen Meistererzählung über den »Großen Vaterländischen Krieg« und den »heldenhaften Widerstand des einmütigen Sowjetvolkes gegen die faschistische Bedrohung« im sowjetischen Diskurs verbunden.[37]

## 2. Die antisemitischen Kampagnen im Spätstalinismus

Die sowjetische Politik der Nachkriegsjahre war maßgeblich von dem Versuch bestimmt, die Kontrolle über den Staats- und Parteiapparat sowie das gesellschaftliche Leben wie in der Vorkriegszeit wiederzuerlangen. Dazu war es aus

---

36 Siehe Il'ja Al'tman: Das Schicksal des ›Schwarzbuchs‹. In: Arno Lustiger (Hrsg.): Das Schwarzbuch. Der Genozid an den sowjetischen Juden. Reinbek 1994, S. 1063–1084; Redlich: War, Holocaust and Stalinism (wie Anm. 28), besonders S. 95–104 und S. 347–372.

37 Zur Haltung des Sowjetregimes gegenüber den Verbrechen an den sowjetischen Jüdinnen und Juden bzw. zur Darstellung des Holocaust in der sowjetischen Öffentlichkeit siehe Yitzhak Arad: Otnošenie sovetskogo rukovodstva k Cholokostu [Das Verhältnis der sowjetischen Führung zum Holocaust]. In: *Vestnik Evrejskogo Universiteta v Moskve* 2 (1995), 9, S. 4–45; Al'tman: Opfer des Hasses (wie Anm. 14), S. 445–494; Grüner: Patrioten und Kosmopoliten (wie Anm. 23), S. 422–429.

Sicht der Sowjetführung geboten, die kriegsbedingten Veränderungen gewissermaßen ungeschehen zu machen und mit aller Entschlossenheit gegen die in der Sowjetbevölkerung keimenden oder offen artikulierten »Hoffnungen« und Regungen des »Geistes der Freiheit« vorzugehen, vor allem wenn sie geeignet schienen, den absoluten Herrschaftsanspruch des bolschewistischen Regimes in Frage zu stellen.[38] Neue Repressionen, insbesondere gegen die für »libertäres« westliches Gedankengut anfällige Intelligenz, stellten aus Sicht Stalins und des engeren Führungskreises das geeignete – und in den 1930er Jahren ja bereits hinreichend erprobte – Mittel zur »Reorganisation« der Sowjetgesellschaft dar. Vor dem Hintergrund des sich nach 1945 anbahnenden Ost-West-Konfliktes war eine möglichst radikale ideologische Abgrenzung gegenüber dem Westen ein wichtiger Bestandteil dieser Politik.[39] Der repressive antiwestliche Kurs in den Jahren von 1946 bis 1948 war eng mit der Person des Leningrader Parteichefs und ZK-Sekretärs Andrej Ždanov verbunden, der bis zu seinem Tod im August 1948 die rigiden Vorgaben Stalins mit Blick auf eine »Reorganisation« des sowjetischen Kultur- und Geisteslebens kompromisslos umsetzte.[40] Die Politik der *Ždanovščina,* die mit den Parteierlassen vom August 1946 und einer aggressiven Kampagne in der Presse eingeläutet worden war, prägte eine neue Epoche des Sowjetpatriotismus, in der die russische Kultur zum Maßstab aller Dinge erhoben und das russisch-nationalistische Element bis ins Absurde gesteigert wurde.[41] Insbesondere Intellektuelle und Kulturschaffende sollten sich in ihren Werken und bei öffentlichen Auftritten gegenüber dem »bourgeois-dekadenten« Westen absetzen und

38 Vgl. dazu Manfred Hildermeier: Geschichte der Sowjetunion 1917–1991. Entstehung und Niedergang des ersten sozialistischen Staates. München ²2017, S. 696 f.; Zubkova: Russia after the War (wie Anm. 18), S. 117–129.

39 Zum Kalten Krieg siehe u. a. Anne Applebaum: Iron Curtain. The Crushing of Eastern Europe, 1944–1956. New York 2012; Bernd Stöver: Der Kalte Krieg. Geschichte eines radikalen Zeitalters 1947–1991. München 2007. Es sei hier nur kurz angemerkt, dass in den vergangenen zwei Jahrzehnten eine Vielzahl von Forschungsarbeiten publiziert worden sind, die den Kalten Krieg nicht mehr ausschließlich unter dem Aspekt eines bipolaren Systemkonflikts betrachten, sondern unterschiedliche Perspektiven, Untersuchungsebenen und Akteure analysieren und den Kalten Krieg in einem weiteren Sinne als kulturelles oder globales Phänomen verstehen; siehe etwa Konrad H. Jarausch/Christian F. Ostermann/Andreas Etges (Hrsg.): The Cold War. Historiography, Memory, Representation. Berlin/Boston 2017; Odd Arne Westad: The Cold War: A World History. New York 2017.

40 Hans-Joachim Torke (Hrsg.): Historisches Lexikon der Sowjetunion 1917/22 bis 1991. München 1993, S. 375 f.

41 Vgl. Grüner: Patrioten und Kosmopoliten (wie Anm. 23), S. 438–443; Kostyrčenko: Tajnaja politika Stalina [Die geheime Politik Stalins] (wie Anm. 25), S. 276–309; Gerhard Simon: Nationalismus und Nationalitätenpolitik in der Sowjetunion. Von der totalitären Diktatur zur nachstalinschen Gesellschaft. Baden-Baden 1986, S. 239 f.

diesen in ihren Leistungen übertrumpfen, um der Welt die Überlegenheit des Sowjetsystems zu demonstrieren. Taten sie es nicht oder waren sie aus welchen Gründen auch immer dem Regime verdächtig, wurden sie als »Speichellecker des Westens« in der sowjetischen Öffentlichkeit diskreditiert und aufgrund der Verbreitung von »fremdem« bzw. »unsowjetischem« Gedankengut verfolgt. Als besonders »verdächtig« galten dem stalinistischen Regime Sowjetbürger*innen mit Auslandserfahrungen und internationalen Kontakten.

Den Auftakt der neuen Repressionswelle bildete die Attacke gegen zwei populäre Schriftsteller*innen des Landes, die Dichterin Anna Achmatova und den Satiriker Michail Zoščenko, die in einer öffentlichen Kampagne persönlich diffamiert und deren Werke als »formalistisch«, »verleumderisch«, »antisowjetisch«, »ideenlos«, »dekadent« und »pessimistisch« scharf attackiert wurden. Wie im Falle Achmatovas und Zoščenkos waren auch die Angriffe gegen zahlreiche Kulturschaffende im Literaturbetrieb und in anderen kulturellen Bereichen wie Theater, Musik, Film oder den Bildenden Künsten, in den Wissenschaften, medizinischen Einrichtungen, Hochschulen etc. für die betroffenen Personen in der Regel mit dem Verlust des Arbeitsplatzes und dem Ausschluss aus den staatlichen Berufs- und Künstlerverbänden verbunden, wodurch sie faktisch der sozialen und ökonomischen Grundlage ihrer beruflichen Existenz beraubt wurden. Vielfach waren es Vertreter*innen der nichtrussischen Nationalitäten, darunter zahlreiche Jüdinnen und Juden, deren Werke oder Handlungen als »bourgeois-dekadent« und »bürgerlich nationalistisch« kritisiert wurden.[42] Die Repressionen richteten sich gezielt gegen die Intelligenz und kommunizierten insbesondere den kulturellen und wissenschaftlichen Eliten des Landes, dass die begrenzten Freiräume der Kriegsjahre unmissverständlich vorbei seien und die unumschränkte Autorität der Partei in allen Bereichen der Sowjetgesellschaft gelte und zu akzeptieren sei. Zugleich schürten die Kampagnen der Ždanov-Ära in der Bevölkerung Verunsicherung und gleichermaßen antiwestliche wie xenophobische Ressentiments, eine explizit antisemitische Ausrichtung lässt sich bis dahin jedoch nicht klar nachweisen.[43] Das sollte sich allerdings schon sehr bald ändern.

In vielen Bereichen ging die Politik der *Ždanovščina* nahtlos in die Kampagnen gegen den »wurzellosen Kosmopolitismus« über, denen sie ideologisch den Boden bereitet hatte. Die neuen Kampagnen übertrafen die in den Jahren zwischen

---

42 Ebd., S. 235–242.

43 Vgl. Kostyrčenko: Tajnaja politika Stalina [Die geheime Politik Stalins] (wie Anm. 25), S. 276–309; Simon: Nationalismus und Nationalitätenpolitik in der Sowjetunion (wie Anm. 41), S. 235–242.

1946 und 1948 ergriffenen repressiven Maßnahmen im geistig-kulturellen Bereich deutlich. Seit Anfang 1949 – vor allem in den ersten drei Monaten des Jahres 1949 – berichteten führende sowjetische Zeitungen und Journale in Dutzenden von Artikeln über die »Aufdeckung der subversiven Tätigkeit wurzelloser Kosmopoliten« im ganzen Land.[44] Der Aufhänger für die landesweit einsetzenden »Säuberungen«, die mit hoher Wahrscheinlichkeit von Stalin persönlich initiiert und von führenden sowjetischen Politikern unter dem Vorsitz Grigorij Malenkovs auf einer Sitzung des Organisationsbüros des Zentralkomitees der Kommunistischen Partei am 24. Januar 1949 beschlossen worden waren, war die »Entlarvung einer antipatriotischen Gruppe von Theaterkritikern« im Januar 1949.[45] Die Kritik hatte sich bereits im Vorfeld der Kampagnen neben der »antipatriotischen« und »bürgerlich-ästhetischen« Ausrichtung einer Gruppe von Theaterkritiker*innen vor allem an der »nationalen Zusammensetzung« der sowjetischen Kritiker*innen insgesamt entzündet; kritisiert wurde der Umstand, dass aus der Sicht der Sowjetführung zu wenige Russ*innen und vor allem zu viele Jüdinnen und Juden in den Redaktionsstuben führender sowjetischer Organe saßen.[46] Hunderte von sowjetischen Intellektuellen, meist jüdischer Herkunft, wurden in diesen Monaten in der ganzen Sowjetunion aus ihren Stellungen in allen Bereichen von Kultur, Wissenschaft, Wirtschaft und Verwaltung entfernt und nicht selten inhaftiert. In Verlagen und Zeitschriften, in Künstlerverbänden, Orchestern, Opernhäusern, Theatern, in der Filmbranche, in Museen, an Universitäten, Hochschulen, Konservatorien, Forschungsinstituten und anderen akademischen und kulturellen Einrichtungen, in Krankenhäusern und Kliniken, in Ministerien, der höheren Bürokratie, in unterschiedlichsten Staats- und Parteiorganen wurden

---

44 Siehe einige der zentralen Artikel über die »Aufdeckung der antipatriotischen Tätigkeit wurzelloser Kosmopoliten« von führenden sowjetischen Theater-, Literatur, Film- und Musikkritiker*innen, Regisseur*innen, Architekt*innen, Komponist*innen, Schriftsteller*innen, Wissenschaftler*innen etc. in: *Pravda*, 28. Januar 1949; ebd., 10. Februar 1949; ebd., 26./27. Februar 1949; ebd., 3. März 1949; *Izvestija*, 26. Februar 1949; ebd., 3. März 1949; *Literaturnaja gazeta*, 29. Januar 1949; ebd., 26. Februar 1949; ebd., 2. März 1949; ebd., 5. März 1949; ebd., 9. März 1949; *Kul'tura i žizn'*, 31. Januar 1949; ebd., 11. Februar 1949; ebd., 20. Februar 1949; ebd., 22. März 1949; *Znamja* 2 (1949), S. 168–176. Siehe dazu die umfassende Zusammenstellung von Artikeln aus der sowjetischen Presse zu diesem Thema in BENJAMIN PINKUS (Hrsg.): Evrei i evrejskij narod, 1948–1953. Sbornik materialov iz sovetskoj pečati [Die Juden und das jüdische Volk, 1948–1953. Materialsammlung aus der sowjetischen Presse]. Jerusalem 1973. Teil 2, S. 1346–1730.

45 Ob odnoj antipatriotičeskoj gruppe teatral'nych kritikov [Über eine antipatriotische Gruppe von Theaterkritikern]. In: *Pravda*, 28. Januar 1949.

46 Vgl. KOSTYRČENKO: Tajnaja politika Stalina [Die geheime Politik Stalins] (wie Anm. 25), S. 328–340.

umfassende »Säuberungen« durchgeführt.[47] Das Prozedere in den verschiedenen Institutionen unterschied sich kaum.[48] Wie im Fall der Theaterkritiker*innen begannen die »Säuberungen« mit der Kritik einzelner Mitarbeiter*innen an der »antipatriotischen« Gesinnung oder an der unverhältnismäßigen »nationalen Zusammensetzung« der entsprechenden Kader. Mitarbeiter*innen der betroffenen Institution, in der Regel Parteimitglieder, kritisierten scharf bestehende oder vermeintliche Mängel. Ein besonders häufig »aufgedeckter« Missstand war etwa, dass sich unter dem Lehrkörper eines Konservatoriums, den Musiker*innen eines Orchesters, den Schauspieler*innen an einem Theater, den Angestellten eines Museums oder den Mitarbeiter*innen in einer Redaktion zu wenige »Einheimische«, sprich: zu wenige Russ*innen, Ukrainer*innen oder Weißruss*innen bzw. im Umkehrschluss zu viele Jüdinnen und Juden befänden. Im nächsten Schritt wurde das entsprechende lokale Parteiorgan eingeschaltet, das die ersten Nachforschungen in dem neuen »Fall« einleitete. Gewöhnlich wurden dabei die belastenden Aussagen mit den entlastenden Selbstdarstellungen der beschuldigten Personen konfrontiert. Auf eigens einberufenen Versammlungen in den betroffenen Einrichtungen ging man nun daran, den »Fall« zu erörtern und mögliche »Kosmopoliten« zu »entlarven«. Waren wichtige Institutionen oder Personen in den Fall involviert, nahmen sich höhere Parteiorgane und in zahlreichen Fällen auch das Zentralkomitee selbst der Sache an, indem sie die ›Expert*innen‹

47 Siehe dazu besonders Gennadij Kostyrčenko: Stalin protiv ›kosmopolitov‹. Vlast' i evrejskaja intelligencija v SSSR [Stalin gegen die ›Kosmopoliten‹. Macht und jüdische Intelligenz in der UdSSR]. Moskau 2009. Siehe ebenso G. S. Batygin/I. F. Devjatko: Evrejskij vopros: Chronika sorokovych godov. Čast' I [Die jüdische Frage: Chronik der vierziger Jahre. Teil 1]. In: *Vestnik Rossijskoj Akademii Nauk* 1 (1993), S. 61–72; Dies.: Evrejskij vopros: Chronika sorokovych godov. Čast' II [Die jüdische Frage: Chronik der vierziger Jahre. Teil 2]. In: Ebd., 2 (1993), S. 143–151; Leonid Luks: Die ›antikosmopolitische Kampagne‹ in der spätstalinistischen Sowjetunion und die polnischen ›Märzereignisse‹ – ein Vergleich. In: *Forum für osteuropäische Ideen- und Zeitgeschichte* 3 (1999), S. 215–238; Pinkus: The Jews of the Soviet Union (wie Anm. 3), S. 145–208; Ders.: Soviet Campaigns Against ›Jewish Nationalism‹ and ›Cosmopolitism‹, 1946–1953. In: *Soviet Jewish Affairs* 2 (1974), S. 53–72; Kiril Tomoff: Creative Union: The Professional Organization of Soviet Composers, 1939–1953. Ithaca 2006, S. 152–188; Ders.: Uzbek Music's Separate Path: Interpreting ›Anticosmopolitanism‹ in Stalinist Central Asia, 1949–52. In: *The Russian Review* 63 (2004), 2, S. 212–240. Die wichtigste Quellenedition zu der Thematik ist Džachangir G. Nadžafov/Zinaida S. Belousova (Hrsg.): Stalin i kosmopolitizm. Dokumenty Agitpropa CK KPSS 1945–1953 [Stalin und der Kosmopolitismus. Dokumente der Agitprop-Abteilung des ZK der KPdSU 1945–1953]. Moskau 2005.

48 Zu dem Ablauf »antikosmopolitischer Säuberungen« in unterschiedlichen sowjetischen Einrichtungen des Landes in den Jahren von 1948 bis 1953 siehe zahlreiche Dokumente aus den Beständen der KPdSU in: Ebd., Dokumente 55–262, S. 148–654.

für die nun eingesetzte Untersuchungskommission und die Dramaturgie für das weitere Vorgehen bestimmten.

Die Kampagnen gegen den »wurzellosen Kosmopolitismus«, die man als einen Angriff auf das sowjetische Geistes- und Kulturleben insgesamt bezeichnen kann, fanden in einer höchst angespannten und nicht selten hysterischen Atmosphäre statt, die vor allem aus der existentiellen Unsicherheit aller beteiligten Personen, aber auch aus dem frostigen Klima der politischen Großwetterlage resultierte. Die mit den Kampagnen verbundenen Repressionen waren zwar nicht ausschließlich gegen Jüdinnen und Juden gerichtet, trafen aber doch ganz maßgeblich Vertreter*innen der jüdischen Intelligenz. Grundsätzlich konnte zwar jede*r Sowjetbürger*in zur Zielscheibe solcher ›Anschuldigungen‹ werden, doch zeigte sich in den Jahren zwischen 1948 und 1953, dass Jüdinnen und Juden schon aufgrund ihrer Abstammung mit »Kosmopoliten« und »Zionisten« gleichgesetzt wurden. Dabei konnte die Sowjetführung auf ein älteres, bereits während des 19. Jahrhunderts im russisch-nationalistischen Diskurs verbreitetes und auch nach 1917 noch häufig anzutreffendes antisemitisches Narrativ zurückgreifen: die Vorstellung vom heimat- bzw. vaterlandslosen »Juden« und »Kosmopoliten«, der sich gegen die Autokratie und das russische Volk verschworen habe. Vor allem in der Rhetorik der Anhänger*innen der russischen Autokratie und der radikalen Rechten waren »Kosmopoliten« und ›Juden‹ inhaltlich gleichbedeutend und verschmolzen zu einem Kampfbegriff, der letztlich alles Fremde und Feindliche im Russischen Reich subsumierte, ob »Revolutionäre«, »Liberale«, »Kapitalisten« oder »Freimaurer«.[49] Vor dem Hintergrund der außen- wie innenpolitischen Krisensituation in der Nachkriegszeit und der ideologischen Konfrontation mit dem Westen bot sich das Konzept vom »wurzellosen Kosmopoliten« dem Regime offensichtlich als geeigneter Kampfbegriff an, um die Gesellschaft zwischen guten Sowjetpatriot*innen und »subversiven antipatriotischen Nationalisten« – und »Zionisten« – zu polarisieren. Die jüdischen Hoffnungen bzw. Bestrebungen nach einer wie auch immer gearteten ›nationalen Renaissance‹ des sowjetischen Judentums, wie sie in der Initiative des JAK zur Gründung einer Republik auf der Krim oder in der Begeisterung der sowjetischen Jüdinnen und Juden über die Staatsgründung Israels im Mai 1948 zum Ausdruck kamen, fügten sich für das stalinistische Regime gut in die Vorstellung der sowjetischen Jüdinnen und Juden als »bourgeoise Nationalisten«, »Zionisten« und »wurzellose Kosmopoliten«.

49 Zur historischen Semantik des »Kosmopolitismus« und der antisemitischen Konnotation des Kosmopolitenbegriffs im Russischen Zarenreich und der Sowjetunion siehe Frank Grüner: ›Russia's battle against the foreign‹: the anti-cosmopolitanism paradigm in Russian and Soviet ideology. In: *European Review of History: Revue europeenne d'histoire* 17 (2010), 3, S. 445–472.

Im Frühjahr 1949 erreichten die Kampagnen ihren vorläufigen Höhepunkt. Seit April 1949 traten die in der Öffentlichkeit geführten Attacken gegen die »wurzellosen Kosmopoliten« vorübergehend in den Hintergrund, bevor sie dann in Gestalt des »Falls der Ärzte« Anfang 1953 einen letzten Höhepunkt fanden. Die Schärfe in der offiziellen Propaganda wurde zurückgefahren, aber die Verfolgungen und Entlassungen jüdischer Intellektueller setzten sich auch in den folgenden Monaten und Jahren weiter fort.[50] Nicht selten wurden »Säuberungen«, die 1949 eingesetzt hatten, in den folgenden Jahren wieder aufgenommen und zu Ende geführt, wie das Beispiel des Leningrader Instituts für Literatur zeigt. Entgegen der Regel gab es aber auch Fälle, in denen jüdische Opfer der »antikosmopolitischen« Kampagnen wieder in ihre ursprünglichen Funktionen eingesetzt wurden. Insgesamt fällt es schwer, die jüdischen Opfer aus den »antikosmopolitischen« Kampagnen zu beziffern. Die in der Literatur genannten Zahlen sind vermutlich zu niedrig angesetzt. So berechnet Pinkus die Zahl der repressierten Jüdinnen und Juden in den Bereichen Kultur und Wissenschaft auf 284 für die Jahre 1948 bis 1953; danach stellten Jüdinnen und Juden 71,4 Prozent aller Verfolgten in den genannten Bereichen.[51] Die Gesamtzahl der Sowjetbürger*innen jüdischer Abstammung, die in den Jahren von 1948 bis 1953 ermordet, in Gefängnisse oder Lager gesteckt, vom Geheimdienst verhört und gefoltert, deren materielle Existenz vernichtet, die aus der Partei ausgeschlossen oder deren Familienmitglieder repressiert wurden, dürfte aber deutlich höher liegen. Dies gilt vor allem dann, wenn man auch die jüdischen Sowjetbürger*innen mitberücksichtigt, die zwischen 1948 und 1953 im Zuge der Maßnahmen gegen das JAK oder im »Fall der Ärzte« Anfang 1953 Opfer von Repression und Ausgrenzung wurden.

Abschließend stellt sich die Frage, was die Sowjetführung mit den Kampagnen gegen »Kosmopolitismus« und »Zionismus« letztlich bezweckte und wie die Maßnahmen mit Blick auf die Politik des spätstalinistischen Regimes einzuordnen sind? – Auffällig ist *erstens* die antisemitische Stoßrichtung der Kampagne. Das gilt sowohl für die Propaganda, die gezielt mit antijüdischen Stereotypen wie denen vom »heimatlosen Juden« und der »jüdischen Weltverschwörung« operierte, als auch für die konkreten Repressionen, deren Opfer zu einem großen Teil der jüdischen Intelligenz entstammten. Mit der antijüdischen Ausrichtung wurden allem Anschein nach mindestens zwei unterschiedliche Ziele verfolgt: die

50 Zu den »antikosmopolitischen Säuberungen« seit April 1949 siehe Nadžafov/Belousova (Hrsg.): [Stalin und der Kosmopolitismus] (wie Anm. 47), Dokumente 146–262, S. 377–654.

51 Benjamin Pinkus: The Soviet Government and the Jews, 1948–1967: a documented study. Cambridge/New York 1984, S. 160.

endgültige Unterdrückung jeglichen Anspruchs der sowjetischen Jüdinnen und Juden auf eine – wie auch immer geartete – kulturelle und politische Autonomie, wie sie vor allem in dem Engagement des JAK zur Gründung einer jüdischen Republik auf der Krim zum Ausdruck kam, sowie die Absicht, der Sowjetbevölkerung in Gestalt der »wurzellosen Kosmopoliten« einen vertrauten Sündenbock für die desaströsen sozialen, ökonomischen und politischen Zustände in der Nachkriegssowjetunion zu präsentieren.

Eng mit der antijüdischen Komponente ist *zweitens* die intelligenzfeindliche Ausrichtung der Kampagnen verbunden. Die Sowjetführung, vor allem die für diese Kampagnen federführenden Politiker Stalin und Malenkov, sah in der Intelligenz den inneren Hauptfeind und eigentlichen Störfaktor beim Erlangen der vollständigen Kontrolle der Partei über die Gesellschaft. Das Regime trachtete nach der Ausschaltung maßgeblicher Kreise der sowjetischen Intelligenz, die es für nicht zuverlässig oder manipulierbar hielt. Indem die Machthabenden an der Intelligenz ein Exempel statuierten, beabsichtigten sie zugleich, diejenigen gesellschaftlichen Freiräume zu eliminieren, die sie in den Kriegsjahren selbst konzediert hatten bzw. deren Entstehen sie nicht hatten verhindern können. In dem Prozess der »Reorganisation« der sowjetischen Gesellschaft hatte das spätstalinistische Regime für die Intelligenz keine aktive, gestalterische Rolle, sondern bestenfalls eine rein ausführende bzw. unterstützende Funktion vorgesehen. Zugespitzt formuliert könnte man sagen, dass das spätstalinistische Regime die Kampagnen gegen den »Kosmopolitismus« in den Jahren zwischen 1948 und 1953 dazu benutzte, die Gesellschaft, allen voran die Intelligenz, dem ideologischen Diktat der Partei bzw. noch stärker Stalins persönlicher Herrschaft zu unterwerfen.[52]

Die Sowjetführung verfolgte schließlich *drittens* das Ziel der ideologischen und politischen Abgrenzung des sowjetischen Lagers gegenüber dem Westen: Die »antikosmopolitischen« Kampagnen dienten vor dem Hintergrund des beginnenden Kalten Krieges als eine Art Isolierungsstrategie. Innere ideologische Geschlossenheit sollte durch die Ausschaltung allen »fremden Gedankengutes« und der von ihm »infizierten« Personen erreicht werden. (Sowjet-)Patriotische Gesinnung sollte über »Weltbürgergeist« und »westliche Dekadenz« dominieren. Die Jüdinnen und Juden, die einen bedeutenden Teil der sowjetischen Intelligenz repräsentierten und in der Wahrnehmung des stalinistischen Regimes

52 Jörg Baberowski hat zu Recht darauf hingewiesen, dass in »Stalins letzten Lebensjahren [...] die Partei als Mobilisierungs- und Entscheidungsinstanz [zerfiel]« und sich »das Entscheidungszentrum der stalinistischen Diktatur [...] in den Privatraum des Despoten [verlagerte]«. Siehe Jörg Baberowski: Verbrannte Erde. Stalins Herrschaft der Gewalt. München $^{3}$2012, S. 479 f.

im Kulturleben der Sowjetunion ohnehin überstark vertreten waren, schienen danach sowohl als Angehörige der Intelligenz als auch als potentielle jüdische Nationalisten und Kosmopoliten grundsätzlich unzuverlässig und unerwünscht.

Die antisemitische Wende in der Politik der Sowjetführung – das heißt der Zeitpunkt, ab dem das stalinistische Regime dazu überging, den Antisemitismus in der Bevölkerung nicht nur passiv zu tolerieren, sondern ihn seinerseits in die bolschewistische Ideologie zu inkorporieren und als Mittel der aktiven Herrschaftsausübung einzusetzen – hatte sich allem Anschein nach um 1947/1948 vollzogen und war in den Kampagnen gegen den »Kosmopolitismus« offen zum Ausdruck gekommen. Aber während der Vorsitzende des JAK, Solomon Michoėls, im Januar 1948 von getarnten Mitarbeiter*innen des sowjetischen Geheimdienstes in geheimer Mission ermordet wurde und auch die Auflösung des JAK, die Inhaftierung, das Verhören und die Verurteilung seiner Mitglieder zwischen 1948 und 1952 im Verborgenen abgewickelt wurden, entfalteten die Kampagnen gegen »Kosmopolitismus« und »Zionismus« in der sowjetischen Öffentlichkeit einen Grad antisemitischer Hetze und Repression, der in der Sowjetgesellschaft bislang nicht vorstellbar gewesen war.[53] Die Auflösung des JAK Ende 1948 und der Geheimprozess gegen seine Mitarbeiter*innen Mitte 1952 sowie die Kampagnen gegen den »Kosmopolitismus« standen in einer engen Beziehung zueinander, was der großen Mehrheit der Zeitgenoss*innen in der Sowjetunion allerdings verborgen bleiben musste.

Die Führungsriege um Stalin konstruierte bereits einen weiteren Fall, der in seiner aggressiven antisemitischen Rhetorik und Verschwörungslogik Erinnerungen an die finstersten Kapitel des Judenhasses im Zarenreich wach werden ließ: Die sogenannte Ärzte-Verschwörung wurde am 13. Januar 1953 publik, als sowjetische Zeitungen und *Radio Moskau* eine *TASS*-Meldung veröffentlichten, der zufolge die Organe der Staatssicherheit eine »terroristische Gruppe von Ärzten« aufgedeckt hatten.[54] Die namentlich genannten Ärzte wurden beschuldigt, durch falsche Behandlung absichtlich das Leben einzelner sowjetischer Persönlichkeiten, darunter die 1945 bzw. 1948 verstorbenen Parteifunktionäre Aleksandr

---

53 Zur Ermordung des JAK-Vorsitzenden Solomon Michoėls und zur Auflösung des JAK siehe u.a. GRÜNER: Patrioten und Kosmopoliten (wie Anm. 23), S. 115–128; KOSTYRČENKO: Tajnaja politika Stalina [Die geheime Politik Stalins] (wie Anm. 25), S. 351–398; LUSTIGER: Rotbuch: Stalin und die Juden (wie Anm. 28), S. 170–256; REDLICH/KOSTYRČENKO (Hrsg.): Evrejskij antifašistskij komitet v SSSR 1941–1948 [Das Jüdische Antifaschistische Komitee in der UdSSR 1941–1948] (wie Anm. 28), S. 312–399. Die Dokumentation des vom 8. Mai bis 18. Juli 1952 abgehaltenen Geheimprozesses gegen das JAK in englischer Übersetzung siehe RUBENSTEIN/NAUMOV (Hrsg.): Stalin's Secret Pogrom (wie Anm. 28), S. 65–505.

54 Die Meldung der sowjetischen Nachrichtenagentur *TASS* über die »Mörder-Ärzte« siehe z. B. in: *Pravda*, 13. Januar 1953.

S. Ščerbakov und Andrej A. Ždanov, verkürzt zu haben. Von den zunächst neun beschuldigten »Mörder-Ärzten« war die Mehrheit jüdischer Herkunft, nämlich sechs Personen, wie der sowjetische Leser schon an den Familiennamen unschwer erkennen konnte. Die antijüdische Ausrichtung der Kampagne kam in der *TASS*-Meldung aber auch ganz direkt zum Ausdruck: Die Mediziner wurden beschuldigt, für westliche Geheimdienste und die jüdisch-amerikanische Organisation Joint (American Jewish Joint Distribution Committee, AJDC) spioniert zu haben. Von dieser »internationalen, jüdisch-bürgerlich nationalistischen Organisation«, die nach dem Bericht von *TASS* ihrerseits ein Ableger des US-amerikanischen Geheimdienstes war, hätten die Mediziner auch den Auftrag erhalten, führende Kader in der Sowjetunion zu liquidieren. Der Befehl sei von Mittelsmännern des Joint, dem Moskauer Arzt Boris Abramovič Šimeliovič und dem »bekannten jüdischen bürgerlichen Nationalisten« Michoėls, überbracht worden. Damit war, wenn auch für die ›normalen‹ sowjetischen Leser*innen kaum erkennbar, ein direkter Zusammenhang zwischen dem im Sommer 1952 geheim verhandelten »Fall des Jüdischen Antifaschistischen Komitees« und dem aktuellen »Fall der Ärzte« konstruiert worden. Auch personell stellte man mit dem angeklagten Professor Vovsi, einem engen Verwandten des ermordeten JAK-Vorsitzenden Solomon Michoėls, eine direkte Verbindung zu den »Verrätern« des im November 1948 liquidierten Jüdischen Komitees her. Mit diesem ›Kunstgriff‹ konnten Stalin und die mit der Durchführung der »Ärzte-Verschwörung« betrauten Politiker und Mitarbeiter*innen der Sicherheitsorgane der Bevölkerung die Enthüllung eines schwerwiegenden »antisowjetischen« Komplotts präsentieren, das bis in die Kriegsjahre zurückreichte. Das Szenario für den »Fall der Ärzte« stand vermutlich seit Mitte 1952 fest.[55] In zwei Wellen – zwischen Ende September und Anfang November 1952 sowie vom Dezember 1952 bis Februar 1953 – wurden im Zusammenhang mit der »Ärzte-Verschwörung« insgesamt 37 Personen festgenommen, denen nun ein Prozess wegen Mordes und Spionage drohte. Angeblich soll bereits im Vorfeld des geplanten Schauprozesses die Verurteilung der Angeklagten zum Tode und deren öffentliche Hinrichtung festgestanden haben. Mit dem Tod Stalins am 5. März 1953 fand die Kampagne ein schlagartiges Ende, das den inhaftierten Ärzten sowie einer Reihe weiterer Personen das Leben rettete.

55 Zum »Fall der Ärzte« siehe u.a. DAVID BRANDENBERGER: Stalin's Last Crime? Recent Scholarship on Postwar Soviet Antisemitism and the Doctor's Plot. In: *Kritika* 6 (2005), S. 187–204; JONATHAN BRENT: Stalin's last crime: the plot against the Jewish doctors, 1948–1953. New York 2003; KOSTYRČENKO: Tajnaja politika Stalina [Die geheime Politik Stalins] (wie Anm. 25), S. 629–694; YAKOV RAPOPORT: The Doctors' Plot of 1953. Cambridge (Mass.) 1991.

Ohne Zweifel trug diese Kampagne Stalins Handschrift. Inwieweit der Sowjetführer nach seiner ernsthaften Erkrankung im Herbst 1952 allerdings noch in der Lage war, das konkrete Vorgehen selbst zu lenken, und welchen Einfluss sein psychischer und geistiger Zustand in dieser letzten Phase auf die konkrete Ausgestaltung der Attacke gegen die jüdischen Ärzte hatte, muss hierbei offen bleiben. Auch die für die abschließende Einordnung und Interpretation der »Ärzte-Verschwörung« nicht ganz unerhebliche Frage, ob Stalin selbst an die Existenz eines Komplotts der Kreml-Ärzte gegen sich und andere Mitglieder der Sowjetführung glaubte oder ein solches zumindest für möglich hielt, ist kaum zu beantworten. Tatsächlich fühlte sich Stalin in seinen letzten Lebensjahren massiv bedroht, unter anderem von langjährigen politischen Weggefährt*innen, und vermutete auf geradezu paranoide Weise überall Verschwörungen gegen sich; auch seinen eigenen Ärzten gegenüber hegte er anscheinend Misstrauen. Überlegungen dieser Art müssen aber letztlich immer spekulativ bleiben. Zudem spricht die länger angelegte Vorbereitung der »Ärzte-Verschwörung« sowie letztlich der ganze Kontext antijüdischer Maßnahmen des stalinistischen Regimes seit Anfang 1948 eher für die Annahme, dass die Inszenierung dieser Affäre nicht allein der Laune eines von Verfolgungswahn besessenen Diktators entsprang, sondern vielmehr das Resultat einer sich schrittweise radikalisierenden Entwicklung seit den Kriegsjahren war. Nachdem das Regime die Jüdinnen und Juden erst einmal als »nationalistisch« und dem Sowjetstaat gegenüber illoyal eingestuft hatte, steuerte diese Entwicklung von der gezielten Ausschaltung einzelner Personen bzw. Personengruppen auf die pauschale Verurteilung aller Jüdinnen und Juden als »Verräter« an der sowjetischen Heimat zu. Eine Minderheit oder Bevölkerungsgruppe, in die Sowjetführer und Regime das Vertrauen verloren hatten, konnte in der binären Logik des stalinistischen Denkens letztlich nur als Feind wahrgenommen werden. Insofern entsprang die Hysterie angesichts der »mörderischen Taten« von »Spionen« und »Verrätern« zumindest in einem gewissen Maß einem tatsächlichen Bedrohungsgefühl. Dennoch waren die »Mörder-Ärzte« für die Sowjetführung wohl vor allem ein Mittel zum Zweck. Die »Aufdeckung« eines umfassenden Komplotts gegen die Sowjetunion und das gesamte sozialistische Lager diente offensichtlich der Vollendung eines Ziels, das die Sowjetführung bereits in den Kampagnen der Jahre 1948/1949 angelegt hatte: die Durchsetzung einer geschlossenen ideologischen Front gegenüber dem Westen, die Beseitigung aller noch so bescheidenen, im Kontext des Krieges entstandenen Freiräume, die Disziplinierung bzw. faktische Entmachtung der Intelligenz als einer gestaltenden Kraft in der Sowjetgesellschaft sowie die öffentliche Präsentation eines Sündenbocks für die allgegenwärtigen Missstände. Die heftigen Reaktionen aus den Reihen der sowjetischen Bevölkerung legen nahe, dass Stalins Wahl des Sündenbocks, der Jüdinnen und Juden, von der breiten Bevölkerung akzeptiert wurde.

## 3. Schlussbetrachtung und Ausblick

Zusammenfassend lässt sich sagen, dass die Nachkriegsjahre mit Blick auf die Lage der jüdischen Bevölkerung maßgeblich von dem Spannungsverhältnis zwischen den Hoffnungen bzw. Erwartungen jüdischer Sowjetbürger*innen, vor allem ihrem Anliegen nach einer wie auch immer gearteten Wiederbelebung jüdischen Lebens, und dem Anspruch des stalinistischen Regimes nach Wiederherstellung einer möglichst vollständigen Kontrolle in allen Bereichen der sowjetischen Gesellschaft geprägt waren. Dabei lässt sich als wichtigstes Ergebnis festhalten, dass es nach 1945 zu einer grundsätzlichen Neubestimmung des Verhältnisses von sowjetischen Jüdinnen und Juden und Sowjetstaat kam. Hatten sich die Jüdinnen und Juden vor und während des Krieges noch weitgehend gut in die Sowjetgesellschaft integriert gefühlt und konnten sich mit dem herrschenden Regime identifizieren, fand seit den späten Kriegsjahren ein sich rasch dynamisierender Prozess der Entfremdung statt, in dessen Folge sich die Jüdinnen und Juden am Ende der Herrschaft Stalins als eine von der Sowjetgesellschaft ausgegrenzte, als »Nationalisten« und »unpatriotische Kosmopoliten« stigmatisierte und verfolgte Minderheit wiederfanden. Die Ursachen dafür waren vielfältig, sind aber maßgeblich in dem Prozess der Herausbildung einer jüdischen Identität unter der sowjetischen Jüdinnen und Juden im Sinne einer Schicksalsgemeinschaft einerseits sowie der gewaltsamen Unterdrückung dieser Entwicklungen durch das stalinistische Regime andererseits zu sehen.

Nach den Jahren 1941 bis 1953 war im Verhältnis zwischen Jüdinnen und Juden und Sowjetstaat nichts wie vorher: Das Regime hatte den Antisemitismus in Gestalt des Antizionismus in seine Ideologie inkorporiert und die Jüdinnen und Juden fanden sich vor dem Scherbenhaufen ihrer gescheiterten Integration in die Sowjetgesellschaft wieder. Sie waren von nun an mit dem Makel des »wurzellosen Kosmopolitismus« behaftet und vermochten nicht mehr von sich abzustreifen, dass sie notorisch als eine dem Sowjetvolk fremde und an ihm angeblich »schmarotzende« Minderheit wahrgenommen wurden. Auch wenn sie in den folgenden Jahrzehnten in der Regel nicht mehr, wie noch in der späten Stalin-Zeit, um ihr Leben zu fürchten hatten, gehörte die aus solchem Stigma resultierende Diskriminierung in allen ihren Spielarten fortan zum jüdischen Alltag in der UdSSR. Den Jüdinnen und Juden ihrerseits blieben damit im Grunde auch nur noch zwei Optionen: entweder eine möglichst unauffällige, das heißt nicht mehr als ›jüdisch‹ auszumachende Existenz als Sowjetbürger*innen oder die Hoffnung auf Emigration aus dem Sowjetstaat. Die Kriegs- und Nachkriegsjahre erwiesen sich daher nicht nur als die ›schwarzen‹ Jahre des sowjetischen

Judentums, sondern auch als Schlüsseljahre, in denen das Schicksal der Jüdinnen und Juden im Sowjetstaat eine entscheidende Wendung nahm, die weit über den Tod des Diktators Stalin hinaus reichte und die Juden zu einer dauerhaft diskriminierten Minderheit im Sowjetstaat machten. Auch die sowjetischen Regimes, die auf die stalinistische Terrorherrschaft folgten, verwehrten den Jüdinnen und Juden in letzter Konsequenz eine vollwertige Mitgliedschaft oder gleichberechtigte Bürgerschaft im Sowjetstaat.

Kateřina Čapková

# Jüdinnen und Juden in der Tschechoslowakei und der Slánský-Prozess

Der Rudolf-Slánský-Prozess aus dem Jahre 1952 wurde zum Symbol der Geschichte der Jüdinnen und Juden in der Nachkriegstschechoslowakei und verkörperte zugleich die restriktive Staatspolitik gegenüber dieser Minderheit. Er und die sogenannte Ärzteverschwörung in der Sowjetunion in den Jahren 1952 und 1953 werden immer wieder als die zwei wichtigsten Ereignisse vor Stalins Tod genannt, die dessen krankhafte Judeophobie beweisen sollen.[1] Der Slánský-Prozess wurde also zum Symbol der stalinistischen, sowjetischen oder gar kommunistischen Hasspolitik gegenüber den Jüdinnen und Juden im sowjetischen Einflussgebiet. In dem vorliegenden Beitrag soll die Frage beantwortet werden, wie der Slánský-Prozess die Lebenswege der Jüdinnen und Juden in der Tschechoslowakei beeinflusste und ob er wirklich für die Interpretation der jüdischen Nachkriegsgeschichte in der Tschechoslowakei ausschlaggebend war.[2]

Die ersten Inhaftierungen derer, die später im Slánský-Prozess angeklagt wurden, begannen im Jahr 1949. Zu der Zeit waren die Führung der Kommunistischen Partei der Tschechoslowakei (tsch.: Komunistická strana Československa, KSČ) und die erste kommunistische Regierung noch mit der Liquidation der politischen Gegner aus den Reihen der Volkssozialisten[3] und anderer Parteien beschäftigt. Im Jahr 1950 wurde Milada Horáková, Abgeordnete der

1 Siehe z. B. Joshua Rubenstein: The Last Days of Stalin. New Haven 2017; Jonathan Brent/Vladimir P. Naumov: Stalin's Last Crime. The Plot against the Jewish Doctors, 1948–1953. New York 2003; Arkady Vaksberg: Stalin against the Jews. New York 1994.

2 Die Forschung für diesen Beitrag wurde durch das Projekt Nr. 16–01775Y der Tschechischen Wissenschaftsstiftung (GAČR) mit dem Titel *The Inclusion of the Jewish Population in Postwar Czechoslovakia and Poland* ermöglicht. Die Thesen in diesem Beitrag sind nur vorläufige Thesen, da sich die Autorin dem Thema des Slánský-Prozesses in einem neuen Projekt in den nächsten Jahren widmen wird.

3 Die Tschechoslowakische Volkssozialistische Partei (tsch.: Česká strana národně sociální, SNS) mit dem Vorsitzenden Petr Zenkl, sonst aber oft auch als Beneš-Partei bezeichnet, da Eduard Beneš bereits vor dem Krieg in dieser Partei aktiv war. Sie gewann in den ersten Nachkriegswahlen 1946 ca. 24 Prozent der Stimmen. Damit war sie die zweitstärkste politische Partei nach der Kommunistischen Partei der Tschechoslowakei. Ein Teil dieser Partei war nach dem Februar 1948 bereit, eine Koalition in der Form einer »Nationalen Front« mit der Kommunistischen Partei abzuschließen, die offiziell bis zum Jahre 1989 existierte.

Abb. 1 Rudolf Slánský (erste Reihe, Zweiter v. l.) mit anderen Angeklagten während des Prozesses im November 1952

Volkssozialistischen Partei und Kämpferin für Frauenrechte, in einem Schauprozess zum Tode verurteilt. Zugleich waren aber schon die Vorbereitungen für einen Schauprozess gegen die eigenen kommunistischen Parteimitglieder im Gange. Rudolf Slánský, Generalsekretär der Kommunistischen Partei, hatte schon die vorherigen Prozesse gegen die Volkssozialisten inszeniert und war auch diesmal derjenige, der die ersten Verhaftungen organisierte. Im Jahr 1951 wurde er jedoch selbst inhaftiert und zusammen mit 13 anderen führenden kommunistischen Politikern in einem »Prozess gegen die Leitung des staatsfeindlichen Verschwörerzentrums mit Rudolf Slánský an der Spitze« angeklagt.[4] Unter den 14 Angeklagten waren elf Männer aus jüdischen Familien. Ihnen wurde Trotzkismus, Titoismus, Zionismus, Spionage und wirtschaftlicher Betrug vorgeworfen. Beim Verlesen des Urteils im November 1952 wurde die jüdische Identität der angeblichen »Verräter« betont. In der Auflistung der Anklagepunkte wurde immer wieder auf die jüdische Abstammung der Männer

4 So der Titel des offiziellen Protokolls des Slánský-Prozesses in deutscher Sprache, veröffentlicht durch das Justizministerium in Prag 1953.

verwiesen. Viele wissenschaftliche Texte,[5] Erinnerungen und Memoiren[6] sowie Filme[7] beschäftigen sich mit diesen 14 Männern, die dort als Märtyrer des kommunistischen Regimes bezeichnet werden. Was sagt uns aber die Geschichte dieser 14 Männer über die Lebenserfahrung der ungefähr 50.000 Jüdinnen und Juden in der Nachkriegstschechoslowakei?

## 1. Die Folgen des Slánský-Prozesses für die Jüdinnen und Juden in der ČSSR

Der Prozess und die darauffolgende Hetzkampagne nährten die antisemitische Stimmung zusätzlich.[8] Dutzende jüdische Kommunist*innen, die in einer Leitungsposition waren – in größeren Firmen oder staatlichen Institutionen –, mussten diese Positionen verlassen, einige wurden verhaftet. Im Frühling 1953 gab es den sogenannten zweiten Slánský-Prozess, in dem diesmal Eduard Goldstücker, der berühmte Germanist und erste tschechoslowakische Botschafter in Israel; Richard Slánský, der Bruder von Rudolf Slánský, und zwei andere Menschen zu lebenslangen Haftstrafen verurteilt wurden.[9]

Wenn man sich allerdings auf die jüdischen Gemeinden konzentriert, sieht man diese Staatspolitik aus einem ganz anderen Blickwinkel. Archivdokumente

---

5 Siehe insbesondere Karel Kaplan: Report on the Murder of the General Secretary. Columbus 1990; Jiří Pernes/Jan Foitzik (Hrsg.): Politické procesy v Československu po roce 1945 a »případ Slánský« [Politische Prozesse in der Tschechoslowakei nach 1945 und der »Slánský-Fall«]. Brno 2005; Meir Cotic: The Prague Trial. The First Anti-Zionist Show Trial in the Communist Bloc. New York 1987; Igor Lukeš: Der Fall Slánský. Eine Exilorganisation und das Ende des tschechoslowakischen Kommunistenführers. In: *Vierteljahrshefte für Zeitgeschichte* 4 (1999), S. 459–501. Ein wichtiges Buch zum Slánský-Prozess ist auch Jan Gerber: Ein Prozess in Prag. Das Volk gegen Rudolf Slánský und Genossen. Göttingen 2016. Gerber interpretiert den Prozess mittels der Erfahrungen von Franz Carl Weiskopf und Louis Fürnberg, also Personen, die im Umfeld, aber nicht im Zentrum des Prozesses standen.

6 Siehe z. B. Eugene Loebl: Sentenced and Tried. The Stalinist Purges in Czechoslovakia. London 1969; Artur London: On Trial. London 1970; Josefa Slánská: Report on My Husband. London 1969; Marian Šlingová: Truth Will Prevail. London 1968; Heda Margolius Kovaly: Prague Farewell. London 1988; Ivan Margolius: Reflections of Prague. Journeys through the 20th Century. Chichester (Eng.) 2006.

7 Costa Gavras: *L'Aveu [Das Geständnis]*. F/IT 1970; Zuzana Justman: *A Trial in Prague*. USA 2000.

8 Kevin McDermott: A ›Polyphony of Voices‹? Czech Popular Opinion and the Slánský Affair. In: *Slavic Review* 67 (2008), 4, S. 840–865.

9 Eduard Goldstücker: Prozesse. Erfahrungen eines Mitteleuropäers. München 1989; Ders.: Vzpomínky (1945–1968) [Erinnerungen (1945–1968)]. Prag 2005.

wie auch persönliche Aussagen bestätigen, dass sich die Menschen aus den jüdischen Gemeinden kaum mit den führenden Kommunisten aus den jüdischen Familien identifizierten. Eines der Mitglieder der israelischen Gesandtschaft in Prag meinte sogar, dass der Slánský-Prozess vorteilhaft sei – so werde der Kommunismus nicht mehr mit dem Judentum assoziiert, da nun keine Juden mehr in der staatlichen Führungsebene vorhanden seien.[10]

Die antijüdische Staatspolitik traf die jüdischen Gemeinden erst mit einiger Verspätung. Im Unterschied zu den Nachbarländern gab es in der Tschechoslowakischen Republik sogar noch im Jahr 1956 Verhaftungen einzelner Beamter der jüdischen Gemeinden. Die meisten von ihnen arbeiteten in den Sozialabteilungen. Sie standen in Kontakt mit dem israelischen Konsulat, das ihnen die finanzielle Unterstützung des American Jewish Joint Distribution Committee (AJDC/Joint) und der Claims Conference für die Holocaust-Überlebenden und andere Jüdinnen und Juden in Not auszahlte. Viele Holocaust-Überlebende waren sehr arm, da sie oft krank waren, nicht mehr arbeiten konnten und häufig ihr Vermögen aus der Vorkriegszeit nicht zurückbekommen hatten. Dazu kam, dass einige von ihnen zu dieser Zeit keine Staatsbürgerschaft besaßen, da sie zwar deutschsprachig waren, jedoch die Staatsbürgerschaft als Deutsche verloren hatten. Somit konnten sie keine Unterstützung aus den Kranken- und Sozialversicherungen oder eine Rente beanspruchen.[11]

## 2. Jüdisches Leben in der ČSSR seit den 1950er Jahren

Diese Repressionen müssen, ohne das Leid der jüdischen Opfer herabzusetzen, in einem größeren Kontext betrachtet werden. In den 1950er Jahren wurden mehr als 240 Menschen zum Tode verurteilt, Zehntausende aus politischen Gründen verhaftet und zu mehr als zehnjährigen Haftstrafen verurteilt. Tausende Menschen starben in Arbeitslagern oder Gefängnissen, Dutzende bei dem Versuch,

---

10 Zitiert aus den Dokumenten der Geheimen Polizei in Prag, zit. nach Martin Šmok: »Every Jew is a Zionist, and every Zionist is a spy!« The story of Jewish social assistance networks in Communist Czechoslovakia. In: *East European Jewish Affairs* 44 (2014), 1, S. 70–83, hier S. 80, Fn. 19.

11 Mehr zu den deutschsprachigen Jüdinnen und Juden in der Nachkriegstschechoslowakei siehe Kateřina Čapková: Between Expulsion and Rescue. The Transports for German-speaking Jews of Czechoslovakia in 1946. In: *Holocaust and Genocide Studies* 62 (2018), 1, S. 66–92; Dies./David Rechter: Židé, nebo Němci? Německy mluvící Židé v poválečném Československu, Polsku a Německu [Juden oder Deutsche? Deutschsprachige Juden in der Tschechoslowakei, in Polen und Deutschland nach dem Krieg]. Prag 2019; Dies.: Germans or Jews? German-Speaking Jews in Poland and Czechoslovakia after World War II. In: *Jewish History Quarterly* 2 (2013), S. 348–362.

das Land zu verlassen.[12] Gesichert ist, dass Hunderte jüdische Menschen nicht nur wegen ihrer jüdischen Identität, sondern auch aus anderen Gründen inhaftiert oder den Strafbatallionen der Armee zugeordnet wurden: zum Beispiel weil sie während des Krieges in der britischen oder amerikanischen Armee gekämpft oder zur politischen Opposition gehört hatten, weil sie nach Westen flüchten wollten oder jemandem dabei geholfen hatten. Pavel Fried, 1930 geborener Holocaust-Überlebender, erwähnt in seinem Zeitzeugeninterview, dass er von 1950 bis 1954 in einem Technischen Hilfsbataillon der tschechoslowakischen Armee (tsch.: Pomocné technické prapory, PTP)[13] dienen musste, in dem durch Zwangsarbeit angeblich unzuverlässige Bürger ›erzogen‹ werden sollten. Fried zählt die vielen möglichen Gründe auf, warum er in das PTP musste: Er war Jude, er war aus einer »bourgeoisen« Familie, er war als Leiter einer Pfadfinderorganisation nach dem Krieg engagiert, und seine Familie pflegte Kontakte mit ihren Verwandten im Westen.[14] Für die Interpretation der Vergangenheit ist es sehr wichtig, die Komplexität und Intersektionalität der Diskriminierungsprozesse in Betracht zu ziehen, damit wir nicht die dominanten nationalistischen Diskurse reproduzieren.

Um es noch komplizierter zu machen: Nicht alle Jüdinnen und Juden erinnern sich an die 1950er Jahre als Jahre der Repressionen. Eines der wichtigsten Resultate meiner Forschung ist, dass wir es in der Nachkriegszeit in den böhmischen Ländern eigentlich zum großen Teil mit jüdischen Migrant*innen zu tun haben.[15] Schätzungsweise waren die Hälfte aller Jüdinnen und Juden in den böhmischen Ländern Neuankömmlinge aus der Ostslowakei und der Karpato-Ukraine. In der Slowakei war dieser Trend nicht so markant – dort hatten sich nur wenige, ungefähr 1.000 karpato-ukrainische Jüdinnen und Juden angesiedelt.

---

12 Zum Ausmaß der Repressionen und Todesfälle, siehe František Koudelka u. a. (Hrsg.): Soudní perzekuce politické povahy v Československu 1948–1989. Statistický přehled [Justizielle Verfolgung politischer Natur in der Tschechoslowakei 1948–1989. Statistische Übersicht]. Prag 1993; Otakar Liška u. a.: Vykonané tresty smrti Československo 1918–1989 [Todesurteile in der Tschechoslowakei 1918–1989]. Prag 2000; Karel Kaplan: Tábory nucené práce v Československu v letech 1948–1954 [Zwangsarbeitslager in der Tschechoslowakei in den Jahren 1948–1954]. Prag 1992; Martin Pulec: Seznamy osob usmrcených na státních hranicích 1945–1989 [Listen der an den Landesgrenzen getöteten Personen 1945–1989]. Prag 2006.

13 Mehr zu diesen Strafbataillonen siehe Jiří Bílek: Pomocné technické prapory 1950–1954 [Technische Hilfsbataillone 1950–1954]. Prag 1992.

14 Pavel Fried in einem Interview, geführt von Martin Korčok, Brno 2004. Abgerufen unter der URL: https://www.centropa.org/biography/pavel-fried, letzter Zugriff: 08.05.2020.

15 Mehr dazu bei Kateřina Čapková/Hillel Kieval (Hrsg.): Zwischen Prag und Nikolsburg. Jüdisches Leben in den böhmischen Ländern. Göttingen 2020, Kapitel 7.

Abb. 2 Die aus der Karpato-Ukraine stammende Gertrude Adler mit ihrem Sohn in Ústí nad Labem im Jahr 1947. Auf ihrem linken Unterarm zeigt sie bewusst ihre tätowierte Nummer aus Auschwitz

Es gab auch mehrere Fälle von polnischen Jüdinnen, die durch eine Heirat die tschechoslowakische Staatsbürgerschaft bekommen wollten und meistens in der Slowakei einen Partner suchten. Gemäß den Berichten des Œuvre de secours aux enfants (OSE), einer französisch-jüdischen humanitären Organisation, waren unter den Jüdinnen und Juden in den böhmischen Ländern ungefähr 2.000 polnische Jüdinnen und Juden, die in den ehemaligen Sudetengebieten aus Arbeits- und Konzentrationslagern befreit worden waren und beschlossen hatten, in der Tschechoslowakei zu bleiben.[16]

In den böhmischen Ländern siedelten diese Migrant*innen meistens in den Grenzgebieten, die während des Krieges zum Sudetenland gehört hatten. Wegen der Vertreibung der Deutschen waren hier genügend Arbeitsplätze und Wohnungen verfügbar. Für viele Holocaust-Überlebende bedeutete der Umzug einen sozialen Aufstieg und die deutliche Verbesserung ihrer Lebensumstände im Vergleich zu den Bedingungen, unter denen sie vor dem Zweiten Weltkrieg gelebt hatten. Die meisten dieser Jüdinnen und Juden waren religiös und von Beruf Handwerker*innen oder Arbeiter*innen. Sie wurden in diesen Regionen sehr

16 »OSE« organisirt hilf tetikeyt far Yidn in Tshechoslovakiye [Der OSE vermittelt Hilfstätigkeiten für Juden in der Tschechoslowakei]. In: *Der Vidershtand/The Resistance,* 20, 7. Januar 1946, S. 1.

geschätzt, da dort wegen der Vertreibung der Deutschen ein Arbeitskräftemangel herrschte. Auch wenn viele Jüdinnen und Juden das kommunistische Regime nicht als ideal ansahen, da sie nicht frei und offen an den religiösen Bräuchen und Traditionen festhalten konnten, schätzen sie es sehr – dies zeigen die Interviews und auch einige Dokumente –, dass sie sich sicher fühlen, dass sie eine ökonomisch und sozial stabile Situation genießen konnten und dass sich doch – auch wenn in begrenztem Maße – das Gemeindeleben entwickeln konnte.

Dazu kommt noch ein grundlegendes Phänomen der ersten Nachkriegsjahre: der Babyboom zwischen den Jahren 1946 bis 1950. Ungefähr 85 Prozent der Überlebenden waren Personen mittleren Alters, da die Kinder und älteren Menschen viel niedrigere Überlebenschancen gehabt hatten. Die meisten dieser Jüdinnen und Juden versuchten eine neue Familie zu gründen. Für viele Männer war es eine zweite Familie, da sie ihre erste Frau und kleine Kinder während der Shoah verloren hatten. Bei den slowakischen und karpato-ukrainischen Jüdinnen und Juden war es keine Ausnahme, dass die Ehen durch die Rabbiner vermittelt wurden. Die jüdischen Statistiken, die wir bis zum Jahr 1950 zur Verfügung haben, beweisen (besonders in der Prager Gemeinde und in den Gemeinden in den Grenzgebieten), dass in den Jahren 1946 bis 1950 häufig in einer Woche mehrere Kinder geboren wurden. Die Gründung einer Familie war für viele eine Notwendigkeit, um die Einsamkeit und die Grausamkeiten des Krieges zu überwinden und sich ein neues Zuhause zu schaffen. Im Gespräch fragte ich Anna Hyndráková, eine 1929 geborene Auschwitz-Überlebende, wie sie sich an die Zeit während des Slánský-Prozesses erinnere und was sie dabei fühle. Sie meinte, sie fühle keine Verbindung zwischen diesem politischen Ereignis und ihrem Leben: »Ich hatte ja zwei ganz kleine Kinder, das war mein ganzes Leben. Ich habe im Krieg meine ganze Familie verloren, umso wichtiger waren mir die Kinder. Auch hatte ich niemanden, der mir mit den Kindern helfen konnte. Ich hatte keine Zeit, mich um die Politik zu kümmern.«[17] Dank dieses Babybooms erlebten auch die jüdischen Gemeinden eine relative Blütezeit, wie zahllose Fotos von Chanukka- und Purim-Spieleabenden beweisen.

Für die karpato-ukrainischen und slowakischen Jüdinnen und Juden war es selbstverständlich, dass ihre Kinder in einem Umfeld aufwuchsen, das eng mit den jüdischen Gemeinden verbunden war und in dem jüdische Traditionen gepflegt wurden. Besonders in den 1950er Jahren feierten viele Jungen ihre Bar Mitzwa. Das Gemeindeleben war auch von vielen gemeinsamen Freizeitaktivitäten geprägt. Hier ergibt sich ein soziologisch interessanter Unterschied zwischen den jüdischen Migrant*innen einerseits und andererseits den Jüdinnen und Juden, die in Böhmen

---

17 Gespräch mit Anna Hyndráková, 13. Mai 2013, Prag.

Abb. 3 Chanukkafeier in Děčín, 1954

oder Mähren geboren waren. Die Letzteren, besonders jene aus Prag, kauften oder bauten, so wie viele Prager*innen, oft ein Häuschen, wo sie das Wochenende und die Sommer verbrachten. Häufig befanden sich diese Häuser in direkter Nachbarschaft oder in der Nähe von befreundeten jüdischen Familien, sodass sie ihre Freizeit zusammen verbringen konnten. Eine solche jüdische Kolonie gab es – und gibt es teilweise bis heute – am Máchovo jezero (dt.: Mácha See),[18] eine andere im Riesengebirge. Unter jüdischen Migrant*innen hingegen waren keine solchen Wochenendhauskolonien üblich. Dafür waren in ihren Gemeinden regelmäßige Sonntagsausflüge sehr verbreitet.[19]

Natürlich gab es auch viele Jüdinnen und Juden, die keinen oder wenig Kontakt mit den jüdischen Gemeinden suchten. Diese waren oft mit Nichtjuden verheiratet und verheimlichten ihre Holocaust-Erfahrungen und ihre jüdische Identität vor den Kindern. Die Kinder entdeckten aber in der Regel trotzdem früher oder später dieses Familiengeheimnis. Für diese Gruppe wurden besonders jüdische Jugendtreffen ein wichtiges Erlebnis. Solche Treffen wurden im politisch offeneren Klima der 1960er Jahre, als die Nachkriegsgeneration im Studentenalter war, organisiert. Sie fanden regelmäßig in Prag, Brno und in Bratislava statt und hatten

18 Interview mit Tomáš Kraus, 21. September 2018, Prag.
19 Interview mit Malvina Hoffmann und Věra Studená, 12. Mai 2017, Prag.

maßgeblichen Einfluss auf die Beziehung dieser Menschen zum Judentum und zu ihrer jüdischen Identität.[20]

Deutlich schwieriger war die Situation der jüdischen Gemeinden in den 1970er und 1980er Jahren. Als Hauptgrund wird in der Historiographie immer wieder die Emigration vieler Jüdinnen und Juden am Ende der 1960er Jahre genannt. Allerdings gingen in den Jahren nach 1968 auch die Mitgliederzahlen der katholischen und evangelischen Gemeinden radikal zurück. Nach der Niederschlagung des »Prager Frühlings« durch die Warschauer-Pakt-Truppen 1968 verstärkte sich durch den sowjetischen Einfluss die Kontrolle der Bevölkerung aus Angst vor einer erneuten »Konterrevolution«. Der Besuch einer Kirche oder Synagoge konnte in den 1970er und 1980er Jahren die eigene Karriere und auch die Studienplätze der Kinder gefährden. In den jüdischen Gemeinden wusste man außerdem, dass die Geheimpolizei detaillierte Beobachtungen der Gemeindeaktivitäten vornahm. Im Vergleich zu dieser späten Phase des Kommunismus bewerten viele Zeitzeug*innen die 1950er und 1960er Jahre als eine Zeit relativer Blüte des Gemeindelebens. Man konnte sich als Mitglied einer Gemeinschaft fühlen.

## 3. Fazit

Die zusammenfassende Bewertung der zwei Nachkriegsdekaden ist also wesentlich komplizierter als die dominante Narration zum jüdischen Leben in der Tschechoslowakei. Der Slánský-Prozess signalisierte fraglos, dass Antisemitismus Teil des kommunistischen Staates war. Für einige Jüdinnen und Juden hatte er das Ende ihrer Karriere, für manche sogar ihre Verhaftung bedeutet. Dennoch saßen zeitgleich mehr Jüdinnen und Juden im Gefängnis, weil sie aus politischen Gründen dem Regime verdächtig erschienen. Ungefähr die Hälfte der Jüdinnen und Juden in den böhmischen Ländern waren Migrant*innen aus der Ostslowakei und der Karpato-Ukraine. Diese waren zwar mehrheitlich keine eifrigen Kommunist*innen, da die Religion für sie eine zentrale Rolle spielte. Dennoch wussten sie es zu schätzen, dass das Regime ihnen Sicherheit bot, eine wirtschaftlich und sozial abgesicherte Existenz ermöglichte und die Rechte von Arbeiter*innen und Handwerker*innen förderte. Für die jüdische Gemeinschaft insgesamt spielte bei der Bewertung dieses Zeitraums die Tatsache eine bedeutende Rolle, dass es die Zeit war, in der Familien gegründet wurden oder die Kinder im Vorschulalter waren. Dies beeinflusst insbesondere die Erinnerungen der Frauen an die 1950er Jahre maßgeblich.

20 Siehe dazu insbesondere Alena Heitlinger: In the Shadows of the Holocaust and Communism. Czech and Slovak Jews since 1945. New Brunswick/London 2006.

Die bisherige zentrale Rolle des Slánský-Prozesses in der Geschichtsschreibung über die Nachkriegsgeschichte der Jüdinnen und Juden in der Tschechoslowakei belegt vor allem die immer noch dominante Perspektive einer politischen Interpretation der jüdischen Geschichte. Sie blickt von außen auf den Gegenstand und schreibt der Haltung des Staates gegenüber den Jüdinnen und Juden eine größere Bedeutung zu als der Lebenswirklichkeit der Akteure innerhalb der jüdischen Gemeinden. Typisch ist auch, dass dabei die jüdische Gemeinde als ein Ganzes betrachtet und Rudolf Slánský und die anderen führenden kommunistischen Politiker aus jüdischen Familien als exemplarische Vertreter der jüdischen Gemeinde angesehen werden. Bei näherer Betrachtung wird aber klar, dass diese »nichtjüdischen Juden«, wie sie Isaac Deutscher nannte,[21] aus Sicht der jüdischen Gemeinschaft eigentlich außerhalb dieser standen.

So birgt es mindestens drei Vorteile, wenn man sich eher auf die soziale als auf die politische Geschichte der Jüdinnen und Juden und auf Quellen jüdischer Herkunft als auf die staatlicher Herkunft konzentriert. Erstens bieten uns dieser Fokus und diese Quellen ein viel komplexeres Bild einer stark ausdifferenzierten jüdischen Gemeinschaft mit unterschiedlichen Reaktionen auf die Politik des kommunistischen Staates und mit unterschiedlichen Strategien gegenüber dieser Politik. Zweitens ähneln diese vielfältigen Alltagserfahrungen jenen der nichtjüdischen Bevölkerung, was die Einbeziehung der jüdischen Geschichte in die Geschichte der Region oder des Staates erleichtert. Und drittens hilft ein solcher Fokus in der Analyse der Quellen, uns von den ideologischen Voraussetzungen zu befreien, die unser Denken strukturieren, noch bevor wir mit der Forschung beginnen. Folglich hat unsere Forschung auch das Potential, solche Interpretationen des kommunistischen Regimes zu modifizieren oder gar in Frage zu stellen, die in der sogenannten allgemeinen Geschichtsschreibung üblich sind.

21 Dan Diner (Hrsg.): Enzyklopädie jüdischer Geschichte und Kultur Online (= Artikel Nichtjüdischer Jude). Abgerufen unter der URL: http://dx.doi.org/10.1163/2468-2845_ejgk_COM_0585, letzter Zugriff: 08.05.2020.

Philipp Graf

# Restitution und Wiedergutmachung in Ost-Berlin

## Paul Merker und Leo Zuckermann in neuem Licht

Unter den Papieren des im Bundesarchiv Berlin verwahrten Aktenbestandes des Büros des Sozialpolitikers und zeitweiligen Mitglieds des Politbüros der Sozialistischen Einheitspartei Deutschlands (SED), Helmut Lehmann (1882–1959), findet sich in einer Akte aus dem Jahr 1948 eine unscheinbare Hausmitteilung in A5-Format, autorisiert vom ikonischen Parteiemblem der SED, dem Händedruck. Es handelt sich um einen Vordruck für die Teilnehmenden von Sitzungen des Zentralsekretariats der SED – des formal höchsten Gremiums der Partei zwischen den Parteitagen –, auf dessen Grundlage sie offenbar die Beschlüsse ausarbeiten sollten. Im konkreten Fall lautete die ausgestellte Bestätigung für Lehmanns gleichrangigen Kollegen, »Genossen [Paul] Merker«: »De[m] aus Anlage Nr. 7 ersichtlichen Gesetzentwurf gibt das Zentralsekretariat seine Zustimmung.«[1] Was auf den ersten Blick wenig spektakulär als Dokument der Parteibürokratie daherkommt, hat es auf den zweiten Blick durchaus in sich. Denn hier verhandelte das Zentralsekretariat ein »Gesetz über die Betreuung der Verfolgten des Naziregimes und die Vorbereitung für Wiedergutmachung«. Erstaunlich ist das Dokument insofern, weil in der späteren DDR bekanntlich kein Gesetz erlassen wurde, das – vergleichbar dem Luxemburger Abkommen bzw. dem Bundesentschädigungsgesetz in der Bundesrepublik – die Rückgabe oder Entschädigung geraubten jüdischen Vermögens geregelt hätte. Hatte die SED einst tatsächlich ein Wiedergutmachungsgesetz diskutiert und – wie der Auszug aus dem Protokoll nahelegt – einem solchen Entwurf sogar die Zustimmung erteilt?

Der Entwurf, dem die Partei der Arbeiterklasse in Anwesenheit ihrer beiden Vorsitzenden Wilhelm Pieck und Otto Grotewohl sowie des ›starken Mannes‹ der Partei, Walter Ulbricht, ihren Segen gegeben hatte, war in der Tat bemerkenswert: § 28 sah vor, Personen mit Wohnsitz in Deutschland, denen »das Vermögen in der Zeit vom 30. Januar 1933 bis zum 8. Mai 1945 aus Gründen der Rasse, Religion, Weltanschauung oder politischen Gegnerschaft gegen den Nationalsozialismus entzogen worden ist«, diese Vermögensgegenstände »beschleunigt«

1 Stiftung Archiv der Parteien und Massenorganisationen der DDR im Bundesarchiv (nachfolgend SAPMO-BArch), DY 30/68822, Bl. 51.

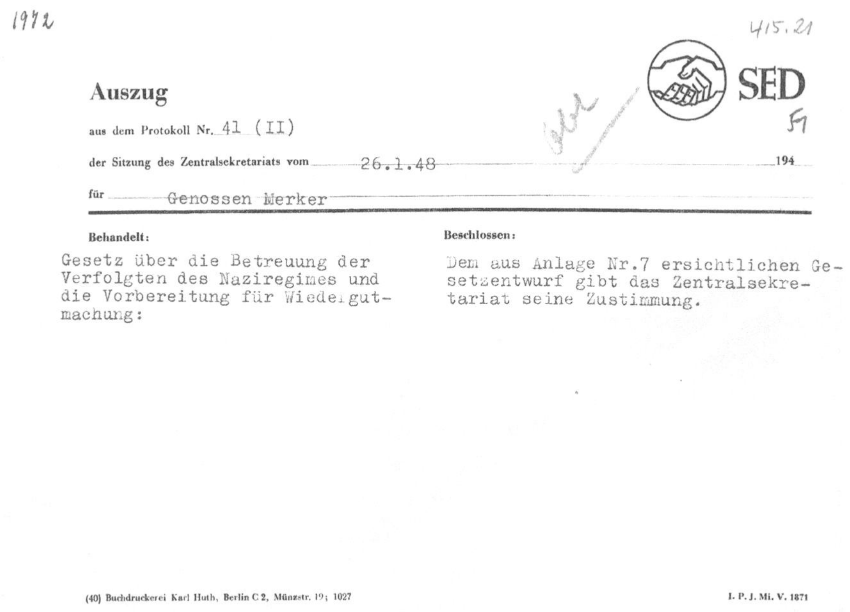
1972 415.21

SED

**Auszug**

aus dem Protokoll Nr. 41 (II)

der Sitzung des Zentralsekretariats vom 26.1.48 194

für Genossen Merker

**Behandelt:**

Gesetz über die Betreuung der Verfolgten des Naziregimes und die Vorbereitung für Wiedergutmachung:

**Beschlossen:**

Dem aus Anlage Nr.7 ersichtlichen Gesetzentwurf gibt das Zentralsekretariat seine Zustimmung.

(40) Buchdruckerei Karl Huth, Berlin C 2, Münzstr. 19; 1027 I. P. J. Mi. V. 1871

Abb. 1 Bestätigung des Gesetzesentwurfs zur Wiedergutmachung vom 26. Januar 1948

zu erstatten bzw. sie zu entschädigen.[2] Gemeinsam mit einer Reihe weit reichender sozialfürsorgerischer Bestimmungen für Verfolgte zielte der Entwurf damit also auf nicht weniger als eine »Wiedergutmachung« nationalsozialistischen Unrechts innerhalb der Sowjetischen Besatzungszone (SBZ), insbesondere auf die Rückgabe vormals jüdischen, »arisierten« Eigentums. Zwar sah das Gesetz Ausnahmen vor, wie etwa bei vormaligem Großgrundbesitz und Unternehmen der Schlüsselindustrien, Banken und Versicherungen, die bereits 1945 enteignet und in Volkseigentum übergegangen waren und die ausdrücklich ausgespart blieben; dennoch hätte das Gesetz de facto die Rückgabe von »arisierten« Kleinbetrieben, vor allem aber von Immobilien und Grundstücken in der SBZ bedeutet, deren Zahl im Nachhinein immerhin auf etwa 55.000 geschätzt worden ist.[3] Davon wäre ein ernstzunehmendes Signal der Parteiführung ausgegangen, die »Arisierung« zurückzunehmen bzw. ihre Folgen abzufedern.

---

2 SAPMO-BArch, DY30/IV 2/2.1/168, Protokoll Nr. 41 (II) der Sitzung des Zentralsekretariats am 26.01.1948, daraus Anlage Nr. 7: Gesetz über die Betreuung der Verfolgten des Naziregimes und die Vorbereitung für Wiedergutmachung, Bl. 24–35, hier Bl. 29.

3 Jan Philipp Spannuth: Rückerstattung Ost. Der Umgang der DDR mit dem »arisierten« Eigentum der Juden und die Rückerstattung im wiedervereinigten Deutschland. Essen 2007, S. 164 ff. und S. 204.

Dass es diesen Gesetzentwurf gab, ist an sich keine neue Erkenntnis und von der Forschung, die sich mit dem Ende der DDR (erstmals) diesen Fragen detailliert zugewandt hat, auch hinreichend beschrieben worden.[4] Dennoch hat der Entwurf bislang nicht die Aufmerksamkeit erfahren, die er verdient hat, schließlich war er angetan, den Stellenwert des jüdischen Schicksals in der DDR, die Beziehungen zu den jüdischen Gemeinden, aber auch zum Staat Israel langfristig auf eine andere Grundlage zu stellen, als sie real erfolgten. Dass das Gesetz nur wenig Beachtung fand, liegt im Wesentlichen wohl daran, dass es in der Form vom Januar 1948 nicht verabschiedet wurde, was wiederum der Kehrtwende der Sowjetunion in ihrer Palästinapolitik im Herbst 1948 geschuldet war, nach der ein derartiges Gesetz in einer ihrer Satellitenstaaten nicht länger opportun war. Stattdessen – und das wird zu Recht in dieser Form erinnert – blieb die Restitution jüdischen Vermögens bis auf Einzelfälle in der DDR bis an deren Ende ungelöst und fand erst mit dem Zwei-plus-Vier- bzw. dem Einigungsvertrag eine juristische Regelung.[5]

An dieser Stelle soll indes nicht erörtert werden, weshalb das Gesetz scheiterte; vielversprechender ist die Frage, wie es zu jenem Entwurf hatte kommen können und weshalb er zwischenzeitlich sogar die Weihen der höchsten Parteigremien erfuhr. Schließlich brach das Gesetz mit einer ganzen Reihe traditioneller kommunistischer Überzeugungen. Zum einen passte die Perspektive der beiden überzeugten Kommunisten Paul Merker (1894–1969) und Leo Zuckermann (1908–1985), die federführend (und gemeinsam mit Helmut Lehmann) an der Ausarbeitung des Entwurfs beteiligt gewesen waren, und ihr unverhohlen positiver Bezug auf die Juden als Gruppe mit besonderen Ansprüchen so gar nicht zu traditionellen, auch von ihnen einst verinnerlichten Positionen, mit denen die Rolle der Juden nun auch seitens der SED für gewöhnlich als nachrangig bzw. vernachlässigbar bedacht wurde.[6]

---

4 Siehe neben SPANNUTH: Rückerstattung Ost (wie Anm. 3), auch RALF KESSLER/HARTMUT RÜDIGER PETER: Wiedergutmachung im Osten Deutschlands 1933–1953. Grundsätzliche Positionen und die Praxis in Sachsen-Anhalt. Frankfurt am Main u. a. 1996, und CONSTANTIN GOSCHLER: Schuld und Schulden. Die Politik der Wiedergutmachung für NS-Verfolgte seit 1945. Göttingen 2005, hier S. 368–372. Auch in die Überblicksdarstellungen zur Geschichte der Juden in der DDR hat der Gesetzesentwurf Eingang gefunden, etwa in KARIN HARTEWIG: Zurückgekehrt. Die Geschichte der jüdischen Kommunisten in der DDR. Köln u. a. 2000, S. 278–314.

5 HANS GÜNTER HOCKERTS: Wiedergutmachung in Deutschland. Eine historische Bilanz 1945–2000. In: *Vierteljahrshefte für Zeitgeschichte* 49 (2001), S. 167–214, hier S. 203–209.

6 OTTO HELLER: Der Untergang des Judentums. Die Judenfrage, ihre Kritik, ihre Lösung durch den Sozialismus. Wien/Berlin 1931. Vgl. auch THOMAS HAURY: Antisemitismus von links.

Abb. 2 Leo Zuckermann, 1950

Mit dem Entwurf begaben sich Merker und Zuckermann verdächtig in die Nähe von Positionen, die sich für Kommunisten eigentlich nicht schickten. Er zeigte deutliche Schnittmengen mit Überzeugungen, die heute gemeinhin als Kernbestand *jüdischer* Nachkriegsforderungen verstanden werden – zu Konzepten, die seit 1944 von Personen wie Siegfried Moses in Palästina und Nehemiah Robinson in den Vereinigten Staaten ausgearbeitet wurden und die die Rückerstattung bzw. Entschädigung von Vermögenswerten forderten, die man den Juden in ganz Europa geraubt hatte.[7] Diesen Konzepten lag ein Verständnis der Juden als Gruppe zugrunde, die als solche Anspruch auf Entschädigung erlangt habe; es leitete sich ab aus dem besonderen Charakter der nationalsozialistischen Vernichtungspolitik, die bekanntermaßen darauf aus gewesen war, aller Juden der Welt allein deshalb habhaft zu werden, um sie zu ermorden. Nachträglich und unbeabsichtigt stellte sich daraufhin so etwas wie die Erhebung zu einem quasinationalen Kollektiv ein – eine Auffassung, die noch unter Juden der Zwischenkriegszeit, sei es in Palästina oder in den westlichen Demokratien, ja selbst in den neu entstandenen Nationalstaaten des östlichen Europa, wo die Juden stellenweise Minderheitenrechte

Kommunistische Ideologie, Nationalismus und Antizionismus in der frühen DDR. Hamburg 2002.

7 Siegfried Moses: Die jüdischen Nachkriegs-Forderungen. Tel Aviv 1944; Nehemiah Robinson: Indemnification and Reparations. Jewish Aspects. New York 1944.

genossen, nur peripher vertreten gewesen war. Gepaart mit dem Entsetzen darüber, dass geraubtes jüdisches Eigentum, das erbenlos bleiben würde, nach dem sogenannten Heimfallrecht den europäischen Gesellschaften – darunter womöglich gar dem deutschen Staat – zufallen würde, folgte die Konstruktion ›der Juden‹ als völkerrechtliches Subjekt, das anspruchsberechtigt sein würde für die Rückerstattung bzw. Entschädigung erbenlosen Vermögens – eine völkerrechtliche Revolution insofern, als Reparationen für gewöhnlich bis dahin nur zwischen Staaten gewährt wurden.[8] Bei allen weltanschaulichen Differenzen, die die Kommunisten Merker und Zuckermann von Zionisten wie Nehemiah Robinson und Siegfried Moses trennten, waren jene angesichts der Ermordung der Juden zu einer ähnlichen Einschätzung gelangt: Sie gingen davon aus, dass die Kommunisten ihrer Weltanschauung wegen von den Nazis verfolgt wurden, die Juden hingegen allein deshalb, weil sie jüdisch waren.[9] Der 1947/1948 in diesem Geist verfasste und später von der SED-Führung bestätigte Entwurf stellte demnach so etwas wie den Widerhall einer sich in der gesamten jüdischen Welt jener Jahre vollziehenden Reaktion auf die Shoah dar, die nach 1945 lagerübergreifend unter anderem die Vorstellung der Juden als ›Volk‹ nach sich zog – wenngleich bezeichnenderweise in Ost-Berlin.

Zum anderen kollidierte der Entwurf mit der Haltung der Parteiführung in dieser Frage, die derartige ›Ketzereien‹ (und nur wenige Jahre später würden sie wieder als solche gelten und verfolgt werden) nicht euphorisch begrüßte, ihnen aber immerhin ihren Segen erteilte. Im Folgenden soll anhand der beiden Personen Paul Merker und Leo Zuckermann der Frage nachgegangen werden, wie es zu dieser bemerkenswerten Ausnahme hatte kommen können.

## 1. Mexiko-Stadt, 1941–1947

Der Schlüssel zu der Frage, weshalb Zuckermann und Merker sich 1948 für derartige Positionen verwandten, liegt in gewisser Weise in Mexiko, genauer in der Zeit ihres gemeinsamen mexikanischen Exils zwischen 1941 und 1947. Hier, in Mexiko-Stadt, war Zuckermann Rechtsberater der von Paul Merker gegründeten

8 Dan Diner (Hrsg.): Enzyklopädie jüdischer Geschichte und Kultur. Bd. 5. Stuttgart/Weimar 2014, S. 202–209 (= Artikel Restitution).

9 Paul Merker: Hitlers Antisemitismus und wir. In: *Freies Deutschland* 1 (1942), 12, S. 9 ff.; Ders.: Das Echo. Diskussion über »Hitlers Antisemitismus und wir«. In: *Freies Deutschland* 2 (1943), 4, S. 33; Leo Zuckermann: Restitution und Wiedergutmachung. In: *Weltbühne*, 27. April 1948, S. 430 ff.

Parteigruppe, deren Mitglieder es auf der Flucht vor dem Nationalsozialismus ab 1940 in die mexikanische Hauptstadt verschlagen hatte.[10] Zu ihnen gehörten etwa 75 deutschsprachige Kommunisten aus Deutschland, Österreich und der Tschechoslowakei (etwa die Hälfte von ihnen jüdischer Herkunft), darunter Schriftsteller, deren Popularität die kommunistische Bewegung überstieg, wie Egon Erwin Kisch, Anna Seghers, Bodo Uhse oder Ludwig Renn. Eine Besonderheit dieser wichtigsten Exilgruppe jenseits Moskaus in der westlichen Hemisphäre bestand darin, dass sie sich intensiv mit den aus Europa eintreffenden Nachrichten von der Ermordung der Juden auseinandersetzte. Das jüdische Schicksal wurde in praktisch jeder Ausgabe der Parteizeitungen *Freies Deutschland* und *Demokratische Post* (wenngleich in der Regel nach kommunistischer Lesart) verhandelt; anlässlich verschiedenster Ereignisse wie des Warschauer Ghettoaufstands 1943 oder der Befreiung des ehemaligen Vernichtungslagers Majdanek 1944 meldete sich die von Merker gegründete Bewegung Freies Deutschland (BFD) gar mit offiziellen Stellungnahmen zu Wort. Auch der eigene Verlag el libro libre widmete sich der literarischen Bewältigung: Gleich zwei der ersten literarischen Auseinandersetzungen mit dem Holocaust in deutscher Sprache überhaupt, Leo Katz' Roman *Totenjäger,* vor allem aber Ernst Sommers Novelle *Revolte der Heiligen* (beide 1944), erschienen hier.[11] Im Nachhinein ist diese Fülle einer expliziten Beschäftigung mit den Nachrichten aus Europa derart augenfällig, dass sie als eine Art verborgenes Gravitationszentrum der Merker-Gruppe bezeichnet werden kann.[12]

Leo Zuckermann befand sich gemeinsam mit Paul Merker im Zentrum dieser Auseinandersetzung. Dabei waren beide – jeder auf seine Weise – eigentlich ›Bilderbuchkommunisten‹. Der etwas ältere Merker, 1894 in Radebeul geboren, gehörte zu der Generation von KPD-Kadern, die bald nach deren Gründung 1919 zur Partei gestoßen waren und im Laufe der 1920er Jahre hohe Funktionen eingenommen hatten – er, der nach Abschluss der Volksschule zunächst als Kellner und Hotelangestellter gearbeitet hatte, bezeichnenderweise in der kommunistischen

---

10 Zum mexikanischen Exil im Allgemeinen siehe u. a. Wolfgang Kiessling: Alemania Libre in Mexiko. Berlin 1974; Ders.: Exil in Lateinamerika. Leipzig 1980; Fritz Pohle: Das mexikanische Exil. Ein Beitrag zur Geschichte der politisch-kulturellen Emigration aus Deutschland (1937–1946). Stuttgart 1986; Jeffrey Herf: Zweierlei Erinnerung. Die NS-Vergangenheit im geteilten Deutschland. Berlin 1998 (engl. Ausgabe 1997), besonders S. 54–86.

11 Philipp Graf: Habsburger Residuen. Bruno Frei und Leo Katz im kommunistischen Exil in Mexiko-Stadt, 1941–1946. In: Nicolas Berg u. a. (Hrsg.): Konstellationen. Über Geschichte, Erfahrung und Erkenntnis. Göttingen/Oakville (Conn.) 2011, S. 365–382.

12 Philipp Graf: Angesichts des Holocaust. Das deutschsprachige kommunistische Exil in Mexiko-Stadt 1941–1946. In: *Jahrbuch des Simon-Dubnow-Instituts* 8 (2009), S. 451–479.

Abb. 3 Paul Merker, 1946

Gewerkschaftsbewegung.[13] Anders als Merker kleinbürgerlicher Herkunft, war die Hinwendung des 1908 geborenen, in Elberfeld/Wuppertal aufgewachsenen Leo Zuckermann ebenfalls kein Einzelfall: Zuckermann war genau genommen Teil einer ganzen Kohorte junger Jüdinnen und Juden nicht nur in Deutschland, die – politisiert durch den Ersten Weltkrieg und den ansteigenden Antisemitismus – in den 1910er und 1920er Jahren zum Kommunismus fanden, wobei für sie zusätzlich eine Rolle spielte, ihre jüdischen Elternhäuser und alles, was damit zusammenhing, hinter sich zu lassen. Ab 1933 im Pariser Exil, übte der promovierte Staatsrechtler Zuckermann für die Partei juristische Tätigkeiten in verschiedenen Vorfeldorganisationen der Komintern aus, so als Rechtsberater der Verteidigung im Reichstagsbrandprozess gegen Georgi Dimitrov.[14]

---

13 Helmut Müller-Enbergs u. a. (Hrsg.): Wer war wer in der DDR? Ein Lexikon ostdeutscher Biographien. Berlin [5]2010 (= Artikel Merker, Paul). Abgerufen unter der URL: https://www.bundesstiftung-aufarbeitung.de/wer-war-wer-in-der-ddr-%2363 %3B-1424.html?ID=2297, letzter Zugriff: 08.05.2020.

14 Wolfgang Kiessling: Absturz in den kalten Krieg. Rudolf und Leo Zuckermanns Leben zwischen nazistischer Verfolgung, Emigration und stalinistischer Maßregelung (Hefte zur DDR-Geschichte, 57). Berlin 1999, und Andreas Weigelt: »Die Politik hat sich geändert und ich stehe jetzt als jüdischer Nationalist da.« Leo Zuckermann (1908–1985). In: Ders./Hermann Simon (Hrsg.): Zwischen Bleiben und Gehen. Juden in Ostdeutschland 1945 bis 1956. Zehn Biographien. Berlin 2008, S. 209–238.

In Mexiko wurden diese beiden ›Bilderbuchkommunisten‹ nun herausgefordert. Damit konfrontiert, dass die europäischen Juden ausnahmslos und ohne Ansehen der Person ermordet werden sollten, kamen beide in Mexiko zu der Überzeugung, dass die Verfolgung der Juden präzedenzlos sei, woraus sie die Forderung nach materieller Wiedergutmachung und dem Recht auf einen eigenen Staat ableiteten.[15] Ihr bemerkenswerter Sinneswandel wurde von verschiedenen Faktoren beeinflusst: Merker überlegte als Leiter der Gruppe, wie die deutschsprachige Community in Mexiko und Lateinamerika, zu der Tausende ausgewanderter oder kürzlich emigrierter Juden zählten, vom Wirken der BFD eingenommen werden könne; Zuckermann sorgte sich als Betroffener zusätzlich um Familienangehörige, die er – wie andere jüdische Mitglieder der Merker-Gruppe auch[16] – noch auf dem europäischen Festland und damit im Herrschaftsbereich der Nationalsozialisten wusste. Hinzu kam, dass man in Mexiko-Stadt von den Weisungen der deutschen Parteileitung aus Moskau abgeschnitten war, sodass man keine klaren Anweisungen erhielt, wie hinsichtlich des Schicksals der Juden zu argumentieren sei.[17] Der dezidiert projüdischen Haltung der Sowjetunion in diesen Jahren, die 1942 mit dem Jüdischen Antifaschistischen Komitee (JAK) eine quasi offizielle jüdische Vertretung geschaffen hatte, konnten Merker und Zuckermann unterdessen entnehmen, dass es opportun, wenn nicht gar erwünscht sei, sich intensiv für jüdische Belange einzusetzen. Da die Aufgabe des Komitees nicht allein im Sammeln von Spenden, sondern auch in der Thematisierung der deutschen Verbrechen bestand, geriet die Beschäftigung mit der Judenvernichtung für geraume Zeit praktisch zur sowjetischen Staatsräson.[18] Vorgelebt wurde diese Haltung durch den sowjetischen Botschafter in Mexiko-Stadt, Konstantin Umanskij, zu

15 Merker: Das Echo (wie Anm. 9); Leo Zuckermann: Die Freien Deutschen und der Zionismus. In: *Demokratische Post,* 31. Dezember 1944, S. 1.

16 Am bekanntesten wurden die Versuche Anna Seghers', von Mexiko aus ihrer in Deutschland verbliebenen Mutter zu einem Visum zu verhelfen. Im Herbst 1943 erhielt sie die Nachricht, dass ihre Mutter in das Generalgouvernement deportiert worden war. Vgl. Anna Seghers: Brief an Ilja Ehrenburg, 6. Mai 1944 (frz.). In: Dies.: Ich erwarte Eure Briefe wie den Besuch der besten Freunde. Briefe 1924–1952. Berlin 2008, S. 148 f. und S. 565.

17 Wolfgang Kiessling: Im Widerstreit mit Moskau. Paul Merker und die Bewegung Freies Deutschland in Mexiko. In: Karl Kohut/Patrick von zur Mühlen (Hrsg.): Alternative Lateinamerika. Das deutsche Exil in der Zeit des Nationalsozialismus. Frankfurt am Main 1944, S. 117–132.

18 Frank Grüner: Patrioten und Kosmopoliten. Juden im Sowjetstaat 1941–1953. Köln/Weimar/Wien 2008; Lutz Fiedler: Drei Geschichten einer Desillusionierung. Wassili Grossman, Ilja Ehrenburg und das Jüdische Antifaschistische Komitee. In: *Jahrbuch des Simon-Dubnow-Instituts* 15 (2016), S. 511–532. Zum JAK siehe auch den Beitrag von Frank Grüner in diesem Band.

dem die Merker-Gruppe enge Beziehungen unterhielt. Er verwandte sich unter anderem dafür, dass die Vertreter des JAK, unter ihnen der in jüdischen Kreisen Volksheldcharakter genießende Moskauer Schauspieler Solomon Michoëls, während ihrer siebenmonatigen Auslandsreise im August 1943 auch Station in Mexiko-Stadt machten.

Verschiedene Faktoren waren ausschlaggebend für diese innerhalb der deutschen kommunistischen Bewegung seltene Ausnahme einer Beschäftigung mit der Vernichtung der Juden. In jedem Falle hatte sich bei Leo Zuckermann im mexikanischen Exil so etwas wie eine Wiederaneignung seiner jüdischen Herkunft vollzogen – seine vormalige Distanzierung zum Judentum, die sich in seinem Eintritt in die KPD 1928 niedergeschlagen hatte, war durch den Holocaust zumindest zeitweise wieder aufgehoben worden. Er brachte dies, wenngleich wohl eher unbewusst, in einem Artikel für die spanischsprachige Zeitschrift *Tribuna Israelita* vom Januar 1945 zum Ausdruck, den er mit den Worten eröffnete: »Der Faschismus schuf für das Judentum auf der ganzen Welt eine völlig neue Situation, der sich auch diejenigen Juden nicht entziehen konnten, die über Generationen hinweg in einen extrem weit fortgeschrittenen Assimilationsprozeß eingebunden gewesen waren.«[19] Und auch Paul Merker, obgleich Nichtjude, war das Thema eine Herzensangelegenheit geworden – er kann als das einzige Mitglied des damaligen Politbüros der SED bezeichnet werden, bei dem der Holocaust nachweislich Spuren im Denken hinterließ und der sich deshalb aktiv für jüdische Belange einsetzte.[20]

## 2. »Zwischenzeit« in Ost-Berlin

Doch weshalb erhielt der Entwurf 1948 den Segen der Parteiführung? Entscheidend war die Offenheit der Sowjetunion gegenüber diesen Fragen, die bekanntlich dazu führte, dass sie 1948 als erster Staat die Gründung Israels anerkannte. Dies schuf den Spielraum für Merker und Zuckermann, sich überhaupt in dieser Form zu äußern. Mit Andrej Gromyko, dem sowjetischen UN-Botschafter und dessen bemerkenswerter Rede vor den Vereinten Nationen im Mai 1947, hatten sie gar einen prominenten Fürsprecher. In seinen Ausführungen zur Zukunft Palästinas hatte dieser nicht nur von einem »jüdischen Volk« gesprochen, sondern

19 Leo Zuckermann: Consideraciones tocante al problema de la reparación [Überlegungen bezüglich des Reparationsproblems]. In: *Tribuna Israelita* Nr. 2, 15. Januar 1945, S. 7 ff., hier S. 7.

20 So Herf: Zweierlei Erinnerung (wie Anm. 10), S. 62.

auch deutlich auf die dem Holocaust entwachsene Berechtigung für die Juden zur Gründung eines eigenen Staates hingewiesen:

> The fact that no western European State has been able to ensure the defence of the elementary rights of the Jewish people, and to safeguard it against the violence of the fascist executioners, explains the aspirations of the Jews to establish their own State. It would be unjust not to take this into consideration and to deny the right of the Jewish people to realize this aspiration. It would be unjustifiable to deny this right to the Jewish people, particularly in view of all it has undergone during the Second World War.[21]

Merker und Zuckermann wussten diesen Spielraum beherzt zu nutzen. Merker etwa, der Mitte 1946 nach Deutschland zurückgekehrt war und sofort wieder eine hohe Funktion im Parteivorstand der SED ausübte, erbat kurze Zeit nach seiner Rückkehr von Helmut Eschwege, dem späteren Historiker jüdischen Lebens in der DDR, eine Denkschrift über jüdische Gegenwartsprobleme in der SBZ;[22] Zuckermann wiederum, der im Juli 1947 in Berlin eingetroffen war, trat nicht nur umgehend mit seiner Frau in die jüdische Gemeinde ein,[23] sondern wurde von Merker auch sofort zu Arbeitstreffen für die Ausarbeitung der Gesetzesvorlage zur Wiedergutmachung hinzugezogen.[24] Aber auch für die Gründung eines jüdischen Staates in Palästina positionierten sie sich: Merker befürwortete die Gründung eines solchen Staates in einem Artikel für die Zeitschrift *Weltbühne* im Februar 1948.[25] Zuckermann wiederum verwandte sich im Dezember 1947 bei Wilhelm Pieck für eine Pressemitteilung, die im Namen der Parteiführung die Verabschiedung des UN-Teilungsplans für Palästina begrüßte, und vermittelte im Frühjahr 1948 ein Treffen zwischen dem Vertreter der Jewish Agency in Deutschland, Chaim Yahiel, und Otto Grotewohl, während dem dieser erklärte, dass Entschädigungszahlungen eines ostdeutschen Staates an Israel grundsätzlich denkbar seien.[26]

---

21 Remarks by Andrei Gromyko on the report of the First Committee on the establishment of a special committee on Palestine (documents A/307 and A/307/Corr. 1) (14 May 1947). Abgerufen unter der URL: https://unispal.un.org/DPA/DPR/unispal.nsf/0/D41260F1132AD6BE052566190059E5F0, letzter Zugriff: 08. 05. 2020.

22 SAPMO-BArch, DY30/IV 2/2.027/29, Bl. 4 f., Helmut Eschwege an Paul Merker, 10. 11. 1946.

23 Vgl. dazu die Unterlagen in CJA (Centrum Judaicum), 5A1, Nr. 494.

24 SAPMO-BArch, DY30/IV 2/2.027/30, Bl. 101, Einladung zu Besprechung über Wiedergutmachungsfragen bei Merker für den 08. 08. 1947, 04. 08. 1947.

25 Paul Merker: Der neue Staat des jüdischen Volkes entsteht. In: *Weltbühne* 1948, Nr. 5/6, S. 110–116.

26 SAPMO-BArch, DY30/IV 2/4/112, Bl. 377, Entwurf einer Presseerklärung für die amerikanische Nachrichtenagentur Columbia Broadcasting, 03. 12. 1947. Es ist kein Protokoll des Treffens in ostdeutschen oder israelischen Archiven überliefert; allein Yahiel verweist in einem

Dennoch standen Merker und Zuckermann, gemeinsam mit einigen weiteren Mitstreitern aus der Vereinigung der Verfolgten des Naziregimes (VVN) und den jüdischen Gemeinden, mit derartigen Positionen letztlich auf verlorenem Posten innerhalb der SED. Den wenigsten war die Wiedergutmachung an den Juden ein Anliegen; solange die Frage jedoch von der sowjetischen Parteilinie gedeckt war, gab es daran nichts auszusetzen. Dies wird auch daran deutlich, dass niemand aus der engeren Parteiführung den Gesetzesentwurf verteidigte, als sich der Wind drehte und die Bestimmungen zur Restitution zunehmend Kritik hervorriefen.[27] Als zudem zu erkennen war, dass sich die sowjetische Parteilinie gegen Israel richtete, wie einem Artikel Il'ja Ėrenburgs am 3. Oktober 1948 im *Neuen Deutschland* zu entnehmen war,[28] gab es auch innerhalb der SED keinen Grund mehr, Merker und Zuckermann zu unterstützen. Ein Jahr darauf, wenige Tage vor der Gründung der DDR am 7. Oktober 1949, verabschiedete die Parteiführung hastig eine Verordnung, die allein die Renten- und Sozialansprüche von Verfolgten des Naziregimes, inklusive der rassisch Verfolgten, regelte, während die Bestimmungen zur Rückerstattung schlichtweg gestrichen wurden.[29]

## 3. Schluss

Wie Merker und Zuckermann auf das Scheitern reagierten, ist nicht bekannt. Als erfahrene Parteimitglieder, die mehrfach Zeugen von Umschwüngen sowohl der Parteilinie als auch der sich anschließenden Überprüfungen geworden waren, wussten sie, wann sie zu schweigen hatten. Auch Zuckermann hatte die Zeichen der Zeit erkannt, betrachtet man einen Artikel vom April 1949, in dem er die Sowjetunion gegen Vorwürfe aus dem Westen, sie verfolge eine antisemitische Kampagne, vehement und wider besseres Wissen verteidigte.[30] Er tat dies, obschon

---

1961 geführten Interview auf das Gespräch. Siehe The Hebrew University of Jerusalem, Oral History Division, Chaim Yahiel Interview, S. 12 f.

27 Siehe etwa SAPMO-BArch, DY 30/68822, Leo Zuckermann an Paul Merker, 30. 04. 1948, Bl. 137, und SAPMO-BArch, DY30/IV 2/4/112, Götz Berger über Besprechung der Beratung des Gesetzesentwurfes in großem Kreis, 14. 05. 1948, Bl. 398 u. RS.

28 Ilja Ehrenburg [Il'ja Ėrenburg]: Die Sowjetunion, der Staat Israel und die Lösung der »jüdischen Frage«. Anlässlich eines Briefes. In: *Neues Deutschland*, 3. Oktober 1948, S. 3.

29 Anordnung zur Sicherung der rechtlichen Stellung der anerkannten Verfolgten des Naziregimes. In: Zentralverordnungsblatt Teil I, Amtliches Organ der Deutschen Wirtschaftskommission und ihrer Hauptverwaltungen sowie der Deutschen Verwaltungen für Inneres, Justiz und Volksbildung, Nr. 89, 14. 10. 1949, S. 765 f.

30 Leo Zuckermann: Wir werden niemals gegen die Befreier von Maidanek und Auschwitz kämpfen. Eine Antwort an die »Neue Zeitung«. In: *Die Tat*, 18. Juni 1949, Nr. 14, S. 8.

er wusste, dass Stalin mittlerweile daran gegangen war, das Jüdische Antifaschistische Komitee aufzulösen und seine Führung in Haft zu nehmen. Möglicherweise verlor die Frage der Restitution jüdischer Ansprüche angesichts der Tagespolitik auch an Brisanz, denkt man etwa an die Aufgaben, die für zwei hochrangige Funktionäre wie Merker und Zuckermann mit der als ›historisch‹ verstandenen Gründung der DDR einhergingen. Bald jedoch holte sie ihr vormaliges Engagement wieder ein und wuchs sich zu einer existentiellen Bedrohung aus: Die »Parteisäuberungen« trafen in zwei Wellen 1950 zunächst Merker und 1952 auch Zuckermann. Während die erste Welle noch primär Westemigranten galt, unter denen Merker der prominenteste gewesen war, erhielt die zweite Welle 1952/1953 dann auch eine offen antijüdische Komponente: Zumindest musste Zuckermann fürchten, sich aufgrund seines Engagements nun auch auf der Anklagebank eines Ost-Berliner Schauprozesses nach Prager Vorbild wiederzufinden. Dort war am 27. November das Urteil über 14 hochrangige Funktionäre der Kommunistischen Partei der Tschechoslowakei gefällt worden, das elf von ihnen – darunter die Mehrzahl Juden – wegen Hochverrats mit dem Tode bestrafte. Deshalb setzte er sich im Dezember 1952, nachdem er von der Verhaftung Merkers erfahren hatte, mit seiner Familie nach West-Berlin ab.[31]

Damit war die »Zwischenzeit«[32] der Jahre 1945 bis 1948/1949 unwiderruflich an ein Ende gelangt. War den SED-Funktionären schon 1948 gleichgültig gewesen, ob man sich für Juden einsetzte oder nicht, legten sie das Engagement zugunsten jüdischer Belange nun als Vergehen aus. Sie nahmen sogar in Kauf, dass als Folge dieser Politik im Frühjahr 1953 gut ein Drittel der Jüdinnen und Juden die DDR verließ.[33] Dass die SED-Führung im Januar 1948 einem Gesetzesentwurf zugestimmt hatte, der Gelegenheit geboten hatte, ein zentrales Verbrechen des Nationalsozialismus ansatzweise mit einer sozialistischen Zukunft zu versöhnen – und in diesem Sinne dürften Paul Merker und Leo Zuckermann ihren Entwurf zuvorderst verstanden haben –, wirkte angesichts dieser Entwicklung in der Tat nur mehr wie ein unwirkliches Echo längst vergangener Zeiten.

---

31 Zu Slánský siehe Jan Gerber: Ein Prozess in Prag. Das Volk gegen Rudolf Slánský und Genossen. Göttingen/Bristol (Conn.) 2016 sowie den Beitrag von Kateřina Čapková in diesem Band.

32 Zum Begriff der »Zwischenzeit« siehe Dan Diner: Zwischenzeit 1945 bis 1949. Über jüdische und andere Konstellationen. In: *Aus Politik und Zeitgeschichte* 65 (2015), 16/17, S. 16–20.

33 Ulrike Offenberg: »Seid vorsichtig gegen die Machthaber«. Die jüdischen Gemeinden in der SBZ und der DDR 1945 bis 1990. Berlin 1998, S. 84–90.

Katrin Stoll

# Zum Fortleben des Antisemitismus in Polen nach der Shoah

## Vom Pogrom in Kielce 1946 zur antisemitischen Kampagne 1968

## 1. Zur Wirkmächtigkeit antisemitischer Phantasmen in Polen nach der Shoah

Während des Zweiten Weltkriegs ermordeten die deutschen Besatzer 90 Prozent der jüdischen Bevölkerung in Polen, die Mehrzahl in eigens zu diesem Zweck von der SS eingerichteten und betriebenen nationalsozialistischen Vernichtungslagern. Der Krieg, den die Deutschen gegen die jüdische Bevölkerung Polens geführt hatten, endete jedoch nicht mit der deutschen Besatzung.[1] Die antisemitische Gewalt gegen jüdische Männer, Frauen und Kinder ging weiter. Zwischen 1944 und 1947 wurden in Polen über 1.000 Jüdinnen und Juden ermordet.[2] Alina Cała schätzt, dass es allein in den Jahren 1944 bis 1946 800 Todesopfer antisemitischer Gewalt gab.[3] Bereits im Laufe der Sommermonate 1945 notierten jüdische Organisationen über 100 Vorfälle antisemitischer Gewalt in Ostpolen und in der Mitte des Landes, in deren Folge 353 Jüdinnen und Juden, vor allem in den Wojewodschaften Kielce, Białystok und Rzeszów, ums Leben kamen.[4] Die antisemitische Gewalt gegen jüdische Männer, Frauen und Kinder blieb zumeist sanktionsfrei und unbestraft.[5]

---

1 Alina Cała/Helena Datner: »Tu już dla Was nie ma miejsca« [»Hier ist schon kein Platz mehr für Euch«]. In: Dies. (Hrsg.): Dzieje Żydów w Polsce 1944–1968. Teksty źródłowe. [Geschichte der Juden in Polen 1944–1968. Quellentexte]. Warschau 1997, S. 15–74, hier S. 15; Feliks Tych/Monika Adamczyk-Garbowska (Hrsg.): The Aftermath of the Holocaust: Poland 1944–2010. Jerusalem (Yad Vashem) 2014.

2 Bożena Keff geht davon aus, dass nach dem Krieg ungefähr 2.000 Jüdinnen und Juden ermordet wurden. Bożena Keff: Antysemityzm. Niezamknięta historia [Antisemitismus. Unabgeschlossene Geschichte]. Warschau 2013, S. 200.

3 Alina Cała: Żyd – wróg odwieczny? Antysemityzm w Polsce i jego źródła [Der Jude – der ewige Feind? Antisemitismus in Polen und seine Quellen]. Warschau 2012, S. 455.

4 Ebd., S. 454.

5 Wystąpienie przewodniczącego CKŻP Emila Sommerstein na VII. Sesji Krajowej Rady Narodowej, 21.–23. 07. 1945 [Rede des Vorsitzenden des Zentralkomitees der Juden in Polen,

In den Jahren 1946 und 1947 suchte der in Sokołów im Nordosten Polens aufgewachsene Schriftsteller Mordechaj Canin, der sich – aus Selbstschutz – seinen Gesprächspartnerinnen und Gesprächspartnern gegenüber als Journalist aus England ausgab, über 100 Orte in Polen auf, in denen die deutschen Besatzer die jüdische Bevölkerung unter den Augen der polnischen Nachbarinnen und Nachbarn und teilweise mit deren Hilfe ermordet und beraubt und die vielfältige jüdische Kultur fast vollständig zerstört hatten. Canins Reportage ist ein erschütterndes Zeugnis, das die ungeheuren Dimensionen des Völkermords und seine Folgen en détail dokumentiert. Sie erschien zuerst in der New Yorker jiddischsprachigen Zeitung *Forwarts* und Anfang der 1950er Jahre in Israel in Buchform auf Jiddisch unter dem Titel *iber sztejn un sztok.* Seit Ende 2018 liegt eine polnische Übersetzung vor.[6] Bisher sind weder eine englische noch eine deutsche Übersetzung erschienen. Canins Zeugnis führt der Leserin und dem Leser in aller Deutlichkeit vor Augen, dass das radikale nationalsozialistische Projekt der »totalen Vernichtung« der jüdischen Bevölkerung und alles Jüdischen nach der Befreiung von der deutschen Besatzung fortgeführt wurde. Von der jahrhundertealten Präsenz der jüdischen Minderheit und ihrer Gemeinden in Polen sollte buchstäblich *nichts* übrigbleiben. Die Zerstörung jüdischer Synagogen, Friedhöfe und Kulturgüter wurde fortgesetzt, der Raub und die schamlose Aneignung jüdischen Eigentums gingen weiter und mit der Asche Ermordeter wurde Handel betrieben.[7]

Die Aggression der ehemaligen »neighbors« (Jan T. Gross) richtete sich nicht nur auf die noch sichtbaren Zeichen, die von dem ehemaligen jüdischen Leben und der jüdischen Kultur in Polen zeugten, sondern auch auf die Erinnerungszeichen der Shoah, die von den wenigen Überlebenden aufgestellt worden waren. 1946 exhumierten jüdische Überlebende aus Biała Podlaska die Leichen von 40 Jüdinnen und Juden, die von den deutschen Besatzern im jüdischen Krankenhaus und im jüdischen Altenheim ermordet worden waren, und bestatteten die menschlichen Überreste auf dem alten jüdischen Friedhof.[8]

Auf dem Grab errichteten sie einen Gedenkstein zur Erinnerung an die jüdische Gemeinde von Biała Podlaska, die von den Deutschen ausgelöscht worden war. Der Gedenkstein habe, schreibt Canin, lediglich acht Tage gestanden. Aus Sicht »der Banditen« aus Biała Podlaska »war er zu groß«. Sie hätten nicht gewollt,

---

Emil Sommersteins, auf der siebten Landesnationalratssitzung, 21.–23. 07. 1945]. In: *Biuletyn Żydowskiego Instytutu Historycznego* 52 (1964).

6 Sie wurde von Monika Adamczyk-Garbowska angefertigt.

7 Mordechaj Canin: Przez ruiny i zgliszcza. Podróż po stu zgładzonych gminach żydowskich w Polsce [Durch Ruinen und Brandstätten. Reise durch über Hundert ausgelöschte jüdische Gemeinden in Polen]. Warschau 2018, S. 4.

8 Vgl. ebd. S. 201.

Abb. 1 Jüdische Überlebende am offenen Grab neben den Toten der Massenerschießung in Biała Podlaska

dass »irgendetwas« an »ihre mörderische Beteiligung an der Liquidation der Bialsker Juden« erinnere: »Sie sprengten das Denkmal folglich mit Dynamit in die Luft.« Canin sah die zerbröckelten Tafeln, die herumliegenden hebräischen Schriftzeichen, »die geschändeten jüdischen Gräber der Juden, die niemals ewige Ruhe finden können.«[9] Kurzum: Die ermordeten Jüdinnen und Juden wurden auch ihrer Erinnerung beraubt. Die Shoah ist in Canins Buch – »ein Epitaphium der [jüdischen] Nation«[10] – ein Ereignis, das kein Ende hat und nimmt.

In den Gesprächen, die Canin mit Polinnen und Polen aller sozialer Klassen führte, wird deutlich, dass es sich bei dem Antisemitismus um eine mentale Struktur handelt, dessen Kernelement die Denkform der Verschwörung ist. Die Denkstruktur der Verschwörung kennzeichnet sowohl den sogenannten vormodernen als auch den sogenannten modernen Antisemitismus. »Den Juden« wird im antisemitischen Welterklärungsmodell eine weltumspannende, geheime, grenzenlose Macht zugeschrieben: im christlichen Antisemitismus die Macht, Gott zu

9 Ebd., S. 201. Alle Zitate finden sich auf dieser Seite. Alle in diesem Text angeführten Übersetzungen aus dem Polnischen stammen, sofern nicht anders angegeben, von der Autorin dieses Aufsatzes.

10 Helena Datner: Epitafium Mordechaja Canina [Moredechaj Canins Epitaphium]. In: *Kwartalnik Historii Żydów* 270 (2019), S. 510–520, hier S. 511.

töten, im modernen Antisemitismus[11] die Macht, auf der Grundlage verschiedener Ismen (Liberalismus, Sozialismus, Kommunismus, Kapitalismus), die Weltherrschaft auszuüben. Das Potential der Vernichtung ist im Antisemitismus angelegt.[12]

Canin wird mit verschiedenen Erscheinungsformen des Antisemitismus konfrontiert, darunter mit der mentalen Struktur der »żydokomuna« (dt.: Judeokommunismus), die sprachlich und gedanklich ›Juden‹ mit ›Kommunisten‹ gleichsetzt und sie des Versuchs der Zersetzung des polnischen Staates und der Machtübernahme durch die Etablierung eines kommunistischen Systems beschuldigt sowie mit dem Antisemitismus in einer rassistischen Variante, der »die Juden« als minderwertige tierähnliche »Rasse« imaginiert und ihnen menschliche Züge abspricht. So bemerkt Canin an einer Stelle, »die Polen mögen es nicht, wenn man über die Vernichtung der Juden und die Verfolgung der Polen in einem Atemzug« spreche:

> Sie fühlen sich als Opfer politischer Verfolgung, wohingegen ihrer Meinung nach die Deutschen die Juden einfach ermordeten, wie man Mäuse vernichtet. [...] Es gab die Fälle [...], dass Polen nicht erlaubten, jüdische KZ-Häftlinge in die Vereinigungen ehemaliger Gefangener der Konzentrationslager aufzunehmen. Das wurde damit begründet, dass Polen aus politischen

11 Der moderne Antisemitismus schreibt, wie Moishe Postone nachgewiesen hat, »den Juden« folgende Charakteristika der Macht zu: »Abstraktheit, Unfaßbarkeit, Universalität, Mobilität«. Moishe Postone: Nationalsozialismus und Antisemitismus. In: Dan Diner (Hrsg.): Zivilisationsbruch. Denken nach Auschwitz. Frankfurt am Main 1988, S. 242–254, hier S. 247. Die Quelle der den Juden antisemitisch zugeschriebenen Macht gilt als »verborgen: konspirativ. Die Juden stehen für ein ungeheuere machtvolle, unfaßbare internationale Verschwörung«. Ebd., S. 244. Der deutsche Nationalsozialismus basierte »auf der Vorstellung einer jüdischen Weltverschwörung, eine Phantasie, die letztlich im Holocaust gipfelte«. In: Dan Diner (Hrsg.): Enzyklopädie jüdischer Geschichte und Kultur. Bd. 6. Stuttgart 2015, S. 272–277, hier S. 276 (= Artikel Verschwörung).

12 Elżbieta Janicka: Mord rytualny z aryjskiego paragrafu. O książce Jana Tomasza Grossa »Strach. Antysemityzm w Polsce tuż po wojnie. Historia moralnej zapaści« [Ritualmord gemäß Arierparagraph. Über Jan Tomasz Gross' Buch »Angst. Antisemitismus in Polen unmittelbar nach dem Krieg. Geschichte eines moralischen Zusammenbruchs«]. In: Adam Michnik (Hrsg.): Przeciw antysemityzmowi 1936–2009 [Gegen Antisemitismus 1936–2009]. Krakau 2010, S. 454–487, hier S. 466. Angesichts der Tatsache, dass das Potential der Vernichtung im Antisemitismus selbst angelegt ist, ist die von Jan Błoński vorgenommene Unterscheidung zwischen einem »traditionellen Antisemitismus, der teilte«, und »einem modernen Antisemitismus (insbesondere totalitären), der vernichtete«, zu verwerfen. Siehe Jan Błoński: Polak-katolik i katolik-Polak. Nakaz ewangeliczny, interes narodowy i solidarność obywatelska wobec zagłady getta warszawskiego [Pole-Katholik and Katholik-Pole. Evangelisches Gebot, nationales Anliegen und staatsbürgerliche Solidarität angesichts der Vernichtung des Warschauer Ghettos]. In: Ders.: Biedni Polacy patrzą na getto [Die armen Polen schauen auf das Ghetto]. Krakau 2008, S. 49–74, hier S. 72.

Gründen verfolgt worden waren, während die Juden biologisch vernichtet worden waren, wie eine niedrigere Rasse.[13]

In dem Kapitel *Auf dem Weg nach Białystok* – der Weg in die Stadt im Nordosten Polens war für Jüdinnen und Juden, die mit dem Zug reisten, aufgrund von Überfällen lebensgefährlich[14] – schreibt Canin, am 8. Juli 1946 hätten »polnische Banditen« den Zug an der Station Czyżewie angehalten, vier Juden herausgezerrt und sie erschossen.[15] »Weswegen?«, fragt Canin:

> Allein deswegen, weil sie Juden waren. Die jüdischen Gesichter erinnerten sie [die polnischen Banditen] zudem an die Verbrechen, an denen sie einst zusammen mit den deutschen Banditen und den ukrainischen Bestien teilgenommen hatten. Deswegen sind sie nicht imstande, den Anblick eines jüdischen Gesichts zu ertragen.[16]

»Jüdisches Gesicht« in den Augen der polnischen Mehrheitsgesellschaft. Die Identifizierung und Markierung von Jüdinnen und Juden war bereits vor der deutschen Besatzung eine soziale Praxis in Polen. Sie entlud sich nicht selten in physischer Gewalt. Um nur ein Beispiel zu nennen, das emblematisch ist: Nachdem der Sejm, das polnische Parlament, Gabriel Narutowicz am 9. Dezember 1922 zum Präsidenten Polens ernannt hatte, versammelte sich auf den Straßen Warschaus eine Menschenmenge, von denen einige, angestachelt von antisemitischen Hassreden von Politikern und der rechten Presse, Menschen, die sie zuvor in ihrem Kopf als Juden kategorisiert hatten, zusammenschlugen.[17] Das körperliche Verletzen von Jüdinnen und Juden war in den 1930er Jahren eine gängige Praxis. Zwischen Mai 1935 und September 1937 gab es in Polen 100 bis 150 kollektive Angriffe auf Jüdinnen und Juden.[18]

---

13 Canin: Przez ruiny i zgliszcza [Durch Ruinen und Brandstätten] (wie Anm. 7), S. 244.

14 Zur antisemitischen Gewalt in Zügen in den Jahren 1944 bis 1946 siehe Eva Reder: Antijüdische Pogrome in Polen im 20. Jahrhundert. Gewaltausbrüche im Schatten der Staatsbildung 1918–1920 und 1945–1946. Marburg 2019, S. 217–220.

15 Siehe Canin: Przez ruiny i zgliszcza [Durch Ruinen und Brandstätten] (wie Anm. 7), S. 242.

16 Ebd., S. 242.

17 Ausführlich dazu Paul Brykczynski: Primed for Violence. Murder, Antisemitism, and Democratic Politics in Interwar Poland. Madison 2016.

18 Cała: Żyd – wróg odwieczny? [Der Jude – der ewige Feind?] (wie Anm. 3), S. 369. Cała hat die Überfälle in den verschiedenen Orten datiert. Nach Angaben von August Grabski wurden ungefähr 2.000 Menschen geschlagen oder verwundet. Er schätzt die Zahl der Todesopfer der antisemitischen Gewalt in der Zeit auf 30. Siehe August Grabski: Review of Przeciw antysemityzmowi 1936–2009 [Gegen Antisemitismus 1936–2009]. In: *Journal of Contemporary Central and Eastern Europe* 20 (2012), 1, S. 89–94, hier S. 93.

Zeugnisse von Jüdinnen und Juden, die versuchten, während der deutschen Besatzung auf der sogenannten arischen Seite zu überleben, geben Aufschluss darüber, dass die polnischen Nachbarinnen und Nachbarn nicht nur körperliche Merkmale mit dem Etikett und Stigma »jüdisch« versahen, sondern auch eine bestimmte Gestik und Mimik und Art und Weise zu sprechen als »jüdisch« identifizierten. Polnische Jüdinnen und Juden wurden dazu gezwungen, Rollen zu spielen – wie Schauspieler und Schauspielerinnen in einem Theaterstück ohne Probe.[19]

Zurück zu Canin und den anderen Erscheinungsformen des Antisemitismus. In dem Ort Biała Podlaska wurde er mit der Wirkmächtigkeit der mentalen Konstrukte »żydokomuna« und »Judeo-Polonia« (dt.: Judäo-Polonia) konfrontiert. Biała Podlaska war in der unmittelbaren Nachkriegszeit eine Anlaufstation für jüdische Repatriierte, also polnische Staatsbürgerinnen und Staatsbürger, die während des Zweiten Weltkriegs in die Sowjetunion deportiert worden waren und dort den Holocaust überlebt hatten.[20] Canin hielt sich eine gewisse Zeit an dem 2 Kilometer entfernt gelegenen Bahnhof auf und hörte den Gesprächen der Bauern zu: »Sie sprechen über Juden und Bolschwiken. Offen. Die einfachen podlasischen Bauern genieren sich nicht, sie sagen, dass Polen kein Glück habe – als man sich der Juden entledigte, da kam die bolschewistische Plage.«[21] Die Bauern unterhielten sich auch darüber, wer schlimmer war und ist: »die Juden« oder »die Bolschewiken«. Canin hielt fest, was ein alter Pole »mit langem Schnurrbart« sagte:

> Die Deutschen verloren, weil die Juden ihnen halfen. Und die Bolschewiken nehmen die Juden zur Hilfe. Die gesamte Regierung ist schließlich jüdisch. In der Stadt sagen sie, dass in der polnischen Regierung Biała-Juden sitzen. Der »Vorsteher« der Regierung ist schließlich dieser [...] Minc. Der ist, so sagen sie in der Stadt, ein Jude aus Biała.[22]

Neben dem klassischen antisemitischen Topos der Verschwörung setzt der Mann hier im Sinne des Feindbildes der »żydokomuna« pauschal ›Juden‹ mit ›Kommunisten‹ gleich. Dass einige polnische Jüdinnen und Juden hohe Positionen im neuen kommunistischen Staatsapparat einnehmen konnten, weil sie zum ersten Mal in der Geschichte des polnischen Staates nichtjüdischen Staatsbürgerinnen

19 Henryk Grynberg: Żydowska wojna [Der jüdische Krieg]. Warschau 1965, S. 63.
20 Siehe Canin: Przez ruiny i zgliszcza [Durch Ruinen und Brandstätten] (wie Anm. 7), S. 197.
21 Ebd., S. 197.
22 Ebd., S. 198. In den Jahren 1944–1957 war Hilary Minc Minister für Handel und Industrie und von 1949 bis 1952 Vizepremier der Volkrepublik Polen.

und Staatsbürgern gleichgestellt waren und ihnen der Eintritt in den Staatsdienst nicht länger, wie noch in der Zwischenkriegszeit, verwehrt wurde, sieht der Mann nicht. Ihm gilt die Präsenz eines Mannes in leitender Position – Hilary Minc war (zusammen mit Jakub Berman) Berater des Vorsitzenden des Landesnationalrats (poln.: Krajowa Rada Narodowa, KRN)[23] – als Beleg für seine antisemitische Wahnvorstellung, dass Polen von ›Juden‹ regiert werde. Der Fall zeigt: In der antisemitischen Weltwahrnehmung ist bereits »ein einziger Jude eine Überrepräsentation« und »ein Jude in leitender Position – im Staatsapparat, im Sicherheitsapparat, in der Polizei, im Militär: überall dort, wo ihm zuvor der Zutritt verboten worden war – Judeo-Polonia«,[24] wie die Kulturwissenschaftlerin Elżbieta Janicka betont. »Keine Fakten, keine Statistiken und keine rationalen Argumente über die Haltlosigkeit des Mythos der *żydokomuna*« seien, so Janicka, »in der Lage, diesen Eindruck zu ändern«.[25] Die Fakten sind eindeutig: Unter den Millionen Repatriierten befanden sich weniger als 200.000 Jüdinnen und Juden. Über die Hälfte der Jüdinnen und Juden, die die Shoah überlebt hatten, emigrierte aus Polen.[26] Nach internationalen Statistiken belief sich die Zahl der jüdischen Minderheit in Polen im Jahr 1948 auf 88.000 Menschen.[27]

Die mythischen Vorstellungen ›der Rückkehr der Juden‹ und ›der jüdischen Herrschaft‹ hielten sich dennoch hartnäckig. Im Oktober 1956 kam es in Niederschlesien, wo sich Jüdinnen und Juden, die den Holocaust in der Sowjetunion überlebt hatten und sich nach ihrer Rückkehr nach Polen niedergelassen hatten,[28]

---

23 Reder: Antijüdische Pogrome (wie Anm. 14), S. 61.

24 Janicka: Mord rytualny z aryjskiego paragrafu [Mord gemäß Arierparagraph] (wie Anm. 12), S. 471. Das Phantasma der »Judeo-Polonia«, derzufolge eine jüdische Bande den Untergang des Christentums betreibt, findet sich bereits bei Zygmunt Krasiński (1811–1859) in seinem Werk *Nie-boska Komedia (dt.: Ungöttliche Komödie)*. Zur Analyse der Darstellung »der Juden« und der theologisch-ideologischen Phantasmen in Krasińskis Drama siehe Maria Janion: Der Gründungsmythos des polnischen Antisemitismus. In: Magdalena Mazurek (Hrsg.): Maria Janion: Die Polen und ihre Vampire. Studien zur Kritik kultureller Phantasmen. Berlin 2014, S. 259–314.

25 Janicka: Mord rytualny z aryjskiego paragrafu [Mord gemäß Arierparagraph] (wie Anm. 12), S. 471 (Hervorhebung durch die Autorin).

26 Krystyna Kersten: March 1968 and the so-called Jewish Question in Poland after the Second World War. In: Adam Michnik/Agnieszka Marczyk (Hrsg.): Against antisemitism. An anthology of twentieth-century Polish writings. Oxford 2018, S. 192–225, hier S. 202.

27 Ebd., S. 202.

28 Karol Sauerland schreibt dazu: »Die Behörden und das von den Kommunisten am 4. November 1944 ins Leben gerufene Zentralkomitee der Juden in Polen (CKŻP) kamen recht schnell zu dem Schluß, daß es am besten sei, die aus der Sowjetunion zurückkehrenden Juden vor allem in den ehemaligen deutschen Ostgebieten, d. h. in Niederschlesien und Stettin, anzusiedeln.

zu antisemitischen Äußerungen auf Parteiversammlungen und Vorwahlen zum Sejm. Das antisemitische Konstrukt der »żydokomuna« und der antisemitische Topos ›der Verantwortung der Juden‹ wurden auch in Briefen an die Redaktionen von Zeitungen und Radio artikuliert.[29] Katharina Friedla zitiert in ihrer Monographie über Jüdinnen und Juden in Breslau/Wrocław die Holocaust-Überlebende Gizela Fudem, geborene Grünberg, die 1956 zum ersten Mal nach der Shoah direkt mit dem Antisemitismus konfrontiert wurde:

> Ich arbeitete damals in einem Konstruktionsbüro »Gazoprojekt«. An meinem Arbeitsplatz hörte ich dann zufällig […] ein extrem antisemitisches Gespräch über Juden: Die Verfolgung und Ausrottung sei sehr gut gewesen, bedauerlicherweise nicht zu Ende gebracht worden und so weiter. Ich war zutiefst schockiert.[30]

In Wrocław kam es zu antisemitischer Gewalt, in deren Folge ein jüdischer Arbeiter namens Chaim Nutkiewicz ermordet wurde.[31]

Nachdem Władysław Gomułka (1905–1982) erneut an die Macht gekommen war – er löste 1956 Edward Ochab als Parteichef ab –, führte er »Säuberungen« im Parteiapparat durch. Im Zuge dessen kam es zu einer Eruption nationalistischer und antisemitischer Tendenzen, die sich in Angriffen auf Jüdinnen und Juden Bahn brach sowie in Postenenthebungen und Parteiausschlüssen. »Die politische Führung war außerstande, die antijüdische Radikalität zu stoppen und wollte es

---

Eine große Zahl ließ sich u. a. in Dzierżonów (Reichenbach) nieder, wo schon Juden, die Groß-Rosen überlebt hatten, geblieben waren. Für die aus der Sowjetunion kommenden Juden war allerdings die Bahnfahrt von der Ostgrenze bis in die Westgebiete recht gefährlich. So manches Mal wurden sie mit Unterstützung des Bahnpersonals aus den Zügen herausgeholt und in einer Weise ermordet, die einer Exekution gleichkam.« Karol Sauerland: Polen und Juden. Jedwabne und die Folgen. Berlin 2004, S. 145.

29 Siehe Alina Cała/Helena Datner: Uwikłanie w politykę [Verwicklung in die Politik]. In: Cała/Datner (Hrsg.): Dzieje Żydów w Polsce [Geschichte der Juden in Polen] (wie Anm. 1), S. 74–165, hier S. 91. Nach Angaben Katharina Friedlas emigrierten zwischen 1956 und 1960 ca. 51.100 Jüdinnen und Juden aus Polen. Vgl. Katharina Friedla: Juden in Breslau/Wrocław 1933–1949. Überlebensstrategien, Selbstbehauptung und Verfolgungserfahrungen. Köln 2015, S. 395.

30 Interview mit Gizela Fudem im Dezember 2004 in Wrocław, zit. nach ebd., S. 407.

31 Ebd., S. 407. Walenty Cukierman beschrieb das Klima antisemitischer Gewalt wie folgt: »1956 war es in Wrocław sehr unruhig. Die Juden fühlten sich bedroht. Eines Tages habe ich neben meinem Haus ein Gedränge gesehen, das einen Mann hinter sich herzog. Es gab da keinen Milizionär. Als meine Nachbarin mich in der Nähe dieser Menschenmenge [sah], wies sie mich an, sofort davon wegzulaufen. Ich hörte nur: ›Schlage die Juden!‹ und ›Juden nach Palästina!‹«. Interview mit Walenty Cukierman, zit. nach Friedla: Juden in Breslau/Wrocław (wie Anm. 29), S. 408.

auch nicht.«[32] Die Folge des zunehmenden Antisemitismus war, dass es in den Jahren 1956 und 1957 eine weitere, von den staatlichen Behörden gebilligte große Emigrationswelle von Jüdinnen und Juden aus Polen gab.[33] Die zweite Auswanderungsbewegung hatte es in den Jahren 1948 bis 1951 gegeben – sie »war eine Reaktion auf die Proklamation des Staates Israel am 14. Mai 1948«[34] –, die erste in den Jahren 1945 und 1946. Der Pogrom von Kielce wirkte als Katalysator der Auswanderungsbewegung.

Während des Pogroms von Kielce am 4. Juli 1946, dessen Auslöser der Ritualmordvorwurf war, wurden 42 Menschen getötet, darunter einige Jugendliche und ein kleines Kind. An dem Pogrom beteiligten sich das polnische Militär und die Miliz. Joanna Tokarska-Bakir hat kürzlich eine genaue Analyse des Pogroms vorgelegt.[35] Auch Eva Reder geht in ihrer an der Universität Wien vorgelegten Dissertation, in der sie Auslöser, Motive sowie Praktiken antijüdischer Gewalt »im Schatten der Staatsbildung« in Polen 1918–1920 und 1945/1946 untersucht, auf den Pogrom von Kielce ein.[36] Reder zeigt, dass es bei den Pogromen in Polen nach der Befreiung von der deutschen Besatzung darum ging, Jüdinnen und Juden durch ein öffentliches Bestrafungsritual aus der Gesellschaft zu entfernen. Die antisemitische Gewalt zielte auf Männer, Frauen und Kinder. Der zentrale Pogromauslöser war, wie Reder eindrucksvoll belegt, sowohl nach dem Ersten als auch nach dem Zweiten Weltkrieg das antisemitische Konstrukt der jüdischen Aggression, wenn auch in unterschiedlicher Form: 1918–1920 wurde die jüdische Aggression Soldaten und wehrfähigen Männern zugeschrieben, 1945/1946 waren Kinder die Projektionsfläche für die imaginierte jüdische Aggression.[37] Das Bild der jüdischen Aggression sei, betont Reder, »insofern bemerkenswert, als Juden seitens der polnischen Gesellschaft mit Schwäche suggerierenden Körperbildern bedacht wurden«.[38] So war das antisemitische Stereotyp »des Juden« als nichtmännlich, schwach und feige fest in der polnischen Kultur verankert.[39] Wie lässt sich der vermeintliche Gegensatz zwischen

32 Ebd., S. 395.

33 Siehe Cała/Datner: Uwikłanie w politykę [Verwicklung in die Politik] (wie Anm. 29), S. 91.

34 Friedla: Juden in Breslau/Wrocław (wie Anm. 29), S. 394.

35 Joanna Tokarska-Bakir: Pod klątwą. Społeczny portret pogromu kieleckiego [Verflucht. Soziales Porträt des Kielce-Pogroms]. Warschau 2018.

36 Siehe Reder: Antijüdische Pogrome (wie Anm. 14), S. 96–100.

37 Ebd. S. 102.

38 Ebd., S. 53.

39 Vgl. Grzegorz Niziołek: Polski teatr Zagłady [Das polnische Theater der Vernichtung]. Warschau 2013, S. 315. Ausführlich dazu: Alina Cała: Wizerunek Żyda w polskiej kulturze

dem Konstrukt der jüdischen Aggression und der Vorstellung, »die Juden« seien schwach und stellten physisch keine Bedrohung dar, erklären? Eva Reder erklärt die antisemitische Logik wie folgt:

> Wenn Juden aber in dieser Vorstellung schwach, krank, hinterhältig und aus eigener Kraft zu keinen wirkmächtigen Handlungen fähig sind, dann brauchen sie die Polen, die sie ausbeuten, unterwandern oder essen, um stark genug zu sein, um sie unterdrücken zu können. Demzufolge brauchen Juden in dieser Logik einen mächtigen Verbündeten von außen, der sie unterstützt und für den sie im Geheimen agieren.[40]

Der unmittelbare Auslöser für die Pogrome vom 11. bis 12. Juni 1945 in Rzeszów, vom 11. bis 12. August 1945 in Kraków und am 4. Juli 1946 in Kielce, war die Anschuldigung, Juden hätten für ihre Matzen das Blut christlicher Kinder verwendet. Darauf verweisend, dass diese Vorstellung vom katholischen Klerus geteilt wurde, mutmaßt Karol Sauerland, dieses Klischee scheine »sogar stärker gewesen zu sein als der Glaube, daß zwischen Kommunismus und Juden ein Gleichheitszeichen zu setzen sei«.[41] Die Wirkmächtigkeit der Erzählungen über den angeblichen Kindesraub ›für Matzen‹ ist ein Beleg für die Kontinuität des sogenannten vormodernen Antisemitismus und seines eliminatorischen Potentials. In den Worten Joanna Tokarska-Bakirs: »Der vormoderne Antisemitismus religiöser, ethnischer und sozialer Prägung wies den Juden in der symbolischen Erzählung einen wahrhaft ›gefährlichen Ort‹ zu, der jeden Augenblick von der Erdoberfläche getilgt werden konnte«.[42] Zum Beispiel durch einen Pogrom: Geht man mit Joanna Tokarska-Bakir, Elżbieta Janicka[43] und anderen davon aus, dass das Potential der Vernichtung im Antisemitismus bereits angelegt ist, muss man die Aussage Feliks Tychs, »der Pogrom von Kielce wäre vor dem Krieg, vor dem Holocaust nicht möglich gewesen«[44] bzw. nur aufgrund der deutschen Verfolgungs- und Vernichtungspolitik möglich gewesen, bezweifeln.

---

ludowej [Das Bild des Juden in der polnischen Volkskultur]. Warschau 1992.

40 Reder: Antijüdische Pogrome (wie Anm. 14), S. 53.

41 Sauerland: Polen und Juden (wie Anm. 28), S. 147.

42 Joanna Tokarska-Bakir: Żydzi u Kolberga [Juden bei Kolberg]. In: Dies.: Rzeczy mgliste. Eseje i studia [Verschwommene Dinge. Essays und Studien]. Sejny 2004, S. 49–72, hier S. 66.

43 Elżbieta Janicka schreibt dazu: »Das Vernichtungspotential ist im Antisemitismus als solchem enthalten. Es organisiert dessen Struktur.« Janicka: Mord rytualny z aryjskiego paragrafu [Ritualmord gemäß Arierparagraph] (wie Anm. 12), S. 466.

44 Feliks Tych: Świadkowie Shoah. Zagłada Żydów w polskich pamiętnikach i wspomnieniach [Zeugen der Shoah. Die Vernichtung der Juden in polnischen Tagebüchern und Erinnerungen].

Der unmittelbare Pogromauslöser 1945/1946 – der Ritualmordvorwurf im Zusammenspiel mit dem Feindbild der »żydokomuna«[45] – ist noch keine Erklärung für die antisemitische Gewalt, wie Jan Tomasz Gross betont. Aus seiner Sicht war vielmehr die Beziehung der Polinnen und Polen zu den Jüdinnen und Juden unter deutscher Besatzung während der Shoah der entscheidende Faktor:

> Polish society's allergic reaction to Jewish survivors makes no sense unless Polish neighbours had harmed the Jews during the war, so as to be unable to examine that chapter of their mutual relations. In order to make sure that the subject remained suppressed once and for all, Jews had to be removed from the scene for good. The tale of ritual murder and the mantra of *żydokomuna* were but themes that could be conflated with actual events and then substituted, in the collective consciousness of the Poles, for what really happened. [...] In the end, the postwar treatment of Jews in Poland [...] appears as the smoking gun that reveals the true character of wartime Polish Jewish relations.[46]

Dennoch bleibt die Frage, warum die Phantasmen der »żydokomuna« und des Ritualmords, die bereits *vor* der deutschen Besatzung und der NS-Verfolgungs- und Vernichtungspolitik fest in der polnischen Kultur verwurzelt waren, *nach* der Besatzung wieder virulent wurden. Beide antisemitischen Phantasmen waren auch nach der Shoah wirkmächtig, weil eine Revision der polnischen Kultur nicht stattfand. Dass Jüdinnen und Juden die Menschlichkeit aberkannt wurde, »war seit Jahrhunderten Teil der Kultur«,[47] wie Elżbieta Janicka mit Verweis auf die Forschung Alina Całas, Joanna Tokarska-Bakirs und Maria Janions betont. Entscheidend war demnach nicht die Spezifität einer bestimmten Konstellation, sondern vielmehr die antisemitische kognitive Orientierung der Akteure, die

In: Feliks Tych: Długi cień Zagłady. Szkice historyczne [Der lange Schatten der Vernichtung. Historische Skizzen]. Warschau 1999, S. 9–54, hier S. 52.

45 Vgl. Reder: Antijüdische Pogrome (wie Anm. 14), S. 84–101. Die beiden mentalen Konstrukte – der Ritualmordvorwurf und die Vorstellung der »żydokomuna« – wurden miteinander verbunden, so zum Beispiel in einem illegalen Flugblatt, das nach dem Pogrom von Kraków in der Stadt auftauchte (vgl. ebd., S. 1): »Dieses Szenario [der Verknüpfung beider Konstrukte] sah die polnische Bevölkerung als Opfer kommunistischer Mächte, während die Juden sich mit der ungeliebten kommunistischen Staatsführung verbünden und die polnische Nation unterwandern würden. ›Der Jude‹, der in dieser mythischen Vorstellung die polnische Nation aussaugt und sie ihrer Lebensfähigkeit beraubt, dient zur Betonung der Differenzen, weil die Opfer durch die Hände Andersgläubiger sterben.« Ebd., S. 84.

46 Jan Tomasz Gross: Fear. Anti-Semitism in Poland after Auschwitz. An Essay in Historical Interpretation. New York 2006, S. 259 f.

47 Vgl. Janicka: Mord rytualny z aryjskiego paragrafu [Mord gemäß Arierparagraph] (wie Anm. 12), S. 474.

handlungsleitend wirkte. Es gehört zu den Einsichten der soziologischen Forschung, dass von einer politischen Einstellung nicht automatisch auf eine politische Handlung geschlossen werden kann.[48] Die Täterinnen und Täter antisemitischer Gewalt nach der Shoah handelten im Rahmen einer antisemitischen Konsensfiktion,[49] der zufolge Jüdinnen und Juden nicht gleichberechtigte Bürgerinnen und Bürger des neuen polnischen Staates sein sollten.

Die »eigentümliche Vermischung« der beiden Vorstellungen »żydokomuna« und Ritualmord symbolisiere, so Eva Reder, »die Neugestaltung des polnischen Staates und dessen [angebliche] Unterwerfung durch die Sowjetunion, also die Installierung des kommunistischen Systems und die Darstellung der Juden als *master minds* und Profiteure dieser Entwicklung.«[50] Die »Vermischung« findet sich in den Reaktionen der katholischen Kirche auf den Pogrom von Kielce. So erklärte der Primas von Polen, Kardinal August Hlond, »der Verlauf der unglückseligen und bedauernswerten Ereignisse in Kielce« zeige, dass »man sie nicht Rassismus zuschreiben könne«. Mit keinem Wort wird erwähnt, dass die Opfer des Pogroms Jüdinnen und Juden waren. Hlond betonte stattdessen, dass »viele Juden ihr Leben Polen und polnischen Priestern verdanken«.[51] Die Verantwortung für die Verschlechterung der angeblich guten Beziehungen, die Polinnen und Polen zuvor zu »den Juden« unterhalten hätten, schrieb er den Letztgenannten zu, »die führende Positionen in staatlichen Positionen einnehmen und danach streben, den Polen ein System zu oktroyieren, das die Mehrheit der Nation nicht will«.[52] Bischof Czesław Kaczmarek äußerte sich nach dem Pogrom von Kielce ebenfalls ganz im Sinne des antisemitischen Mythos der »żydokomuna«. In seinem Bericht an den amerikanischen Botschafter in Polen zum Kielce-Pogrom rechtfertigte Kaczmarek den Hass auf Jüdinnen und Juden. Er behauptet darin, Polinnen und Polen seien 1943, nach den Massentötungen der jüdischen Bevölkerung durch die Nazis in Kielce, nicht von Feindschaft gegenüber Jüdinnen und

48 Vgl. Richard LaPierre: Attitudes vs. Actions. In: *Social Forces* 13 (1934), 1, S. 230–237.

49 Der Soziologe Stefan Kühl verwendet diesen Begriff Niklas Luhmanns in seiner Studie über die Männer, die im Rahmen von Organisationen den »Holocaust by bullets« (Patrick Debois) durchführten. Vgl. Stefan Kühl: Ganz normale Organisationen. Zur Soziologie des Holocaust. Berlin 2014, S. 102. Vgl. auch: Katrin Stoll: Vernichtungswissenschaft. Zur Erforschung der nationalsozialistischen Vernichtungslager der »Aktion Reinhardt« durch die Zentrale Jüdische Historische Kommission, 1944–1947. In: Stephan Lehnstaedt/Robert Traba (Hrsg.): Die »Aktion Reinhardt«. Geschichte und Gedenken. Berlin 2019, S. 161–181, hier S. 177.

50 Reder: Antijüdische Pogrome (wie Anm. 14), S. 11 (Hervorhebung im Original).

51 Zit. nach Keff: Antysemityzm [Antisemitismus] (wie Anm. 2), S. 201.

52 Ebd., S. 201.

Juden erfüllt gewesen. Alle hätten Mitgefühl für sie empfunden, viele seien von Polinnen und Polen gerettet worden und ohne polnische Hilfe hätte niemand von ihnen überlebt. So sei es 1944 und bis Anfang 1945 gewesen. Die Situation habe sich erst mit dem Einmarsch der Roten Armee gründlich geändert. Der Hass auf Jüdinnen und Juden habe sich seitdem entwickelt und die breite Masse der polnischen Gesellschaft erfasst. Überall, auch in Kielce, seien »die Juden« »unbeliebt« und sogar auf dem gesamten Territorium Polens »verhasst«.[53] Es gebe, so der Bischof in seinem Bericht, »eine Abneigung gegenüber Juden«, weil sie »die Hauptbefürworter des kommunistischen Systems« seien, »das die polnische Nation nicht« wolle, »das ihr mit Gewalt aufoktroyiert« werde, »gegen ihren Willen«. Die antisemitische Denkstruktur der Verschwörung manifestierte sich bei Kaczmarek in der Erscheinungsform der »żydokomuna« und dem Phantasma jüdischer Macht und Herrschaft im In- und Ausland:

> Jeder Jude hat ferner eine gute Stelle oder unbeschränkte Möglichkeiten und Erleichterungen im Handel und in der Industrie, die Ministerien sind voll von Juden, in ausländischen Einrichtungen, in Ämtern, im Militär und das überall in Hauptpositionen, in grundlegenden und führenden [Positionen]. Sie lenken die Regierungspresse, sie haben die heute in Polen strenge Zensur in der Hand, sie leiten den Sicherheitsapparat und führen Verhaftungen durch.[54]

Sich des Musters der Täter-Opfer-Umkehr bedienend, gab er »den Juden« die Schuld an der Gewalt: »[D]ie Juden selbst tragen den Löwenanteil der Verantwortung für den Hass, der sie umgibt«.[55] Indem Kaczmarek die Quelle des Hasses in »den Juden« und ihrem Verhalten verortete, entlarvte er sich als Antisemit. Judenfeindschaft hat in Wirklichkeit nichts mit dem Verhalten von Jüdinnen und Juden zu tun, sondern ist einzig und allein ein Produkt der Vorstellung über sie in den Köpfen von Antisemitinnen und Antisemiten. Dass Jüdinnen und Juden »an Kindern den Ritualmord begehen«, markierte Kaczmarek weder als antisemitische Semantik noch verwies er den Ritualmordvorwurf ins Reich der Legenden. Im Gegenteil: Er nährte in seinem Bericht weiter den Glauben daran und an ähnliche Hirngespinste. So hätten Menschen aus dem Milieu der Intelligenz (poln.: inteligencja) ihn darüber informiert, »dass Juden Bluttransfusionen an

53 Nr. 22: Raport biskupa kieleckiego Czesława Kaczmarka przekazany ambasadorowi USA w Warszawie Arthurowi Bliss Lane'owi [Bericht des Kielcer Bischofs Czesław Kaczmarek, dem Botschafter der USA in Warschau, Arthur Bliss Lane, übermittelt]. In: Łukasz Kamiński/Jan Żaryn (Hrsg.): Wokół pogromu kieleckiego [Rund um den Kielce-Pogrom]. Bd. 1. Warschau 2006, S. 185–201 hier S. 186.

54 Ebd., S. 186.

55 Ebd., S. 187.

Kindern durchführen und die Opfer, denen sie Blut entnommen haben, ermorden«.[56] Das antisemitische Bild »des Juden« als Blutsauger,[57] das Kaczmarek hier heraufbeschwor, macht deutlich, dass Antisemitismus »auf falscher Projektion«[58] beruht. Die katholische Kirche sprach Kaczmarek von jeglicher Verantwortung für den Ritualmordvorwurf und für seine Verbreitung frei. Während der Vatikan das polnische Episkopat aufforderte, den Pogrom in Kielce zu verurteilen, weigerte sich der polnische Kardinal Hlond in einem Brief vom 27. November 1946 an Domenico Tardini, Mitarbeiter im Staatssekretariat bei Papst Pius XII., dieser Aufforderung nachzukommen. Ania Switzer analysiert die antisemische Semantik des vierseitigen Briefes in ihrer kürzlich vorgelegten Dissertation, in der sie die diskursiven Legitimierungsstrategien der antisemischen Gewalt durch die katholische Kirche in Polen untersucht.[59]

Nachdem elf Personen wegen ihrer Beteiligung an dem Pogrom von Kielce am 11. Juli 1946 vom Obersten Militärgericht verurteilt worden waren – acht zum Tode und eine Person zu einer lebenslänglichen Freiheitsstrafe, zwei zu zehn bzw. sieben Jahren Gefängnis[60] –, kam es als Akt der Solidaritätsbekundung mit den Verurteilten in Fabriken, darunter in Łódź, zu Streiks.[61] Auf einer Versammlung

---

56 Ebd., S. 187.

57 Hans-Joachim Hahn schreibt zu diesem antisemitischen Topos: »Die seit dem 18. Jahrhundert in der Volksliteratur verschiedener Sprachen präsente Figur des blutsaugenden Vampirs dient seither zur denunziatorischen Markierung von Jüdinnen und Juden, denen so kollektiv der Vorwurf des – materiellen, kulturellen oder in der ›Rassenkunde‹ biologistisch den ›Volkskörper‹ betreffenden – Ausblutens nationaler Kollektive gemacht wird.« Hans-Joachim Hahn: Poetische Gerechtigkeit. In: Ders./Olaf Kistenmacher (Hrsg.): Beschreibungsversuche der Judenfeindschaft II. Antisemitismus in Text und Bild – zwischen Kritik, Reflexion und Ambivalenz. Oldenburg 2019, S. 51–82, hier S. 79. Ausführlich zu antisemitischen Blutphantasmen siehe Joanna Tokarska-Bakir: Legendy o krwi. Antropologia przesądu [Legenden vom Blut. Anthropologie eines Vorurteils]. Warschau 2008; Joanna Tokarska-Bakir: The Figure of the Bloodsucker in Polish Religious, National and Left-Wing Discourse, 1945–1946. In: Dies.: Pogrom Cries – Essays on Polish-Jewish History, 1939–1946. Frankfurt am Main 2017, S. 173–219.

58 Dialektik der Aufklärung. In: Max Horkheimer: Gesammelte Schriften. Bd. 5: Dialektik der Aufklärung und Schriften 1940–1950. Frankfurt am Main 1987 (Erstveröffentlichung 1944), S. 16–290, hier S. 217. Nicht Jüdinnen und Juden, sondern Katholikinnen und Katholiken haben eine Obsession mit Blut: die sogenannten Transsubstantiationslehre der katholischen Kirche geht von der Wesensverwandlung von Brot und Wein zu Fleisch und Blut Christi aus.

59 Vgl. Anna Maria Switzer: Jews in Catholic discourse in communist Poland 1944–1968, thesis submitted in partial fulfilment of the requirements of the Degree of Doctor of Philosophy in the University of London 2019, S. 293 ff.

60 Sauerland: Polen und Juden (wie Anm. 28), S. 148.

61 Vgl. Lipiec 1946 r. Warszawa. Raporty agentów Urzędu Bezpieczeństwa do centrali dotyczące nastrojów społecznych w Kaliszu, Dęblinie i Łodzi [Juli 1946 in Warschau. Berichte der Agenten

in Dęblin, welche die Polnische Arbeiterpartei (poln.: Polska Partia Robotnicza, PPR) zum Zweck der Verurteilung des Kielce-Pogroms einberufen hatte, riefen die versammelten Arbeiterinnen und Arbeiter: »Wir wollen Demokratie, aber ohne Juden.«[62] Die polnischen Bischöfe verbreiteten unterdessen, wie am Beispiel Kaczmarek gezeigt, noch im Jahr 1946 die Ritualmordlegende[63] sowie Namen angeblicher Opfer jüdischer Grausamkeiten, anstatt die andauernde antisemitische Gewalt zu verurteilen und zu erklären, dass die Anschuldigungen des Ritualmords falsch waren.

(Symbolische oder physische) Gewalt gegen Jüdinnen und Juden ausübend, reagieren Antisemitinnen und Antisemiten auf ihr eigenes Bild des »Juden«, das sie selbst in ihren Köpfen konstruiert haben und das in ihrer Kultur zirkuliert. Antisemitinnen und Antisemiten, die Jüdinnen und Juden angreifen, attackieren also im Grunde genommen, wie Slavoj Žižek betont, ein ideologisches Phantasma.[64]

Zusammenfassend lässt sich festhalten: Der Antisemitismus, der vor der deutschen Besatzung ein integraler Bestandteil der polnischen Kultur gewesen war,[65] wurde nach der Shoah in Polen nicht schwächer,[66] sondern stellte weiterhin eine akzeptierte Weltwahrnehmung und eine legitime soziale Praxis dar: »[K]eine politische Orientierung oder soziale Schicht [war] gegen den Antisemitismus resistent«, bemerkt die Historikerin Agnieszka Pufelska über den Antisemitismus der

---

des Sicherheitsamtes an die Zentrale betreffend die gesellschaftlichen Stimmungen in Kalisz, Dęblin und Łódź]. In: Cała/Datner (Hrsg.): Dzieje Żydów w Polsce [Geschichte der Juden in Polen] (wie Anm. 1), S. 70 ff.

62 Ebd., S. 71.

63 Dies betont Bożena Keff mit Verweis auf Joanna Tokarska-Bakir. Vgl. Keff: Antysemityzm [Antisemitismus] (wie Anm. 2), S. 202.

64 Slavoj Žižek: Violence. Six sideway reflections. London 2008, S. 67.

65 Die polnische Literaturwissenschaftlerin Maria Janion weist in ihren Arbeiten nach, dass »die Gleichsetzung von Polentum und Katholizismus den Kern der polnischen nationalen Idee« bildet und der Antisemitismus ein integraler Bestandteil des polnischen Kulturparadigmas ist. Zu Beginn des 19. Jahrhunderts bildeten sich in Polen, so Janion, »antisemitische Einstellungen heraus, die zuweilen eliminatorische Ideen enthielten«. Sie betont, dass »eliminatorisch« »nicht unbedingt das Töten« einschließe, »auf jeden Fall aber den Wunsch, die Juden und ihren tatsächlichen oder imaginierten Einfluss auf diese oder jene Weise auszuschalten«. Vgl. Janion: Der Gründungsmythos des polnischen Antisemitismus (wie Anm. 24), hier S. 285 f.

66 Mit dieser Feststellung beginnt ein Essay des Dichters Mieczysław Jastrun (1903–1983), der am 17. Juni 1945 unter dem Titel *Potęga ciemnoty (dt.: Die Macht der Unaufgeklärtheit)* in der Wochenzeitschrift *Odrodzenie (dt.: Wiedergeburt)* in Kraków erschien. Eine englische Übersetzung des Textes findet sich in Michnik/Marczyk (Hrsg.): Against anti-semitism (wie Anm. 26), S. 85–92. Er beginnt mit den Worten: »Antisemitism, which was already deeply rooted in Poland before the war, has not weakened – despite the murder of over three million Jews and people designated as Jews by the Nazi inquisition. In the realm of morality, this fact is no less horrible than that of the mass-scale Nazi crime.« Ebd., S. 86.

unmittelbaren Nachkriegszeit.[67] Zu diesem Schluss kamen bereits linke Schriftstellerinnen und Schriftsteller und Publizistinnen und Publizisten in Polen, deren Texte zum Antisemitismus in den Jahren 1944 bis 1946 erschienen und die kürzlich von der Historikerin und Soziologin Helena Datner analysiert worden sind.[68] Ihr Fazit lautet: Der Antisemitismus »ist [in Polen] eine soziale Norm«,[69] die, so ließe sich ergänzen, sowohl von den Herrschenden als auch den Beherrschten geteilt wird. Noch deutlicher wird Elżbieta Janicka. Bezugnehmend auf Shulamit Volkov, der zufolge der Antisemitismus Ende des 19. Jahrhunderts im Kaiserreich »ein kultureller Code«[70] geworden sei, bezeichnet Janicka die polnische Kultur der Mehrheit als »eine strukturell antisemitische Kultur«.[71] Der lokale Kontext der Shoah in Polen unter deutscher Besatzung sei dominiert gewesen vom Antisemitismus als eine »Erscheinung [von] langer Dauer: als kulturelles Muster [poln.: wzór kultury] – als ein Ensemble der Vorstellungen und der Diskurse, kultureller Texte und gesellschaftlicher Praktiken«.[72] Der Antisemitismus als solcher habe »nicht nur Gewalt und Ausschluss« verursacht, sondern auch »deren Integration innerhalb der Vorstellungen über die Ordnung der Welt«. Zugleich habe er »Mitgefühl für die Opfer delegitimiert«: »Mitgefühl für die Opfer wurde als

---

67 Agnieszka Pufelska: Die »Judäo-Kommune«. Ein Feindbild in Polen. Paderborn 2007, S. 202.

68 Helena Datner: Tuż po wojnie napisali już wszystko. Radykalni publicyści i pisarze o antysemityzmie [Unmittelbar nach dem Krieg schrieben sie schon alles. Radikale Publizisten und Schriftsteller über den Antisemitismus]. In: Marylia Hopfinger/Tomasz Żukowski (Hrsg.): Lata czterdzieste. Początki polskiej narracji o Zagładzie [Die vierziger Jahre. Die Anfänge der polnischen Erzählung über die Vernichtung]. Warschau 2018, S. 251–287, hier S. 274. Aus der Sicht linker Autoren sei, so Helena Datner, das »Pogrompotential« nach dem Krieg »enorm« gewesen. Bei der »antisemitischen Menge« habe es sich nach Einschätzung der Autoren nicht um »den Abschaum der Gesellschaft« (poln.: męty społeczne) gehandelt.

69 Datner: Tuż po wojnie napisali już wszystko [Unmittelbar nach dem Krieg schrieben sie schon alles] (wie Anm. 68), S. 255.

70 Shulamit Volkov: Antisemitism as a Cultural Code. Reflections on the History and Historiography of Antisemitism in Imperial Germany. In: *The Leo Baeck Institute Year Book* 23 (1978), S. 25–46, hier S. 34.

71 Elżbieta Janicka: Obserwatorzy uczestniczący i inne kategorie. O nowy paradygmat opisu polskiego kontekstu Zagłady [Teilnehmende Beobachter und andere Kategorien. Über ein neues Paradigma der Beschreibung des polnischen Kontextes der Vernichtung]. In: Agnieszka Dauksza/Karolina Koprowska (Hrsg.): Świadek: jak się staje, czym jest? [Zeuge: wie wird man einer, was zeichnet ihn aus?]. Warschau 2019, S. 32–60, hier S. 43.

72 Ebd., S. 43. Siehe auch Elżbieta Janicka: Obserwatorzy uczestniczący zamiast świadków i rama zamiast obrzeży. O nowe kategorie opisu polskiego kontekstu Zagłady [Teilnehmende Beobachter anstatt Zeugen und Rahmen anstatt Rand. Über neue Kategorien der Beschreibung des polnischen Kontextes der Vernichtung]. In: *Teksty Drugie* 18 (2018), S. 131–141, hier S. 140.

Bedrohung für die Gemeinschaft und ihre Kohärenz wahrgenommen«.[73] Diese vorgestellte Gemeinschaft fußte auf einem ethnischen Konzept von Zugehörigkeit, nicht auf einem staatsbürgerlichen Konzept.

## 2. Die Eingebundenheit in die Shoah durch Anwesenheit und Beobachtung und die Abwehr dieser Erfahrung nach der Shoah

»Die Ermordung der Juden« habe »keine Erschütterung in der dominanten Strömung der polnischen Mehrheitserzählung« bewirkt, schreibt Elżbieta Janicka.[74] Während die Nationalsozialistinnen und Nationalsozialisten die Jüdinnen und Juden aus der Gruppe der Menschheit ausschlossen und als tödliche Gefahr für den »Volkskörper« und die ganze Welt imaginierten, schlossen der polnische Untergrundstaat[75] und ein Großteil der nichtjüdischen Mehrheitsgesellschaft in Polen sie aus ihrer vorgestellten nationalen Gemeinschaft aus. Anna Bikont spricht mit Bezug auf die Situation außerhalb der Ghettos von einem »polnisch-jüdischen« Krieg und einem »polnisch-polnischen« Krieg:

> Wer hilft ihnen [den Jüdinnen und Juden]? Wer liefert sie [den Deutschen] aus? Außerhalb des Ghettos ist das jüdische Schicksal zum großen Teil in polnischen Händen. Es finden ein polnisch-jüdischer und ein polnisch-polnischer Krieg statt. Eine Denunziation, die das Einschreiten der Deutschen verursacht, bedeutet nicht nur den Tod für diejenigen, die sich verstecken, sondern kann auch den Tod für diejenigen bedeuten, die helfen. Die Deutschen sind eher nicht imstande, Juden zu erkennen. [...] Wenn sich das Schicksal der sich in der Stadt

---

73 Ebd., S. 140 und Janicka: Obserwatorzy uczestniczący i inne kategorie [Teilnehmende Beobachter und andere Kategorien] (wie Anm. 71), S. 43.

74 Elżbieta Janicka: Świadkowie własnej sprawie. Polska narracja dominująca wobec Zagłady na przykładzie tekstu Marii Kann *Na oczach świata* (1943) [Zeugen der eigenen Sache. Die polnische dominante Erzählung angesichts der Vernichtung am Beispiel des Textes von Maria Kann *Vor den Augen der Welt* (1943)]. In: Hopfinger/Żukowski (Hrsg.): Lata czterdzieste [Die vierziger Jahre] (wie Anm. 68), S. 117–213, hier S. 117.

75 In den Worten des Historikers Michael Steinlauf: »The Polish underground was involved in various political, social welfare, and military activities. But for all its exemplary democratic structure and its exalted national mission, or perhaps more accurately, because of them, the ›underground state‹ was essentially for Poles only. [...] Its powerful bond to the community it defended was based on culture and blood, not citizenship, and its intimacy implied its mirroring of popular attitudes, including those about the Jews.« Michael Steinlauf: Bondage to the Dead. Poland and the Memory of the Holocaust. Syracuse 1997, S. 37.

> Versteckenden zwischen denen, die halfen und den *szmalcownicy,* den Erpressern, entschieden hätte, wäre es nicht so tragisch gewesen. Aber zwischen ihnen dehnt sich eine Grauzone aus, und diese bewirkt, dass die Überlebenschancen so verschwindend gering sind. In dieser Grauzone sind Menschen in den Straßenbahnen und auf der Straße, sind Bewohner von Mietshäusern, die nach nichtarischen Zügen Ausschau halten, Vermieter, die Wohnungen an Juden vermieten und dafür Unsummen verlangen.[76]

Kurzum: Die Verfolgung und Ermordung der jüdischen Bevölkerung spielte sich vor den Augen der christlichen Mehrheit ab. Sie war durch ihre Rolle als »teilnehmender Beobachter«[77] in den Völkermord eingebunden,[78] und zwar von Beginn der deutschen Okkupation an, wie Elżbieta Janicka betont.[79] Dazu zählt sie eine permanente Tätigkeit, die – sensu stricto – nicht als Tätigkeit angesehen wird: »die sogenannte passive Anwesenheit nichtjüdischer Beobachter, zum Beispiel die die Abtransporte [in die NS-Vernichtungslager] begleitenden Spaliere und das Ritual des Erkennens eines Juden [poln.: rozpoznawania Żyda] in Bezug auf diejenigen, die versuchen, auf der sogenannten arischen Seite zu überleben«.[80] Der »teilnehmende Beobachter« habe sich der Macht des Sehens bedient. Er »rief den Erblickten/die Erblickte zum Judentum auf, so wie man zur Ordnung aufruft«.[81] Janicka spricht in diesem Zusammenhang von »der Produktion des Juden«, die dergestalt funktioniere, dass »auf den Einzelnen das Phantasma des Juden«[82] gelegt worden sei – wie eine Schablone, so ließe sich ergänzen, durch die

76 Anna Bikont: Sendlerowa w ukryciu [Sendlerowa im Versteck]. Wołowiec 2017, S. 209 (Hervorhebung im Original).

77 Janicka: Obserwatorzy uczestniczący zamiast świadków [Teilnehmende Beobachter anstatt Zeugen] (wie Anm. 72), S. 131–147.

78 Janicka schlägt zur Bezeichnung »des polnischen Kontextes«, d. h. zur Bezeichnung der Situation, die von der nichtjüdischen Bevölkerung während der Shoah produziert wurde, den Begriff »Rahmen« vor. Siehe ebd., S. 137. Henryk Grynberg, der den Holocaust mit seiner Mutter auf der sogenannten arischen Seite überlebte, schreibt zum Begriff des »bystander«: »[...] contrary to what has often been written, there were hardly any passive bystanders during the Holocaust. There was no such possibility. Whoever looked, participated, if even by a glance.« Henryk Grynberg: Polish Literature: An Eye-Witness to the Holocaust. In: *Kultura Współczesna* 38 (2003), 4, S. 149. Siehe auch Henryk Grynberg: Holocaust w literaturze polskiej [Der Holocaust in der polnischen Literatur]. In: Henryk Grynberg: Prawda nieartystyczna [Nicht-künstlerische Wahrheit]. Wołowiec 2002, S. 89–113.

79 Janicka: Obserwatorzy uczestniczący i inne kategorie [Teilnehmende Beobachter und andere Kategorien] (wie Anm. 71), S. 32–60, hier S. 39.

80 Ebd., S. 39.

81 Janicka: Obserwatorzy uczestniczący zamiast świadków [Teilnehmende Beobachter anstatt Zeugen] (wie Anm. 72), S. 141.

82 Ebd., S. 141.

man nicht mehr den einzelnen Menschen sieht, sondern die antisemitische Figur »des Juden«. Dieses gesellschaftliche Szenario bezeichnet Janicka als »kulturelles Muster« (poln.: wzór kultury). Bezugnehmend auf Michel Foucaults *Überwachen und Strafen* und das Konzept panoptischer Gefängnisarchitektur, »in der Sichtbarkeit eine Falle«[83] ist, beschreibt Janicka das deutschbesetzte Polen als »panoptische Wirklichkeit«.[84] Das Problem der permanenten Sichtbarkeit der polnischen Jüdinnen und Juden und ihre Identifizierung als »Juden« durch die Blicke und das Verhalten der Mehrheitsgesellschaft wird in dem 1949 erschienenen Roman *Samson* von Kazimierz Brandys thematisiert.[85] Der Schriftsteller Henryk Grynberg, der den Holocaust als Kind mit seiner Mutter auf der sogenannten arischen Seite überlebte, beschreibt, was das für ihn und seine Mutter im Alltag bedeutete: »Mama musste Acht geben. Auf jede Geste und jedes Wort.«[86] Bei jeder Geste und jedem Wort bestand die Gefahr, dass diese von den Nachbarinnen und Nachbarn als »jüdisch« klassifiziert wurden. Eine Klassifizierung als »Jude« war für die Klassifizierten mit tödlichen Gefahren verbunden. Janicka beschreibt den Prozess, der sich unter deutscher Besatzung in Polen abspielte, als »working towards the Holocaust«.[87] In zahlreichen jüdischen Zeugnissen aus der Zeit der deutschen Besatzung wird dargestellt, wie die deutsche Besatzungsmacht und die polnische Mehrheit eine Situation ohne Ausweg für die jüdische Minderheit schufen. Calel Perechodnik, der während des Krieges Zeugnis über die Verfolgung und Ermordung jüdischer Männer, Frauen und Kinder von Otwock bei Warschau ablegte, nannte zwei Gründe dafür, warum die jüdische Bevölkerung in Otwock das Ghetto nicht verließ: Einerseits habe die Gendarmerie den Jüdinnen

83 Foucault schreibt zur Neuorganisierung der Strafe und der Disziplinierung der Gefangenen im 19. Jahrhundert: »Das Prinzip des Kerkers wird umgekehrt, genauer gesagt: von seinen drei Funktionen – einsperren, verdunkeln und verbergen – wird nur die erste erhalten [...]. Das volle Licht und der Blick des Aufsehers erfassen besser als das Dunkel, das auch schützte. Die Sichtbarkeit ist eine Falle.« MICHEL FOUCAULT: Überwachen und Strafen. Die Geburt des Gefängnisses. Frankfurt am Main 1977, S. 257.

84 JANICKA: Obserwatorzy uczestniczący zamiast świadków [Teilnehmende Beobachter anstatt Zeugen] (wie Anm. 72), S. 141.

85 Siehe KAZIMIERZ BRANDYS: Samson. Kraków 1949. Der Roman wurde 1961 von Andrzej Wajda unter dem gleichnamigen Titel verfilmt.

86 GRYNBERG: Żydowska wojna [Der jüdische Krieg] (wie Anm. 19), S. 68.

87 JANICKA: Obserwatorzy uczestniczący i inne kategorie [Teilnehmende Beobachter und andere Kategorien] (wie Anm. 71), S. 46. Sie hat damit einen Begriff Ian Kershaws abgewandelt, der von »working towards the Führer« sprach. Bezugnehmend auf einen Ausdruck des Staatssekretärs Werner Wilkens im Landwirtschaftsministerium im Februar 1934 schlug Kershaw diese Wendung zur Charakterisierung der Funktionsweise des NS-Staates vor. Siehe IAN KERSHAW: ›Working towards the Fuhrer‹. Reflections on the Nature of the Nazi Dictatorship. In: *Contemporary European History* 2 (1993), S. 103–118.

und Juden die Überzeugung eingetrichtert, dass das Verlassen des Ghettos gleichbedeutend mit dem Todesurteil sei, andererseits bestand die »panische Angst vor den Polen«, d. h. die Angst davor, dass Polinnen und Polen Jüdinnen und Juden im polnischen Teil der Stadt ausrauben und der Gendarmerie übergeben würden. Perechodnik fügt hinzu: »Vor der Gendarmerie konnte man sich verstecken, sie meiden, letztlich gibt es nicht so viele von ihnen auf den Straßen, aber wie sich vor den Polen verstecken, die doch mit Leichtigkeit Juden von Polen unterscheiden.«[88]

Die Erfahrung der Eingebundenheit in die Shoah durch Anwesenheit und Beobachtung wurde seit den 1940er Jahren von der polnischen Mehrheitsgesellschaft systematisch verleugnet, wie der Theaterwissenschaftler Grzegorz Niziołek in seinem Buch *Polski teatr Zagłady (dt.: Polnisches Theater der Vernichtung)* gezeigt hat.[89] Während sich in der deutschen Nachkriegsgesellschaft für die Mehrheit der Abwehrmechanismus »Wir haben von nichts gewusst« und für die Täter und »genocidal killers« »Wir wissen nichts von dem, was wir taten« etablierte, also die Täterschaft selbst geleugnet bzw. lediglich einer kleiner Gruppen von Haupttätern (Hitler, Himmler, Heydrich etc.) angelastet wurde, lautete der gängige Abwehrmechanismus in Polen »Nie wiemy, co widzimy«: »Wir wissen nicht, was wir sehen«[90] bzw.: Wir verweigern denjenigen aus der Mitte unserer Gesellschaft, die Opfer eines Völkermordes wurden, unsere Empathie. Im Gegensatz zur deutschen Mehrheitsgesellschaft, welche die Massenmorde nicht mit eigenen Augen ansah – die Deutschen ermordeten die deutschen Jüdinnen und Juden nicht auf den Marktplätzen deutscher Großstädte, sondern in den Wäldern von Riga, Minsk, in Kaunas und an anderen Orten in Osteuropa –, wurden Polinnen und Polen durch die deutschen Besatzerinnen und Besatzer zur Augenzeugenschaft des Holocaust gezwungen. Die Verfolgung und Ermordung war an vielen Orten, insbesondere in den kleineren, sichtbar bzw. ein öffentliches Ereignis. Die Mehrzahl der polnischen Jüdinnen und Juden lebte in Kleinstädten. Insbesondere an diesen Orten führten die Deutschen die Ghettoräumungen in besonders grausamer Weise durch und erschossen viele Jüdinnen und Juden an Ort und Stelle[91] – vor

88 Calek Perechodnik: Spowiedź. W opracowaniu Davida Engla [Beichte. Bearbeitet von David Engel]. Warschau 2011, S. 48.

89 »Das Paradigma der Kultur der Zeugen unterlag unter massivem Druck kollektiver Emotionen, politischer Ideologie und kulturellen Durcharbeitens vieler Verunstaltungen und in der Konsequenz der Verleugnung.« Niziołek: Polski teatr Zagłady [Das polnische Theater der Vernichtung] (wie Anm. 39), S. 53.

90 Ebd., S. 62.

91 Siehe zuletzt Canin: Przez ruiny i zgliszcza [Durch Ruinen und Brandstätten] (wie Anm. 7); Jan Grabowski/Barbara Engelking (Hrsg.): Dalej jest noc. Losy Żydów w wybranych

den Augen nichtjüdischer Polinnen und Polen, die das genozidale Projekt der deutschen Besatzung weitgehend akzeptierten.[92] Die neuere polnische Holocaustforschung hat Emanuel Ringelblums Aussagen aus dem Jahr 1943[93] zur Beteiligung der Organisation der polnischen Polizei an den Deportationen und an der von den Deutschen sogenannten Judenjagd durch unanfechtbare Beweise empirisch bestätigt.[94] Nach der gewaltsamen Auflösung der Ghettos waren die menschenleeren Straßen der »Holocaust Landscape« (Tim Cole) übersät mit all »den toten Dingen«, über die Rachela Auerbach während eines Spaziergangs durch die Straßen des Warschauer Ghettos im September 1942, nach der Deportation von 350.000 jüdischen Männern, Frauen und Kindern in das NS-Vernichtungslager Treblinka, schrieb: »Die Menschen gingen in den Tod, und ihre Dinge auf den Schrott. Oder: die Menschen auf den Schrott und die Dinge auf den Schrott, und von allem, was sich einst Leben nannte, blieb nur ein Düngerberg, Kadaver.«[95]

---

powiatach okupowanej Polski [Es ist weiterhin Nacht. Das Schicksal der Juden in ausgewählten Landkreisen im besetzten Polen]. Warschau 2018.

92 Dies geht aus vielen jüdischen Zeugnissen, die während der Zeit der Shoah und danach entstanden, hervor. So schreibt Calel Perechodnik: »Eins ist sicher. Dass die Deutschen vollkommen spürten, dass die Polen nicht gegen die Ausrottung der Juden sind, ganz im Gegenteil – sie halfen ihnen noch, für den Preis des Erbens der Überreste des jüdischen Vermögens.« PERECHODNIK: Spowiedź [Beichte] (wie Anm. 88), S. 34.

93 In Ringelblums *Stosunki polsko-żydowskie (dt.: Polnisch-jüdische Beziehungen)*, die er in der zweiten Hälfte des Jahres 1943 in seinem Versteck auf der »arischen Seite« in Warschau niederschrieb, heißt es: »The Polish Police, commonly called the Blue or uniformed police in order to avoid using the term ›Polish‹, has played a most lamentable role in the extermination of the Jews in Poland. The uniformed police has been an enthusiastic executor of all the German directions regarding the Jews. The powers of the uniformed police in the sphere of collaborating with the Germans concerning the Jews were as follows: (1) guarding the exit gates of the Ghetto as well as the walls and fences enclosing the Ghettos or the Jewish districts; (2) participating in ›resettlement actions‹ in the capacity of catchers, escorts, etc.; (3) participating in tracking down Jews who were hiding after the ›resettlement actions‹; (4) shooting Jews sentenced to death by the Germans.« JOSEPH KERMISH/SHMUEL KRAKOWSKI (Hrsg.): Emanuel Ringelblum. Polish-Jewish relations during the Second World War. Jerusalem/New York 1976, S. 133 f.

94 Zur Beteiligung der polnischen blauen Polizei (poln.: policja granatowa), die sich überwiegend aus polnischen Vorkriegspolizisten zusammensetzte, bei der »Endlösung« im Kreis Węgrów nordöstlich von Warschau siehe JAN GRABOWSKI: Powiat węgrowski [Der Landkreis Węgrowski]. In: GRABOWSKI/ENGELKING (Hrsg.): Dalej jest noc [Es ist weiterhin Nacht] (wie Anm. 91), S. 383–544, hier S. 500–517. Grabowski kommt zu dem Ergebnis, dass die polnischen Polizisten im Landkreis Węgrów während der dritten Phase des Holocaust, der von den Deutschen sogenannten Judenjagd, ohne deutschen Befehl handelten und eigenmächtig Verhaftungen von Jüdinnen und Juden vornahmen und Exekutionen durchführten. Siehe ebd., S. 516 f.

95 RACHEL AUERBACH: Lament rzeczy martwych [Lamentum der toten Dinge]. In: *Przełom* 2 (1946), 6, S. 6.

Die Realität der Verfolgung und Ermordung der Jüdinnen und Juden führte nicht dazu, dass die traditionellen Vorstellungen, die in der polnischen Kultur über »die Juden« kursierten, modifiziert, geschweige denn revidiert wurden. Die mentalen Strukturen existierten weiterhin und waren weiter wirkmächtig. Als Beleg sei an dieser Stelle ein weiteres Beispiel angeführt: Der Holocaust-Überlebende Michał Głowiński erinnert sich nach vielen Jahren an eine Zugreise, die er Mitte der 1950er Jahre von Warszawa nach Kazimierz unternahm. Seine Mitreisenden, in der Mehrheit Bauern, erzählten ihm, was sie während der deutschen Besatzung gesehen hatten. Eine »alte Frau« habe, so Głowiński, »konkret und bildhaft« vom Holocaust erzählt: »Sie sprach von den Exekutionen auf den Straßen, dem Herauszerren von Menschen aus den Verstecken, von dem Morden an Ort und Stelle, und schließlich vom Abtransport derer, die zurückblieben, vom Abtransport, der von Grausamkeit und Demütigungen begleitet war.«[96] Die Frau erinnerte sich daran, dass Jüdinnen und Juden, die von den Deutschen in die Waggons verladen wurden, die schlimmsten Flüche gegen die Täter ausstießen. Sie beendete ihre Erzählung mit einem Kommentar. Auch 40 Jahre später hatte Głowiński, »die spezifische Intonation« noch »im Ohr«: »Ach, rachsüchtig, rachsüchtig, sind diese Juden.«[97] Głowiński überrascht diese antisemitische Aussage, weil sie nicht zu der Art und Weise, in der die alte Frau zuvor über den Holocaust erzählt hatte, passte:

> Die Erzählerin tat diese Meinung kund, als ob sie vergessen hätte, was sie einen Augenblick zuvor berichtet hatte, als ob sie nicht zur Kenntnis nehmen wollte, in welcher Situation diese schlimmsten Flüche gefallen waren. Und sie selbst wurde geradezu ein anderer Mensch, […] es kam Wut und vielleicht sogar Verachtung zum Vorschein, in dem, was sie sagte, war deutlich das Gefühl der Überlegenheit, das sich dann zeigt, wenn diejenigen über Fremde reden, die sie von Natur aus als schlechter ansehen oder sie einfach geringschätzen.[98]

»Warum«, fragt Głowiński, »fing diese Frau, die Zeugin der schlimmsten Grausamkeiten gewesen war und ihr Mitgefühl für die Opfer nicht versteckte, auch nicht ihre Solidarität mit ihnen, an, sich in einem anderen Ton zu äußern?« Kurzum: Warum schlug die Empathie für die Opfer plötzlich in Empathie für die Täter, für die Deutschen um? Głowiński führt folgende Erklärung an:

---

96 Michał Głowiński: Potęga stereotypu [Die Macht des Stereotyps]. In: Ders.: Magdalenka z razowego chleba [Eine Madeleine aus Schwarzbrot]. Krakau 2001, S. 151–154, hier S. 152.
97 Ebd., S. 153.
98 Ebd., S. 153.

> Die Frau lebte wahrscheinlich gleichzeitig in zwei Welten. Wenn sie sich in der ersten von beiden aufhielt, hatte sie Augen zum Sehen und Ohren zum Hören, also alle Gaben, um ohne Vorurteile das wahrzunehmen, was um sie herum geschah und die angemessenen, auch moralischen Schlüsse zu ziehen; wenn sie zur zweiten Welt überging, übernahm sie unkritisch bestimmte Annahmen, sie fragte nicht, ob sie Sinn machen, sie wusste einfach bestimmte Dinge seit eh und je [...], sie konfrontierte sie nicht mit ihrer eigenen Erfahrung und dem, was sich aus ihren eigenen Beobachtungen ergab.[99]

Głowińskis Erfahrung aus den 1950er Jahren ist emblematisch. Die Wirklichkeit der Shoah ging nicht mit einer Revision der symbolischen Ordnung und einer Hinterfragung der von Generation zu Generation weitergegebenen antisemitischen Konstrukte einher. Es waren, wie bereits erwähnt, lediglich einige linke Autorinnen und Autoren, die sich den Kampf gegen den Antisemitismus auf die Fahnen geschrieben hatten. In den Jahren 1945 und 1946 erschienen in der polnischen Presse einige Artikel und Arbeiten zum Thema des Antisemitismus in Polen,[100] unter anderem von Jerzy Andrzejewski, Kazimierz Brandys, Stanisław Dygat, Mieczysław Jastrun, Tadeusz Breza, Stanisław Ossowski, Stefan Otwinowski und Kazimierz Wyka. Die genannten Autoren waren Augenzeugen des Holocaust und problematisierten und kritisierten die Kontinuität des Antisemitismus. Der Schriftsteller Jerzy Andrzejewski begann seinen Text, der wenige Tage nach dem Pogrom von Kielce erschien, mit den Worten: »Trotz der Kriegserfahrungen ist das Problem des Antisemitismus auch weiterhin aktuell. Der polnische Antisemitismus brannte nicht in den Ruinen und Brandstätten der Ghettos aus.«[101] Seit Ende der 1940er Jahre verschwand das Problem des Antisemitismus in Polen aus dem Blickfeld,[102] aber sein Nährboden wuchs im Zuge des Nationalismus stetig an, bis er sich schließlich »zu einem gewaltigen Reservoir gesellschaftlicher Energie« entwickelte.[103] Es war, als warteten alle nur auf einen politischen Anlass, um aus diesem Reservoir schöpfen und dem Antisemitismus im öffentlichen Raum wieder freien Lauf lassen zu können. Dieser Anlass wurde nach dem Sechstagekrieg im Juni 1967 gefunden.

---

99 Ebd., S. 153.

100 Siehe Jerzy Andrzejewski u. a.: Martwa fala. Zbiór artykułów o antysemityzmie [Tote Welle. Artikelsammlung zum Antisemitismus]. Warschau 1947. Siehe auch Niziołek: Polski teatr Zagłady [Das polnische Theater der Vernichtung] (wie Anm. 39), S. 162.

101 Jerzy Andrzejewski: Zagadnienie polskiego antysemityzmu [Das Problem des polnischen Antisemitismus]. In: Ders. u. a.: Martwa fala [Tote Welle] (wie Anm. 100), S. 21–50, hier S. 21.

102 Siehe Datner: Tuż po wojnie napisali już wszystko [Unmittelbar nach dem Krieg schrieben sie schon alles] (wie Anm. 68), S. 252.

103 Niziołek: Polski teatr Zagłady [Das polnische Theater der Vernichtung] (wie Anm. 39), S. 318.

## 3. Zur antisemitischen Kampagne von 1968

Die antisemitische Kampagne von 1968 zielte darauf ab, den Partei- und Staatsapparat von realen oder imaginierten polnischen Jüdinnen und Juden, die als »Zionisten« diffamiert wurden, zu »säubern«.[104] Während der staatlich gesteuerten antisemitischen Kampagne wurde das Ziel, Jüdinnen und Juden auszuschließen, offen auf Parteiversammlungen zum Ausdruck gebracht.

Sie wurde durch eine Rede des Vorsitzenden der Vereinigten Polnischen Arbeiterpartei (poln.: Polska Zjednoczona Partia Robotnicza, PZPR) Władysław Gomułka am 19. Juni 1967 entfacht.[105] Darin diffamierte er »die polnischen Juden« als Sympathisanten der »Aggression Israels gegen die arabischen Staaten« und als »fünfte Kolonne«. Mit dem Schlagwort der »fünften Kolonne« öffnete Gomułka »der Hetze Tür und Tor«.[106] Gomułkas Worte trieben das politische Milieu der sogenannten Partisanen (Sicherheitsdienstfunktionäre, Parteioffiziere, Parteiaktivistinnen und Parteiaktivisten) um den General, Innenminister und Vorsitzenden des Verbands der Kämpfer für Freiheit und Demokratie (poln.: Związek Bojowników o Wolność i Demokrację, ZBoWid) Mieczysław Moczar an, Listen jüdischer Mitarbeiterinnen und Mitarbeiter und Datensammlungen mit Polinnen und Polen jüdischer Herkunft zu erstellen. Eine staatliche Behörde bestimmte damit die Abstammung als einziges Kriterium für die Fremddefinition »der Juden«. Es kam zu Ausschlüssen aus der Partei und zu Entlassungen, zunächst innerhalb des Militärs und des Sicherheitsdienstes. Diejenigen, die Menschen zu »Juden« machten, sie ausschlossen und entließen, handelten aus

---

104 STEINLAUF: Bondage to the Dead (wie Anm. 75), S. 76. Ausführlich zur antisemitischen Kampagne siehe MARCIN KULA/PIOTR OSĘKA/MARCIN ZAREMBA: Marzec 1968. Trzydzieści lat później. Referaty [März 1968. 30 Jahre später. Referate]. Bd. 1. Warschau 1998; PIOTR OSĘKA: Syjoniści, inspiratorzy, wichrzyciele. Obraz wroga w propagandzie Marca 1968 [Zionisten, Inspiratoren, Aufwiegler. Das Feindbild in der März-Propaganda 1968]. Warschau 1999; DARIUSZ STOLA: Kampania antysyjonistyczna w Polsce 1967–1968 [Die antizionistische Kampagne in Polen 1967–1968]. Warschau 2000; HANS-CHRISTIAN DAHLMANN: Antisemitismus in Polen 1968. Interaktionen zwischen Partei und Gesellschaft. Osnabrück 2013.

105 Piotr Osęka bezeichnet die Rede zu Recht als eine »politische Bombe«. PIOTR OSĘKA: Bunt i czystka. Kryzys polityczny 1968 roku w Polsce [Revolte und Säuberung. Die politische Krise 1968 in Polen]. In: POLIN. MUZEUM HISTORII ŻYDÓW POLSKICH (Hrsg.): Obcy w domu. Wokół Marca '68. Estranged. March '68 and its Aftermath. Warschau 2018, S. 66–83, hier S. 67.

106 HANS-CHRISTIAN DAHLMANN: Die antisemitische Kampagne in Polen 1968. In: *Jahrbücher für die Geschichte Osteuropas* 56 (2008), S. 554–570, hier S. 556. In seiner Rede vom 19. März 1968 teilte Gomułka die polnischen Jüdinnen und Juden in drei Kategorien ein: »Zionisten«, »Kosmopoliten« und »unsere Bürger jüdischer Herkunft«. Er evozierte damit das Bild »des schlechten Juden« bzw. »des guten Juden« (»unsere Bürger jüdischer Herkunft«).

Abb. 2 Kundgebung in Warschau am 1. März 1968 während der antisemitischen Kampagne. Auf dem Plakat rechts steht: »Die Partei von Zionisten reinigen!«

der antisemitischen Überzeugung, Staat und Gesellschaft würden von »den Juden« regiert und gelenkt. Jüdinnen und Juden wurden in der Presse, im Radio, im Fernsehen und am Arbeitsplatz als innerer und äußerer Feind dargestellt, die sich mit Jüdinnen und Juden aus dem Westen, Israel und den »Revisionisten« aus Bonn gegen Polen verschworen hätten.[107] In einem Interview, das im April 1968 in dem Parteizeitungsorgan *Trybuna Ludu* abgedruckt wurde, beschuldigte Moczar »die Juden« in der Leitung der Partei, »die Erinnerung an die nationale Tradition« abzuschwächen, und rief die ehemaligen Kämpfer der Heimatarmee (poln.: Armia Krajowa, AK) und der Volksarme (poln.: Armia Ludowa, AL) und »alle Kombattanten, die für das Vaterland gekämpft und gelitten hatten«, dazu auf, in einer »gemeinsamen Front« zu stehen »gegen die Verleumder, die jetzt immer aktiver eine schändliche antipolnische Kampagne führen«.[108] Mit »den

107 Siehe Agnieszka Skalska: Obraz wroga antysemickich rysunkach prasowych marca '68 [Das Feindbild in antisemitischen Pressezeichnungen des März '68]. Warschau 2007.

108 Feliks Tych: Kilka uwag o Marcu 1968 [Einige Anmerkungen zum März 1968]. In: Tych: Długi cień Zagłady [Der lange Schatten der Vernichtung] (wie Anm. 44), S. 121–136, hier S. 122.

Verleumdern« waren »die Juden« gemeint. Moczar musste sie an dieser Stelle nicht explizit erwähnen, weil die Leserinnen und Leser wussten, wer gemeint war. Im März 1968 sei der Antisemitismus in der Partei »legalisiert« worden, so Feliks Tych. Man habe »jetzt nicht nur offen Antisemit« sein können, »sondern dafür auch noch irgendeine politische, ökonomische Prämie« oder sowohl eine politische als auch eine ökonomische Prämie erhalten können.[109]

Hans-Christian Dahlmann analysiert in seiner Monographie anhand der Ereignisse in zwei Instituten – dem außeruniversitären Kernforschungsinstitut und dem Institut für Physik an der Warschauer Universität –, wie sich die latent vorhandenen und verfügbaren antisemitischen Muster im Zusammenspiel von Partei/Staatsführung und Bevölkerung konkret auswirkten und wie sie von Akteuren der mittleren und unteren Ebenen in Partei und Gesellschaft vorangetrieben wurden. Er sieht in der antisemitischen Kampagne »auch ein gesellschaftliches Aufbegehren gegen die im Kommunismus erlangte Gleichberechtigung der Juden, insbesondere gegen die damit verbundene Präsenz von jüdischen Polen in der politischen Klasse«.[110] Dahlmann weist nach, dass die Kampagne von bestimmten Kräften in der Partei geführt wurde und dass diese Kräfte »dabei von den radikalen Rechten unterstützt wurden«.[111] Zu diesen radikalen Rechten gehörten polnische Vorkriegsfaschisten. Am 11. März 1968 erschien in der Tageszeitung *Słowo Powszechne (dt.: Allgemeines Wort)* der erste Hetzartikel gegen die demonstrierenden Studentinnen und Studenten. Die Zeitung, die eine Auflage von 90.000 Exemplaren hatte,[112] war ein Organ der parteiloyalen PAX-Gruppe Piaseckis. Bolesław Piasecki, Jahrgang 1915, gehörte 1934 zu den Gründern des antisemitischen National-Radikalen Lagers (poln.: Obóz Narodowo-Radykalny, ONR). Nachdem diese Formation drei Monate nach ihrer Gründung verboten worden war, gründeten sich zwei Nachfolgegruppierungen. Eine davon, die ONR-Falanga, wurde von Piasecki angeführt. Piasecki hielt nach dem Zweiten Weltkrieg an seinen rechtsextremen Positionen fest, ging aber ein Bündnis mit der polnischen Arbeiterpartei PZPR ein und »gab die Parole aus, nur gemeinsam könnten die marxistische PZPR und die katholische Gruppe PAX den Sozialismus aufbauen«.[113] Neben Piasecki und anderen Agitatoren, die zur PAX-Gruppe gehörten, trieben der Vorkriegsfaschist und Direktor der Hauptkommission zur

109 Ebd., S. 131.

110 Dahlmann: Antisemitismus in Polen 1968 (wie Anm. 104), S. 379.

111 Ebd., S. 204. Aus den Lageberichten einiger Wojewodschaftspolizeibehörden, die Hans-Christian Dahlmann ausgewertet hat, geht hervor, dass die Basis der politischen Rechten von der antisemitischen Kampagne und den »Säuberungen« begeistert war. Siehe ebd., S. 190.

112 Ebd., S. 33.

113 Ebd., S. 33.

Erforschung der Hitlerverbrechen in Polen Czesław Pilichowski, der gegen das Jüdische Historische Institut[114] hetzte, und die bereits in den 1940er Jahren von polnischen politischen Auschwitz-Häftlingen propagierte und vom Auschwitz-Museum betriebene Dejudaisierung der Shoah[115] im offiziellen Diskurs verankerte, sowie Antisemitinnen und Antisemiten, die während des Zweiten Weltkriegs mit der deutschen Besatzungsmacht zusammengearbeitet hatten, die Kampagne voran. Diese Akteure verkörpern die Kontinuität mentaler Strukturen und die fehlende Aufarbeitung der polnischen Beteiligung am Holocaust.

Während der antisemitischen Kampagne von 1968 wurde eine Kombination aus »Judeo-Polonia« und rassistischem Antisemitismus[116] wirkmächtig. Sich des klassischen antisemitischen Konstrukts der jüdischen Weltverschwörung und einer säkularen Variante des Phantasmas der »Judeo-Polonia« bedienend, wird in dem erwähnten Hetzartikel vom 11. März 1968 im *Słowo Powszechne* behauptet, eine Bande von Juden betreibe im Verbund mit ausländischen Mächten – der Bundesrepublik Deutschland und Israel – und mit den Mitteln des Stalinismus und des Zionismus den Untergang Polens. In dem Artikel werden zudem die Namen der angeblichen Anführer der Protestkundgebung von 1.200 Studentinnen und Studenten am 8. März 1968 auf dem Campus der Warschauer Universität aufgelistet.[117] Sie werden als Kinder von hohen Funktionären identifiziert und als

114 Siehe Stephan Stach: Geschichtsschreibung und politische Vereinnahmungen. Das Jüdische Historische Institut in Warschau 1949–1968. In: *Jahrbuch des Simon-Dubnow-Instituts* 7 (2008), S. 401–431. Siehe dazu auch den Beitrag von Stephan Stach in diesem Band.

115 Siehe Zofia Wóycicka: Arrested Mourning. Memory of the Nazi Camps in Poland, 1944–1950. Translated by Jasper Tilbury. Frankfurt am Main 2013, S. 103. Die Folge war, dass, wie Helena Datner betont, »das jüdische Gedächtnis von Anfang an vom polnischen Gedächtnis verdeckt wurde«. Datner: Epitafium Mordechaja Canina [Mordechaj Canins Epitaphium] (wie Anm. 10), S. 513.

116 Auch verstorbene Jüdinnen und Juden waren Objekt des rassistischen Erfassungswahns im Geiste der Nürnberger Gesetze. So wurde über die Familie Mikhal Dekels – ihr Vater Hannan Teitel überlebte als eines der sogenannten Teheran-Kinder den Holocaust – eine Akte angelegt, die zwischen 1967 und 1971 geführt wurde. Der Vorwurf lautete: »Zionismus«. Ermittelt wurde gegen Hannan Teitels Großvater Michel Teitel – Mikhal Dekels Urgroßvater –, der vor dem Krieg gestorben war, sowie gegen Michel Teitels Bruder Berek Teitel. Siehe Mikhal Dekel: Tehran Children. A Holocaust Refugee Odyssey. New York 2019, S. 197.

117 Den Beginn der sogenannten März-Ereignisse – die Studentenproteste und die antisemitische Kampagne – in Polen 1968 markierte eine Auseinandersetzung um ein Werk des polnischen Dichters Adam Mickiewicz. Während die Machthaber in der Volksrepublik Person und Werk Mickiewicz' huldigten, um ihre Herrschaft zu legitimieren, bezog sich die politische Opposition 1968 auf Mickiewicz, um den Herrschenden die Legitimation abzusprechen und gegen die Politik der PZPR zu protestieren. Nachdem die Parteiführung im Januar 1968 beschlossen hatte, das Nationalepos *Dziady (dt.: Die Ahnenfeier)* vom Spielplan zu nehmen, protestierte eine Gruppe Warschauer Studentinnen und Studenten, darunter die miteinander befreundeten

»Juden« attackiert. Während es in Wahrheit um einen politischen Konflikt ging – die Studentinnen und Studenten hatten durch ihr Handeln auf die politischen Verhältnisse reagiert und strebten danach, diese zu verändern –, versuchten die rechten Wortführer von der Wahrnehmung einer politischen Auseinandersetzung zwischen Regierung und Opposition abzulenken, indem sie das Handeln der Akteure schlicht auf ihre Herkunft zurückführten – Herkunft im Sinne von Abstammung. David Kowalski legt in seiner Studie *Polens letzte Juden. Herkunft und Dissidenz um 1968* ein ganz anderes, nämlich soziologisches Verständnis von Herkunft zugrunde: im Sinne eines spezifischen Milieus und eines spezifischen Erfahrungshintergrunds, das mit einem bestimmten politischen, kulturellen und nationalen Selbstverständnis verbunden gewesen sei und sich »im Handeln der Akteure Geltung verschaffte«.[118] Die Arbeit verfolgt das Ziel, den Zusammenhang zwischen »dem Herkunftsmilieu und der oppositionellen Tätigkeit aufzuzeigen«.[119] Im dritten Kapitel der Arbeit, in dem das jüdische Selbstverständnis der Akteure und ihre Differenz zur polnischen nichtjüdischen Mehrheitsgesellschaft, »die Wiederkehr jüdischer Zugehörigkeit«, die Holocaust-Erfahrung, die sowjetische Erfahrung und der Antisemitismus thematisiert werden, wirft Kowalski folgende zentrale Frage auf: Warum hielt sich »der Kern der Oppositionsbewegung« damit zurück, »den offenkundigen Antisemitismus zu kritisieren und zu skandalisieren«?[120] Hans-Christian Dahlmann hat in seiner Studie nachgewiesen, dass der Antisemitismus für die Studentinnen und Studenten ein Randthema war. Der Antisemitismus werde nur in insgesamt 11 der rund 100 Quellen zum Gegenstand gemacht und verurteilt.[121] Wie lässt sich dieser Befund aus Kowalskis

---

Irena Grudzińska, Jan Gross, Barbara Toruńczyk und Adam Michnik, nach der letzten öffentlichen Aufführung am 30. Januar gegen die Absetzung des Stücks. Sie forderten weitere Vorstellungen, wollten »Mickiewicz' Wahrheit« und »Freiheit ohne Zensur«, legten Blumen in den polnischen Nationalfarben am Mickiewicz-Denkmal nieder und organisierten mit anderen für den 8. März 1968 eine Protestkundgebung an der Warschauer Universität. Etwa 1.200 Studentinnen und Studenten nahmen daran teil. Sie verabschiedeten eine Resolution, in der sie die Absetzung der *Dziady* verurteilten. Am Ende der Demonstration gingen Milizangehörige unter Einsatz von Schlagstöcken gegen die Studentinnen und Studenten vor. Die Polizei nahm einige von ihnen fest. Am 11. März gab es eine weitere Demonstration. Die Herrschenden reagierten auf diese und weitere Kundgebungen in anderen Städten mit der Gewalt des Staatsapparates, das heißt mit Verhaftungen, Zwangsexmatrikulationen, Gefängnisstrafen und der Zwangsverpflichtung zum Militärdienst.

118 David Kowalski: Polens letzte Juden. Herkunft und Dissidenz um 1968. Göttingen 2018, S. 24.

119 Ebd., S. 32.

120 Ebd., S. 155.

121 Dahlmann: Antisemitismus in Polen 1968 (wie Anm. 104), S. 362.

Sicht erklären? »Ein Schlüssel« finde sich, so Kowalski, »in den Biografien der Elterngeneration und der politischen wie auch gesellschaftlichen Sozialisation der späteren Oppositionellen«.[122] Den Antisemitismus als Teil der polnischen Kultur wahrzunehmen und anzuerkennen, »hätte das Eingeständnis mit sich gebracht, dass die Hoffnungen in das politische System fehlgeleitet waren«. Anders formuliert: »Eine stärkere Erwiderung auf den Antisemitismus wäre, folgt man dieser Logik, einer Rücknahme der von den Eltern vollzogenen Polonisierung gleichgekommen«.[123] Die langfristigen Folgen der fehlenden Bekämpfung des Antisemitismus als Problem der polnischen Kultur und Gesellschaft (nicht allein vonseiten der Oppositionellen, sondern auch von staatlicher Seite) traten nach 1989 zutage und sind bis heute sichtbar. »Es ist nicht einmal versucht worden, [jemanden] für die schlimmste rassistische Verfolgung seit Hitlers Drittem Reich zur Verantwortung zu ziehen.«[124]

Infolge der antisemitischen Kampagne emigrierten in den Jahren 1968 bis 1971 bis zu 15.000 polnische Jüdinnen und Juden bzw. Menschen, die von den Machthabern und den polnischen Behörden zu »Juden« gemacht und im Zusammenspiel von Staat und Gesellschaft ihrer Arbeit, ihrer Wohnungen und ihres Besitzes beraubt worden waren. Unabhängig von der Selbstidentifikation handelte es sich bei allen um Holocaust-Überlebende, denen die Mehrheit der polnischen Bevölkerung um 1968 keine Solidarität entgegenbrachte.[125] Sabina Baral, die Polen zusammen mit ihren Eltern verließ, beschreibt in ihren Erinnerungen, dass die staatliche antisemitische Kampagne bei Vielen in der polnischen Gesellschaft auf fruchtbaren Boden fiel. Das Programm der Machthaber habe viele Überzeugte und Ausführende gefunden. Zu den Reaktionen auf die Ausreise ihrer und anderer Familien schreibt sie:

> Einigen tat es vielleicht leid und einige haben sich geschämt, die, die uns verabschiedeten, kamen öfters verweint vom Bahnhof. Andere zählten ihr Bestechungsgeld und freuten sich über ein neues Hab und Gut, das ehemals Juden gehörte. Aber niemand trat für uns ein.[126]

122 Kowalski: Polens letzte Juden (wie Anm. 118), S. 155.
123 Ebd., S. 193.
124 Henryk Grynberg: Historia polsko-żydowska [Polnisch-jüdische Geschichte]. In: Ders.: Monolog polsko-żydowski [Polnisch-jüdischer Monolog]. Wołowiec 2003, S. 7–41, hier S. 34.
125 Siehe Tych: Kilka uwag o Marca 1968 [Einige Anmerkungen zum März 1968] (wie Anm. 108), S. 128.
126 Sabina Baral: Zapiski z wygnania [Aufzeichnungen von der Vertreibung]. Krakau 2015, S. 62.

# Zeugenschaft – Wissenschaft – Musealisierung
# Formen der Auseinandersetzung mit der Shoah

Dagi Knellessen

# Transnationale Zeugenschaft

## Jüdische Überlebende in den ersten Sobibor-Verfahren 1949/1950 in Frankfurt am Main und West-Berlin

Bereits Mitte 1949 wurden in der gerade gegründeten Bundesrepublik die ersten Ermittlungen zu den NS-Massenverbrechen im Vernichtungslager Sobibor ausgelöst, knapp ein Jahr später zwei ehemalige Angehörige der deutschen Wachmannschaft zur Höchststrafe verurteilt. Diese beiden frühen Sobibor-Verfahren sind aufgrund ihrer Urteile, der enorm zügigen Ermittlungsarbeit und des hohen Stellenwerts der jüdischen Zeuginnen und Zeugen in der NS-Aufarbeitungsgeschichte der bundesdeutschen Justiz herausragend. Sie gehören zu den ersten Verfahren in der Bundesrepublik, die den Massenmord an den Jüdinnen und Juden Europas zum Gegenstand hatten und waren in mehrfacher Hinsicht von der »Zwischenzeit« 1949/1950 geprägt.[1] Die Gesetzgebung und Entnazifizierungspolitik der Alliierten wirkten sich noch unmittelbar aus. In West-Berlin kam das Kontrollratsgesetz Nr. 10 (KRG 10) zur Anwendung. In der geteilten Stadt wie in Frankfurt am Main agierten an den entscheidenden Stellen unbelastete, teils deutsch-jüdische Staatsanwälte und Richter, die von den Alliierten eingesetzt oder neu in den Justizdienst zurückberufen worden waren.[2] In beiden Verfahren spielten Sobibor-Überlebende, die noch im Status von Displaced Persons (DPs) in Deutschland lebten oder sich bereits in ihren Zielländern niedergelassen hatten, eine zentrale Rolle; sie agierten dabei über Landesgrenzen hinweg. Die beteiligten Justizjuristinnen und -juristen maßen diesen jüdischen Zeuginnen und Zeugen und ihren Aussagen eine hohe Glaubwürdigkeit bei, die offensichtlich nur eine Schlussfolgerung zuließ: Hier lag ein ungeheures Verbrechen vor, das es aufzuklären und zu verurteilen galt.

---

1 Dan Diner fasst in einem Essay die direkten Nachkriegsjahre bis 1949 mit dem Begriff der »Zwischenzeit«, in der sich als Folge der Katastrophe eine Transformation jüdischer Existenz vollzog. Dan Diner: Zwischenzeit 1945 bis 1949. Über jüdische und andere Konstellationen. In: *Aus Politik und Zeitgeschichte* 16/17 (2015), S. 16–20.

2 In Frankfurt am Main Generalstaatsanwalt Hans-Krafft Kosterlitz. In West-Berlin die leitenden Staatsanwälte Alfred Cantor und Richard Preuss sowie der Vorsitzende Richter des Schwurgerichts Alfred Levy.

Der vorliegende Beitrag beleuchtet am Beispiel der frühen Sobibor-Verfahren, wie sich eine erste Form der transnationalen Zeugenschaft konstituierte, die fortan ein Bestandteil bundesdeutscher Holocaust-Verfahren wurde. Schon kurze Zeit, nachdem die Urteile gefällt und die Verfahren abgeschlossen worden waren, ließ der Wille, die NS-Massenverbrechen konsequent zu ahnden, nach, das strikte Vorgehen gegenüber den NS-Täterinnen und NS-Tätern war nicht mehr durchsetzbar, und die Bedingungen der Zeugenschaft in den westdeutschen Gerichtssälen veränderten sich fundamental.

Die Nachgeschichte der Vernichtungslager der »Aktion Reinhardt« – Belzec, Sobibor und Treblinka – zeichnet sich durch eine dauerhafte, seltsame Abwesenheit aus. Ausgeschlossen von den öffentlichen Wahrnehmungskonjunkturen des Holocaust, unbeachtet in der historischen Forschung, bildeten die reinen NS-Mordstätten im Osten Polens noch bis vor kurzem nicht mehr als einen blinden Fleck.[3] Umso erstaunlicher ist, dass im Jahre 1949, kurz nach der wiedererlangten Unabhängigkeit der westdeutschen Justiz, gleich zwei Verfahren zu NS-Verbrechen in Sobibor eröffnet und nur wenig später zwei Sobibor-Täter verurteilt wurden. In diese beiden frühen Verfahren waren elf Überlebende des Vernichtungslagers involviert und brachten ihre Aussagen ein. Von diesen Zeuginnen und Zeugen, die ursprünglich aus Polen, der Tschechoslowakei und den Niederlanden stammten, waren zu Beginn der Ermittlungen fünf in die USA übergesiedelt, eine Überlebende war in die Niederlande zurückgekehrt. Fünf polnische Jüdinnen und Juden lebten noch als staatenlose DPs in Deutschland und warteten auf ihre Papiere für die Ausreise nach Israel oder Übersee. Im kleinen Maßstab spiegelt sich hier die nach Kriegsende einsetzende Fluchtbewegung von überwiegend polnischen Jüdinnen und Juden in Richtung Westen wider, die zumeist mit einem Zwischenaufenthalt im Nachkriegsdeutschland verbunden war, wo sich in den Jahren 1949/1950 nur noch einige wenige aufhielten.[4]

---

3 Über Jahrzehnte blieb die Publikation Yitzhak Arads das nahezu einzige Grundlagenwerk zu den »Aktion Reinhardt-Lagern«: Yitzhak Arad: Belzec, Sobibor, Treblinka. Indianapolis 1987. Erst jüngst erschienen neuere Studien und Überblicksdarstellungen: Sara Berger: Experten der Vernichtung. Das T4-Reinhardt-Netzwerk in den Lagern Belzec, Sobibor und Treblinka. Hamburg 2013; Annika Wienert: Das Lager vorstellen. Die Architektur der nationalsozialistischen Vernichtungslager. Berlin 2015; Chris Webb: The Sobibor Death Camp. Stuttgart 2017; Stephan Lehnstaedt: Der Kern des Holocaust. Belzec, Sobibór, Treblinka und die Aktion Reinhardt. München 2017; Stephan Lehnstaedt/Robert Traba (Hrsg.): Die »Aktion Reinhardt«. Geschichte und Gedenken. Berlin 2019. Zahlenmäßig weitaus umfangreicher sind die Veröffentlichungen von Überlebenden der drei Todeslager.

4 Angelika Königseder/Juliane Wetzel: Lebensmut im Wartesaal. Die jüdischen DPs (Displaced Persons) im Nachkriegsdeutschland. Frankfurt am Main 1994.

## 1. Initiieren, Anklagen, Bezeugen transnational

Im März 1949 erreichte die Redaktion der deutsch-jüdischen Monatszeitschrift *Aufbau* in New York ein Brief, der mit folgender Passage eröffnet wurde:

> In Ostpolen, nahe Wuodawa/Wlodowa gab es ein Vernichtungslager, wo rund 800.000 Juden aus fast ganz Europa vernichtet wurden. Amtlich hieß es »SS Sonderkommando Sobibor«. Es wurde im ersten Viertel des Jahres 1942 etabliert. Die dahin gebrachten Opfer wurden vergast und verbrannt. Es bestand bis zum 14. Oct. 1943. An diesem Tage kam es zu einem leider nur halbwegs gelungenem [sic] Aufstand. Von den sich darin rund 600 befindlichen Arbeiter-Sklaven konnten leider nur beiläufig 120–150 die Freiheit durch Flucht erreichen.[5]

Der Absender, der hier in wenigen Sätzen recht präzise die Funktion und die Eckdaten des zum damaligen Zeitpunkt noch vollkommen unbekannten nationalsozialistischen Vernichtungslagers Sobibor[6] umrissen hatte, war der in Brno/Brünn geborene tschechische Jude Kurt M. Thomas, der seit 1948 in Pittsburg/USA lebte.[7] Thomas gehörte selbst zu den rund 120–150 jüdischen »Arbeiter-Sklaven«, die dem Todeslager durch den Aufstand der Häftlinge entkommen waren und von denen wiederum nur ca. 60 die Zeit bis zum Kriegsende überlebt hatten. In seinem Brief wies Thomas auf einen SS-Mann namens Johann Klier[8] hin, ein »ausnahmslos gutmütiger Character [sic]«, der in Frankfurt am Main gelebt habe und vermutlich dort zu finden sei. Wenn es gelinge, »durch ihre [gemeint sind die Mitarbeiterinnen und Mitarbeiter des Monatsmagazin

5 Kurt M. Thomas an den Aufbau Verlag, New York, 18.04.1949, HHSTAW Wiesbaden, Abt. 461, Nr. 36346, Bd. 1, Bl. 3. Die von ihm benannte Anzahl der in Sobibor Ermordeten war mit 800.000 zu hoch. Nach heutigem Forschungsstand wurden in Sobibor mindestens 180.000 Jüdinnen und Juden umgebracht. In: LEHNSTAEDT: Kern des Holocaust (wie Anm. 3), S. 84 ff.

6 Im Text wird die eingedeutschte nationalsozialistische Schreibweise Sobibor und nicht die polnisch korrekte Schreibweise Sobibór verwendet.

7 Kurt M. Thomas, geb. als Kurt Ticho 1914 in Brno/Österreich-Ungarn, gest. 2009 in Columbus/USA. Von November 1942 bis zum 14. Oktober 1943 Häftling in Sobibor. 1948 Übersiedlung in die Vereinigten Staaten. Die biographischen Angaben finden sich in KURT TICHO: My Legacy. Holocaust, History and the unfinished Task of Pope John Paul II. Włodawa 2008. Dokument zur Ausreise: Erfassung von befreiten ehemaligen Verfolgten, 3.1.1.3/78795571, ITS Digital Archive, Bad Arolsen.

8 Johann Klier (1901–1955), SS-Unterscharführer. 1940 im Rahmen der »Aktion T4« in Hartheim eingesetzt. Von August 1942 bis Ende 1943 in Sobibor, Aufsicht über die Bäckerei und die Schuhsortierung. Bis zum Kriegsende Partisanenbekämpfung in der Operationszone Adriatisches Küstenland, Triest. Die Stationen sind klassisch für die 121 NS-Täter, die in den drei Vernichtungslagern der »Aktion Reinhardt« – Belzec, Treblinka und Sobibor – am Massenmord beteiligt waren. In: BERGER: Experten der Vernichtung (wie Anm. 3).

*Aufbau,* Anm. d. Verf.] guten Verbindungen, Klier ausfindig zu machen, wäre es nicht mehr so schwer, die anderen Komplizen zu finden«.[9] Der Brief gelangte durch die Vermittlung des deutsch-jüdischen Juristen und stellvertretenden amerikanischen Anklägers in Nürnberg, Robert M. W. Kempner, an die Staatsanwaltschaft in Frankfurt am Main und löste Anfang April 1949 – kurz vor der Gründung der Bundesrepublik – die ersten Ermittlungen zu den Massenverbrechen in Sobibor aus.[10]

Knapp drei Monate später – am 30. Juli 1949 – ereignete sich dann in West-Berlin ein skurriler, doch für die damalige Zeit nicht ungewöhnlicher Zwischenfall. Der polnische Jude und Sobibor-Überlebende Samuel Lerer[11] erkannte auf einer Kirmes in Berlin-Kreuzberg den einstigen SS-Oberscharführer Erich Bauer,[12] der im Lager als »der Gasmann« galt. Lerer erstattete sofort Anzeige auf der nächstgelegenen Polizeiwache. Dort gab er an: Bauer sei in Sobibor »ausschließlich mit Vergasungsarbeiten betraut« gewesen. Er habe persönlich Lerers Angehörigen – seine Eltern, seine Schwester und seinen jüngsten Bruder – vergast. Im KZ sei er als Sadist bekannt gewesen.[13] Als weitere Zeugin, die auch in West-Berlin lebe, gab er die polnische Jüdin und Sobibor-Überlebende Estera Raab[14] an. Bauer wurde noch am selben Abend festgenommen. Es bestand der Verdacht des Verbrechens gegen die Menschlichkeit, der durch den Zeugen hinreichend bekräftigt sei. Angesichts der schweren Tatvorwürfe hielt der Haftrichter die Anwendung

9 Kurt M. Thomas an den Aufbau Verlag, New York, 18.04.1949, HHSTAW Wiesbaden, Abt. 461 Nr. 36346, Bd. 1, S. 4.

10 Schreiben Dr. Aschner, Beauftragter des Hessischen Justizministers, Deutsche Überleitungsabteilung bei der Special Project Division an Kurt M. Thomas in Pittsburgh/USA, Nürnberg, 08.04.1949, HHStA Wiesbaden, Abt. 461, Nr. 36346, Bd. 1, Bl. 5.

11 Samuel Lerer, geb. 1922 in Żółkiewka, Polen, gest. 2016 in Marlboro/USA. Von Mai 1942 bis zum 14. Oktober 1943 Häftling in Sobibor, anschließend u. a. mit Estera Raab im Versteck. Ab Ende 1945 als DP in Deutschland. Im September 1950 Übersiedlung in die Vereinigten Staaten. Dokument zur Ausreise: Nachkriegszeitkartei, 3.1.1.1/68022765, ITS Archives, Bad Arolsen.

12 Erich Bauer (1900–1980), SS-Oberscharführer. 1941 als Fahrer an der »Aktion T4« beteiligt. Von April 1942 bis Ende 1943 Fahrer in Sobibor, zudem in der Mordzone, Lager III und an der Rampe eingesetzt. Bis zum Kriegsende Teilnahme an der Partisanenbekämpfung der SS in der Operationszone Adriatisches Küstenland in Triest und Fiume. In: Berger: Experten der Vernichtung (wie Anm. 3), S. 401.

13 Protokoll der ersten polizeilichen Vernehmung Samuel Lerers am 30.07.1949 in Berlin Kreuzberg, LA Berlin, B Rep. 058, Nr. 2489.

14 Estera Raab, geb. 1922 in Chelm/Polen, gest. 2015 in Vineland/USA. Von Dezember 1942 bis zum 14. Oktober 1943 Häftling in Sobibor. Ab Ende 1945 als DP in Deutschland. Übersiedlung in die Vereinigten Staaten im Dezember 1950. Biographische Angaben in Abe Raab with Carol Cunningham Suplee: 99 Years. The Remarkable Story of Irving Raab. Columbus 2018, S. 169; Emigrationsliste, 3.1.3.2/81752085, ITS Archives, Bad Arolsen.

des alliierten Kontrollratsgesetzes Nr. 10 für angebracht.[15] Einen Tag nach der Festnahme – am 1. August 1949 – machte Estera Raab eine umfassende Aussage. Auch sie gab in ihrer Vernehmung an, dass Bauer die Vergasungsanlage bedient habe, er sei zudem an vorbereitenden Vorgängen zum Massenmord beteiligt gewesen. Außerdem warf sie ihm anhand konkreter Ereignisse vor, teils eigenmächtig, teils gemeinsam mit anderen SS-Männern Häftlinge erschossen und erschlagen zu haben.[16] Estera Raab gab noch fünf weitere Zeuginnen und Zeugen an, die allerdings schon nach Israel, Brasilien oder in die USA übergesiedelt waren.[17] Die Ermittlungen in West-Berlin gingen zügig voran. Bereits Mitte Oktober 1949 eröffnete Untersuchungsrichterin Irmtraut Krupka die gerichtliche Voruntersuchung.[18]

In Frankfurt hingegen war die Fahndung nach Sobibor-Tätern ins Stocken geraten. Über den von Thomas benannten »gutmütigen« SS-Mann Johann Klier waren die Ermittler auf den ehemaligen SS-Scharführer Hubert Gomerski[19] gestoßen, der in Sobibor am Vernichtungsvorgang direkt beteiligt gewesen war und ebenfalls in Frankfurt lebte. Er hatte sich jedoch bei der ersten Vorladung

---

15 Nach Gründung der Bundesrepublik im Mai 1949 konnte das alliierte Kontrollratsgesetz Nr. 10 in den ehemaligen britischen und französischen Besatzungszonen weiterhin angewendet werden, da die von den Besatzungsmächten erteilte allgemeine Ermächtigung fortbestand. In der ehemals amerikanischen Zone wurde jeweils von Fall zu Fall auf Anfrage der deutschen Gerichte entschieden. Die Anwendung des KRG 10 war juristisch wie politisch hoch umstritten, ab August 1951 (in West-Berlin ab Juli 1952) wurden die Ermächtigungen aufgehoben, es fanden keine NS-Prozesse mehr auf der alliierten Rechtsgrundlage statt. In: Andreas Eichmüller: Keine Generalamnestie. Die Strafverfolgung von NS-Verbrechen in der frühen Bundesrepublik. München 2012, S. 53 ff. und Stefan Kirsch: Zweierlei Unrecht. Zum Begehungszusammenhang der Verbrechen gegen die Menschlichkeit. In: Regina Michalke/Wolfgang Köberer (Hrsg.): Festschrift für Rainer Hamm zum 65. Geburtstag am 24. Februar 2008. Berlin 2008, S. 277 ff. Im Fall Erich Bauer erteilte das Office of the United States High Commissioner for Germany dem Generalstaatsanwalt bei dem Landgericht Berlin die Genehmigung am 14. 03. 1950, LA Berlin, B Rep. 058, Nr. 2489.

16 Protokoll der ersten polizeilichen Vernehmung Estera Raabs vom 01. 08. 1949 in Berlin-Kreuzberg, LA Berlin, B Rep. 058, Nr. 2489. Als weiteren SS-Angehörigen gab sie SS-Unterscharführer Hubert Gomerski und SS-Oberscharführer Karl Frenzel an, Letzterer war in Sobibor Leiter von Lager I gewesen.

17 Als weitere Zeugen benannte sie: Symcha Bialowicz/Israel, Kurt Thomas und Zelda Metz/USA, Szlomo Szmajzner/Rio de Janeiro, Josef Lichtmann/Israel.

18 Schriftsatz des Generalstaatsanwalts beim Landgericht Berlin zur Eröffnung der gerichtlichen Voruntersuchung vom 17. 10. 1949, LA Berlin, B Rep. 058, Nr. 2489.

19 Hubert Gomerski (1911 – 1999) SS-Scharführer. 1940 Rekrutierung zur »T4-Aktion«, unter anderem als »Leichenbrenner« in der Euthanasie-Anstalt Hartheim. Von April 1942 bis Ende 1943 in Sobibor bei der Lorenbahn und in Lager III eingesetzt. Bis zum Ende des Krieges Partisanenbekämpfung in Fiume in der Operationszone Adriatisches Küstenland. In: Berger: Experten der Vernichtung (wie Anm. 3), S. 405.

Abb. 1 Estera Raab im Gerichtssaal, auf Erich Bauer deutend (Berlin, 8. Mai 1950)

Ende August 1949 galant herausgelogen: In Lublin sei er beim Höheren SS- und Polizeiführer als Kraftfahrer eingesetzt gewesen. Ein Ort namens Sobibor sei ihm nicht bekannt. Klier kenne er aus Hadamar. Aus seinen Äußerungen wurde kein dringender Tatverdacht ersichtlich und so wurde er nach Hause entlassen.[20] Bis Mitte Oktober 1949 hatten die Frankfurter Ermittler also noch keinen einzigen konkreten Täter.

Dies änderte sich schlagartig, als ein neuer Zeuge auftauchte: der polnische Jude Hersz Cukierman.[21] Er und sein Sohn Josef[22] waren die einzigen Überlebenden

20 Protokoll der staatsanwaltschaftlichen Vernehmung Hubert Gomerskis am 25.08.1949 in Frankfurt am Main, HHStA Wiesbaden, Abt. 461, Nr. 36346, Bd. 1, Bl. 12. Seinen Einsatz in der Tötungsanstalt Hadamar konnte Gomerski ohne Probleme angeben, da er in dieser Sache bereits 1947 freigesprochen worden war.

21 Hersz Cukierman, geb. 1893 in Kurów/Polen, gest. 1979 in Irvington/USA. Von Mai 1942 bis zum 14. Oktober 1943 Häftling in Sobibor. Ab 1946 in diversen DP-Lagern in Süddeutschland. Im November 1949 Übersiedlung in die Vereinigten Staaten nach New York. Jenseits der Justizakten finden sich die Angaben zur Haftzeit von Hersz und Josef Cukierman in Sobibor und zu ihrem Aufenthalt in DP-Lagern in Süddeutschland in diversen ITS-Dokumenten, die unter folgender Signatur zusammengefasst sind: 3.2.1.1/79968115, ITS Archives, Bad Arolsen.

22 Josef Cukierman, geb. 1930 in Kurów/Polen, gest. 1966 in Karlsruhe. Mit seinem Vater, Hersz Cukierman, von Mai 1942 bis zum 14. Oktober 1943 Häftling in Sobibor. Nach Kriegsende

ihrer großen Familie, die im Mai 1942 nach Sobibor deportiert worden war. Mit dem Status als Displaced Person lebte Hersz Cukierman in Stuttgart; seine Ausreise in die USA stand kurz bevor. Entscheidender Vermittler dieses neuen und wichtigen Belastungszeugen war das mit Hauptsitz in München ansässige Central Committee of the Liberated Jews in the American Occupied Zone in Germany (dt.: Zentralkomitee befreiter Juden in der amerikanischen Besatzungszone in Deutschland). Die Organisation war 1946 als Interessensvertretung der jüdischen DPs in der amerikanischen Zone gegründet worden, wo sich die meisten Jüdinnen und Juden aufgrund der liberalen Politik der US-Amerikaner aufhielten. Die Arbeit der diversen Abteilungen des Central Committee verdeutlicht die dringlichsten Belange der jüdischen DPs: die Auswirkungen der erfahrenen Katastrophe zu erfassen, rechtliche und politische Forderungen zu formulieren, das alltägliche gegenwärtige Leben in den Camps zu organisieren und zu gestalten und den Neubeginn, sprich die Emigration, vorzubereiten. Das Kriegsverbrecherreferat der juristischen Abteilung konzentrierte sich unter anderem darauf, Aussagen und Dokumente über NS-Täterinnen und NS-Täter zusammenzutragen. Die Frankfurter Staatsanwälte hatten im August 1949 mit dem Central Committee Kontakt aufgenommen und gebeten, die Suche nach Zeuginnen und Zeugen zu unterstützen, woraufhin die Organisation einen Aufruf veröffentlichte.[23] Hersz Cukierman meldete sich daraufhin, reiste Mitte September nach München und gab vor dem Central Committee eine umfassende Erklärung ab.[24] Im Zentrum seines Berichts standen der ehemalige stellvertretende Lagerleiter von Sobibor, Gustav Wagner,[25] und Hubert Gomerski.

---

zunächst in verschiedenen DP-Lagern in Süddeutschland. 1949 Heirat und Geburt seines Sohnes Michael. Josef Cukierman blieb in Deutschland, wo er im Alter von 33 Jahren verstarb. Auch die Angaben zu Josef Cukierman finden sich in den bereits genannten ITS-Dokumenten: 3.2.1.1/79968115, ITS Archives, Bad Arolsen. Die sieben ermordeten Familienangehörigen werden erstmals in den Hauptakten zum großen Sobibor-Prozess in Hagen 1965/1966 namentlich aufgeführt, in dem Hersz Cukierman erneut als Zeuge auftrat und zudem über den Rechtsanwalt Josef Neuberger Nebenklage eingereicht hatte. Schreiben von Dr. Josef Neuberger und Dr. Rudolf Pick, Düsseldorf, an das Schwurgericht am Landgericht Hagen vom 27.01.1966; betr. Strafsache gegen Boldender u.a., Zulassung als Nebenkläger, LAV NRW Q234 Nr. 4421.

23 Schreiben des Staatsanwalts beim Landgericht Frankfurt am Main Halama an die juristische Abteilung des Central Committee in München vom 25.08.1949, HHStA Wiesbaden, Abt. 461, Nr. 36346, Bd. 1.

24 Erklärung Hersz Cukiermans vor dem Central Committee of the Liberated Jews in München am 14.09.1949, HHStA Wiesbaden, Abt. 461, Nr. 36346, Bd. 1, Bl. 21–24.

25 Gustav Wagner (1911–1980), SS-Oberscharführer. 1940 im Rahmen der »T4 Aktion« in der NS-Tötungsanstalt Hartheim. Von April 1942 bis Ende 1943 Spieß und stellvertretender Lagerleiter in Sobibor. Einsatz in Fiume, in der Operationszone Adriatisches Küstenland zur

Bei der Gegenüberstellung mit Gomerski am 18. Oktober 1949 vor dem Amtsrichter in Frankfurt am Main identifizierte Cukierman den einstigen SS-Unterscharführer aus Sobibor eindeutig und belastete ihn schwer. Im Herbst 1942 sei ein Transport mit 1.600 Jüdinnen und Juden aus Majdanek eingetroffen. Die ausgehungerten und geschwächten Menschen hätten zwei Tage in Lager I in kauernder Stellung verbringen müssen, da die »Gasanlage« defekt gewesen sei. Gomerski habe in diesen zwei Tagen gemeinsam mit Gustav Wagner mehrere hundert Menschen erschlagen. Außerdem habe er Gomerski regelmäßig zu den »Gaskammern« in der komplett abgeschotteten Vernichtungszone, Lager III, gehen sehen, wo Erich Bauer der »Gasmeister« gewesen sei. Als weiteren Zeugen, der sich noch im DP-Lager Landsberg/Lech aufhielt, gab er den polnischen Juden und Sobibor-Überlebenden Fiszel Bialowicz an.[26] Nach der Aussage Hersz Cukiermans wurde Gomerski sofort in Haft genommen. Auch er stand jetzt unter dringendem Tatverdacht, Verbrechen gegen die Menschlichkeit begangen zu haben. Wenige Tage später wurde auch Johann Klier inhaftiert.[27]

Mitte Oktober 1949 hatten die Staatsanwälte in Frankfurt und West-Berlin von den parallel laufenden Sobibor-Ermittlungen erfahren. Alle bisher genannten Zeuginnen und Zeugen sagten von nun an in beiden Verfahren aus. Hersz Cukierman wurde insgesamt viermal vernommen; zuletzt am 29. November 1949 in Frankfurt am Main in Sachen Gomerski. Am darauffolgenden Tag reiste er nach Bremen und bestieg sein Schiff in die USA.[28]

Die Justizbehörden trieben nun in beiden Städten die Verfahren erneut massiv voran, standen sie doch unter dem Druck, dass weitere wichtige Belastungszeuginnen

---

Partisanenbekämpfung. Nach Kriegsende Flucht über Italien und Syrien nach Brasilien. 1978 Enttarnung durch Simon Wiesenthal, Verhaftung, jedoch keine Auslieferung. 1980 Tod in Brasilien. In: Berger: Experten der Vernichtung (wie Anm. 3), S. 60 und S. 414.

26 Protokoll der richterlichen Vernehmung von Fiszel Bialowicz durch Amtsgerichtsrat Diedrich vor dem Amtsgericht in Frankfurt am Main am 18. 10. 1949, HHStA Wiesbaden, Abt. 461, Nr. 36346, Bd. 1, Bl. 46 ff. Fiszel Bialowicz, später Philip Bialowitz, geb. 1929 in Izbica/Polen, gest. 2016 in Florida/USA. Von Januar bis zum 14. Oktober 1943 Häftling in Sobibor. Ab 1946 als DP in Deutschland. Im April 1950 Übersiedlung in die Vereinigten Staaten nach New York. Biographische Angaben u. a. in Philip Bialowitz, with Joseph Bialowitz: A Promise at Sobibór. A Jewish Boy's Story of Revolt and Survival in Nazi-Occupied Poland. Wisconsin 2010.

27 Der Haftbefehl gegen Hubert Gomerski wurde vom Amtsgericht Frankfurt am Main am 19. 10. 1949 ausgestellt, am 26. 10. 1949 erging der Haftbefehl gegen Johann Klier, HHStA Wiesbaden, Abt. 461, Nr. 36346, Bd. 1, Bl. 53 und Bl. 66.

28 Protokoll der richterlichen Vernehmung Hersz Cukiermans durch Amtsgerichtsdirektor Veil am 29. 11. 1949 im Amtsgericht Stuttgart, HHStA Wiesbaden, Abt. 461, Nr. 36346, Bd. 1, Bl. 93 ff.

und Belastungszeugen Deutschland bald verlassen würden. In West-Berlin wurde Anfang Februar 1950 die gerichtliche Voruntersuchung geschlossen. Mitte März reichte der Generalstaatsanwalt die Anklageschrift ein,[29] kurz zuvor hatte der Amerikanische Hohe Kommissar die Anwendung des KRG 10 in diesem Fall genehmigt.[30] Erich Bauer wurde angeklagt,

> in der Zeit von März 1942 [Mai 1942, Anm. d. Verf.] bis November 1943 fortgesetzt handelnd Gefangene des früheren Konzentrationslagers Sobibor/Polen aus politischen und rassischen Gründen verfolgt und dadurch gegen die Menschlichkeit verstoßen zu haben.[31]

An dem symbolischen Datum des 8. Mai 1950 wurde vor dem Schwurgericht am Landgericht Berlin die Hauptverhandlung gegen Erich Bauer eröffnet. Den Vorsitz führte der deutsch-jüdische Richter Alfred Levy.[32] Samuel Lerer und Estera Raab traten als Zeugen auf. Die Aussagen von Hersz Cukierman und Fiszel Bialowicz – der einen Monat zuvor Deutschland verlassen hatte – wurden verlesen. Sie alle bekundeten, dass Bauer nach der Ankunft der Transporte die entkleideten Jüdinnen und Juden mit Stockschlägen zur »Gaskammer« getrieben und die »Gasanlage« bedient habe. Außerdem bezeugten sie neun weitere konkrete Tatvorwürfe außerhalb des Massenmordvorgangs und beschuldigten ihn, willkürlich Häftlinge brutal geschlagen, schikaniert, mit Hunden gehetzt und erschossen zu haben. Nach nur einem Verhandlungstag wurde Bauer »wegen fortgesetzten Verbrechen gegen die Menschlichkeit zum Tode verurteilt«.[33] In der Urteilsbegründung hoben die Richterin und die beiden Richter hervor, das Gericht habe »seine Überzeugung von der Schuld des Angeklagten aus den klaren

---

29 Anklageschrift gesendet am 18. 03. 1950 vom Generalstaatsanwalt bei dem Landgericht Berlin, Turmstr. an die Strafkammer des Landgerichts, LA Berlin, B Rep. 058, Nr. 2489, Bl. 135 ff.

30 Schreiben des Chief der Legal Affairs Division, Office of the United States High Commissioner for Germany, Berlin an den Generalstaatsanwalt bei dem Landgericht Berlin vom 14. 03. 1950, LA Berlin, B Rep. 058, Nr. 2489.

31 Anklageschrift gesendet am 18. 03. 1950 vom Generalstaatsanwalt bei dem Landgericht Berlin, Turmstr. an die Strafkammer des Landgerichts, LA Berlin, B Rep. 058, Nr. 2489, Bd. 1, Bl. 135.

32 Alfred Levy, geb. 1887 in Birnbaum, Todesdatum unbekannt; Jurist, bis April 1933 Land- und Amtsgerichtsrat in Königsberg. Übersiedlung mit seiner nichtjüdischen Ehefrau und Tochter nach Berlin. Im November 1938 Verhaftung und dreimonatige Internierung im KZ Sachsenhausen. Von 1941 bis 1945 als Arbeiter bei verschiedenen Firmen und der Reichsbahn beschäftigt. Nach Kriegsende Einstellung bei der Berliner Polizei, ab April 1946 Richter beim Amtsgericht/Landgericht Berlin. LA Berlin, C-Rep 118 – 01, Nr. 38092 und C Rep 375 – 01 – 01, Nr. 2930.

33 Da die Todesstrafe nicht mit dem Grundgesetz vereinbar war, wurde Bauer ca. ein Jahr später zu lebenslanger Haft begnadigt.

und folgerichtigen Bekundungen der Zeugen Lerer, Raab, Hersz Cukierman und Bialowicz gewonnen«. Weiter heißt es:

> Im Gegensatz zu vielen anderen Zeugen in Prozessen ähnlicher Art haben sich diese Zeugen, insbesondere die in der Beweisaufnahme vernommenen Zeugen Lerer und Raab, nicht in Phantastereien und rachsüchtigen Äusserungen verloren, sondern nüchtern und sachlich die Fragen des Vorsitzenden beantwortet.[34]

Fast zeitgleich mit der Urteilsverkündung in West-Berlin hatte Oberstaatsanwalt Hans-Krafft Kosterlitz in Frankfurt am Main die Anklageschrift gegen Gomerski und Klier eingereicht. Beide Männer wurden auf der Grundlage des deutschen Strafgesetzbuches des Mordes nach § 211 angeklagt. Zu Gomerski heißt es, er habe

> teils als Alleintäter, teils gemeinschaftlich mit anderen handelnd, in einer unbestimmten Anzahl von Fällen aus Mordlust oder sonst aus niederen Beweggründen, heimtückisch und grausam Menschen getötet […], indem er jüdische Häftlinge durch Vergasen oder Erschießen ums Leben brachte.[35]

Der erste Anklagepunkt, den die Zeuginnen und Zeugen vorgebracht hatten, richtete sich auf seine Mitwirkung am Massenmord. Als vermeintlicher Arzt, mit weißem Kittel bekleidet, habe er die Kranken, Alten und Gebrechlichen getäuscht, sie in einer sogenannten Lorenbahn zur »Gaskammer« transportiert und wahllos auf die Menschen geschossen, noch bevor sie die Mordzone erreicht hatten. Weitere Anklagepunkte bezogen sich auf das eigenmächtige Erschlagen, Erschießen und Quälen von Häftlingen in großer Zahl.

Am 21. August 1950 wurde in Frankfurt am Main die Hauptverhandlung eröffnet. Während der insgesamt drei Verhandlungstage traten fünf Sobibor-Überlebende in den Zeugenstand: Estera Raab, Samuel Lerer, Josef Cukierman sowie das Ehepaar Engel-Wijnberg, die aus Zwolle in den Niederlanden angereist waren. Chaim Engel stammte aus Polen, seine Frau Saartje aus den Niederlanden, auch sie brachten belastende Aussagen gegen Gomerski vor.[36] Die Eheleute waren

34 Urteil des Schwurgerichts beim Landgericht Berlin in der Strafsache gegen Erich Bauer Pks 3/50, LA Berlin, B Rep. 058, Nr. 1573.

35 Anklageschrift gesendet am 02.05.1950 vom Oberstaatsanwalt bei dem Landgericht an das Landgericht, 4. Strafkammer, Frankfurt am Main, HHStA Wiesbaden, Abt. 461, Nr. 36346, Bd. 3, Bl. 188–201.

36 Chaim Engel, geb. 1916 in Brudzew/Polen, gest. 2003 in New Haven/USA. Von November 1942 bis zum 14. Oktober 1943 Häftling in Sobibor. Sartje Engel-Wijenberg, geb. 1922 in Groningen/Niederlande. Von April bis 14. Oktober 1943 Häftling in Sobibor. Das Paar ließ sich

Anfang Januar 1950 von Kurt M. Thomas über das Frankfurter Verfahren gegen Gomerski informiert worden und hatten sich sofort gegenüber der Staatsanwaltschaft bereiterklärt auszusagen. Verlesen wurden in der Hauptverhandlung die vereidigten Aussagen von Hersz Cukierman, Fiszel Bialowicz, Kurt M. Thomas und Zelda Metz.[37] Letztere lebte in New York und war von Thomas bereits in seinem ersten Schreiben als Zeugin benannt worden. Am 25. August 1950 verkündete das Frankfurter Schwurgericht sein Urteil: Gomerski wurde als Mittäter eingestuft und »wegen Mordes in einer unbestimmten Anzahl von Fällen zu lebenslangem Zuchthaus verurteilt«. Auch hier sahen die Richter und Geschworenen »die Einlassungen des Angeklagten als widerlegt an«. Sie waren den Aussagen der Überlebenden gefolgt,

> da die Zeugen sich offensichtlich bemüht haben, trotz der Schwere der in Sobibor durchgemachten Leiden und trotz des Verlustes naher Angehöriger in diesem Lager, den viele von ihnen zu beklagen hatten, ihre Aussagen ruhig und ohne Hass zu machen.

Indiz ihrer Glaubwürdigkeit sei zudem, dass sie »insbesondere nicht jeden Deutschen, der in Sobibor tätig gewesen war, der gleichen schweren Verbrechen beschuldigt haben«.[38] Johann Klier, der von allen Zeuginnen und Zeugen im Wesentlichen entlastet worden war, sprach das Gericht frei.

Die transnationale Zeugenschaft, sprich das länderübergreifende Kommunizieren und Agieren von Überlebenden und jüdischen Organisationen mit dem Ziel, der Täter habhaft zu werden und sie strafrechtlich zur Verantwortung zu ziehen,

---

nach Kriegsende zunächst in Zwolle/Niederlande nieder, siedelte 1951 nach Israel über und 1957 in die Vereinigten Staaten. Die biographischen Angaben unter anderem in: Protokoll der Zeugenvernehmung vom 23. Mai 1950 am Landgericht Zwolle, Übersetzung aus dem Niederländischen, HHStA Wiesbaden, Abt. 461, Nr. 36346, Bd. 3, Bl. 249 ff. USHMM Interview mit Chaim Engel am 16. Juli 1990, USHMM RG-50.030.0066; Oral History Interview des United States Holocaust Memorial Museum mit Chaim Engel und Sartje Engel-Wijenberg am 30. März 1998, USHMM RG-50.549.020014.

37 Zelda Metz-Kelbermann, geb. 1925 in Siedliszcze/Polen, gest. 1980 in den USA. Von Dezember 1942 bis zum 14. Oktober 1943 Häftling in Sobibor. Ab Januar 1946 für kurze Zeit in verschiedenen süddeutschen DP-Lagern. Im Mai 1946 Übersiedlung nach New York/USA. Die biographischen Angaben stammen aus folgenden Dokumenten: Eidesstattliche Erklärung vom 06.02.1950 in New York, HHStA Wiesbaden, Abt. 461, Nr. 36346, Bd. 2, Bl. 160 ff; Listenmäßige Erfassung von DPs in DP-Lagern, 3.1.1.2/82032032, ITS Archives, Bad Arolsen; Passagierlisten und sonstige Zusammenstellungen über emigrierte Personen, 3.1.3.2/81649737, ITS Archives, Bad Arolsen.

38 Urteil des Schwurgerichts am Landgericht in Frankfurt am Main in der Strafsache gegen Hubert Gomerski und Johann Klier, 52 Ks 3/50, HHStA Wiesbaden, Abt. 461, Nr. 36346, Bd. 4, Bl. 320–332.

Abb. 2 Samuel Lerer, Datierung unbekannt

setzte in diesen beiden frühen Verfahren ein. Der in den USA lebende Kurt M. Thomas initiierte die ersten Ermittlungen in Frankfurt am Main. Samuel Lerers Anzeige gegen Bauer eröffnete das Verfahren in West-Berlin. Durch den Aufruf des Central Committee in München, das für beide Verfahren zur Verbindungsstelle wurde, meldete sich Hersz Cukierman, der den entscheidenden Hinweis zur Verhaftung Gomerskis lieferte. Die von Thomas informierten Eheleute Engel-Wijenberg, die in den Niederlanden lebten, brachten ihre Aussagen im Prozess in Frankfurt am Main ein.

Die transnationale Zeugenschaft blieb auch zukünftig ein Merkmal bundesdeutscher Holocaust-Verfahren. In den Jahren 1949/1950 ergab sich jedoch aus den zeitgenössischen Umständen der »Zwischenzeit« eine ganz spezifische Dynamik: Die fünf polnischen Jüdinnen und Juden, die im Status von DPs noch in Deutschland lebten, verkörperten gewissermaßen durch ihre Präsenz die Katastrophe eines Massenmords in einem noch unbekannten Vernichtungslager namens Sobibor. Sie lieferten die ersten Fakten und Erkenntnisse über dieses NS-Massenverbrechen und trugen schwere Tatvorwürfe gegen die Angeklagten vor. Sie waren in hohem Maße historische wie juridische Zeuginnen und Zeugen, deren Glaubwürdigkeit durch das transnationale Zusammenspiel unterstrichen wurde. Und nicht zuletzt trieb der befristete Aufenthalt der DPs die Ermittlungen erheblich voran. All diese Faktoren wirkten sich auf die juristische Einschätzung der Zeuginnen und Zeugen insgesamt ganz erheblich aus. Ihre Aussagen erhielten in den Ermittlungsverfahren, den Anklageschriften sowie in den beiden Hauptverhandlungen großes Gewicht und sie bildeten die Hauptbeweislast, auf die sich die Richterinnen und Richter in beiden Urteilen bezogen. Das transnationale Agieren der Überlebenden thematisierten die Richterinnen und Richter in der schriftlichen Urteilsbegründung nur indirekt, indem sie unterstrichen, dass die Zeuginnen und Zeugen unabhängig voneinander ausgesagt hatten. Das in beiden Urteilen dezidiert angeführte mögliche Rachemotiv, mit dem die Richterinnen und Richter vermutlich auch auf einen Diskurs der deutschen Nachkriegsgesellschaft reagierten, wurde in der Beweiswürdigung ausgeschlossen. Weitere mögliche Einschränkungen hinsichtlich der Glaubwürdigkeit der Zeuginnen und Zeugen, die faktisch die einzigen Beweismittel waren, wurden nicht formuliert.

## 2. Gegenläufige Entwicklungen

Kurz nach Abschluss der beiden ersten Sobibor-Prozesse ließ der Wille, die NS-Verbrechen konsequent zu ahnden, erheblich nach. Im Jahr 1951 kehrten mit der Wiedereinstellung der sogenannten 131er die ›braunen‹ Juristinnen und Juristen zurück und dominierten alsbald den Justizapparat.[39] Im selben Jahr wurde das alliierte Kontrollratsgesetz Nr. 10 von deutschen Gerichten nicht mehr angewandt. Ein energisches strafrechtliches Vorgehen gegenüber NS-Täterinnen und NS-Tätern war nicht mehr durchsetzbar, die Wende in der westdeutschen Justiz war vollzogen. Von nun an zeichnete sich bis zum Ende der 1950er Jahre die Ahndung von NS-Verbrechen durch Verschleppungen und eine absurd milde Urteilspraxis aus. Auch die Bedingungen der transnationalen Zeugenschaft veränderten sich fundamental. Das Central Committee stellte noch im Jahr 1950 seine Arbeit ein. Ein Jahr später waren fast alle jüdischen DP-Lager aufgelöst. 1952 hatten, bis auf Josef Cukierman, alle Zeuginnen und Zeugen Deutschland verlassen; an die 60 Sobibor-Überlebenden waren nun über die ganze Welt verstreut. Sie aufzufinden und ihre Aussagen zu erhalten, gehörte zukünftig zu den schwierigsten und aufwendigsten Aufgaben der bundesdeutschen Ermittlungsbehörden. Angewiesen

39 Im Jahr 1951 verabschiedete der Deutsche Bundestag fast einstimmig das sogenannte 131er Gesetz, das auf den im Grundgesetz verankerten Artikel 131 Bezug nahm. Das neue Bundesgesetz garantierte mehr als 55.000 während der NS-Zeit im öffentlichen Dienst Beschäftigten, die in den alliierten Entnazifizierungsverfahren nicht in der Kategorie »Hauptschuldige« oder »Belastete« eingestuft worden waren, die Wiedereingliederung in den Staatsdienst. In der bundesdeutschen Justiz wirkte sich die Rückkehr der »131er«, sprich von Juristen mit braunem Parteibuch, massiv auf die Strafverfolgung der NS-Verbrechen aus, die im Verlauf der 1950er Jahre fast zum Erliegen kam. Das Zustandekommen und die Auswirkungen dieses Gesetzes hat der Historiker Norbert Frei ausführlich dargelegt, in Norbert Frei: Vergangenheitspolitik. Die Anfänge der Bundesrepublik und die NS-Vergangenheit. München 1999, S. 69–100.

waren sie dabei auf die Mitwirkung des World Jewish Congress (WJC) in New York sowie auf die Hinweise der Überlebenden, die den Kontakt untereinander aufrechterhalten hatten bzw. wiederaufnahmen. In den sich über Jahre hinziehenden Ermittlungen der 1958 gegründeten Zentralen Stelle der Landesjustizverwaltungen zur Aufklärung nationalsozialistischer Verbrechen in Ludwigsburg sagten im Zuge des großen Sobibor-Verfahrens in den 1960er Jahren sowie in den beiden Wiederaufnahmeverfahren in den 1970er und 1980er Jahren die Überlebenden zunächst im Zuge deutscher Rechtshilfeersuchen in ihren Ländern und dann in den Prozessen in der Bundesrepublik aus. In den Gerichtssälen wendete sich jedoch ihre aus dem NS-Verbrechen resultierende exponierte Position fortan gegen sie, da sie eine extrem kleine Zeugengruppe waren, weder Täterdokumente vorlagen noch ein Tatort existierte und es kaum weitere nichttatbeteiligte Zeuginnen und Zeugen gab.[40] Spätestens ab den 1970er Jahren stellten die Verteidiger in den teils grotesk verlaufenden Prozessen die transnationale Zeugenschaft unter Komplottverdacht und bezichtigten Überlebende der Falschaussage. Auch die Staatsanwälte und Richter nahmen zunehmend eine skeptische Haltung gegenüber der Glaubwürdigkeit der jüdischen Zeuginnen und Zeugen ein. Zahlreiche Aussagen wurden seitens der Justizangehörigen demontiert und die Richter sprachen ihnen in den Urteilen jeglichen Beweiswert ab. Die zentrale Position der jüdischen Zeuginnen und Zeugen in den beiden ersten Sobibor-Verfahren, die juristische Anerkennung ihrer Person wie ihrer Aussagen waren ganz offenbar Momentaufnahmen, die nur in der Übergangszeit 1949/1950 möglich waren.

---

40 Nach dem Aufstand der Häftlinge in Sobibor am 14. Oktober 1943 wurden sämtliche nicht geflüchtete jüdischen Häftlinge ermordet, die Massenvernichtung eingestellt und der Lagerkomplex weitgehend demontiert; die Ermordung von mindestens 180.000 Jüdinnen und Juden sollte keine Spuren hinterlassen. Zur Nachgeschichte des NS-Vernichtungslagers Sobibor Raphael Utz: Sobibór nach den Deutschen. Vom Tatort zum Friedhof? In: Lehnstaedt/Traba (Hrsg.): Die »Aktion Reinhardt« (wie Anm. 3), S. 291–313.

Alexander Walther

# (Jüdische) Historiker*innen in der DDR und die Erforschung von Judentum und Shoah

Seit dem Ende der DDR wurden die ostdeutsche Geschichtswissenschaft und ihre Akteur*innen zahlreichen Prüfungen unterzogen, um ihre Bedeutung für den Staat und die SED zu ergründen.[1] Auch die Beschäftigung ostdeutscher Historiker*innen mit dem Nationalsozialismus und der Shoah ist oftmals untersucht worden, denn mit dem Ende des Staatssozialismus wurde auch der Antifaschismus der DDR weitgehend delegitimiert.[2] Die Behauptung, der Holocaust habe in der DDR keine oder nur eine marginale Rolle gespielt, war vor allem in frühen Forschungsarbeiten der 1990er Jahre verbreitet.[3] Doch schon davor sahen sich Historiker*innen in der DDR mit diesem Vorwurf konfrontiert. 1980 kritisierte Kurt Pätzold in einem Aufsatz die Behauptung, »die materialistische Geschichtstheorie versage [...] insbesondere gegenüber dem Versuch der faschistischen Machthaber, die jüdische und jüdisch-herkünftige Bevölkerung Europas restlos auszurotten«.[4]

1 Siehe u. a. Jürgen John: DDR-Geschichtswissenschaft als prominenter Forschungsgegenstand. In: *UTOPIE kreativ* 143 (2002), S. 837–844; Martin Sabrow: Das Diktat des Konsenses. Geschichtswissenschaft in der DDR 1949–1969 (Ordnungssysteme. Studien zur Ideengeschichte der Neuzeit, 8). München 2001.

2 Siehe Olaf Groehler: Der Holocaust in der Geschichtsschreibung der DDR. In: Bernhard Moltmann (Hrsg.): Erinnerung. Zur Gegenwart des Holocaust in Deutschland-West und Deutschland-Ost. Frankfurt am Main 1993, S. 47–65; Joachim Käppner: Erstarrte Geschichte. Faschismus und Holocaust im Spiegel der Geschichtswissenschaft und Geschichtspropaganda der DDR (Forum Zeitgeschichte, 9). Hamburg 1999; Konrad Kwiet: Historians of the German Democratic Republic on Antisemitism and Persecution. In: *The Leo Baeck Institute Year Book* 21 (1976), S. 173–198. Zur Antifaschismus-Debatte siehe u. a. Jürgen Danyel: DDR-Antifaschismus: Rückblick auf zehn Jahre Diskussion, offene Fragen und Forschungsperspektiven. In: Annette Leo/Peter Reif-Spirek (Hrsg.): Vielstimmiges Schweigen. Neue Studien zum DDR-Antifaschismus. Berlin 2001, S. 7–19.

3 Für einen Überblick siehe Helmut Peitsch: Antifaschistisches Verständnis der eigenen jüdischen Herkunft in Texten von DDR-SchriftstellerInnen. In: Elke-Vera Kotowski (Hrsg.): Das Kulturerbe deutschsprachiger Juden. Eine Spurensuche in den Ursprungs-, Transit- und Emigrationsländern. Berlin 2015, S. 117–142, besonders S. 117 f.

4 Kurt Pätzold: Von der Vertreibung zum Genozid. Zu den Ursachen, Triebkräften und Bedingungen der antijüdischen Politik des faschistischen deutschen Imperialismus. In: Dietrich Eichholtz/Kurt Gossweiler (Hrsg.): Faschismusforschung. Positionen, Probleme, Polemik. Berlin (Ost) 1980, S. 181–208, zit. nach S. 181.

Mit Kurt Pätzold wehrte sich der auf diesem Gebiet profilierteste Historiker der DDR gegen diesen Vorwurf, den etwa Erich Goldhagen – damals Historiker an der Universität Harvard und Vater Daniel Goldhagens – geäußert hatte.[5] Gleichwohl übte Pätzold später auch Kritik an der geringen Beschäftigung seiner Fachkolleg*innen mit dem Thema.[6] Seine Arbeiten, die seit den 1970er Jahren erschienen, fanden auch in der Bundesrepublik Beachtung und werden gern als Beispiel der vermeintlich marginalen Forschungsbemühungen zitiert. Doch während jüngere Forschungen ein differenzierteres Bild des Umganges mit der Shoah in der DDR zeichnen, ist das Urteil über die Geschichtswissenschaft weitgehend unverändert geblieben.[7] »Eine ›Holocaust-Forschung‹ im engeren Sinne hat es in der DDR [...] nie gegeben«, resümierte etwa Ulrich Herbert 2015.[8]

Die Shoah war zweifelsohne nie ein prominentes Thema der etablierten Geschichtswissenschaft der DDR. Dennoch wurden Versuche unternommen, die Verfolgung und Ermordung der europäischen Jüdinnen und Juden zu beschreiben und zu erklären. In dem vorliegenden Beitrag soll daher die Forschung untersucht werden, die in der DDR zur Shoah und zur jüdischen Geschichte und Kultur unternommen wurde. Die Rolle der im Nationalsozialismus antisemitisch verfolgten Historiker*innen wird dabei besonders beleuchtet, waren sie es doch, die die Forschung zur Shoah vorantrieben, und dies nicht nur in der

---

5 Erich Goldhagen: Weltanschauung und Endlösung. Zum Antisemitismus der nationalsozialistischen Führungsschicht. In: *Vierteljahrshefte für Zeitgeschichte* 24 (1976), 4, S. 379–405, besonders S. 394.

6 Kurt Pätzold: Legenden und Fakten. Über die Anfänge der Darstellung und Erforschung des »Holocaust« in der DDR. In: Manfred Weissbecker (Hrsg.): Geschichtsschreibung in der DDR. Rück-Sichten auf Forschungen zum 19. Jahrhundert und zur ersten Hälfte des 20. Jahrhunderts. Jena 2001, S. 156–166.

7 Siehe u. a. Manuela Gerlof: Tonspuren. Erinnerungen an den Holocaust im Hörspiel der DDR (1945–1989). Berlin/New York 2010; Philipp Graf: Erinnerungskultur in der DDR. Am Beispiel von Anna Seghers. In: Andreas H. Apelt/Maria Hufenreuter (Hrsg.): Antisemitismus in der DDR und die Folgen. Halle/Saale 2016, S. 139–154; Kathrin Hoffmann-Curtius: Bilder zum Judenmord. Eine kommentierte Sichtung der Malerei und Zeichenkunst in Deutschland von 1945 bis zum Auschwitz-Prozess. Marburg [2]2015; Stephan Stach: Dissidentes Gedenken. Der Umgang Oppositioneller mit Holocaustgedenktagen in der Volksrepublik Polen und der DDR. In: Ders./Peter Hallama (Hrsg.): Gegengeschichte. Zweiter Weltkrieg und Holocaust im ostmitteleuropäischen Dissens. Leipzig 2015, S. 207–236; Alexander Walther: Keine Erinnerung, nirgends? Die Shoah und die DDR. In: *Deutschland-Archiv,* 15. Juli 2019. Abgerufen unter der URL: www.bpb.de/293937, letzter Zugriff: 08. 05. 2020.

8 Ulrich Herbert: Holocaust-Forschung in Deutschland. Geschichte und Perspektiven einer schwierigen Disziplin. In: Frank Bajohr/Andrea Löw (Hrsg.): Der Holocaust. Ergebnisse und neue Fragen der Forschung. Frankfurt am Main 2015, S. 31–79, zit. nach S. 47.

DDR, sondern im gesamtdeutschen und internationalen Kontext. Im Folgenden wird zunächst die frühe Beschäftigung mit der Shoah in der DDR behandelt. Danach wird Helmut Eschweges Versuch einer Gesamtdarstellung der Shoah analysiert und abschließend auf die Behandlung jüdischer Geschichte jenseits der Shoah eingegangen.

## 1. Anfänge

In mehreren Ländern entstanden vor und nach Kriegsende jüdisch-historische Kommissionen, die Dokumente und Aussagen zur Shoah sammelten, so auch in der britischen und amerikanischen Besatzungszone. Da die Sowjetische Militäradministration in Deutschland jüdische Überlebende, die Displaced Persons, in ihrer Zone nicht zuließ, blieb deren Anzahl, von Berlin abgesehen, in der Sowjetischen Besatzungszone (SBZ) gering, sodass dort auch keine historischen Kommissionen entstanden.[9] Zudem verfügten die neu gegründeten Gemeinden weder über die personelle Struktur noch über entsprechendes Aktenmaterial und konnten den Anfragen der Kommissionen nur bedingt nachkommen.[10]

Die ›entnazifizierte‹ Geschichtswissenschaft der SBZ musste sich nach dem Krieg neu aufstellen und bestand zunächst aus kaum mehr als 25 Historiker*innen, mitunter auch früheren NSDAP-Mitgliedern.[11] Eine wissenschaftliche Auseinandersetzung mit dem Nationalsozialismus konnte so früh nur bedingt stattfinden, etwa wegen des Quellenproblems. Erste Erkenntnisse über die Verbrechen brachten die Berichte (jüdischer) Überlebender und sowjetischer Journalisten wie Konstantin Simonov oder Vasilij Grossman.[12] Frühe wissenschaftliche Deutungen der Shoah entstanden 1948 durch die jüdischen Wirtschafts- und Kulturfunktionäre Siegbert Kahn und Stefan Heymann, die den Antisemitismus in seiner langen Tradition in Deutschland zeigten und auch als Kernelement

9 Siehe Laura Jockusch: Collect and Record! Jewish Holocaust Documentation in Early Postwar Europe. Oxford 2015 (Erstausgabe 2012), S. 121–149; Eva Kolinsky: After the Holocaust. Jewish Survivors in Germany after 1945. London 2004, S. 47 und S. 150.

10 Siehe die Korrespondenz in Centrum Judaicum, Berlin (CJA), 5 A 1, Nr. 15, Bl. 85; Archiwum Żydowskiego Instytutu Historycznego (AŻIH), 303/XX/143, Bl. 89 und ebd., 303/XX/143. Bl. 1.

11 Käppner: Erstarrte Geschichte (wie Anm. 2), S. 41; Lothar Mertens: Lexikon der DDR-Historiker. Biographien und Bibliographien zu den Geschichtswissenschaftlern aus der Deutschen Demokratischen Republik. München 2006, S. 23–36, besonders S. 27.

12 Konstantin Simonov: Ich sah das Vernichtungslager. Berlin 1946; Vasilij Grossman: Die Hölle von Treblinka. Moskau 1946; Rudi Jahn (Hrsg.): Das war Buchenwald. Ein Tatsachenbericht. Leipzig 1946, besonders S. 28–38.

des Nationalsozialismus begriffen. Allerdings wurde in diesen Texten schon eine marxistische Faschismusanalyse etabliert, die den Antisemitismus vornehmlich als Mittel des »Monopolkapitals« zur Ablenkung der Massen vom eigenen Imperialismus und dem vermeintlichen Kernkonflikt, dem Klassenkampf, sah.[13] Gleichwohl betonten Kahn und auch Alexander Abusch in seinem noch im mexikanischen Exil geschrieben Buch *Der Irrweg einer Nation* die Verantwortung der deutschen Bevölkerung, gerade auch hinsichtlich der Verfolgung der jüdischen Bevölkerung, die sie als *ein,* aber nicht zwingend als *das* zentrale NS-Verbrechen begriffen.[14]

Doch diese fachfremden Arbeiten von Abusch, Kahn und Heymann lösten kaum weitere Forschungen zur Shoah aus, welche stattdessen in der Bildenden Kunst oder der Literatur thematisiert wurde.[15] Mit der immer stärker betriebenen ideologischen Ausrichtung der Geschichtswissenschaft, die einherging mit der Festlegung eines Lagernarrativs, der Darstellung des kommunistischen Widerstands und der Deutung des NS-Terrors als vornehmlich antikommunistische Verfolgung, wuchs eine zunehmende Ignoranz gegenüber den Berichten der Verfolgten. Die Forschungsstellen der Vereinigung der Verfolgten des Naziregimes (VVN) hatten seit 1947 gezielt Erlebnisberichte gesammelt, sich dabei zwar verstärkt der Erforschung des Widerstands verschrieben, aber auch antisemitisch Verfolgte befragt. Die Berichte verschwanden nach der Zwangsauflösung der VVN indes im Parteiarchiv und standen der Forschung nicht mehr zur Verfügung.[16] Doch auch danach scheint es seitens der Geschichtswissenschaft kein Interesse an einer erneuten Sammlung solcher Berichte gegeben zu haben.

---

13 Stefan Heymann: Marxismus und Rassenfrage. Berlin 1948; Siegbert Kahn: Antisemitismus und Rassenhetze. Eine Übersicht über ihre Entwicklung in Deutschland. Berlin 1948, etwa S. 79 ff.

14 Alexander Abusch: Der Irrweg einer Nation. Ein Beitrag zum Verständnis deutscher Geschichte. Berlin (Ost) 1949 (Erstausgabe Mexiko 1944), besonders S. 247–275. Siehe hierzu Franka Maubach: »Wie es dazu kommen konnte«. 1933 als Fluchtpunkt deutsch-deutscher Ursachensuche im frühen Kalten Krieg. In: Dies./Christina Morina (Hrsg.): Das 20. Jahrhundert erzählen. Zeiterfahrung und Zeiterforschung im geteilten Deutschland (Beiträge zur Geschichte des 20. Jahrhunderts, 21). Göttingen 2016, S. 142–189, besonders S. 149–159; Fabian Wendler: NS-Täter in der Geschichtsschreibung der SBZ und DDR bis in die 1960er-Jahre. Berlin 2017, S. 138–145 und S. 183–195.

15 Siehe etwa Lea Grundig: Im Tal des Todes. Dresden 1947; Norbert Otto Eke: Konfigurationen der Shoah in der Literatur der DDR. In: Ders./Hartmut Steinecke (Hrsg.): Shoah in der deutschsprachigen Literatur. Berlin 2006, S. 85–106.

16 Bundesarchiv Berlin (BArch), DY 55/V 278/4/17; DY 55/V 278/4/26; DY 55/V 278/4/56; DY 55/V 278/4/96.

Eine erste fachliche Debatte zur Bedeutung der Shoah entwickelte sich in den frühen 1950er Jahren im Zuge der Diskussion um ein Hochschullehrbuch der deutschen Geschichte.[17] Albert Schreiner, Historiker am Marx-Engels-Lenin-Institut, der den Entwurf des Lehrbuchs verfasst hatte, erwähnte die antisemitische Verfolgung mehrfach, ordnete sie aber dem »antikommunistischen Terror« unter. Die Debatte, die sich danach entspann, steht symptomatisch für den Umgang mit der Shoah in der DDR. Denn trotz des geringen Umfangs der geplanten Darstellung der antisemitischen Verfolgungen wurde noch beklagt, diese stelle die Maßnahmen gegen Kommunist*innen in den Schatten: »Die Fragen des Terrors gegenüber der Arbeiterklasse, besonders gegenüber den Kommunisten, dürfen gegenüber der Darstellung der Judenverfolgung nicht zu kurz kommen«, hieß es in einem Gutachten.[18] Das Primat des kommunistischen Leidens und Kämpfens genoss Vorrang, und selbst der rassistische Antisemitismus wurde letztlich als Mittel zum politischen Kampf interpretiert.

Die innerhalb der Geschichtswissenschaft der DDR zur Standardreferenz erhobene Definition Georgi Dimitrovs, wonach der Faschismus die Diktatur des »Finanzkapitals« sei, war die Grundlage der materialistischen Gesamtdeutung des Nationalsozialismus. Darum wurde im Kontext der antisemitischen Verfolgung beständig auf die Zwangsarbeit verwiesen, die den Interessen der Industrie gedient habe.[19] Zwar verwiesen DDR-Historiker*innen damit zu Recht auf die Ausbeutung der jüdischen Zwangsarbeiter*innen durch die deutsche Industrie, der allzu selektive Ansatz verstellte indes die Sicht auf den rassistischen Antisemitismus als Kernelement der NS-Ideologie.

---

17 Hierzu ausführlich Martin Sabrow: Planprojekt Meistererzählung. Die Entstehungsgeschichte des »Lehrbuchs der deutschen Geschichte«. In: Ders. (Hrsg.): Geschichte als Herrschaftsdiskurs. Der Umgang mit der Vergangenheit in der DDR (Zeithistorische Studien, 14). Köln/Weimar/Wien 2000, S. 227–286.

18 Die Mitarbeiter des Instituts für Geschichte der Arbeiterbewegung des Marx-Engels-Lenin-Stalin-Instituts beim ZK der SED: Diskussion über die Disposition des Hochschullehrbuches der Geschichte des deutschen Volkes (1918–1945). In: *Zeitschrift für Geschichtswissenschaft* 3 (1955), 2, S. 243–275, zit. nach S. 255.

19 Käppner: Erstarrte Geschichte (wie Anm. 2), S. 121–124. Eine der ersten Arbeiten zur Zwangsarbeit stammte von Eva Seeber, langjährige Leiterin der Abteilung Osteuropa am Zentralinstitut für Geschichte der Ost-Berliner Akademie der Wissenschaften, die sich vor allem der Ausbeutung polnischer und auch, aber nicht explizit, polnisch-jüdischer Zwangsarbeiter*innen widmete. Eva Seeber: Zwangsarbeiter in der faschistischen Kriegswirtschaft. Die Deportation und Ausbeutung polnischer Bürger unter besonderer Berücksichtigung der Lage der Arbeiter aus dem sogenannten Generalgouvernement (1939–1945). Berlin (Ost) 1964. Seeber ist ein seltenes Beispiel einer Historikerin, die in der DDR-Geschichtswissenschaft Karriere machen konnte. Zwar gab es durchaus Versuche, die Frauenquote zu steigern, insgesamt blieb die Zunft aber deutlich männlich dominiert. Siehe Sabrow: Diktat (wie Anm. 1), S. 124.

In einem vom Institut für Gesellschaftswissenschaften erarbeiteten Schulbuch wurde im Abschnitt zur »Ausplünderung und Ausrottung des polnischen Volkes« zwar erwähnt, wie »[b]esonders grauenvoll« das »Schicksal der Juden« gewesen sei, die Beschreibung von Auschwitz beinhaltete aber vornehmlich die Rolle der I. G. Farben. Ein beigefügtes Bild der Ankunft jüdischer Deportierter aus Ungarn im Sommer 1944 wurde – trotz deutlich sichtbaren Davidsterns auf der Kleidung der Menschen – mit einem Hinweis auf zur Zwangsarbeit nach Deutschland »verschleppt[e] Tausende Polen« versehen.[20] Diese Sicht blieb über Jahre weitgehend unangetastet.[21]

So erwartbar diese Episoden auch anmuten, würde eine pauschale Verurteilung der Historiker*innen als »›willige Vollstrecker‹ der Macht« ihnen nicht gerecht werden.[22] Denn sowohl die remigrierten Wissenschaftler*innen als auch jene, die den Nationalsozialismus als Jugendliche erlebt und in der frühen DDR studiert hatten, verband eine Aufbaueuphorie, die sie mit wissenschaftlicher Arbeit zu verknüpfen suchten. Im historischen Materialismus erkannten viele ein geeignetes Instrument zur Erklärung der für sie drängenden Fragen, besonders auch hinsichtlich des Aufstiegs der NSDAP. Denn da viele der zurückgekehrten Historiker*innen als Kommunist*innen *und* Jüdinnen und Juden verfolgt worden waren, lag der Beschäftigung mit dem Nationalsozialismus ein sehr persönlicher Wissenseifer zugrunde.[23] Auch die Shoah als Genozid in bis dahin ungekannter Radikalität trug zu einer Hinwendung zum historischen Materialismus bei, da dieser Antworten und einen klar umrissenen Täterkreis bot, der ein (Weiter-) Leben in Deutschland erleichterte. Zudem war durch die seit 1952 geführten, antisemitisch konnotierten Kampagnen gegen politisch unliebsam gewordene Parteimitglieder, die eine Fluchtwelle vor allem jüdischer Gemeindemitglieder

---

20 Lehrbuch für Geschichte der 10. Klasse der Oberschule und der erweiterten Oberschule. Berlin (Ost) 1962, S. 9–11, Bild S. 10. Entnommen wurde das Bild aus: Związek Bojowników o Wolność i Demokrację [Verband der Kämpfer für Freiheit und Demokratie] (Hrsg.): 1939–1945. We have not forgotten – M'i ne zab'li – Nous n'avons pas oublie. Warschau 1959, S. 84.

21 Etwa bei Leo Stern: Die westdeutsche Geschichtsschreibung im Dienste der psychologischen Krieg[s]führung. In: *Einheit. Zeitschrift für Theorie und Praxis des Wissenschaftlichen Sozialismus* 14 (1959), 2, S. 250–261.

22 Siehe mit ersten Impulsen hierzu Kai Hafez: Waren die Wissenschaftler der DDR »willige Vollstrecker« der Macht? Gedanken zur Sozio-Psychologie autoritär-ideologischer Wissenschaftssysteme. In: Rainer Hering/Rainer Nicolaysen (Hrsg.): Lebendige Sozialgeschichte. Gedenkschrift für Peter Borowsky. Wiesbaden 2003, S. 682–687.

23 Siehe Mario Kessler: A Different Starting Point, a Different End. East and West German Historiography after 1945. In: Ders./Axel Fair-Schulz (Hrsg.): East German Historians since Reunification. A Discipline Transformed. Albany 2017, S. 11–29.

in der DDR auslöste, die Beschäftigung mit vermeintlich ›jüdischen‹ Themen zum Berufs- und auch Existenzrisiko geworden. Auch wenn die Verfolgung nicht das Ausmaß erreichte wie in anderen sozialistischen Staaten, blieb die Warnung doch vielen im Gedächtnis und beförderte eine Auseinandersetzung mit anderen Themen.[24]

## 2. Alles nur Kampagnen?

Der Eichmann-Prozess 1961 und der zwei Jahre später folgende Frankfurter Auschwitz-Prozess markierten einen deutlichen Einschnitt in der Auseinandersetzung mit der Shoah in beiden deutschen Staaten. Das Politbüro der SED verband die Berichterstattung über die Prozesse mit Attacken gegen die Bundesrepublik, in denen, oftmals zu Recht, die Nachkriegskarrieren von NS-Täter*innen angeprangert wurden. Eine Fahndung nach Täter*innen in der eigenen Bevölkerung fand indes nur bedingt statt.[25] Die Geschichtswissenschaft wurde in diese Kampagnen eingespannt, blieb aber auch aus fachlichem Antrieb am Prozessgeschehen interessiert. Man verspreche sich vom Prozess »neue Quellen und eine genaue Aufklärung,« schrieb ein Mitarbeiter des Deutschen Zentralarchives an die Wiener Library in London.[26] Einen großen Einfluss hatten die Arbeiten fachfremder Akteure, etwa des Rechtsanwalts Friedrich Karl Kaul, der im Auschwitz-Prozess die Nebenkläger*innen in der DDR vertrat. Die von Kaul und dem Ausschuss für Deutsche Einheit eilig zusammengestellten Schriften über Adolf Eichmann und Hans Globke, der als Mitarbeiter im Reichsinnenministerium an der gesetzlichen Legitimierung der Verfolgung der jüdisch definierten Bevölkerung beteiligt gewesen war und später als Staatssekretär im Bundeskanzleramt fungierte, enthielten vor allem Dokumente, die die Rolle der ›Schreibtischtäter‹ näher beleuchteten, darunter teils unveröffentlichte Stücke aus dem Zentralarchiv der DDR.[27]

24 Siehe Ute Frevert: Jewish Hearts and Minds? Feelings of Belonging and Political Choices among East German Intellectuals. In: *Leo Baeck Institute Yearbook* 56 (2011), S. 353–384, besonders S. 366–369; Kessler: Different Starting Point (wie Anm. 23), S. 17 ff.

25 Siehe Annette Weinke: Die Verfolgung von NS-Tätern im geteilten Deutschland. Vergangenheitsbewältigung 1949–1969 oder: eine deutsch-deutsche Beziehungsgeschichte im Kalten Krieg. Paderborn/München 2002, S. 236–257.

26 Hans-Stephan Brather an Alfred Wiener, 26. 03. 1961, Wiener Library (WL), 3000/9/1/330.

27 Karin Hartewig: Zurückgekehrt. Die Geschichte der jüdischen Kommunisten in der DDR. Köln/Weimar/Wien 2000, S. 486–504; Wendler: NS-Täter (wie Anm. 14), S. 273–391. Zum Begriff siehe Dirk van Laak/Dirk Rose: Schreibtischtäter. Begriff, Geschichte, Typologie. Göttingen 2018.

Diese politisch motivierten Kampagnen trugen zu einer Aufmerksamkeitskonjunktur bei, die dem Genozid nun zukam und die auch Historiker*innen wahrnahmen. In der 1957 erstmals publizierten Dokumentensammlung *SS im Einsatz* präsentierten Heinz Schumann und Heinz Kühnrich Fotografien und Unterlagen zu Kriegsverbrechen, Konzentrationslagern und Zwangsarbeit aus dem Material der Nürnberger Prozesse und den Quelleneditionen der Historiker Léon Poliakov und Joseph Wulf oder des Jüdischen Historischen Instituts (ŻIH) in Warschau.[28] Das war symptomatisch für die frühen Forschungen zur Shoah in der DDR, denn wichtige Impulse kamen nicht von Historiker*innen in der DDR, sondern oft aus dem Ausland oder von fachfremden Akteur*innen, die Publikationen initiierten.[29]

Einen Politbürobeschluss umsetzend, worin eine Tagung zum »barbarische[n] Wesen des deutschen Imperialismus und seines Rassenhasses« gefordert worden war, veranstaltete die Akademie der Wissenschaften im Juni 1961 die Konferenz *Die Barbarei – extremster Ausdruck der Monopolherrschaft in Deutschland,* auf der der Wirtschaftshistoriker Jürgen Kuczynski das gleichnamige Hauptreferat hielt.[30] Darin beschrieb er das »Monopolkapital«, besonders die I. G. Farben, als Drahtzieher und Hauptnutznießer des »Faschismus«, hielt sich aber hinsichtlich des Anlasses der Tagung – des Prozesses gegen Adolf Eichmann – mit Hinweisen zur Shoah zurück. Eichmann sei, so Kuczynski, letztlich nur »ein Manager« gewesen, der die Interessen ›des Kapitals‹ verwaltet habe. Die Shoah wurde eher beiläufig als Nebenerscheinung des imperialen Wettstreits der Konzerne denn als wichtiges Ereignis beschrieben.[31] »In einer Orgie des Barbarismus, die den Tod von Millionen Menschen, die den Raub und die Vernichtung von Milliarden an Sachwerten kostet, findet das barbarische System des Faschismus sein Ende«, lautete der kryptische Verweis auf den Genozid.[32]

---

28 Komitee der Antifaschistischen Widerstandskämpfer (Hrsg.): SS im Einsatz. Eine Dokumentation über die Verbrechen der SS. 7. neu bearb. Aufl. Berlin (Ost) 1964 (Erstausgabe 1957). Zu den Arbeiten des ŻIH siehe auch den Beitrag von Stephan Stach in diesem Band.

29 Siehe u. a. Jüdisches Historisches Institut Warschau (Hrsg): Faschismus–Getto–Massenmord. Dokumentation über Ausrottung und Widerstand der Juden in Polen während des Zweiten Weltkrieges. Berlin (Ost) 1960.

30 Jürgen Kuczynski: Die Barbarei – extremster Ausdruck der Monopolherrschaft in Deutschland. In: *Zeitschrift für Geschichtswissenschaft* 9 (1961), 7, S. 1484–1508. Der Beschluss in BArch, DY 30/42737, Bl. 4–5, zit. nach Bl. 5.

31 Kuczynski wehrte sich später gegen den Vorwurf, nicht genügend über die antisemitische Verfolgung gesprochen zu haben. Ders.: Wo wäre das anders gewesen? In: *Konkret* 8 (1992), S. 44 ff., hier S. 45.

32 Ders.: Die Barbarei (wie Anm. 30), S. 1505.

Diese ›Barbareithese‹ wurde rückblickend kritisiert, da sie die Rolle der Industrie weiter betont, den Massenmord aber als fast zwangsläufiges Symptom des Systems begriffen habe.[33] Der Philosoph Wolfgang Heise urteilte kurz nach der Konferenz, die Wissenschaft versage »vor dem Problem der Erklärung der Judenausrottung«. Als einer der ersten ostdeutschen Wissenschaftler*innen – gleichwohl nicht als Historiker, sondern als Philosoph – versuchte er, die prozesshafte Entwicklung der antijüdischen Verfolgung hin zum Mord zu skizzieren, beschrieb den Antisemitismus aber zumeist als Mittel zur Durchsetzung der antikommunistischen NS-Ideologie.[34] Doch war Kuczynski keineswegs der Einzige, der Shoah und Nationalsozialismus als »Barbarei« beschrieben und damit von einer vermeintlich kultivierten Zivilisation abgegrenzt hatte. Diese Sicht fand sich schon in Eugen Kogons Charakterisierung der SS oder in Theodor W. Adornos *Erziehung nach Auschwitz.*[35] Der Rückgriff auf diese metaphorische Interpretation kann daher eher als Ausdruck einer gewissen Hilfslosigkeit Kuczynskis gewertet werden, zumal er diese »Orgie« als Schluss- und Höhepunkt der »faschistischen« Herrschaft beschrieb und ihr damit einen besonderen Stellenwert beimaß, der letztlich aber unerklärt blieb. Erneut waren es die wenigen osteuropäischen Historiker*innen, die auf der Tagung vertreten waren, darunter Artur Eisenbach, der spätere Direktor des ŻIH, die in ihren Konferenzbeiträgen die Shoah behandelten.[36]

Zwar konnten viele engagierte Künstler*innen und Verlage von diesem Klima der relativen Offenheit gegenüber der Thematik profitieren und damit Alternativangebote zur Fachwissenschaft machen, die von dieser auch durchaus wahrgenommen wurden.[37] An der grundsätzlichen Erklärung der Shoah änderte sich aber nichts. Das Profitstreben der Konzerne habe nicht nur die Zwangsarbeit herbeigeführt, selbst die Beraubung und Verwertung der Leichen sei noch im Interesse der Industrie

---

33 Käppner: Erstarrte Geschichte (wie Anm. 2), S. 105 f.

34 Wolfgang Heise: Antisemitismus und Antikommunismus. In: *Deutsche Zeitschrift für Philosophie* 9 (1961), 12, S. 1423–1445, zit. nach S. 1432. Siehe Dieter Schlenstedt: Auf der Suche nach den Gründen der Barbarei. Wolfgang Heise auf der Berliner Historiker-Konferenz 1961. In: *Helmut Peitsch* (Hrsg.): Nachkriegsliteratur als öffentliche Erinnerung. Deutsche Vergangenheit im europäischen Kontext. Berlin/Boston 2018, S. 170–198.

35 Eugen Kogon: Der SS-Staat. Das System der deutschen Konzentrationslager. München 1946, S. 287–300; Theodor W. Adorno: Erziehung nach Auschwitz. In: Ders.: Erziehung zur Mündigkeit. Frankfurt am Main 2010 (Erstausgabe 1971), S. 88–104. Siehe auch Michael Wildt: Sind die Nazis Barbaren? Betrachtungen zu einer geklärten Frage. In: *Mittelweg 36* 15 (2006), 2, S. 8–26.

36 Heinz Heitzer: Die Barbarei – extremster Ausdruck der Monopolherrschaft in Deutschland. In: *Zeitschrift für Geschichtswissenschaft* 9 (1961), 7, S. 1632–1638, hier S. 1634 f.

37 Das Tagebuch des Dawid Rubinowicz, Berlin (Ost) 1961. Die Rezension Klaus Drobischs in: *Zeitschrift für Geschichtswissenschaft* 10 (1962), 7, S. 1741.

geschehen, wie Heinz Kühnrich, Historiker am Institut für Marxismus-Leninismus, behauptete.[38] Auch wenn diese überspitzte, politisch motivierte Sicht selbst unter DDR-Historiker*innen Kritik fand, blieb die Ausrichtung bestehen. Der 1963 begonnene Frankfurter Auschwitz-Prozess verstärkte dies noch, da hier die Verbindung von I. G. Farben und SS am deutlichsten zutage trat, was indes nicht von allen Prozessbeteiligten so intendiert war. Jürgen Kuczynski wurde als Gutachter bestellt, um die Zusammenarbeit darzulegen, doch die Anklage verhinderte seine Zulassung unter Hinweis auf seine vermeintliche ideologische Befangenheit. Sein Gutachten betonte zwar die Rolle der Industrie nach heutigem Wissensstand enorm und lieferte neue Impulse für die Austragung des Systemkonflikts, doch in den frühen 1960er Jahren war die heute unbestrittene Verflechtung von Industrie und Regime insgesamt noch ein Forschungsdesiderat, welches nur zögerlich aufgegriffen wurde.[39] In dem für das Frankfurter Gericht erstellten Gutachten zum System der Konzentrationslager ging Martin Broszat vom Münchner Institut für Zeitgeschichte nur kursorisch auf die I. G. Farben ein, obgleich er ihr eine aktive Rolle in der Errichtung des Lagers Auschwitz-Monowitz attestierte, und nannte die »Beteiligung« vieler Unternehmen an der »Häftlingszwangsarbeit« ein »besonders deprimierendes Kapitel in der Geschichte weltberühmter deutscher Industriefirmen«.[40] Das »Primat der Ausbeutung«, wie Joachim Käppner es beschrieb, wurde nur von wenigen in der DDR, etwa dem jüdisch-kommunistischen Auschwitz-Überlebenden Bruno Baum – erneut kein Historiker –, dem »Primat der Vernichtung« untergeordnet oder zumindest in deutlichem, aber nicht aufgelöstem Widerspruch beigestellt und der Genozid als von industriellen Interessen weitgehend unbeeinflusst beschrieben.[41]

38 Heinz Kühnrich: Der KZ-Staat. Rolle und Entwicklung der faschistischen Konzentrationslager 1938 bis 1945. Berlin (Ost) 1960, S. 82–87. Hierzu Käppner: Erstarrte Geschichte (wie Anm. 2), S. 85–88. Kühnrich griff darin u. a. Gerüchte auf, die noch während des Krieges entstanden und besonders in der unmittelbaren Nachkriegszeit populär waren, etwa die Herstellung von Seife aus Leichen. Siehe hierzu Raul Hilberg: Die Vernichtung der europäischen Juden. Frankfurt am Main [9]1999 (Erstausgabe 1990), S. 1033 f.

39 Jürgen Kuczynski: Die Verflechtung von sicherheitspolizeilichen und wirtschaftlichen Interessen bei der Einrichtung und im Betrieb des KZ Auschwitz und seiner Nebenlager. In: *Dokumentation der Zeit* 308 (1964), S. 36–42. Siehe Florian Schmaltz: Das historische Gutachten Jürgen Kuczynskis zur Rolle der I. G. Farben und des KZ Monowitz im ersten Frankfurter Auschwitz-Prozess. In: Irmtrud Wojak (Hrsg.): »Gerichtstag halten über uns selbst.« Geschichte und Wirkung des ersten Frankfurter Auschwitz-Prozesses (Jahrbuch zur Geschichte und Wirkung des Holocaust, 2001). Frankfurt am Main 2001, S. 117–140.

40 Martin Broszat: Nationalsozialistische Konzentrationslager, 1933–1945. In: Ders. u. a.: Anatomie des SS-Staates. Bd. 2. Olten/Freiburg i. Br. 1965, S. 9–160, besonders S. 119, zit. nach S. 144. Siehe auch Schmaltz: Das historische Gutachten (wie Anm. 39), S. 118 ff.

41 Bruno Baum: Widerstand in Auschwitz. Berlin (Ost) 1957, S. 11. Auch Baum hatte jedoch für die Neuauflage seines Buches ein Kapitel eingefügt, das die »deutschen Konzerne« als

## 3. Helmut Eschwege

Schon vor den politisch motivierten Impulsen der frühen 1960er Jahre gab es in der DDR den Versuch, eine erste Gesamtdarstellung der Shoah zu schreiben. Helmut Eschwege ist schon länger kein Unbekannter mehr: Seine Autobiographie ist eine häufig zitierte Quelle zum jüdischen Leben in der DDR und seine Arbeiten sind Beleg der marginalen, aber vorhandenen Holocaustforschung.[42] Sein eigentliches Hauptwerk ist allerdings bisher nicht umfassend analysiert worden.[43] Eschwege, 1913 geboren, hatte sich seit seiner Rückkehr aus dem Exil in Palästina mit der Shoah beschäftigt. Nach dem Verlust seiner Stelle am Ost-Berliner Museum für Deutsche Geschichte im Zuge der antisemitischen Stimmung Anfang 1953 und fachlicher Differenzen mit der Direktion arbeitete er in der Bibliothek der Technischen Hochschule Dresden, blieb in der Fachwelt jedoch ein Außenseiter.[44]

Seit Mitte der 1950er Jahre schrieb er an einer Gesamtdarstellung der Verfolgung und Ermordung der deutschen Jüdinnen und Juden und übergab Ende 1958 einem Verlag sein Manuskript. Zwar stieß es dort auf großes Interesse, doch das Lektorat bemängelte die fehlende Polemik gegen die Bundesrepublik in Eschweges Werk.[45] Das war der Beginn einer langen Auseinandersetzung mit zahlreichen, meist negativen Gutachten. Eschwege schrieb sein letztlich auf 1.400 Seiten angewachsenes Manuskript mehrfach um, auch mithilfe anderer Wissenschaftler*innen, doch die Änderungen reichten nicht aus. Mit der Arbeit verband er große Hoffnungen, wie er 1959 an den Direktor des ŻIH, Bernard Mark, schrieb: »Zur Zeit ist bei uns noch alles was mit uns [Juden] zu tun hat ›heißes Eisen‹. Mit meinem Buch hoffe ich hier eine breite Bresche zu schlagen.«[46] 1960

die »wahren Schuldigen an den Verbrechen in Auschwitz« beschrieb. Ebd., S. 40–64. Siehe Käppner: Erstarrte Geschichte (wie Anm. 2), S. 84–88; Wendler: NS-Täter (wie Anm. 14), S. 219–225.

42 Siehe etwa Dirk van Laak: Der Platz des Holocaust im deutschen Geschichtsbild. In: Konrad Jarausch/Martin Sabrow (Hrsg.): Die historische Meistererzählung. Deutungslinien der deutschen Nationalgeschichte nach 1945. Göttingen 2002, S. 163–193, hier S. 172; Alexander Walther: Helmut Eschwege and Jewish Life in the German Democratic Republic. In: Jay Geller/Michael Meng (Hrsg.): Rebuilding Jewish Life in Germany. New Brunswick 2020, S. 101–117.

43 Käppner hebt Eschwege zwar hervor, setzt sich aber nur mit der gescheiterten Veröffentlichung auseinander. Käppner: Erstarrte Geschichte (wie Anm. 2), S. 88 ff. und S. 134–145. Dabei folgt er weitgehend Eschweges Darstellung in Helmut Eschwege: Fremd unter meinesgleichen. Erinnerungen eines Dresdner Juden. Berlin 1991, S. 184–211.

44 Eschwege: Fremd (wie Anm. 43), S. 12–151.

45 Ebd., S. 188.

46 Eschwege an Mark, 12.09.1959. AŻIH, 310/404.

Abb. 1 Helmut Eschwege auf einem Passbild, 1950er Jahre

erinnerte Eschwege Kurt Hager, Mitglied im ZK der SED und Schlüsselfigur in der Kulturpolitik der DDR, an die Bedeutung seiner Arbeit angesichts des bevorstehenden Eichmann-Prozesses und der Tatsache, »daß es bei uns noch keine umfassende Schilderung dieser grauenhaften Auswirkung des deutschen Faschismus gibt«. Die Abteilung Wissenschaften im ZK der SED bescheinigte Eschwege in einer internen Notiz an Hager auch durchaus »grosse[n] Fleiss«, doch weise die Arbeit »erhebliche ideologische Unklarheiten« auf, weshalb sie in dieser Form nicht veröffentlicht werden könne.[47]

Die Gründe für die Ablehnung lagen zum einen in der Ausrichtung der Arbeit, da allein schon die Entscheidung provozierte, nur antisemitisch Verfolgte ins Zentrum zu rücken. Denn durch die seit 1945 in Reden, Rentenzahlungen und Forschungsarbeiten etablierte Opferhierarchie wurde kommunistischen Verfolgten die größte Aufmerksamkeit zuteil.[48] Zum anderen wurde in historischen Arbeiten die Widerstandstätigkeit besonders hervorgehoben und nicht das scheinbar unbedeutendere ›Opferdasein‹. Eschwege hingegen entschied sich für eine dezidiert jüdische Perspektive. Er beschrieb die Steigerung der Verfolgungsmaßnahmen und fügte thematische Kapitel zum Widerstand oder zur Technik der Tötungsorte bei. Die bemängelte fehlende Prominenz der Industrie versuchte Eschwege mit einem Kapitel zum *Finanzkapital als Nutznießer der*

47 Alle Zitate in BArch, DY 30/83179, Bl. 415–418.

48 Siehe Olaf Groehler: Antifaschismus und jüdische Problematik in der SBZ und der frühen DDR. In: Ders./Mario Kessler (Hrsg.): Die SED-Politik, der Antifaschismus und die Juden in der SBZ und der frühen DDR (Hefte zur DDR-Geschichte, 26). Berlin 1995, S. 5–31.

*Rassenideologie und Menschenvernichtung* wettzumachen. Seine Ausführungen über die Rolle der Konzerne erreichten jedoch, trotz einiger Polemik, nicht das geforderte Maß.[49]

Besonders seine Quellenauswahl und die dadurch spezifische Darstellungsweise unterschieden sich von anderen Arbeiten, denn Eschwege versuchte sich an einer Darstellung der Shoah, die an Saul Friedländers »integrierte Geschichte« erinnert. Der lange dominierenden Täterperspektive auf die Shoah, die mit den frühen Arbeiten Gerald Reitlingers oder Raul Hilbergs einsetzte, stellte Friedländer seinen Versuch entgegen, die Täter- und Opferperspektiven in eine Narration zu ›integrieren‹.[50] Eschwege entschied sich für eine ähnliche Verquickung. Nicht nur die Gesetze und der Terror gegen die jüdische Bevölkerung waren für ihn wichtig, auch die Frage, was dies für die Betroffenen bedeutete, trieb ihn um. Seine Darstellung der Deportationen etwa begann mit einer Schilderung der Verordnungen und der Ergebnisse der Wannsee-Konferenz. Doch anstatt den Hergang der Deportationen nur aus Täterquellen zu entwickeln, beschrieb Eschwege die Reaktionen der Betroffenen, indem er Abschiedsbriefe mehrerer Berliner*innen zitierte, die sich nach Erhalt der Deportationsbescheide das Leben genommen hatten.[51] Sein Kapitel zu Treblinka bestand zumeist aus Zitaten aus Vasilij Grossmans Buch und den Aussagen des Überlebenden Samuel Rajzman im Nürnberger Prozess.[52] Selbst die Befreiung Buchenwalds, der ›heilige Gral‹ des antifaschistischen Selbstverständnisses der DDR, schilderte Eschwege aus jüdischer Perspektive. Er zitierte aus den Erinnerungen Rolf Weinstocks, der die Befreiung im »Kleinen Lager« erlebt hatte und dessen Erlebnisbericht 1950 in der DDR nur einen Tag nach der Veröffentlichung wieder zensiert und eingestampft worden war.[53]

Die vielen Quellen, die Eschwege oft ausführlich über mehrere Seiten zitierte, wurden häufig illustrativ eingesetzt. Anstelle einer konzisen Darstellung bediente er sich einer Art Montagetechnik, achtete dabei aber stets auf die Kontrastierung von Täter- und Opferquellen. So weist sein Text auch nur wenige Passagen auf, in denen er explizit deutet oder erklärt, was in den Gutachten wiederum kritisiert wurde. Eschwege argumentierte nicht streng marxistisch, aber knüpfte dennoch

49 Das Manuskript in Zentralarchiv zur Erforschung der Geschichte der Juden in Deutschland (ZA), B. 2/11, Nr. 6–9.

50 Saul Friedländer: Das Dritte Reich und die Juden. Gesamtausgabe. München 2008.

51 ZA, B.2/11, Nr. 8, Bl. 547–575.

52 Ebd., Nr. 7, Bl. 966–990.

53 Ebd., Bl. 863–870, zitierend aus Rolf Weinstock: »Rolf, Kopf hoch!« Die Geschichte eines jungen Juden. Berlin/Potsdam 1950. Siehe dazu Simone Barck: Antifa-Geschichte(n). Eine literarische Spurensuche in der DDR der 1950er und 1960er Jahre. Köln 2003, S. 48–54.

an bestehende Erklärungsmuster an, um die Shoah in eine Faschismustheorie einzubetten, indem er die »Rassendiskriminierung« als einen »Bestandteil imperialistischer Politik und Ideologie« beschrieb, die wie der Antikommunismus der »Ablenkung der Massen von ihren wahren Interessen« gedient habe.[54] Inwieweit Eschwege dieser Sicht wirklich folgte, ist ungewiss, denn diese klare Zuspitzung findet sich so nur in der Einleitung, die er wie das gesamte Manuskript mehrfach umarbeitete. Im Hauptteil seiner Arbeit gibt es durchaus Referenzen auf die Rolle der Konzerne und deren vermeintliche Profitgier, aber da Eschwege nur selten wirklich interpretierte, blieb die politische Ausrichtung der Arbeit vage. Lediglich die letzte Version seines Manuskriptes ist erhalten geblieben, die er nach mehreren Jahren des teils aufgezwungenen, teils auch dankend angenommenen Umarbeitens abschloss. Der explizite Verweis auf »imperialistisch[e] Politik« könnte also auch Eschweges etwas verzweifelter Versuch gewesen sein, Zugeständnisse zu machen, um das Manuskript trotz der Bedenken bei Gutachter*innen und Verlag dennoch zu publizieren.

Im Text vereinte Eschwege zwei Sichtweisen zur Erklärung der Shoah, die später unter westdeutschen Historiker*innen konkurrierten. Während die ›Intentionalisten‹ einen unbedingten Tötungswillen der Nationalsozialisten als Erklärung forcierten, betonten die ›Strukturalisten‹ eine Abfolge immer radikaler werdender Entscheidungen, die letztlich zum Genozid führten.[55] In der Einleitung schrieb Eschwege: »Die millionenfache Auslöschung von Menschenleben geschah industriell, geschah in einem wohldurchdachten präzisen Rhytmus [sic]«, die »Ausrottung der Juden« sei »planmäßi[g]« gewesen.[56] Gleichzeitig aber skizzierte Eschwege eine stufenweise stärker werdende Verfolgung und beschrieb die Radikalisierungsschritte ähnlich, wie Reitlinger oder Hilberg es getan hatten.

Ohnehin erinnert manches an Eschweges Darstellung an Hilberg, obwohl er dessen 1961 veröffentlichtes Hauptwerk noch nicht kannte.[57] Die Verfolgung charakterisierte er ähnlich wie dieser als einen behördlichen Prozess, der »unter Verwendung modernster technischer Einrichtungen« geschehen sei. »Von der Fahrplanregelung für die Todeszüge bis zur Kapazität und technischen Beschaffenheit der Verbrennungsöfen […] war alles ›geplant‹«.[58] Auch in der lakonischen

---

54 ZA, B.2/11, Nr. 6, Bl. 6.

55 Nicolas Berg: Der Holocaust und die westdeutschen Historiker. Erforschung und Erinnerung. Göttingen 2003, S. 505–661.

56 ZA, B.2/11, Nr. 6, Bl. 7; ebd., Nr. 8, Bl. 548.

57 Raul Hilberg: The Destruction of the European Jews. Chicago 1961 (Deutsch erstmals 1982).

58 ZA, B.2/11, Nr. 6, Bl. 7.

Beschreibung der Handlungen der Täter*innen ähnelten sich die beiden Historiker in ihrer Denkweise. Nachdem Eschwege den Abschiedsbrief eines Mannes zitiert hatte, der vor seiner Deportation Suizid begangen hatte, kommentierte er: »Die Gestapo hatte die Selbstmörder in ihren Deportationslisten immer einkalkuliert und genügend Ersatzleute vermerkt.« Danach ging er kommentarlos zum nächsten Absatz über.[59] Während diese Sprache bei Hilberg ein zentrales Mittel für das Verständnis des Handelns der Täter*innen war, gab sie bei Eschwege eher dessen eigener Fassungslosigkeit Ausdruck.[60] Oft zeigte Eschwege seine persönliche Empörung auch unumwunden, wenn er etwa über Bełżec schrieb: »Von den Hunderttausenden, zumeist Juden aus Polen, die in dieses Vernichtungslager kamen, ist bisher nur ein Überlebender festgestellt worden!«[61]

Auch in der Darstellung der Täter*innen vereinte Eschwege mehrere Sichtweisen, die sich seit dem Ende des Krieges in Überlebendenberichten und Arbeiten von DDR-Historiker*innen herausgebildet hatten.[62] Neben den vermeintlichen kapitalistischen Hintermännern, die er so explizit fast nur hinsichtlich der nationalsozialistischen Machtübernahme 1933 nannte, beschrieb er einzelne SS-Mitglieder als Exzesstäter mit Neigung zu großer Grausamkeit.[63] Aus dem Urteil gegen Hans Globke zitierend, hob er die Rolle der Beamten und der diskriminierenden Gesetzgebung im Zuge der Verfolgung hervor, worin er erneut auch mit Hilberg übereinstimmte.[64] In einem Punkt unterschied sich Eschweges Darstellung indes von anderen Arbeiten in der DDR: Er thematisierte die Rolle der deutschen Bevölkerung und zeichnete ein recht differenziertes Bild der Reaktionen auf die Verfolgung.[65] Die Einführung des gelben Davidsterns als Zwangskennzeichen für als jüdisch definierte Personen 1941 habe, so Eschwege, in der Bevölkerung Scham ausgelöst, Einzelne hätten aus Mitgefühl den Stigmatisierten geholfen, manche »eine Ahnung ihrer Mitschuld« erhalten, was indes die Deportationen nicht verhindert habe.[66] Eschwege war sich bewusst, für welches Publikum er schrieb, als

59 Ebd., Nr. 8, Bl. 566.

60 Siehe Nicolas Berg: Das Innere der Dokumente – Zur Lakonie von Raul Hilberg. In: René Schlott (Hrsg.): Raul Hilberg und die Holocaust-Historiographie (Beiträge zur Geschichte des Nationalsozialismus, 35). Göttingen 2019, S. 161–182.

61 ZA, B.2/11, Nr. 8, Bl. 558.

62 Siehe Wendler: NS-Täter (wie Anm. 14).

63 ZA, B.2/11, Nr. 6, Bl. 169–173; Nr. 7, Bl. 720.

64 Ebd., Nr. 8, Bl. 611–616. Zum Urteil gegen Globke siehe Klaus Bästlein: Der Fall Globke. Propaganda und Justiz in Ost und West. Berlin 2018.

65 Siehe Wendler: NS-Täter (wie Anm. 14), S. 393–424.

66 ZA, B.2/11, Nr. 8, Bl. 647. Eschwege stützte sich dabei auf die Schilderungen Ruth Andreas-Friedrichs, Victor Klemperers und des Hamburger Juristen Leo Lippmann (ebd., Nr. 9, Bl. 1310). Darin wird er durch neuere Forschungen bestätigt, siehe Frank Bajohr: German Responses

er formulierte, dass sich »so mancher Einwohner der Großstädte« noch an den Anblick der zur Deportation bestimmten Menschen werde erinnern können.[67] Eine Thematisierung von (Mit-)Schuld breiter Bevölkerungsteile am Nationalsozialismus und an der Shoah im Besonderen war in den frühen 1960er Jahren in beiden deutschen Staaten eine Seltenheit.

Eschwege beklagte im Nachhinein Schwierigkeiten bei der Formulierung der Arbeit, doch traf er sprachlich oft den Kern des Problems.[68] Die Ghettos seien »Zwangswohngebiete« gewesen, und für die Tötungsorte prägte er den wenig griffigen, aber präzisen Begriff »Menschensammelstellen zum Zwecke des Massenmords«.[69] Über Treblinka schrieb er, es sei ein »Vernichtungslager[,] in das Juden nur hinbefördert wurden, damit sie dort sofort getötet werden«.[70] In dieser Prägnanz war die von den Tätern erdachte Funktion der Orte der »Aktion Reinhardt« bis dahin in der DDR (und wohl auch in der Bundesrepublik) so nicht formuliert worden. Eschwege erinnerte auch daran, dass deutsche Jüdinnen und Juden an diesen Orten getötet wurden, ein Fakt, der über 70 Jahre nach Kriegsende teils noch unbekannt ist.[71]

Eschwege konnte sich nur auf wenige deutschsprachige Forschungsarbeiten zur Thematik stützen, denn Anfang der 1960er Jahre war die Shoah noch kaum erforscht, zumindest nicht von der etablierten Geschichtswissenschaft. Stattdessen waren es meist Überlebende, die ihre Erfahrungen aufschrieben und wichtige Impulse gaben, doch keinesfalls immer gehört wurden. Eschweges Bibliographie umfasste viele in der DDR unerwünschte Autor*innen, wie H. G. Adler, Eugen Kogon oder Joseph Wulf, auf deren frühe Arbeiten er sich stützte. Besonders zu Wulf lassen sich viele Parallelen ziehen, denn der polnisch-jüdische Historiker, der zur gleichen Zeit in der Bundesrepublik lebte, agierte lange als

---

to the Persecution of the Jews as Reflected in Three Collections of Secret Reports. In: Susanna Schrafstetter/Alan E. Steinweis (Hrsg.): The Germans and the Holocaust. Popular Responses to the Persecution and Murder of the Jews (Vermont Studies on Nazi Germany and the Holocaust, 6). New York/Oxford 2016, S. 41–57; Wolf Gruner: Die Berliner und die NS-Judenverfolgung. Eine mikrohistorische Studie individueller Handlungen und sozialer Beziehungen. In: Rüdiger Hachtmann/Thomas Schaarschmidt/Winfried Süß (Hrsg.): Berlin im Nationalsozialismus. Politik und Gesellschaft 1933–1945 (Beiträge zur Geschichte des Nationalsozialismus, 27). Göttingen 2011, S. 57–87.

67 ZA, B.2/11, Nr. 8, Bl. 676.

68 Eschwege: Fremd (wie Anm. 43), S. 189.

69 ZA, B.2/11, Nr. 7, Bl. 694.

70 Ebd., Bl. 966.

71 Hier sei auf die Diskussion um eine finanzielle Beteiligung Deutschlands an der neuen Gedenkstätte in Sobibór erinnert. Siehe Stephan Lehnstaedt: Der Kern des Holocaust. Bełżec, Sobibór, Treblinka und die Aktion Reinhardt. München 2017, S. 176.

Einzelkämpfer in der Erforschung des Holocaust, obgleich unter anderen Voraussetzungen.[72] Für Eschwege waren Joseph Wulf, Bernard Mark, H. G. Adler oder auch Arnold Paucker, der Direktor des Londoner Leo Baeck Instituts, wichtige Ansprechpartner und Freunde geworden. Denn sie versorgten ihn so gut es ging mit Literatur, zu der er kaum Zugang hatte, besprachen einzelne Kapitel und boten ihm auch Publikationsmöglichkeiten.[73] Dieses transnationale Netzwerk früher Holocaustforschung ist für die DDR bislang nicht systematisch untersucht worden und kann in seiner Bedeutung kaum überschätzt werden. Archivreisen wurden Eschwege zumeist versagt und auf die Genehmigung zur Nutzung des Zentralen Staatsarchivs in Potsdam, das Teile des Gesamtarchivs der deutschen Jüdinnen und Juden enthielt, für dessen Öffnung Eschwege sich zeitlebens einsetzte, wartete er vergebens. Stattdessen profitierte er von den Forschungsergebnissen, die in Polen und der Sowjetunion publiziert wurden, etwa in der Zeitschrift des ŻIH, den *Bletern far geshikhte,* oder in jiddischsprachigen Zeitungen wie der *Folks-Sztyme* oder *Sovetish heymland.*[74] Anderen Historiker*innen in der DDR und der Bundesrepublik blieben diese Ergebnisse unbekannt aus einem einfachen Grund: Eschwege las Jiddisch und Hebräisch im Gegensatz zu seinen Kolleg*innen.

Eschwege war sich bewusst, wie prekär seine Stellung als jüdischer Historiker war, der sich diesem Thema widmete. Denn anders als die meisten Historiker*innen in der DDR, die wie er antisemitisch verfolgt worden waren, bezeichnete er sich bewusst als Jude. In der Einleitung sprach Eschwege diese besondere Erfahrung an und reflektierte zugleich, dass dies die Rezeption seiner Arbeit beeinflussen könnte: »[V]ielleicht ist manches meiner Worte durch das traurige Ende meiner Freunde und mein eigenes Leben subjektiv gefärbt.«[75] In diesem Versuch, einer Kritik vorzubeugen, die seine Arbeit als persönlich beeinflusst und damit vermeintlich unwissenschaftlich delegitimieren könnte, war Eschwege nicht allein. Joseph Wulf und Léon Poliakov erklärten in ihrem Buch, die Historiographie zur Shoah durch »[e]ine jüdische Feder« sei besonders »heikel«, da eine »übermenschliche ›wissenschaftliche‹ Objektivität« angesichts der 6 Millionen Toten »schwerfallen dürfte«, weshalb man sich für die »einzig vollkommen neutrale und vorurteilslose Form« einer Quellenanthologie entschieden

72 Klaus Kempter: Joseph Wulf. Ein Historikerschicksal in Deutschland. Göttingen 2014.

73 Die Briefwechsel in ZA, B.2/11, Nr. 1; 4; 10; 26; 27 und ebd., B.2/1, Nr. 504 und Nr. 872. Zudem Helmut Eschwege: Resistance of German Jews against the Nazi Regime. In: *The Leo Baeck Institute Year Book* 15 (1970), S. 143–180.

74 ZA, B.2/11, Nr. 9, Bl. 1317.

75 Ebd., Nr. 6, Bl. 14.

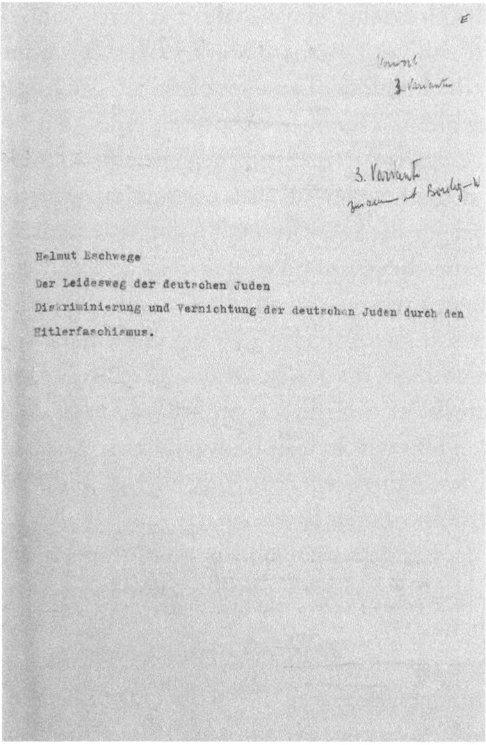

Helmut Eschwege

Der Leidesweg der deutschen Juden

Diskriminierung und Vernichtung der deutschen Juden durch den Hitlerfaschismus.

Abb. 2 Deckblatt des Manuskriptes *Der Leidensweg der deutschen Juden*

habe.[76] Ähnlich hielt es auch H. G. Adler, der »Selbsterlebtes in Abstraktion von meinem eigenem Schicksal« im Stile eines Ethnologen unter Anwendung größtmöglicher »Sachlichkeit« erforschen wollte.[77] Jüdische Historiker*innen versuchten sich proaktiv vor dem Vorwurf zu schützen, sie würden lediglich die eigene Geschichte erforschen. In Eschweges Fall kam zur eigenen Erfahrung noch die Wertschätzung der Berichte jüdischer Überlebender hinzu, die er zur Kontrastierung der Täterperspektive einsetzte. Anders als Hilberg erkannte Eschwege in diesen Berichten keineswegs ein wissenschaftliches Hindernis oder bemängelte gar die »mythische Form dieses Erinnerns«, wie später Martin Broszat im Briefwechsel mit Saul Friedländer.[78] Vielmehr schätzte er die Texte als wichtige

76 Léon Poliakov/Joseph Wulf: Das Dritte Reich und die Juden. Dokumente und Aufsätze. Berlin (West) 1955, S. 1.

77 Zit. nach Berg: Holocaust (wie Anm. 55), S. 622.

78 Martin Broszat/Saul Friedländer: Um die »Historisierung des Nationalsozialismus«. Ein Briefwechsel. In: *Vierteljahrshefte für Zeitgeschichte* 36 (1988), 2, S. 339–372, zit. nach S. 343. Siehe auch Berg: Holocaust (wie Anm. 55), S. 634.

Informationsquelle und bewahrte dadurch auch das, was Friedländer später als das »Primärgefühl der Fassungslosigkeit« beschrieb, eine konstante Irritation, die eine rationale, allzu nüchterne Beschreibung der Shoah verhindern sollte.[79]

Trotz umfangreichen Umarbeitens blieb das Manuskript unveröffentlicht. Die »Judenfrage« sei eine »Klassenfrage«, befand der Gutachter Henry Görschler, welche in Eschweges Werk nicht entsprechend dargestellt worden sei.[80] Letztlich einigten sich die Beteiligten auf die Publikation der als Beigabe geplanten Quellenanthologie, die 1966 als *Kennzeichen J* erschien und zentrale, meist schon in anderen Editionen abgedruckte Quellen versammelte, aber die erste geschichtswissenschaftliche Arbeit dieser Art in der DDR darstellte.[81] Gänzlich folgenlos war Eschweges Engagement daher nicht, zumal der Historiker Rudi Goguel, der energisch für eine Publikation des Manuskriptes eingetreten war, in seiner Einleitung zum Quellenband die Shoah – erstmals in der DDR – als ein von ökonomischen Interessen losgelöstes Ereignis beschrieb.[82] Die auch vom ZK der SED erkannte eklatante Lücke in der eigenen historiographischen Behandlung der Shoah sollte mit Eschweges Buch geschlossen werden, weshalb auch Goguels vergleichsweise innovatives Vorwort genehmigt wurde. Das war umso erstaunlicher, da zur selben Zeit der Historiker Günter Paulus schwer kritisiert worden war, nachdem er Hitler in seinem Buch »eine gewisse Selbstständigkeit« in dessen Rolle als »Hauptmanager des staatsmonopolistischen Kapitalismus« attestiert, somit also die unbedingte Vormachtstellung des »Monopolkapitals« vorsichtig eingeschränkt hatte.[83] Sein Buch wurde eingezogen und Paulus strafversetzt. Eschweges Publikation erschien also in einer Zeit, in der Abweichungen von der marxistischen Faschismustheorie kaum möglich waren und nur aus politischen Gründen erlaubt wurden.

Trotz des raschen Verkaufs konnte Eschweges Buch nur bedingt neue Forschungen auslösen. Der Gutachter Horst Dohle bekannte zwar, das Projekt habe ihn veranlasst, nun auch selbst tätig zu werden.[84] Der große Aufbruch blieb indes

---

79 Saul Friedländer: Den Holocaust beschreiben. Auf dem Weg zu einer integrierten Geschichte (Jena Center Geschichte des 20. Jahrhunderts, Vorträge und Kolloquien, 2). Göttingen 2007, S. 104.

80 Gutachten in ZA, B.2/11, Nr. 13. Ausführlich dazu Käppner: Erstarrte Geschichte (wie Anm. 2), S. 134–145.

81 Helmut Eschwege: Kennzeichen J. Bilder, Dokumente, Berichte zur Geschichte der Verbrechen des Hitlerfaschismus an den deutschen Juden 1933–1945. Berlin (Ost) 1966.

82 Ebd., S. 9–23, besonders S. 18.

83 Günter Paulus: Die zwölf Jahre des tausendjährigen Reiches. Streiflichter auf die Zeit der faschistischen Diktatur über Deutschland. Berlin (Ost) 1965, S. 68. Siehe hierzu Sabrow: Diktat (wie Anm. 1), S. 371–393.

84 Dohle an Alfred Wiener, 06. 10. 1960, WL, 3000/9/1/344.

aus, wie Eschwege gegenüber Joseph Wulf beklagte: »Leider gilt der Prophet im eigenen Land nicht allzuviel.« Seine Forschung passe nicht ins »sorgsam aufgebaute Geschichtsbild [...]. Die blinde Zerstörung und Vernichtung jüdischen Eigentums« widerspreche der Theorie, »daß alles Historische seine ökonomischen Beweggründe habe.«[85] Obwohl Eschwege in dieser Einschätzung durchaus zuzustimmen ist, soll sein Werk in seiner Bedeutung nicht überhöht werden. Trotz innovativer Ansätze blieb er schon in dieser frühen Zeit hinter dem Forschungsstand zurück und erreichte nicht die Qualität der Arbeiten Adlers, Hilbergs oder Wulfs. Gelegentlich befand sich Eschwege auch auf einer Linie mit der DDR-Geschichtswissenschaft, etwa in seiner harschen Kritik der als »Berufsverbrecher« internierten KZ-Gefangenen und seiner Polemik gegen die I. G. Farben.

## 4. Forschungen zur jüdischen Kultur und Geschichte seit den 1970er Jahren

Eschweges Versuch einer Gesamtdarstellung wurde von anderen Historiker*innen aufgegriffen und einer strengeren marxistischen Lesart unterzogen. Das 1973 erschienene Buch *Juden unterm Hakenkreuz,* die erste Gesamtdarstellung der Shoah in der DDR, wies nur noch rudimentäre Ähnlichkeiten mit Eschweges Werk auf. Die Autoren dankten ihm lediglich »für Anregungen und Vorarbeiten«.[86] Das Buch gab den lange beibehaltenen Erklärungsansatz wieder, wonach die Shoah vor allem ein Resultat des im »Generalplan Ost« formulierten »faschistischen Weltherrschaftsstrebens« gewesen sei, welches den Austausch ganzer Bevölkerungsgruppen vorgesehen habe. Dieser Ansatz wurde von Kurt Pätzold weiterentwickelt, der damit ähnlich wie Hans Mommsen in der Bundesrepublik ein ›strukturalistisches‹ Erklärungsmodell der Radikalisierung präferierte, allerdings meist mit deutlicher Betonung ökonomischer Aspekte.[87] Mit seiner Habilitation zur frühen Verfolgung der jüdischen Bevölkerung wurde Pätzold zur Instanz der Holocaustforschung in der DDR und konnte, besonders durch die Sichtung der Quellen im Potsdamer Staatsarchiv, zur gesamtdeutschen Erforschung der Shoah beitragen.[88]

---

85 Eschwege an Wulf, 17.02.1967, ZA, B.2/1, Nr. 504, Bl. 2.

86 Klaus Drobisch u.a. (Hrsg.): Juden unterm Hakenkreuz. Verfolgung und Ausrottung der deutschen Juden 1933–1945. Berlin (Ost) 1973, S. 4.

87 Siehe Annette Leo: Zwei Arten, den Holocaust zu erklären. Dreizehn Fragmente über Hans Mommsen und Kurt Pätzold. In: Maubach/Morina (Hrsg.): Das 20. Jahrhundert erzählen (wie Anm. 14), S. 246–283.

88 Kurt Pätzold: Faschismus, Rassenwahn, Judenverfolgung. Eine Studie zur politischen Strategie und Taktik des faschistischen deutschen Imperialismus (1933–1935). Berlin (Ost)

Er ermöglichte auch ausgewählten Studierenden die Lektüre anderweitig kaum erhältlicher Standardwerke und regte zu eigenen Archivrecherchen an.[89]

Wieso aber äußerten sich nicht mehr jüdische Historiker*innen zum Holocaust? Mit Leo Stern, Stefan Doernberg, Hans Mottek oder Jürgen Kuczynski waren mehrere Historiker jüdischer Herkunft in teils prominenten Positionen in der DDR vertreten. Eine Scheu vor unbeliebten jüdischen Themen, besonders infolge der antisemitisch konnotierten Kampagne von 1953, ist nur eine Erklärung für deren Zurückhaltung. Maßgeblicher waren eher die frühe Trennung vom eigenen jüdischen Elternhaus und ihre Hinwendung zum Kommunismus.[90] Eine gesonderte Betrachtung jüdischer Geschichte oder der antisemitischen Verfolgung losgelöst von der Faschismusforschung erschien den meisten nie als eine attraktive Alternative oder relevante, wissenschaftlich legitime Aufgabe.

Das Fehlen eigener Arbeiten zu diesem Thema war dennoch nicht für alle leicht zu erklären, wie das Beispiel Jürgen Kuczynskis verdeutlicht. 1991 wurde er von einer Leserin gefragt, wieso sich in seinen Arbeiten kein Hinweis auf die Shoah finde. Dieser Brief, antwortete Kuczynski, habe ihn »wie kein anderer in meinem Leben geschockt«, zumal er ja in Deutschland »doppelt gefährdet« gewesen sei, »als Kommunist und als ›von jüdischer Rasse‹. Das Ganze ist absolut unglaublich. Nie habe ich in den mehr als 100 Büchern, die ich geschrieben habe, so einen Fehler gemacht.« In einem daraufhin schnell verfassten Nachwort zur geplanten Neuausgabe seiner *Geschichte des Alltags des Deutschen Volkes* versuchte er dies damit zu erklären, »daß es in der KPD keinen, absolut keinen Antisemitismus gab«. Doch davon schien wohl auch er nicht überzeugt gewesen zu sein, denn dies sei nur »ganz vielleicht« eine Erklärung.[91]

Tatsächlich hatte Kuczynski in seinen Studien über den Alltag und die Lage der Arbeiter die Verfolgung der jüdischen Bevölkerung nie erwähnt. Er hatte die Ausbeutung sowjetischer Kriegsgefangener und Zwangsarbeiter*innen beschrieben, nicht aber die jüdischer Gefangener.[92] Doch war auch ihm das große Desiderat

1975. Siehe Christian Dietrich: Ein stiller Wandel. Die DDR-Geschichtswissenschaft in den 1970er- und 1980er-Jahren. Relektüre der Arbeiten Kurt Pätzolds. In: *Zeitschrift für Geschichtswissenschaft* 68 (2020), 1, S. 47–62.

89 Auskunft von Wolf Gruner, 07.04.2019.

90 Hartewig: Zurückgekehrt (wie Anm. 27), S. 23–106.

91 Alle Zitate in Kuczynskis Nachtrag »Die Judenverfolgung, Holocaust, der Massenmord an den Juden 1933–1945« zum 5. Band der Geschichte des Alltags des Deutschen Volkes, Archiv des Papy Rossa Verlags, Köln. Ich danke Jürgen Harrer für die Unterstützung. Der Hinweis bei Frevert: Jewish Hearts (wie Anm. 24), S. 370–373.

92 Etwa Jürgen Kuczynski: Geschichte des Alltags des deutschen Volkes. Bd. 5.: 1918 bis 1945. Berlin (Ost) 1982, S. 78–85.

der Shoah bewusst. Als ihm die Soziologin Irene Runge ihren Essay zur Reaktion der Deutschen auf den Novemberterror 1938 schickte, der in einem mit Kurt Pätzold verfassten Band 1988 erschien, bedankte sich Kuczynski und befand: »Das ganze Unternehmen ist wichtig – nach so vielen Jahren Scheu dem Problem der Judenvernichtung gegenüber.«[93] Dass er selbst auch jene Scheu in seiner Arbeit verspürt hatte, erwähnte Kuczynski nicht.

Doch letztlich zielt die Frage, wieso sich jüdische Historiker*innen in der DDR nicht mehr mit der Shoah beschäftigten, in die falsche Richtung. Eine jüdische Herkunft determinierte keineswegs eine Hinwendung zu jüdischer Geschichte. Nichtjüdische Historiker*innen hätten auch allen Grund gehabt, sich damit zu befassen, doch dies blieb lange Zeit ein Refugium jüdischer Überlebender, nicht nur in der DDR. Auch in der Bundesrepublik waren es zumeist jüdische Remigrant*innen und Überlebende, die sich der Erforschung der Shoah und jüdischer Geschichte widmeten. Als Außenseiter hatten es Historiker wie Joseph Wulf, Hans Lamm oder Heinz Mosche Graupe schwer, sich in der Zunft der Geschichtswissenschaft zu behaupten.[94] In der DDR hingegen waren jüdische Historiker auch in Leitungspositionen tätig, wie etwa Leo Stern, hatten jedoch ihr Judentum zugunsten einer kommunistischen Identität weitgehend abgelegt.

Doch während seit den 1970er Jahren in der Bundesrepublik verstärkt jüdische Geschichte und Kultur erforscht wurden, blieb dies in der DDR-Geschichtswissenschaft lange ein blinder Fleck – aber eben auch nur da. Stattdessen waren es Wissenschaftler*innen wie die Altphilologin Marie Simon, der Judaist Heinrich Simon, deren Sohn, der Historiker Hermann Simon, oder auch der Gerichtsreporter Rudolf Hirsch, der Feuilletonist Heinz Knobloch oder der Lektor Hubert Witt, die sich diesen Themen annahmen und dazu publizierten. Gerade weil viele die in der Fachwissenschaft klaffende Lücke erkannten, konnten und wollten sich fachfremde Interessierte engagieren. Erneut muss hier auch Helmut Eschwege genannt werden, der nach dem Debakel seines ersten Buchprojektes eine Geschichte der Synagogen in Deutschland schrieb und nach zwölfjährigem

---

93 Kuczynski an Runge, 14. 12. 1987, BArch, DY 30/16013. Der Essay: »Kristallnacht«. Fragen zur Rekonstruktion von Erinnerungen. In: Kurt Pätzold/Irene Runge: Pogromnacht 1938. Berlin (Ost) 1988, S. 7–38.

94 Siehe Michael Brenner: Vergessene Historiker. Ein Kapitel deutsch-jüdischer Geschichtsschreibung der fünfziger und sechziger Jahre. In: Irmela von der Lühe/Axel Schildt/Stefanie Schüler-Springorum (Hrsg): »Auch in Deutschland waren wir nicht wirklich zu Hause«. Jüdische Remigration nach 1945 (Hamburger Beiträge zur Geschichte der deutschen Juden, 34). Göttingen 2008, S. 207–223; Christhard Hoffmann: Juden und Judentum in der bundesdeutschen Geschichtswissenschaft. In: *Zeitschrift für Geschichtswissenschaft* 43 (1995), 8, S. 677–686.

Ringen veröffentlichen konnte.[95] Seine Arbeiten zu jüdischen Friedhöfen, zur jiddischen Sprache oder zur Geschichte jüdischer Gemeinden auf dem Gebiet der DDR blieben alle unveröffentlicht; eine mit dem deutschen, in Australien lehrenden Historiker Konrad Kwiet verfasste Studie zum jüdischen Widerstand gegen den Nationalsozialismus konnte nur in der Bundesrepublik erscheinen.[96]

In West und Ost waren es zudem Kirchengruppen und jüdisch-christliche Gemeinschaften, die eine Auseinandersetzung mit lokaler jüdischer Geschichte initiierten. Angeregt durch die Diskussion um ›Erbe und Tradition‹ in den 1970er Jahren, wonach die DDR nicht mehr nur in die Tradition der Arbeiterbewegung, sondern auch in eine nationalstaatliche deutsche Vergangenheit eingebettet werden sollte, fand auch eine Öffnung hin zu anderen Themen statt.[97] Die Gründung des Centrum Judaicum in der Oranienburger Straße in Ost-Berlin und der erinnerungspolitische Dammbruch des 50. Jahrestages der »Kristallnacht« 1988, in dessen Zuge Gedenktafeln eingeweiht, Lokalstudien geschrieben und Vorträge gehalten wurden, waren das offensichtlichste Ergebnis dieser Bemühungen. Mit Harry Stein oder Wolf Gruner meldete sich zudem die nächste Historiker*innengeneration zu Wort, die einen neuen Blick auf das Thema wagte.[98]

## 5. Fazit

Zusammenfassend kann konstatiert werden, dass es durchaus Versuche innerhalb der DDR-Geschichtswissenschaft gab, sich mit der Shoah und jüdischer Geschichte zu befassen. Doch waren diese Versuche oft zaghaft, allzu ideologiereich aufgeladen und kamen insgesamt zu spät. In dem Versuch, den Holocaust marxistisch zu erklären, waren DDR-Historiker*innen zwar keineswegs allein, doch die lange trotzig verteidigte Rolle des »Primats der Ökonomie«, die auch

95 Helmut Eschwege: Die Synagoge in der deutschen Geschichte. Eine Dokumentation. Dresden 1980.

96 Konrad Kwiet/Helmut Eschwege: Selbstbehauptung und Widerstand. Deutsche Juden im Kampf um Existenz und Menschenwürde 1933–1945 (Hamburger Beiträge zur Sozial- und Zeitgeschichte, 19). Hamburg 1984. Siehe auch Eschwege: Fremd (wie Anm. 43), S. 212–277. Die Manuskripte und Vorarbeiten in ZA, B./11, Nr. 14; 21; 57; 92; 106; 107; 164; 222.

97 Walter Schmidt: Jüdisches Erbe deutscher Geschichte im Erbe- und Traditionsverständnis der DDR. In: *Zeitschrift für Geschichtswissenschaft* 37 (1989), 8, S. 692–714. Siehe auch Gerd Dietrich: Kulturgeschichte der DDR. Bd. 3. Göttingen 2018, S. 1741–1745.

98 Wolf Gruner: Der Beginn der Zwangsarbeit für arbeitslose Juden in Deutschland 1938/39. Dokumente aus der Stadtverwaltung Berlin. In: *Zeitschrift für Geschichtswissenschaft* 37 (1989), 2, S. 135–151; Harry Stein: Quellen zum antisemitischen Pogrom in Thüringen 1938. In: Ebd. 36 (1988), 10, S. 900–910.

marxistische Historiker*innen kritisierten, ließen neue Forschungsansätze kaum zu.[99] Anknüpfungspunkte konnte die DDR-Forschung dennoch schaffen. Überlegungen zu einer ›Ökonomie der Vernichtung‹ und der Rolle rassistischer Bevölkerungsplanung als Erklärungsmodell für die Entscheidung zum Massenmord gab es auch in der Bundesrepublik, womit etwa Götz Aly und Susanne Heim in den 1980er und 1990er Jahren eine Kontroverse auslösten.[100] Zudem werden seit einigen Jahren Kontinuitäten kolonialistischer Denkweisen im Zusammenhang mit der Shoah diskutiert, auf die, wenngleich sehr zaghaft und unter klaren ideologischen Vorzeichen, auch DDR-Historiker*innen schon verwiesen hatten.[101] Auch marxistische Interpretationsansätze der Shoah finden sich noch, die jedoch nach Ende des Kalten Krieges, auch aufgrund eines breiteren Forschungsstandes, keine ideologischen Grabenkämpfe mehr ausfechten müssen.[102]

Die etablierten jüdischen Historiker der DDR umgingen die Thematik größtenteils, meist aus politischer Überzeugung, teils aber wohl auch aus einem gewissen Selbstschutz heraus. Ähnlich wie in der Bundesrepublik blieb es lange weitgehend den Außenseitern wie Helmut Eschwege überlassen, die Shoah und jüdische Geschichte zu erforschen. Zudem übernahmen Kulturschaffende in der DDR vermehrt die Rolle der Historiker*innen und trugen durch ihre Arbeiten ganz bewusst zur Schaffung eines Bewusstseins für die Shoah bei. Die Arbeiten einzelner engagierter Historiker wie Kurt Pätzold markierten eine neue Qualität der Holocaustforschung in der DDR, die insgesamt aber hinter denen der Fachkolleg*innen in der Bundesrepublik zurückblieb. Helmut Eschweges früher Versuch einer Gesamtdarstellung blieb indes eine Ausnahme, die auch im deutsch-deutschen Vergleich Seltenheitswert besaß. Besonders im Kontext der frühen transnationalen Holocaustforschung ist daher ein Blick auf die Historiographie der DDR lohnenswert. Obwohl es in beiden deutschen Staaten Historiker*innen gab, die sich dem Kernverbrechen des Nationalsozialismus widmeten, brauchte es Jahrzehnte, bis diesem in der Wissenschaft und in der Öffentlichkeit eine größere Aufmerksamkeit zukam.

---

99 Die Kritik etwa bei Tim Mason: Der Primat der Politik – Politik und Wirtschaft im Nationalsozialismus. In: *Das Argument* 8 (1966), 41, S. 473–494.

100 Siehe Götz Aly: Sozialpolitik und Judenvernichtung. Gibt es eine Ökonomie der Endlösung (Beiträge zur nationalsozialistischen Gesundheits- und Sozialpolitik, 5)? Berlin 1987; Ders./Susanne Heim: Vordenker der Vernichtung. Auschwitz und die deutschen Pläne für eine neue europäische Ordnung. Hamburg 1991.

101 Siehe Käppner: Erstarrte Geschichte (wie Anm. 2), S. 155–159; Steffen Klävers: Decolonizing Auschwitz? Komparativ-postkoloniale Ansätze in der Holocaustforschung. Berlin/Boston 2018.

102 Alex Callinicos: Ausloten der Abgründe. Marxismus und Holocaust. In: *Sozialistische Hefte* 13 (2007), S. 7–20.

Stephan Stach

# Zwischen »Klassenkampf im Ghetto« und dem »Zauber Israels«

## Das Warschauer Jüdische Historische Institut und sein Beitrag zur frühen Holocaustforschung

Die folgenden Ausführungen widmen sich dem Beitrag des Warschauer Jüdischen Historischen Instituts (poln.: Żydowski Instytut Historyczny; jidd.: Jidišer historišer institut, JHI)[1] zur frühen Dokumentation und Erforschung des deutschen Massenmordes an den europäischen Jüdinnen und Juden. Lange Zeit herrschte die Ansicht vor, dass wissenschaftliche Holocaustforschung erst seit den 1960er Jahren betrieben worden sei und östlich des Eisernen Vorhangs, wenn überhaupt, nur politisch verfälscht und marginalisiert stattgefunden habe.[2] Die Arbeit des JHI zeigt, dass die Erforschung des Holocaust bereits deutlich früher begann. Inwiefern dessen Arbeit tatsächlich politisch beeinflusst war und wie sich dies auf die Rezeption und den wissenschaftlichen Wert dieser Arbeiten auswirkte, möchte ich im Folgenden genauer analysieren. Dabei betrachte ich die Arbeit des Instituts vor dem Hintergrund der politischen und gesellschaftlichen Situation in Polen während des Kalten Kriegs. Wenngleich die Forschungstätigkeit des JHI im sozialistischen Polen stattfand, so meine These, verstanden sich die Mitarbeiter*innen des Instituts als Teil einer transnationalen, jüdischen Gemeinschaft von Forschenden, denen bewusst war, dass ihre Arbeit keineswegs nur im nationalen Rahmen von Bedeutung war. Mehr noch, im Zeitraum, den ich in meinem Beitrag untersuche – von der Entstehung des Instituts 1947 bis Anfang der 1960er Jahre –, war das JHI eine der größten Institutionen unter

1 Der vorliegende Text entstand im Rahmen des Forschungsprojekts *Inclusion of the Jewish Population into Postwar Czechoslovak and Polish Societies*, Projektnummer 16–01775Y, gefördert von der Czech Science Foundation.
Die Transkription aus dem Jiddischen beruht auf der deutschen Norm DIN 31636, ›Umschrift des hebräischen Alphabets‹.

2 Zum Beginn der Holocaust-Historiographie in den 1960ern Michael R. Maurrus: The Holocaust in History. Toronto 2000. Zur politischen Verfälschung Lucy S. Dawidowicz: The Holocaust and the Historians. Cambridge (Mass.) 1981; Thomas C. Fox: The Holocaust under Communism. In: Dan Stone (Hrsg.): The Historiography of the Holocaust. Basingstoke 2004, S. 420–439.

den wenigen Einrichtungen, die sich damals mit der Erforschung des Holocaust beschäftigten. Die Arbeit des Instituts trug daher in Polen, den übrigen Staaten des sozialistischen Blocks und auch westlich des Eisernen Vorhangs zur Herausbildung der Erinnerung an den Holocaust bei. Darüber hinaus bietet die Untersuchung des Instituts, einer sichtbar jüdischen Einrichtung im sozialistischen Polen, Einblicke in die Entwicklung der polnisch-jüdischen Beziehungen im betrachteten Zeitraum.

## 1. Nach dem Krieg – Die Entstehung des Jüdischen Historischen Instituts

Das Jüdische Historische Institut entstand 1947 nicht aus dem Nichts, sondern ging aus der Umgestaltung der Zentralen Jüdischen Historischen Kommission (poln.: Centralna Żydowska Komisja Historyczna; jidd.: Tzentrale jidiše historiše komisje, ZJHK) hervor. Diese wiederum war Ende 1944 in Lublin unter dem Dach des gerade dort gebildeten Zentralkomitees der Juden in Polen (poln.: Centralny Komitet Żydow w Polsce; jidd.: Tzentral komitet fun jidn in poiln, ZKJP) gegründet worden. Das ZKJP setzte sich aus Vertretern verschiedener jüdischer Parteien und Verbände zusammen. Im Rahmen der Autonomie, die die polnische Regierung den Jüdinnen und Juden nach dem Krieg zunächst eingeräumt hatte, fungierte das Zentralkomitee bis zu seiner Auflösung im Jahr 1950 als oberste Selbstverwaltungskörperschaft.[3] Mit dem Vorrücken der Roten Armee bildeten sich nach und nach auch in anderen polnischen Städten historische Kommissionen, die der Zentralen Jüdischen Historischen Kommission unterstellt wurden. Diese zog nach wenigen Monaten nach Lodz um und schließlich im Frühjahr 1947 ins vom Krieg fast völlig zerstörte Warschau. Noch in Lublin hatte Philip Friedman die Leitung der ZJHK übernommen. Er hatte sich bereits im Vorkriegspolen einen Namen als Historiker gemacht und gilt heute als einer der Gründerväter der Holocaust-Historiographie.[4] Friedman leitete die Kommission bis zum Sommer 1946, dann emigrierte er über die

3 Zum ZKJP siehe AUGUST GRABSKI: Centralny Komitet Żydów w Polsce (1944–1950). Historia polityczna [Das Zentralkomitee der Juden in Polen (1944–1950). Die politische Geschichte]. Warschau 2015; im Kontext jüdischer Autonomiebestrebungen JOLANTA ŻYNDUL: Państwo w Państwie? Autonomia narodowo-kulturalna w Europie środkowowschodniej w XX wieku [Ein Staat im Staate? National-kulturelle Autonomie in Ostmitteleuropa im 20. Jahrhundert]. Warschau 2000, S. 211–216.

4 Zu Friedman siehe RONI STAUBER: Laying the Foundations for Holocaust Research: The Impact of the Historian Philip Friedman (Search and Research – Lectures and Papers, 15).

amerikanische Besatzungszone Deutschlands in die Vereinigten Staaten. Auf ihn folgten Nachman Blumental als Direktor und Józef Kermisz als stellvertretender Direktor des Instituts.

Die ZJHK und ihre Außenstellen sammelten »sämtliche gedruckte, handschriftliche oder andersartige Materialen, Fotos, Illustrationen, Dokumente und Beweisstücke«,[5] die vom deutschen Massenmord an den europäischen und polnischen Jüdinnen und Juden zeugten. Dabei sahen viele Kommissionsmitarbeiter*innen ihre Tätigkeit als Fortsetzung von Dokumentationsprojekten an, die bereits während des Krieges begonnen hatten, wie etwa dem Untergrundarchiv des Warschauer Ghettos, das Emanuel Ringelblum zusammen mit einer unter dem Tarnnamen Oneg Schabat agierenden Gruppe Freiwilliger angelegt hatte. Bei Rachel Auerbach und dem Ehepaar Hersz und Bluma Wasser war dies auch ganz real der Fall: Sie waren die drei einzigen Überlebenden der Oneg-Schabat-Gruppe.[6] Methodisch stand die ZJHK in der Tradition des YIVO[7] (jidd.: Jidišer wisnšaftlecher institut; dt.: Jüdisches Wissenschaftliches Institut), das vor dem Krieg in Vilnius (poln.: Wilno) entstanden war. Um Material zur jüdischen Geschichte und Kultur zusammenzutragen, hatte das YIVO im ganzen Land ein Netz aus Amateurhistoriker*innen, den »Zamlern«, unterhalten, welche historische Dokumente gesammelt und selbst Quellen wie Berichte, autobiographische Essays und Interviews geschaffen hatten.[8] Ganz ähnlich funktionierte die ZJHK mit ihrem Netz an lokalen Kommissionen, in denen, anders als in der Zentrale, zumeist keine professionellen Historiker*innen arbeiteten, dafür aber als Teil der örtlichen jüdischen Gemeinschaften Dokumente wie Tagebücher sammelten oder Interviews mit Holocaust-Überlebenden führten.

Die Wissenschaftler in der Leitung der ZJHK verfolgten von Anfang an das Ziel, aus der Kommission ein dauerhaft angelegtes Institut entstehen zu lassen. Bereits in der ersten Hälfte des Jahres 1945 hielten sie im Statut der Kommission fest:

---

Jerusalem 2008; Natalia Aleksiun: Philip Friedman and the Emergence of Holocaust Scholarship: A Reappraisal. In: *Jahrbuch des Simon-Dubnow-Instituts* 11 (2012), S. 333–346.

5 Archiv des Jüdischen Historischen Instituts in Warschau (im Folgenden AJHI), 303/XX/1, unpaginiert.

6 Zu Ringelblum und der Oneg-Schabat-Gruppe: Samuel Kassow: Ringelblums Vermächtnis. Das geheime Archiv des Warschauer Ghettos. Reinbek 2010.

7 Die Bezeichnung YIVO leitet sich von der Transliteration des jiddischen, mit hebräischen Buchstaben geschriebenen Akronyms ins Englische ab und wird hier verwendet, weil sich diese Schreibweise eingebürgert hat.

8 Laura Jockusch: Collect and Record. Jewish Holocaust Documentation in Early Postwar Europe. Oxford 2012, S. 31–38.

§ 6. Die Kommission versammelt eine Gruppe Spezialisten im Bereich der genannten und ähnlicher Forschungsgebiete, um auf diese Weise eine Basis für ein zukünftig zu schaffendes Jüdisches Wissenschaftliches Institut zu bilden.[9]

Dieses Ziel konnte angesichts der Situation im Nachkriegspolen als durchaus ambitioniert gelten. Zum einen kehrte, auch nachdem die deutschen Truppen von der Roten Armee vertrieben worden waren, kein Frieden ein. Insbesondere in ländlichen Regionen kam es zu Auseinandersetzungen zwischen sowjetischen Truppen und der moskautreuen polnischen Volksarmee auf der einen mit antikommunistischen Partisanengruppen auf der anderen Seite. Einige dieser Partisanengruppen verübten auch gewaltsame Übergriffe auf die Zivilbevölkerung, insbesondere auf ethnische Minderheiten wie Jüdinnen und Juden, Ukrainer*innen und Belaruss*innen.[10] Zum anderen war die jüdische Gemeinschaft Polens besonders stark vom Holocaust betroffen gewesen. Über 90 Prozent der einst mehr als 3 Millionen polnischen Juden hatten die deutsche Besatzung nicht überlebt. Die Mehrheit der Überlebenden wiederum hatte den Krieg in der Sowjetunion verbracht und kehrte erst in den Jahren 1945/1946 zurück.[11] Dementsprechend lag der Fokus des Zentralkomitees der polnischen Juden zunächst vor allem auf der Lösung akuter Probleme, wie der Versorgung der aus Verstecken und Lagern und dem sowjetischen Exil zurückkehrenden Jüdinnen und Juden. Für den Aufbau wissenschaftlicher Institutionen blieb da zunächst wenig Raum.

Dies änderte sich in der zweiten Hälfte des Jahres 1946. Zu diesem Zeitpunkt war die Rückkehr von etwa 130.000 Jüdinnen und Juden aus der Sowjetunion bereits abgeschlossen. Zugleich verließen viele Jüdinnen und Juden Polen gen Westen, insbesondere nachdem sich in der zentralpolnischen Stadt Kielce ein antijüdischer Pogrom ereignet hatte, bei dem über 40 Jüdinnen und Juden ums Leben gekommen waren.[12] Um dieser ›Emigrationspanik‹ entgegenzuwirken, bemühte sich das ZKJP nun verstärkt um den Wiederaufbau des jüdischen Lebens

9 AJHI 303/XX/3 Statut Centralnej Żydowskiej Komisji Historycznej w Polsce przy Centralnym Komitecie Żydów Polskich [Statut der Zentralen Jüdischen Historischen Kommission in Polen beim Zentralkomitee der Polnischen Juden] (Übersetzung des Autors).

10 Zur Situation in Polen nach dem Krieg siehe Marcin Zaremba: Die große Angst. Polen 1944–1947: Leben im Ausnahmezustand. Paderborn 2016, besonders S. 438–497.

11 Markus Nesselrodt: Dem Holocaust entkommen. Polnische Juden in der Sowjetunion, 1939–1946 (Europäisch-jüdische Studien – Beiträge, 44). Berlin 2019, S. 270–323.

12 Die ausführlichste Untersuchung zum Pogrom von Kielce ist Joanna Tokarska-Bakier: Pod klatwa. Społeczny portret pogromu kieleckiego [Verflucht. Gesellschaftsportrait des Pogroms von Kielce]. 2 Bde. Warschau 2018. Zur Emigration der osteuropäischen Jüdinnen und Juden: Yehuda Bauer: Flight and Rescue: Brichah. New York 1970.

Abb. 1 Bluma und Hersz Wasser bei der Bergung eines Teils des Ringelblum-Archivs in Warschau am 18. September 1946

in Polen und insbesondere des Kulturlebens.[13] Als im September 1946 Bauarbeiter in Warschau den ersten Teil des meist Ringelblum-Archiv genannten Untergrundarchivs des Warschauer Ghettos gefunden hatten – eine Nachricht, die für großes Aufsehen in der jüdischen Welt sorgte –, fanden sich im Zentralkomitee nach und nach mehr Unterstützer für den Umbau der Kommission in ein Institut.[14] Schließlich mussten die im Ringelblum-Archiv erhaltenen Dokumente professionell aufgearbeitet und gesichert werden.

Im Januar 1947 traf das Präsidium des Zentralkomitees der Polnischen Juden schließlich die Entscheidung, die ZJHK in das Jüdische Historische Institut umzuwandeln. Als Standort wurde ihm das Gebäude der ehemaligen Judaistischen Hauptbibliothek in Warschau zugewiesen, wo seit Mai 1947 bereits die ZJHK residierte. Das Gebäude befand sich in der Tłomackie-Straße, direkt neben den Ruinen der Großen Synagoge, die SS-Gruppenführer Jürgen Stroop nach der Niederschlagung des Warschauer Ghettoaufstands im Mai 1943 hatte sprengen lassen.[15]

---

13 August Grabski: Działalność Komunistów wśród Żydów w Polsce (1944–1949) [Die Aktivität der Kommunisten in der jüdischen Gemeinschaft Polens (1944–1949)]. Warschau 2004, S. 248 f.

14 So ermöglichte der Fund unmittelbar die Verlegung der ZJHK von Lodz nach Warschau und brachte die Diskussion über den Umbau in ein Institut wieder in Gang: AJHI 303/I/4 Präsidiumssitzung des ZKJP vom 19. 12. 1946; AJHI 303/I/6a Präsidiumssitzung des ZKJP vom 27. 01. 1947.

15 Die endgültige Entscheidung fiel im Mai 1947 siehe Helena Datner/Olga Pieńkowska (Hrsg.): Instytut. 70 lat historii ŻIH w dokumentach źródłowych [Das Institut. 70 Jahre

## 2. Die ersten Jahre des Instituts

Am 1. Oktober 1947 nahm das Jüdische Historische Institut die Arbeit auf, während die ZJHK verschwand und die bisherigen regionalen Kommissionen zu Außenstellen des Instituts wurden. Das JHI erhielt einen fünfköpfigen Vorstand, dem Nachman Blumental, Józef Kermisz, Rafał Gerber, Artur Eisenbach und Jeszaja Trunk angehörten.[16] Außer Blumental hatten alle vor dem Krieg ein Geschichtsstudium absolviert. Blumental war zugleich Direktor, Kermisz sein Stellvertreter und Gerber Generalsekretär des JHI. Letzterer war erst Anfang 1947 auf Empfehlung von Vertretern der kommunistischen Polnischen Arbeiterpartei (poln.: Polska Partia Robotnicza, PPR) im Zentralkomitee der Polnischen Juden zur Kommission gekommen und übte in den ersten beiden Jahren einen prägenden Einfluss auf die Tätigkeit des Instituts aus. Die Aufgabe des JHI war fortan, nicht nur die Arbeit der ZJHK fortzusetzen, also Dokumente und Augenzeugenberichte über den Holocaust zu sammeln, Quellen und Forschungsarbeiten darüber zu veröffentlichen sowie Gutachten für Prozesse gegen NS-Täter zu erstellen.[17] Im Zuge der Umgestaltung hatte sich die Forschungsagenda des JHI deutlich erweitert. Wie Gerber dem Präsidium des ZKJP unmittelbar vor der Gründung des JHI erläuterte, werde »das JHI drei Abteilungen haben: Jüdische Geschichte vor 1939, jüdische Geschichte während der Besatzungszeit, [und] jüdische Geschichte im zeitgenössischen Polen«.[18] Dennoch blieb die Dokumentation der Shoah weiterhin das bestimmende Thema der Institutsarbeit.

Eine erste dringende Aufgabe für das JHI war die Planung und Einrichtung eines Museums über das Warschauer Ghetto. Dessen Eröffnung markierte den Auftakt der Feierlichkeiten zum fünften Jahrestag des Aufstands im Warschauer Ghetto am 19. April 1948. Höhepunkt der Feiern war die Enthüllung von Natan Rappaports Denkmal der Helden des Warschauer Ghettos, das inmitten der Trümmer des ehemaligen Ghettos errichtet worden war. Den Abschluss bildete eine Vorpremiere von Aleksander Fords Film *Die Grenzstraße (poln.: Ulica graniczna)*,

---

Geschichte des JHI in Dokumenten]. Warschau 2017, S. 49.

16 AJHI, 310/20, Protokoll der Vorstandssitzung des JHI, 23. 10. 1947, unpaginiert.

17 Zur Rolle der JHI in polnischen Prozessen gegen NS-Täter siehe Gabriel N. Finder/Alexander V. Prusin: Justice Beyond the Iron Curtain. Nazis on Trial in Communist Poland. Toronto 2018, S. 179–212; Stephan Stach: ›Praktische Geschichte‹. Der Beitrag jüdischer Organisationen zur Verfolgung von NS-Verbrechern in Polen und Österreich in den späten 40er Jahren. In: Katharina Stengel/Werner Konitzer (Hrsg.): Opfer als Akteure. Interventionen ehemaliger NS-Verfolgter in der Nachkriegszeit. Frankfurt am Main 2008, S. 242–262.

18 AJHI, 303/I/8, Protokoll der Präsidiumssitzung des ZKJP vom 27. 09. 1947.

der vom Warschauer Ghetto und vom Aufstand handelte. Die JHI-Historikerin Rachel Auerbach, selbst Überlebende des Ghettos, hatte das Filmprojekt als Beraterin begleitet. Das Jubiläum bot dem JHI erstmals die Gelegenheit, sich einer breiteren Öffentlichkeit zu präsentieren. Schließlich nahmen nicht nur wichtige Vertreter des politischen, gesellschaftlichen und kulturellen Lebens in Polen und der polnisch-jüdischen Gemeinschaft teil. Zahlreiche internationale Besucher, etwa Vertreter internationaler jüdischer Organisationen und ausländische Journalisten, reisten für dieses Ereignis nach Warschau.[19]

Mit der Institutsgründung ging auch eine Neuausrichtung der Publikationstätigkeit einher. Die Historische Kommission hatte bis September 1947 insgesamt 39, hauptsächlich polnischsprachige, Bücher und Broschüren veröffentlicht. Das JHI hingegen veröffentlichte zunächst nur eine jiddischprachige Zeitschrift, die *Bleter far gešichte (dt.: Geschichtsblätter)*. Den Titel hatte das Institut von der Zeitschrift übernommen, die Emanuel Ringelblum vor dem Krieg im Auftrag der historischen Kommission des YIVO herausgegeben hatte.[20] Sie richtete sich an die Jüdinnen und Juden in Polen, aber auch explizit an die osteuropäisch-jüdische Diaspora auf der ganzen Welt, die Polnisch in der Regel nicht verstand. Durch die Umstellung der Sprache hoffte das Institut auch Autor*innen aus dem Ausland gewinnen zu können. Das Ziel, über Polen hinaus Leser*innen und Autor*innen für die Zeitschrift anzusprechen, unterstreicht den hohen Anspruch, den das JHI an sich stellte.[21] Dem ZKJP gegenüber formulierte Rafał Gerber Anfang 1949 das Ziel, die *Bleter* sollten zum »zentralen Publikationsorgan für die Geschichte der Juden in Polen«[22] werden. Gleichzeitig musste er jedoch einräumen, dass es dem JHI Probleme bereite, die Zeitschrift regelmäßig erscheinen zu lassen, da »[wir] nicht genügend Artikel und Quellen haben«.[23]

---

19 AJHI, 310/20, Protokoll der Vorstandssitzung des JHI vom 09. 01. 1948, unpaginiert; Renata Kobylarz: Walka o pamięć: Polityczne aspekty obchodów rocznicy powstania w getcie warszawskim 1944–1989 [Der Kampf um die Erinnerung. Politische Aspekte der Feierlichkeiten zu den Jahrestagen des Warschauer Ghettoaufstands 1944–1989]. Warschau 2009, S. 39 f.

20 Der Historiker Rafael Mahler, der vor seiner Emigration in die USA Ende der 1930er Jahre eng mit Ringelblum zusammengearbeitet hatte, forderte das JHI bei einem Besuch in Polen explizit dazu auf, mehr auf Jiddisch zu publizieren, damit das Material auch für Jüdinnen und Juden außerhalb Polens zugänglich sei; siehe AJHI, 303/I/8, Protokoll der Präsidiumssitzung des ZKJP, 09. 10. 1947.

21 Bis Ende 1950 erschien aber nur ein Artikel von einem Autor, der außerhalb Polens lebte, nämlich: N[atan] M[ichael] Gelber: Di jidn-frage in kongres-poiln in di jor 1815–1830 [Die Judenfrage in Kongresspolen in den Jahren 1815–1830]. In: *Bleter far gešichte* 1 (1948), 3/4, S. 41–105.

22 AJHI, 303/I/15, Protokoll der Präsidiumssitzung des ZKJP vom 05. 01. 1949.

23 Ebd.

Ein anderes Projekt, das Rafał Gerber mit großem Elan vorantrieb, verlief erfolgreicher: die Reorganisation des Archivs. Unter seiner Ägide sollte es zum Zentralarchiv der Polnischen Judenheit (poln.: Centralne Archiwum Żydowstwa Polskiego) werden. Darin sollten nicht allein die von der ZJHK und dem JHI gesammelten Dokumente verwahrt werden, wie beispielsweise das Ringelblum-Archiv. Rafał Gerber plante, hier alle Bestände zur jüdischen Geschichte Polens, auch aus anderen polnischen Archiven, an einem Ort zu bündeln. Im Dezember 1947 wandte sich das JHI mit der Bitte an das Ministerium für Hochschulwesen und Wissenschaft, alle derartigen Bestände aus staatlichen Archiven dem JHI entweder im Original oder als Kopien zur Verfügung zu stellen.[24] Auch wenn es sicher nicht *alle* Akten zur jüdischen Geschichte erhielt, liehen einige staatliche Archive dem JHI große Aktenbestände als Depositen auf unbestimmte Zeit aus. Dazu gehörten etwa die Bestände des Litzmannstädter[25] Ghettos. Auch Judaica-Bestände, die offenbar im Zuge des Kriegs verschleppt oder ausgelagert worden waren und nun nach und nach wieder auftauchten, gingen ans JHI, darunter etwa der Inhalt eines in Niederschlesien entdeckten, herrenlosen Eisenbahnwaggons.[26] Die Dokumente zum Holocaust dienten allerdings nicht nur Forschungszwecken. Eine nach Personen- und Ortsnamen gegliederte NS-Kriegsverbrecherkartei vermerkte, welche Bestände konkrete Angaben zu Verbrechen enthielten, um diese bei Bedarf als Beweismittel in Kriegsverbrecherprozessen vorlegen zu können. Im Jahr 1949 umfasste die Kartei etwa 10.000 Einträge.[27]

Mit dem Fortschreiten der Zentralisierung und Professionalisierung des Instituts kam es bald zu einer schrittweisen Schließung oder Verkleinerung der im ganzen Land verteilten Außenstellen, die sich besonders stark auf die Erfassung der Überlebendenberichte auswirkte. Auch hier war Rafał Gerber die treibende Kraft. Laut Klara Mirska, einer Mitarbeiterin der Lodzer Außenstelle, galt Gerbers Hauptinteresse dem Zentralarchiv, während er die »Berichte der Überlebenden überhaupt nicht anerkannte. Er meinte, sie hätten für Historiker keinen Wert«.[28]

---

24 AJHI, 310/20, Protokoll der Vorstandssitzung des JHI vom 30. 12. 1948; Protokoll der Vorstandssitzung des JHI vom 20. 09. 1948.

25 So lautete der Name der Stadt Lodz während der deutschen Besatzung.

26 AJHI, 303/I/15, Protokoll der Präsidiumssitzung des ZKJP vom 05. 01. 1949.

27 A[dam] Rozenberg-Rutkowski: Działalność Żydowskiego Instytutu Historycznego w dziedzinie ściągania przestępców wojennych i kolaboracjonistów [Die Aktivitäten des Jüdischen Historischen Instituts bei der Verfolgung von Kriegsverbrechern und Kollaborateuren]. In: *Biuletyn Żydowskiego Instytutu Historycznego przy CKŻwP* (März 1950), S. 15.

28 Klara Mirska: W cieniu wiecznego strachu. Wspomnienia [Im Schatten ewiger Angst. Erinnerungen]. Paris 1980, S. 463.

Abb. 2 Das Jüdische Historische Institut, gegen Ende der 1950er Jahre

Die Ursache für die Schließung der Außenstellen war aber nicht Rafał Gerbers vermeintliche Abneigung gegen Überlebendenberichte. Das Institut musste erhebliche Sparmaßnahmen umsetzen, da 1948 sowohl die polnische Regierung dem ZKJP – und damit auch indirekt dem JHI – die Mittel kürzte als auch internationale Geldgeber wie das American Jewish Joint Distribution Committee (AJDC/Joint), das seine Fördermaßnahmen fortan auf Israel konzentrierte.[29] Die Versuche des JHI, andere Finanzierungsquellen zu finden, blieben ergebnislos.[30] In der Folge wurden die Ableger in Stettin, Wrocław, Katowice, Białystok und Wałbrzych geschlossen und in Lodz und Krakau deutlich verkleinert.[31] Die Kürzungen betrafen das gesamte jüdische Leben in Polen und bedeuteten für viele Einrichtungen das Ende – beispielsweise für die Jüdische Gesellschaft zur Förderung der schönen Künste (poln.: Żydowskie Towarzystwo Krzewienia Sztuk Pięknych), deren Kunstsammlung das JHI samt Kurator übernahm. Auch das ZKJP verkleinerte sich Stück für Stück bis hin zu seiner vollständigen Auflösung im Jahr 1950. Die Akten, die es hinterließ, wanderten nach und nach

29 AJHI, 303/I/11, Protokoll der Plenumssitzung des ZKJP vom 16.06.1948.

30 AJHI, 310/20, Protokoll der Vorstandssitzung des JHI vom 09.01.1948; Protokoll der Vorstandssitzung des JHI vom 24.02.1948.

31 AJHI, 303/I/15, Protokoll der Präsidiumssitzung des ZKJP vom 05.01.1949.

ins Archiv des JHI, das nun auch seine letzten verbliebenen Außenstellen in Krakau und Lodz auflöste.[32]

## 3. Das Institut und die Stalinisierung der polnischen und polnisch-jüdischen Gesellschaft

Seit Mitte 1948 verschlechterte sich nicht nur die finanzielle Situation des JHI und jüdischer Institutionen insgesamt. Auch die politische Lage wurde immer schwieriger. Hatte bisher zumindest im jüdischen Umfeld ein eingeschränkter politischer Pluralismus geherrscht, setzten die Vertreter*innen der Polnischen Arbeiterpartei (seit Ende 1948 Polnische Vereinigte Arbeiterpartei, PVAP) nun immer offener ihren Machtanspruch durch. Die übrigen jüdischen Parteien wurden Schritt für Schritt marginalisiert und anschließend aufgelöst.[33] Die Kommunist*innen übernahmen nach und nach die verbliebenen jüdischen Einrichtungen, deren Leitung sie mit Gefolgsleuten besetzten. Im Sommer 1949 kam das JHI an die Reihe: Das Präsidium des ZKJP entließ den Vorstand des Instituts und ernannte Ber Mark,[34] einen Journalisten, Historiker und langjährigen Aktivisten der kommunistischen Bewegung in Polen zum neuen Direktor. Sein Stellvertreter wurde Adam Rutkowski.[35]

Mark war sich bewusst, was von ihm erwartet wurde: Er sollte das JHI als marxistisch-leninistische Forschungseinrichtung positionieren und damit möglichst zügig einen ideologischen Umbau nachvollziehen, der an polnischen Universitäten und Forschungseinrichtungen bereits zwei Jahr zuvor begonnen hatte.[36] Dies unterstreicht Marks programmatischer Beitrag, der im November 1949 im neu geschaffenen jiddischen Informationsbulletin des Instituts erschien. Unter dem Titel *Unsere Ziele* hieß es:

> Das Jüdische Historische Institut in Polen beabsichtigt nicht nur, das Zentrum für die Erforschung der jüngsten Periode unserer Geschichte, einer Periode beispielloser Vernichtung,

32 AJHI, 303/I/17, Protokoll der Präsidiumssitzung des ZKJP vom 09.09.1949.

33 Grabski: Centralny Komitet Żydów w Polsce [Das Zentralkomitee der Juden in Polen] (wie Anm. 3), S. 199–202 und S. 226–248.

34 Im nichtjüdischen Umfeld benutzte er auch den Vornamen Bernard.

35 AJHI, 303/I/17, Protokoll der Präsidiumssitzung des ZKJP vom 29.07.1949.

36 Maciej Górny: »Die Wahrheit ist auf unserer Seite.« Nation, Marxismus und Geschichte im Ostblock (Europäische Diktaturen und ihre Überwindung, 16). Köln/Weimar/Wien 2011, S. 43 f.

heroischen Widerstands und der Wiedergeburt, zu sein, sondern auch ein Zentrum marxistisch-leninistischer, jüdischer Geschichtsschreibung.[37]

Auch im Weiteren unterstrich Ber Mark, dass sich das JHI unter seiner Führung an der Parteilinie orientieren und seine Ergebnisse für die politische Nutzung aufbereiten werde. Immerhin spielte die Geschichte des Zweiten Weltkriegs eine entscheidende Rolle für die Legitimation der kommunistischen Herrschaft in Polen und sollte zudem die Haltung des sozialistischen Blocks in der Konfrontation mit dem Westen rechtfertigen. Dazu wurde auch der Holocaust herangezogen. Massaker und andere Verbrechen an Jüdinnen und Juden dienten als Beispiele für die Grausamkeit des ›deutschen Faschismus‹, auch wenn die jüdische Identität der Opfer nur angedeutet oder ganz verschwiegen wurde. Auch sonst bemühte sich Ber Mark in jenem Text, die Erforschung des Holocaust in den Kategorien marxistisch-leninistischer Geschichtsschreibung zu fassen, etwa wenn er von der Notwendigkeit schrieb, die Situation in den Ghettos aus der Perspektive des Klassenkampfes zu analysieren und den deutschen Massenmord an den Jüdinnen und Juden als Folge der kapitalistischen Ordnung in ihrer imperialistischen Ausprägung zu erklären.[38]

Die Lektüre von Ber Marks Artikel erweckt den Eindruck, der Wechsel an der Spitze des JHI bedeute einen radikalen Bruch mit dessen bisheriger Ausrichtung. Bei genauerer Betrachtung aber ergibt sich ein ambivalenteres Bild. Die Ernennung Marks zum Direktor markierte zwar zweifellos einen Bruch, doch war dieser keineswegs so radikal, wie ihn dieser selbst beschrieb. So blieben einige seiner Ankündigungen Lippenbekenntnisse, mit denen er den ideologischen Anforderungen entgegenkam, die polnische Behörden und Kommunist*innen im Zentralkomitee der Polnischen Juden aufstellten. Auch kündigte er keinen der bisherigen Mitarbeiter*innen aus dem JHI, auch nicht jene, die sich für die Emigration entschieden. Diese Möglichkeit räumten die polnischen Behörden Jüdinnen und

37 [Ber/Bernard Mark:] Undzere tzil [Unsere Ziele]. In: *Biuletin fun jidišer historišer institut in poiln* (November 1949), S. 1 (Übersetzung des Autors). Auch wenn kein Autor angegeben ist, kann davon ausgegangen werden, dass der Text aus Ber Marks Feder stammte.

38 Ebd. Interessanterweise betonte Mark im polnischsprachigen Nachrichtenbulletin des JHI die Notwendigkeit, dem (westlichen) Verschweigen der deutschen Verbrechen und des Massenmords an polnischen und europäischen Jüdinnen und Juden entgegenzutreten. Dadurch, schrieb Mark, könne das JHI einen Beitrag leisten, um zu verhindern, dass die »angelsächsischen Kriegstreiber« einen neuen Krieg begännen, siehe Ber/Bernard Mark: Rola i zadania Żydowskiego Instytutu Historycznego. [Die Rolle und die Aufgabe des Jüdischen Historischen Instituts]. In: *Biuletyn Żydowskiego Instytutu Historycznego przy CKŻwP* (März 1950), S. 3f.

Juden ein, die »nicht interessiert« seien, am Aufbau des sozialistischen Polens mitzuwirken. Viele Mitarbeiter*innen des Instituts machten von dieser Möglichkeit Gebrauch, etwa Nachman Blumental, Józef Kermisz und Rachel Auerbach.[39] Sie alle behielten bis zur Ausreise ihre Anstellung und auch danach bemühte sich Ber Mark, mit ihnen in Kontakt zu bleiben. An Blumental und Kermisz, die sich in Israel, im Kibbuz der Ghettokämpfer (hebr.: Lohamei haGetaot) weiter ihrer Forschungsarbeit widmeten, schrieb Mark bereits im September 1950 – etwa ein halbes Jahr nach ihrer Emigration – und signalisierte seine Kooperationsbereitschaft.[40] Jene JHI-Mitarbeiter*innen, die in Polen blieben, waren mit wenigen Ausnahmen PVAP-Mitglieder. Der einzige parteilose Historiker, der am Institut blieb, war Szymon Datner. Mit Danuta Dąbrowska und Albert Nirensztajn kamen jedoch 1951 weitere parteilose Mitarbeiter*innen hinzu.

In Parteikreisen hatte Ber Mark zumindest in ideologischer Hinsicht nicht den besten Ruf. Unter seinen Genossen war er als »jüdischer Titoist« bekannt, dem eine Parteikarriere wegen seiner »liberalen und menschlichen Haltungen« verbaut war.[41] Tatsächlich war Mark mehrfach mit der Parteidoktrin in Konflikt geraten. Während des Kriegs in der Sowjetunion verlor er seine Anstellung als Redakteur der *Einikait (dt.: Einheit)*, der Zeitschrift des Jüdischen Antifaschistischen Komitees. Wegen eines Artikels über den heroischen Kampf der jüdischen Rotarmisten handelte er sich den Vorwurf des »jüdischen Nationalismus« ein. Neben dem Verlust der Stelle, der ihm, seiner Frau und ihrer neugeborenen Tochter das Einkommen entzog, musste er einen demütigenden Prozess der ›Selbstkritik‹ durchlaufen.[42] Auch nach seiner Rückkehr nach Polen im Jahr 1946 sah sich Mark mit einer ähnlichen Anschuldigung konfrontiert: Auf einer Sitzung der jüdischen Fraktion der Polnischen Arbeiterpartei im Oktober 1948 rügte ihn der Vorsitzende Szymon Zachariasz wegen einer Publikation über Heinrich Grätz, die eine »nationaljüdische Ideologie«

---

39 Für eine genauere Auseinandersetzung mit dem Zeitraum bis 1950 siehe STEPHAN STACH: Geschichtsschreibung und politische Vereinnahmungen. Das Jüdische Historische Institut in Warschau 1947–1968. In: *Jahrbuch des Simon-Dubnow-Instituts* 8 (2008), S. 401–431, hier S. 402–414.

40 Kibbutz Lohamei haGetaot Archive, Holdings Registry 14859, 6, Marks Brief an Blumental and Kermisz vom 30.09.1950, unpaginiert.

41 Diese Einschätzung folgt jener des American Jewish Joint Distribution Committee Archives (AJDC/Joint), NY AR195564/4/47/1/658, Memo von William Bein über jüdische Aktivisten in Polen, o. S.

42 JOANNA NALEWAJKO-KULIKOV: Three Colors: Grey. Study for a Portrait of Bernard Mark. In: *Holocaust: Studies and Materials: Journal of the Polish Center for Holocaust Research* 1 (2010), S. 205–226; zu Marks Zeit in der Sowjetunion besonders S. 211–215.

offenbare.[43] Dieser Vorfall zeigte, dass solche Anschuldigungen während des Aufbaus des Stalinismus in Polen weit weniger bedrohlich waren als vergleichbare Anschuldigungen in der Sowjetunion, wo zur gleichen Zeit, im November 1948, viele Mitglieder des Jüdischen Antifaschistischen Komitees aufgrund ähnlich lautender Anschuldigungen verhaftet wurden.[44] In Polen konnte Mark ein knappes Jahr später dennoch Direktor des JHI werden. Dies macht einerseits den Mangel an qualifizierten Führungskräften unter den jüdischen Kommunist*innen[45] und andererseits die fehlende Bereitschaft selbst der kommunistischen Hardliner in Polen deutlich, den gleichen hohen Preis für ideologische ›Reinheit‹ zu zahlen wie ihre Kolleg*innen in der Sowjetunion. Mark wiederum war klug genug zu verstehen, dass der Liberalismus der Nachkriegsjahre bis 1949/1950 definitiv zu Ende gegangen war. Dieser politische Instinkt half ihm in den 16 Jahren Direktion mehr als einmal dabei, das JHI auch in schwierigen Situationen weitgehend vor Schaden zu bewahren.

## 4. Jüdische Holocaustforschung im stalinistischen Polen

In Polen, wie auch in den anderen Ländern des sozialistischen Blocks, hinterließ der Stalinismus mit seinen Repressionen und seinem pseudoreligiösen Kult um Iosif Stalin in allen gesellschaftlichen Bereichen, so auch in der Wissenschaft, tiefe Spuren. Ein Aspekt, in dem sich Polen von anderen sozialistischen Staaten in der Region unterschied, war aber die vergleichsweise ausgeprägte Zurückhaltung gegenüber antizionistisch getarnten antijüdischen Maßnahmen. Dies wird oft der persönlichen Haltung des Parteichefs und Präsidenten Bolesław Bierut zugeschrieben.[46] Darum konnten, anders als etwa in der Sowjetunion, zumindest einige jüdische Institutionen ihre Arbeit auf Polnisch und Jiddisch fortführen, solange sie dabei nicht den ideologischen Rahmen verließen, den der Spätstalinismus vorgab. Das JHI etwa publizierte in den ersten Jahren des polnischen Stalinismus eine ganze Reihe von Monographien, Quelleneditionen und Zeitschriften

43 Ebd., S. 218.

44 Siehe Frank Grüner: Patrioten und Kosmopoliten. Juden im Sowjetstaat 1941–1953. Köln/Weimar/Wien 2008, S. 121–128.

45 Mark gehörte zu den wenigen Parteiaktivisten im jüdischen Umfeld, die einen Hochschulabschluss besaßen. Siehe Grzegorz Berendt: Życie żydowskie w Polsce w latach 1950–1956: Z dziejów Towarzystwa Społeczno-Kulturalnego Żydów w Polsce [Jüdisches Leben in Polen in den Jahren 1950–1956. Aus der Geschichte der Soziokulturellen Gesellschaft der Juden in Polen]. Danzig 2006, S. 157.

46 Ebd., S. 69 f.

sowohl auf Polnisch als auch auf Jiddisch. Während jiddische Publikationen in der Regel beim Verlag Jidiš buch[47] veröffentlicht wurden, erschienen polnische Publikationen als Eigenpublikationen des JHI. Neben der jiddischen Zeitschrift *Bleter far gešichte* gab das Institut zusätzlich zunächst halbjährlich und später vierteljährlich das *Biuletyn Żydowskiego Instytutu Historycznego (dt.: Bulletin des Jüdischen Historischen Instituts)* heraus.[48] Damit reagierte das Institut einerseits auf die Problematik, dass viele jüngere Jüdinnen und Juden kein Jiddisch lasen. Andererseits war es auch ein Schritt hinaus aus der »jidišer gas«[49] und hin zu einer Einbindung in die polnische Wissenschaft. Die *Bleter* richteten sich im Gegensatz dazu stärker an eine internationale Leserschaft und wurde auch in Israel, Westeuropa und den USA gelesen.

In den Jahren 1950 bis 1955 erschien am JHI eine ganze Reihe von Publikationen, wie etwa Ber Marks Monographien über den Aufstand im Białystoker Ghetto[50] und den Aufstand im Warschauer Ghetto,[51] Artur Eisenbachs Monographie über die Vernichtung polnischer Jüdinnen und Juden[52] und Efraim Franciszek

---

47 Zu Jidiš buch siehe Joanna Nalewajko-Kulikov: The Last Yiddish Books Printed in Poland. An Outline of the Activities of Yiddish Book Publishing House. In: Elvira Görzinger/Magdalena Ruta (Hrsg.): Under the Red Banner. Yiddish Culture in Communist Countries in the Postwar Era. Wiesbaden 2008, S. 111–134.

48 Zu den beiden Zeitschriften des Instituts siehe Stephan Stach: Biuletyn Żydowskiego Instytutu Historycznego – powstanie, warunki działalności, percepcja [Das Bulletin des Jüdischen Historischen Instituts – Entstehung, Arbeitsbedingungen, Rezeption]. In: Historycznego/Kwartalnik Historii Żydów [Das Bulletin des Jüdischen Historischen Instituts/Die Vierteljahreshefte für Jüdische Geschichte]: Wybór artykułów z lat 1950–2017 [Eine Artikelauswahl aus den Jahren 1950–2017]. Warschau 2017, S. 13–36.

49 Wörtlich übersetzt ›jüdische Straße‹. Der Ausdruck umschreibt ein jüdisches, jiddischsprachiges Umfeld.

50 Ber/Bernard Mark: Der oifštand fun bialistoker geto [Der Aufstand im Białystoker Ghetto]. Warschau 1950; Ders.: Ruch oporu w getcie białostockim: Samoobrona, zagłada, powstanie [Die Widerstandsbewegung im Białystoker Ghetto: Selbstverteidigung, Vernichtung, Aufstand]. Warschau 1952.

51 Ber/Bernard Mark: Powstanie w getcie warszawskim na tle ruchu oporu w Polsce: Geneza i przebieg [Der Aufstand im Warschauer Ghetto im Kontext der Widerstandsbewegung in Polen. Entstehung und Verlauf]. Warschau 1953; Ders.: Der oifštand im waršewer geto [Der Aufstand im Warschauer Ghetto]. Warschau 1955.

52 Artur/Aron Eisenbach: Hitlerowska polityka eksterminacji Żydów w latach 1939–1945 jako jeden z przejawów imperializmu niemieckiego [Die hitlerfaschistische Ausrottungspolitik an den Juden in den Jahren 1939–1945 als eine der Erscheinungsformen des deutschen Imperialismus]. Warschau 1953; Ders.: Di hiṭleristiše poliṭiḳ fun jidn-farnichṭung in di jorn 1939–1945 wi an oisdruḳ fun daiṭšišn imperializm [Die hitlerfaschistische Politik der Judenvernichtung in den Jahren 1939–1945 als eine Erscheinungsform des deutschen Imperialismus]. 2 Bde. Warschau 1955.

Kupfers Studie über Dow Ber Meisels, einen Rabbiner, der verschiedene polnische Aufstände des 19. Jahrhunderts unterstützt hatte.[53] Die wirkungsmächtigste Publikation dieser Jahre war aber zweifellos Emanuel Ringelblums *Notitzn fun waršewer geto (dt.: Aufzeichnungen aus dem Warschauer Ghetto).*[54] Sie stießen weltweit auf große Beachtung in der jiddischen Presse. Andere Dokumente aus dem Ringelblum-Archiv – sein zweiter Teil war Anfang Dezember 1950 zufällig von Bauarbeitern gefunden und dem JHI überstellt worden – erschienen sowohl auf Polnisch als auch auf Jiddisch in den Zeitschriften des Instituts.

Forschung sowie die Publikation wissenschaftlicher Arbeiten im Stalinismus, gerade in einem zeithistorischen Feld, hatten freilich ihren Preis und waren nicht ohne Zugeständnisse möglich. Diese bestanden zumeist in ideologischen Referenzen und Überformungen, die Stefan (Shmuel) Krakowski mit dem Abstand einiger Jahre so beschrieb:

> [B]is 1956 [gab es] sehr starke Eingriffe von Parteifunktionären und anderen Stellen und den eingeschlagenen Kurs nennt man gemeinhin stalinistisch. Es ist also klar, dass die Grenzen, die man jüdischen Historikern – und nicht nur jüdischen – setzte, sehr eng waren. Es wurden nicht nur bestimmte Grenzen gesetzt, die nicht überschritten werden durften, nicht nur eine Richtung vorgegeben, der man folgen musste, es wurde eine bestimmte Sprache und eine bestimmte Methode vorgeschrieben. Im Hinblick auf die Sprache bedeutete das die Übernahme einer bestimmten Terminologie, sogar eines bestimmten Parteidialekts – gerade bei wissenschaftlichen Arbeiten hatte das sehr schädliche Resultate. Die andere Methode bestand vor allem daraus, dass man Historiker in kleinerem oder größerem Maße zwang […], die Geschichte zu fälschen und bestimmte, nichtexistente Fakten zu übernehmen.[55]

Dies war allerdings typisch, nicht nur für die polnische Historiographie dieser Zeit. Neben einer starken Überbetonung der Rolle der Kommunist*innen für den Widerstand gegen den Nationalsozialismus gehörten häufige Referenzen

53 Efraim Franciszek Kupfer: Ber Maizels: Zain onṭeil in di ḳamfn far der fraihaiṭ fun poilišn folḳ un der glaichbarechṭiḳung fun di jidn [Ber Meisels: Sein Beitrag für den Kampf um die Freiheit des polnischen Volks und die Gleichberechtigung der Juden]. Warschau 1952; Ders.: Ber Meisels i jego udział w walkach wyzwoleńczych narodu polskiego, 1846, 1848, 1863–1864 [Ber Meisels und seine Rolle in den Befreiungskämpfen der polnischen Nation, 1846, 1848, 1863–1864]. Warschau 1953.

54 Emanuel Ringelblum: Notitzn fun waršewer geto [Aufzeichnungen aus dem Warschauer Ghetto]. Warschau 1952.

55 Oral History Archives of the Oral History Department of the Institute of Contemporary Jewry, Hebrew University in Jerusalem (OHD) (0050) 0031, Interview mit Stefan [Shmuel] Krakowski, Bl. 7 (Übersetzung des Autors).

bzw. Zitate aus den Werken Iosif Stalins und Vladimir I. Lenins, die Verwendung einer marxistisch-leninistischen Terminologie und die Darstellung von Geschichte als Kampf zwischen »fortschrittlichen« und »reaktionären« Kräften.[56] Ber Mark war, wie aus seiner oben zitierten programmatischen Erklärung hervorgeht, bereit, notwendige politische Zugeständnisse zu machen, um den Fortbestand des JHI zu sichern. Dabei ging er jedoch vergleichsweise zurückhaltend vor und lotete immer wieder den Spielraum aus, den die engen Grenzen der Parteidoktrin ließen.[57]

Für westliche Beobachter waren solche Feinheiten freilich schwer zu erkennen und in der aufgeheizten politischen Konfrontation des Kalten Krieges oft auch nicht von Bedeutung. So sah sich das Institut gerade in der amerikanischen jiddischen Presse zahlreichen Anfeindungen und Angriffen ausgesetzt. So kommentierte der Journalist und Schriftsteller Aaron Zeitlin im New Yorker *Morgen žurnal* die Entdeckung des zweiten Teils des Ringelblum-Archivs, indem er feststellte, es wäre besser gewesen, das Material wäre nie gefunden worden, als nun in die »unkoscheren Hände« der Warschauer »jewsekischen historiker«[58] zu fallen. Es liefere ihnen nur frisches Material für ihre »absurden Horrorgeschichten [...] über den Klassenkampf hinter der Warschauer Ghetto-Mauer«.[59] Auch in anderen jiddischsprachigen Zeitungen und Zeitschriften im Westen erschienen Artikel in einer ähnlichen Tonlage. In der Warschauer Kulturzeitschrift *Jidiše šriftn (dt.: Jüdische/Jiddische Schriften)* warf ein Autor unter dem Pseudonym Archiwarius die Frage auf, warum diese Kritiker nicht wenigstens warten könnten, bis das JHI die Texte aus dem Ringelblum-Archiv veröffentlicht habe, bevor sie sie kritisierten.[60]

---

56 Rafał Stobiecki: Historiografia PRL: Ani dobra, ani mądra, ani piękna ... ale skomplikowana [Historiographie in der Volksrepublik Polen. Weder gut noch klug, noch schön ... aber kompliziert]. Warschau 2007, S. 58 f.

57 Für eine vertiefte Diskussion siehe Stephan Stach: ›The Spirit of the Time Left its Stamp on These Works‹. Writing the History of the Shoah at the Jewish Historical Institute in Stalinist Poland. In: *Remembrance and Solidarity. Studies in 20th-Century European History* 5 (2016), S. 185–211.

58 »Evsekcija« (jidd.: Jewsekzje) ist die russische Abkürzung für die jüdische Sektion der Kommunistischen Partei der Sowjetunion, die hauptsächlich auf Jiddisch in einem traditionellen jüdischen Umfeld aktiv war. Sie wurde 1918 gegründet und 1929 wieder aufgelöst. »Evsek« wurde damals im Westen als abfällige Bezeichnung für Kommunist*innen benutzt, die in einem jüdischen Umfeld oder jiddischsprachigen Kontext tätig waren.

59 Aron Tzeitlin [Zeitlin]: Di naie material fun waršewer geto [Neues Material aus dem Warschauer Ghetto]. In: *Morgen žurnal*, 2. Januar 1951.

60 »Archiwarius« war vermutlich ein Pseudonym von Artur/Aron Eisenbach, der mehrere Jahre das Archiv des JHI leitete. Archiwarius: Notitzn fun an alten archiwist [Notizen eines alten Archivars]. In: *Jidiše šriften* 10 (1951), S. 8 sowie 11 (1951), S. 7, zit. nach *Jidiše šriften* 10 (1951), S. 8.

Doch auch das half nicht immer. Der in den *Bleter far gešichte* publizierte Essay *Churbn warše (dt.: Die Vernichtung Warschaus),* der zweite Teil des Ringelblum-Archivs, löste eine besonders hitzige Debatte aus. Der New Yorker Schriftsteller H. Leyvik warf dem JHI vor, dass es sich in diesem mit Kritik und Angriffen auf den Judenrat und die Ghettopolizei gespickten Text um eine Fälschung handle. Immerhin hatte das JHI zum Zeitpunkt der Veröffentlichung den Autor noch nicht identifizieren können. Ber Mark konnte später nachweisen, dass der Text aus der Feder des Schriftstellers Jehoshue Perle stammte.[61] Auch andere unterstellten dem JHI oft ganz pauschal, Quellen zu fälschen; so etwa in einer Rezension von Ringelblums *Notitzn* in der Tel-Aviver Zeitschrift *Lebns-fragn.* Deren Autor, Eliahu Shulman, griff die Mitarbeiter*innen des Instituts als »stalinistische Sklaven« an, die die Geschichte fälschen würden, wann immer ihnen »ihr kommunistischer Herr es ihnen befiehlt«.[62] Zwar widmete Shulman die komplette erste Hälfte seines Textes derartigen Angriffen, doch überraschenderweise fiel sein Urteil über den eigentlichen Gegenstand des Textes eindeutig positiv aus. Ringelblums *Notitzn fun waršewer geto* lobte er als »authentisch« und als »wichtigstes historisches und menschliches Dokument der Ghettozeit in Polen«.[63]

Dieses Beispiel ist besonders interessant, weil es zeigt, dass, obwohl dem JHI oft vorgeworfen wurde, Quellen zu manipulieren, die tatsächlichen Manipulationen schwer aufzuspüren waren. Eliahu Shulmans Lob der Authentizität dieser Ausgabe zeigt deutlich, dass er keine Veränderungen des Textes erkennen konnte. Doch gerade die Ausgabe von 1952 war die am stärksten bearbeitete Fassung von Ringelblums Aufzeichnungen, die das JHI publizierte.[64] Ohne die Auslassung oder Abmilderung von Ringelblums kritischen Anmerkungen zum Verhalten der Pol*innen oder zur Sowjetunion wäre eine Publikation im stalinistischen Polen nicht denkbar gewesen.[65] Diese Eingriffe änderten aber nicht die grundsätzliche

---

61 Zu dieser Auseinandersetzung siehe Sven-Erik Rose: The Oyneg Shabes Archive and the Cold War. The Case of Yehoshue Perle's Khurbn Varshe. In: *New German Critique* 112 (Winter 2011), S. 181–215; Stach: The Spirit (wie Anm. 57), S. 196 ff.

62 Eliahu Shulman: Emanuel Ringelblums tog-buch [Emanuel Ringeblums Tagebuch]. In: *Lebns-fragn* (Mai 1953), S. 17 f., hier S. 17.

63 Ebd., S. 18.

64 Tatsächlich erkannten nur jene Wissenschaftler*innen die Eingriffe, die das Originalmanuskript kannten. Siehe Joseph Kermish: Mutilated Versions of Ringelblum's Notes. In: *YIVO Annual of Jewish Social Science* VIII (1953), S. 289–301; Nachman Blumental: Di jeruše fun Emanuel Ringelblum [Das Erbe Emanuel Ringelblums]. In: *Di goldene keit* 15 (1953), S. 235–242.

65 Für eine Untersuchung der Änderungen und Auslassungen siehe Katarzyna Person: The Initial Reception and First Publications from the Ringelblum Archive in Poland, 1946–1952. In: *Gal-Ed* 23 (2012), S. 59–76.

Erzählhaltung des Textes und schlossen auch eine ›authentische‹ Leseerfahrung des Dokuments auch für das westliche Publikum nicht aus. Die einzigen verfügbaren Übersetzungen von Ringelblums Tagebüchern in westliche Sprachen basieren alle auf dieser am stärksten bearbeiteten Fassung von 1952 bzw. auf deren unautorisierter und überaus schludriger Übersetzung ins Englische durch Jacob Sloan aus dem Jahr 1958.[66] Diese Übersetzung diente als Vorlage für die französischen, italienischen und portugiesischen Ausgaben der 1950er und 1960er Jahre und sogar für eine japanische Ausgabe aus dem Jahr 1982. Die letzte Ausgabe, die auf Sloans Übersetzung basiert, erschien 2013 auf Italienisch.[67] Hier zeigt sich auch das Dilemma, vor dem die Historiker*innen am JHI während des Stalinismus standen. Sie hatten die Wahl, die Quellen aus dem Ringelblum-Archiv entweder von politisch kritischen Stellen zu bereinigen und so zu veröffentlichen und damit für die Leserschaft außerhalb Polens zugänglich zu machen – oder sie nicht zu veröffentlichen.

Im Herbst 1952 geriet das JHI in eine prekäre Lage. In Prag begannen die Vorbereitungen für den Slánský-Prozess, und der Druck auf die polnische Regierung, bei der antizionistischen Politik im sozialistischen Block mitzuziehen, wuchs so stark an, dass es nicht mehr absehbar war, wie lange der polnische Präsident Bolesław Bierut diesem Druck widerstehen könne. Ende 1952 wurden zwei Mitarbeiter der israelischen Botschaft mit polnischer Staatsbürgerschaft verhaftet und Gerüchte über den Bau von Konzentrationslagern für Jüdinnen und Juden machten die Runde.[68] Im November, als gerade der Prozess gegen Rudolf Slánský und seine Gruppe vermeintlicher trotzkistisch-titoistisch-zionistischer Verschwörer stattfand, ging in Bieruts Präsidialkanzlei ein Schreiben ein, das die Mitarbeiter*innen des JHI und insbesondere Ber Mark als jüdische Nationalist*innen denunzierte.[69]

---

66 Emanuel Ringelblum: Notes from the Warsaw Ghetto, hrsg. und übers. von Jacob Sloan. New York/Toronto/London 1958; weitere Druckauflagen: 1974, 1982, 1989, als E-book 2006 und 2015. Zu den Mängeln und Fehlern von Sloans Übersetzung siehe Randolph L. Brahams Rezension in *Jewish Social Studies* 22 (Januar 1960), S. 53 ff., hier S. 55.

67 Emanuel Ringelblum: Chronique du ghetto de Varsovie. Französisch von Léon Poliakov nach der Übersetzung von Jacob Sloan. Paris 1959, 1978, 1993, 1995; Ders.: Sepolti a Varsavia. Appunti dal ghetto [Begraben in Warschau. Notizen aus dem Ghetto], hrsg. von Jacob Sloan, übersetzt von Carlo Rossi Fantonetti. Mailand 1962, 1965, 2013; Ders.: Crónica do ghetto de Varsovia [Chronik des Warschauer Ghettos], übers. von Gonçalo d'Orey. Lissabon 1964; Emanueru Ringeruburumu: Warushawa gettō: hoshū 1940–42-no nōto [Notizen aus dem Warschauer Ghetto 1940–1942], übers. von Akira Yamata. Tokio 1959, 1982, 2006.

68 Berendt: Życie żydowskie w Polsce [Jüdisches Leben in Polen] (wie Anm. 45), S. 75 ff.

69 Ausführlicher zu den Anschuldigungen gegen Mark und das JHI siehe Stach: The Spirit (wie Anm. 57), S. 197–202.

Da Bierut offensichtlich nicht daran interessiert war, einen Vorwand für die Durchführung eines antijüdischen Schauprozesses zu finden, übermittelte sein Büro das Schreiben an Szymon Zachariasz. Dieser war nach der Auflösung der ZKJP in die Organisationsabteilung des Zentralkomitees der PVAP gewechselt. Gleichzeitig war er Vorstandsmitglied der Soziokulturellen Gesellschaft der Polnischen Juden (poln.: Towarzystwo Społeczno-Kulturlane Żydów Polskich), der Nachfolgeorganisation des ZKJP. Zachariasz war zwar in der Vergangenheit ein Kritiker Ber Marks gewesen und auch als Vertreter einer orthodoxen politischen Linie bekannt, doch wollte er Säuberungen, wie sie in der Sowjetunion im Umfeld des Jüdischen Antifaschistischen Komitees stattgefunden hatten, in Polen verhindern. Darüber hinaus war ihm nur zu bewusst, dass ein Schauprozess nicht nur Mark, sondern die gesamte jüdische Gemeinschaft und hier insbesondere die jüdischen Parteiaktivist*innen in Gefahr brachte. Darum verteidigte Zachariasz auch andere in Ungnade gefallene Jüdinnen und Juden, wie Jakub Egit, den Leiter des Verlags Jidiš buch, der Anfang 1953 verhaftet worden war.[70] Im Falle Ber Marks hatte Szymon Zachariasz' Unterstützung ihren Preis: eine umfassende ideologische Überarbeitung der Publikationen des JHI. Als Reaktion auf das Denunziationsschreiben und das generelle antijüdische Klima im sozialistischen Block beteiligte sich nun auch das JHI an der antizionistischen Kampagne. Im Zeitraum von Ende 1952 bis Mitte 1953 finden sich in den Publikationen des JHI Aussagen, die beispielsweise die Aktivitäten amerikanisch-jüdischer Organisationen und der israelischen Regierung mit den Judenräten während der deutschen Besatzung verglichen. In einer Ausgabe des polnischen Bulletins, das Anfang 1953 erschien, enthielt fast jeder Artikel derartige Sätze. Ein Beitrag widmete sich dem Thema in Gänze: *Über die Entstehung des Zionismus. Ein Beitrag zur Problematik: Der Zionismus im Dienste des Imperialismus.*[71] Auch die Einleitung zu Marks Buch über den Aufstand im Warschauer Ghetto war voll von derartigen Angriffen, darunter auch solche, die sich gegen den AJDC richteten. Dieser war, kurz bevor das Buch in den Satz ging, als Strippenzieher hinter der sogenannten Kremlärzteverschwörung ›entlarvt‹ worden. Zugleich hatte Mark auf Druck Zachariasz' alle Hinweise auf zionistische Teilnehmer*innen am Aufstand getilgt.[72] Als sich Szymon Datner im Frühjahr 1953 mehrfach empört

70 Berendt: Życie żydowskie w Polsce [Jüdisches Leben in Polen] (wie Anm. 45), S. 159.

71 Efraim Franciszek Kupfer: O genezie syjonizmu, przyczynek do zagadnienia: Syjonizm w służbie imperializmu [Über die Entstehung des Zionismus. Ein Beitrag zur Problematik: Der Zionismus im Dienste des Imperialismus]. In: *Biuletyn Żydowskiego Instytutu Historycznego* 3 (1952), S. 73–85. Kupfer lebte zwischen 1921 und 1926 in Palästina und stand daher unter besonders großem Druck, sich vom Zionismus zu distanzieren.

72 Zu Zacharisazs Eingriffen in Marks Text siehe Archiwum Akt Nowych (Archiv Neuer Akten – AAN), 476/18 Nachlass Szymon Zachariasz, Bl. 196–201.

über das ohne sein Wissen und seine Zustimmung erfolgte Einfügen eines Angriffs auf den AJDC in seinen Artikel im Bulletin beschwerte, wurde er mit einem Vermerk, er sei für geistige Arbeit ungeeignet, entlassen.[73]

Derartige antizionistische Inhalte waren aber nur ein kurzes Intermezzo am JHI und betrafen ausschließlich dessen polnische Publikationen. In den jiddischsprachigen *Bleter far gešichte* erschien eine solche antizionistische Propaganda nicht. Ber Marks Buch über den Ghettoaufstand erschien erst 1955 auf Jiddisch – zwei Jahre nach dem zehnten Jahrestag des Aufstandes, dafür aber frei von antizionistischen Angriffen und auch wenn der Anteil zionistischer Gruppen am Aufstand noch deutlich heruntergespielt wurde, fanden sie immerhin wieder Erwähnung.[74] Ganz offensichtlich hatte die Leitung des Instituts um Mark versucht, ihre Teilnahme an der antizionistischen Kampagne so zurückhaltend wie möglich zu gestalten. Um der Regierung die ideologische Treue zu beweisen und so das Institut vor dem Verdacht des Zionismus zu bewahren, reichte antizionistische Propaganda auf Polnisch aus. In jiddischen Publikationen hingegen, die auch im Ausland, aber kaum von polnischen Regierungsstellen rezipiert wurden, fehlten solche Aussagen.

Bereits 1954 entspannte sich die Lage in Polen langsam. Im Oktober konnte Mark sogar als Teil einer Delegation der Soziokulturellen Gesellschaft der Polnischen Juden nach Paris reisen.[75] Er nutzte diese Reise, um die bereits seit den 1940er Jahren bestehenden Kontakte des JHI mit dem Centre Documentation Juif Contemporaine aufzufrischen, und fand auch einen Verleger für eine französische Ausgabe seines Buches über den Warschauer Ghettoaufstand.[76]

## 5. Das Tauwetter und seine Folgen für das jüdische Leben und die Erforschung des Holocaust

Der Beginn des Tauwetters, das auf Nikita Chruščëvs »Geheimrede« vor den Delegierten des 20. Parteitags der Kommunistischen Partei der Sowjetunion folgte, hatte widersprüchliche Folgen für die polnischen Jüdinnen und Juden. Auf der einen Seite begrüßten die meisten von ihnen die politische Liberalisierung nach

73 Zum Zeitpunkt des Konflikts zwischen Datner und dem JHI war Józef Gitler-Barski noch immer in Haft und wartete auf die Anklage; siehe Berendt: Życie żydowskie w Polsce [Jüdisches Leben in Polen] (wie Anm. 45), S. 77 f. Datners Schilderungen des Vorfalls in Małgorzata Niezabitowska/Tomasz Tomaszewski: Die letzten Juden Polens. Schaffhausen 1987, S. 157–160.

74 Mark: Der oifštand im waršewer geto [Der Aufstand im Warschauer Ghetto] (wie Anm. 51).

75 Berendt: Życie żydowskie w Polsce [Jüdisches Leben in Polen] (wie Anm. 45), S. 201.

76 Ber/Bernard Mark: L'Insurrection du Ghetto de Varsovie. Paris 1955.

dem Ende des Stalinismus. Andererseits wurden in der polnischen Öffentlichkeit viele stalinistische Verbrechen mit jüdischen Funktionären in Verbindung gebracht. Dieser Eindruck entstand, weil im Zuge der Entstalinisierung im Sicherheitsapparat vor allem Jüdinnen und Juden ihre Posten verloren, und löste eine Welle antisemitischer Vorfälle in Polen aus. Von internen Machtkämpfen gelähmt, bezog die Parteiführung erst im Frühjahr 1957 eindeutig Stellung gegen den Antisemitismus. Dieses zögerliche Handeln beförderte die Entscheidung vieler polnischer Jüdinnen und Juden, die erneut gewährte Möglichkeit der Emigration zu nutzen. Gleichzeitig bekamen polnische Jüdinnen und Juden, die während des Zweiten Weltkrieges in der Sowjetunion gestrandet waren, wieder die Möglichkeit, sich nach Polen »repatriieren« zu lassen.[77] All diese Entwicklungen spiegelten sich auch am JHI wider.

Die Auswirkungen des nach dem Tauwetter zunehmenden Antisemitismus bekam das JHI in mehrfacher Hinsicht zu spüren. So erhielt das Institut anonyme Briefe mit Beschimpfungen und Drohungen, aber auch solche, welche über die Diskriminierungen von Jüdinnen und Juden durch ihre polnischen Nachbar*innen berichteten.[78] Diese Briefe zeigen, dass Antisemitismus im Polen der Jahre 1956/1957 zur alltäglichen Erfahrung von Jüdinnen und Juden gehörte. Eine andere jüdische Alltagserfahrung war die Emigration. Zwei Historiker des Instituts, Efraim Kupfer und Albert Nirenstein, entschieden sich, das Land zu verlassen – Kupfer emigrierte wie die Mehrzahl der jüdischen Emigrant*innen dieser Jahre nach Israel,[79] Nirenstein nach Italien, wo bereits seine Frau lebte. Im Jahr 1957 verließ Anna Kubiak das Institut, allerdings wegen eines Tuberkuloseleidens, dem sie 1959 schließlich erlag.[80] Zu den neuen Mitarbeiter*innen des Instituts gehörte Adam Abraham Wein, der bis 1956 im Ministerium für öffentliche Sicherheit – dem polnischen Äquivalent zum Ministerium für Staatssicherheit – Abteilungsleiter im Range eines Oberstleutnants gewesen war. Im Zuge der Entstalinisierung gehörte er zu den jüdischen Funktionären, die entlassen wurden. Nachdem sein Antrag auf Ausreise nach Israel abgelehnt worden war,

---

77 Ewa Węgrzyn: Wyjeżdżamy! Wyjeżdżamy?! Alija gomułkowska 1956–1960 [Wir reisen aus! Reisen wir aus?! Die Gomułka-Alija 1956–1960]. Krakau 2016.

78 Datner/Pieńkowska: Instytut (wie Anm. 15), S. 95 f.

79 AJHI, 310/367, Bescheinigung des JHI für Efraim Kupfer über seine Entlassung bei Erhalt des Reisepasses für die Ausreise nach Israel, 29. 10. 1957.

80 Für eine biographische Skizze zu Anna Kubiak siehe Biuletyn Żydowskiego Instytutu Historycznego/Kwartalnik Historii Żydów [Das Bulletin des Jüdischen Historischen Instituts/Die Vierteljahreshefte für Jüdische Geschichte]: Wybór artykułów z lat 1950–2017 [Eine Artikelauswahl aus den Jahren 1950–2017] (wie Anm. 48), S. 661 f.

übernahm er im JHI die Leitung der Bibliothek. Da er vor dem Krieg an der Jan-Kazimierz-Universität in Lemberg eine wissenschaftliche Laufbahn als Orientalist eingeschlagen hatte, brachte er durchaus die passenden Qualifikationen mit.[81] Im Jahr 1958 begann Ruta Pups (später Sakowska) im zum JHI gehörenden Museum zu arbeiten. Sie war im gleichen Jahr aus Vilnius nach Polen eingewandert. Dort und in Moskau hatte sie von 1944 bis 1949 Geschichte studiert und bis 1958 an verschiedenen polnischen Schulen und am Lehrerseminar in Vilnius als Geschichtslehrerin gearbeitet.[82]

Während des Stalinismus waren die Kontakte des JHI zu Holocaustforscher*innen anderer Länder, insbesondere zu jenen auf der anderen Seite des Eisernen Vorhangs, stark eingeschränkt. Mit Ausnahme Frankreichs war das Institut kaum in der Lage gewesen, solche Kontakte, die seit den späten 1940er Jahren bestanden hatten, über lose Korrespondenz und den Austausch von Publikationen hinaus zu pflegen. Nach der Liberalisierung bemühten sich das JHI und insbesondere sein Direktor Ber Mark darum, alte Kontakte aufzufrischen und neue zu knüpfen, etwa zu Yad Vashem. Im Jahr 1957 besuchte Mark zweimal Israel. Zunächst verbrachte er dort fast einen Monat als Gast der Historical Society of Israel.[83] Im Herbst war er zusammen mit Artur Eisenbach und Tatjana Berenstein Teil der polnischen Delegation zum Zweiten Weltkongress für Jüdische Studien in Jerusalem.[84] Bei diesen beiden Besuchen knüpfte das JHI enge Kontakte zu Yad Vashem und anderen Forschungseinrichtungen. Während seines ersten Aufenthalts sicherte Mark den israelischen Partnern zu, Mikrofilmkopien wichtiger Bestände des JHI anzufertigen und ihnen zur Verfügung zu stellen. Laut Chone Shmeruk ging dieses Vorhaben auf ein Treffen zwischen Mark und der israelischen Delegation am Rande der Eröffnungsfeier des Grabmals für den unbekannten jüdischen Märtyrer (frz.: Tombeau du martyr juif inconnu) 1956 in Paris zurück. Dort habe Mark nach einer Möglichkeit gesucht, Wiedergutmachung für die antizionistischen Passagen in den während des Stalinismus erschienenen Arbeiten zu leisten. Shmeruk, der selbst Teil der israelischen Delegation gewesen war, erinnert sich:

> In einer Nacht trafen wir uns mit Ber Mark in einem Pariser Hotelzimmer. Mit Tränen in den Augen hat er Abbitte leisten wollen. Er erzählte von selbst von all seinen Sünden, ohne

81 Zu Adam Wein: ebd., S. 668.
82 Zu Ruta Sakowska: ebd., S. 666 f.
83 AJHI, 310/350, Schreiben B. Marks an die Passstelle im Innenministerium vom 09. 01. 1957.
84 AJHI, 310/355, Schreiben B. Marks an die Abteilung I der Polnischen Akademie der Wissenschaften vom 18. 04. 1957.

> auf unsere eventuellen Fragen zu warten. Es war schmerzhaft und aufwühlend. Ber Mark bat [Israel] Halpern, ihm einen Weg zu zeigen, wie er für »die Sünde« büßen könnte. [...] Israel Halpern schlug vor, er könne für Yad Vashem und die Historische Gesellschaft Israels Mikrofilmkopien von Materialien zur Geschichte der Juden aus polnischen Archiven anfertigen.[85]

Shmeruks Bericht deckt sich mit einem Brief, den Israel Halpern Ber Mark während seines Aufenthalts in Israel schickte und der detaillierte Angaben über diese Kooperation enthielt.[86]

In Israel knüpfte Mark aber nicht nur wissenschaftliche Kontakte. Er traf sich auch mit ehemaligen polnischen Bürger*innen. Zurück in Polen schrieb er zahlreiche Briefe an Jüdinnen und Juden polnischer Herkunft in der Sowjetunion und übermittelte ihnen Grüße von ihren Verwandten. Dabei unterließ er bewusst den Hinweis darauf, dass diese Verwandten in Israel lebten. Allerdings fragte er die Adressaten, ob sie nicht als ehemalige polnische Bürger*innen von der Möglichkeit einer Rückkehr nach Polen Gebrauch machen möchten. Während diese Briefe aus heutiger Sicht zunächst etwas rätselhaft erscheinen, dürften sie die meisten ihrer Empfänger, die von ihren Verwandten in Israel wussten, als verschlüsselte Einladung verstanden haben, über Polen nach Israel zu emigrieren. Jene, die diese Gelegenheit nutzen wollten, konnten dabei mit der Unterstützung des JHI, etwa bei der Beschaffung notwendiger Dokumente, rechnen.[87]

Die Reisen nach Israel machten einen großen Eindruck auf Mark. Kurz nach der Rückkehr von seinem ersten Besuch schrieb er dem Direktor von Yad Vashem, Arieh L. Bauminger: »Seit einer Woche bin ich zu Hause und kann mich noch immer nicht vom Zauber Israels befreien, und wünsche mir, dass dieser Zauber so lange wie möglich anhält.«[88] Das war keineswegs nur eine Phrase, um seinen Gastgebern zu schmeicheln, wie ein anderer Brief unterstreicht. Eine Woche später schrieb Mark an die Redaktion des polnischen Rundfunks:

---

85 Chone Shmeruk: A briw in redaktzie [Ein Brief an die Redaktion]. In: *Di goldene keit* 140 (1995), 1, S. 214 ff., hier S. 215 f. (Übersetzung des Autors). Shmeruk schrieb diesen Brief in Reaktion auf einen Beitrag von David Roskies, in dem er Mark als Anführer der polnisch-jüdischen »Evsekcija« bezeichnet hatte. Ebd., S. 215.

86 AJHI, 310/358, Schreiben Israel Halperns an B. Mark vom 13. 03. 1957. Der Brief ist an Marks Hotel in Jerusalem adressiert.

87 Beispielsweise AJHI, 310/354, Schreiben B. Marks an Samson W./Workuta vom 12. 04. 1957; Schreiben B. Marks an M. S. B./Chashuri (Georgische SSR) vom 12. 04. 1957; AJHI, 310/362, Brief des JHI an das Meldeamt von Biłgoraj mit der Bitte um Beglaubigung, dass Bejla Sz. dort vor 1939 gemeldet war, 01. 08. 1957.

88 AJHI, 310/254, Schreiben Marks an Arie L. Bauminger, Yad Vashem vom 10. 04. 1957.

> Am Sonntag, den 14. April, trat Redakteur Littauer im polnischen Radio ans Mikrofon und gab einen Überblick über das politische Geschehen der letzten Woche. Unter anderem kam er dabei auf Israel zu sprechen und erklärte, dass der Staat Israel ein Geschöpf des Imperialismus und der Zionisten sei. Als jüdischer Historiker wäre ich für eine Erklärung dankbar, wie bitteschön die Sowjetunion, die Volksrepublik Polen und die Tschechoslowakei, die sich so intensiv für die Schaffung des Staates Israel eingesetzt haben, plötzlich »imperialistische Staaten« geworden sind? Die ganze Welt kennt die berühmte »Gromyko Deklaration«.[89] Muss das Polnische Radio die Unterstellungen von Radio Kairo und der Damaszener Stimme wiederholen? Und wenn ja, warum hat der verehrte Herausgeber diese unsinnigen und demagogischen Aussagen nicht mit einem Kommentar zur historischen Wahrheit ergänzt?[90]

Marks Brief zeigt nicht nur seine Sympathien für Israel, zu einem Zeitpunkt, als Polen seine diplomatischen Beziehungen mit diesem Land verbesserte.[91] Er zeigt auch, wie stark sich Denken und Sprechen im Zuge der Liberalisierung verändert hatten: Fünf Jahre zuvor wäre ein solcher Brief undenkbar gewesen.

In die Zeit der Liberalisierung fiel aber auch eine finanzielle Krise des JHI, die sich aus ihrem formalen Status einer wissenschaftlichen Gesellschaft, die rechtlich einem Verein glich und wissenschaftlich unter der Aufsicht der Polnischen Akademie der Wissenschaften (poln.: Polska Akademia Nauk, PAN) stand, ergab. Mit diesem speziellen Konstrukt hatte Mark das Institut zu Beginn des Stalinismus vor der Verstaatlichung bewahren und ihm einen Rest an Handlungsspielraum sichern können. Die damit verbundene sehr bescheidene Finanzierung durch den polnischen Staat hatte das Institut mit eigenen Finanzreserven ausgleichen können.[92] Diese Reserven aber waren 1956 aufgebraucht. Ohnehin entsprach der Status als wissenschaftliche Gesellschaft nicht dem wirklichen Zustand. Wie Mark im April 1956 gegenüber der Leitung der PAN darlegte, sei das JHI ein Institut, das Forschung, Verlagstätigkeit und politisch-repräsentative Aufgaben erfülle. Darum bat er die PAN, entweder die direkten Zuwendungen zu erhöhen oder einen externen Verlag mit der Betreuung der polnischsprachigen Publikationen des Instituts zu beauftragen.[93]

---

89 Mark spielt auf die Erklärung des sowjetischen Botschafters bei der UN, Andrej Gromyko vom 14. Mai 1947 an. Darin sprach er sich für eine Zwei-Staaten-Lösung des Konflikts in Palästina aus und machte damit den Weg für die Gründung Israels frei.

90 AJHI, 310/355, Marks Schreiben an die Redaktion des Polnischen Radios vom 18.04.1957 (Übersetzung des Autors).

91 Bożena Szaynok: Z historią i Moskwą w tle. Polska a Izrael 1944–1968 [Mit der Geschichte und Moskau im Rücken. Polen und Israel 1944–1968]. Warschau 2007, S. 299–341.

92 Datner/Pieńkowska: Instytut (wie Anm. 15), S. 94, Fn. 16.

93 Ebd. S. 94. Die jiddischsprachigen Publikationen erschienen bereits seit einiger Zeit beim Verlag Jidiš buch.

Die PAN reagierte jedoch äußerst zurückhaltend auf diese Vorschläge. Eine Erhöhung der ohnehin oft erst verspätet überwiesenen Finanzierung fand nicht statt. Allerdings erschien das Bulletin des Instituts ab 1957 im Polskie Wydawnictwo Naukowe (dt.: Polnischer Wissenschaftsverlag). Für Buchpublikationen hingegen musste das JHI von Fall zu Fall selbst einen Verlag gewinnen.

Angesichts der neuen gesellschaftlichen Offenheit bemühte sich das Institut darum, die politischen Verzerrungen in seinen Publikationen aus der ersten Hälfte der 1950er Jahre zumindest teilweise auszubessern. Zum 15. Jahrestag des Warschauer Ghettoaufstands 1958 veröffentlichte Mark eine überarbeitete Fassung seines Buches im Verlag des Verteidigungsministeriums. Im Vorwort nahm Mark Bezug auf die vorangegangene Ausgabe. Er schrieb: »Der Zeitgeist hat jedoch diesem Werk seinen Stempel aufgedrückt [...]. Einige Mängel und Fehlinterpretationen in grundlegenden Fragen verleihen den Arbeiten von 1953 und 1954 eine gewisse Einseitigkeit.«[94] In ähnlicher Weise überarbeitete auch Artur Eisenbach seine Studie über den deutschen Massenmord an den Jüdinnen und Juden. Sie wurde unter dem Titel *Hitlerowska polityka zagłady Żydow (dt.: Die Hitlerfaschistische Politik der Judenvernichtung)* vom renommierten, parteinahen Verlag Książka i Wiedza (dt.: Buch und Wissen) veröffentlicht.[95] Die Studie erschien 1961 und hatte mit 10.000 gedruckten Exemplaren eine erstaunlich hohe Auflage für ein mehr als 700 Seiten starkes wissenschaftliches Buch – zweifellos ein Effekt des zeitgleich stattfindenden Eichmann-Prozesses.

Ebenfalls Anfang der 1960er Jahre veröffentlichte das JHI eine zweibändige jiddischsprachige Ausgabe von Emanuel Ringelblums Schriften aus dem Warschauer Ghetto. Im Gegensatz zur Ausgabe von 1952 umfasste sie neben dem Tagebuch noch weitere Arbeiten Ringelblums und war deutlich weniger bearbeitet.[96] Eine polnische Ausgabe war 1960 mit dem renommierten Literaturverlag Verlag

---

94 Ber/Bernard Mark: Walka i zagłada warszawskiego getta [Kampf und Vernichtung des Warschauer Ghettos]. Warschau 1958, S. 9.

95 Artur/Aron Eisenbach: Hitlerowska polityka zagłady Żydów [Die hitlerfaschistische Politik der Judenvernichtung]. Warschau 1961.

96 Siehe Joanna Nalewajko-Kulikov: Dzieje publikacji Kroniki getta warszawskiego w Polsce: Rekonesans badawczy [Die Publikationsgeschichte der Chronik des Warschauer Ghettos: eine wissenschaftliche Erkundung]. In: Ruth Leiserowitz u. a. (Hrsg): Lesestunde/Lekcja czytania. Warschau 2013, S. 385–403. Eine vollständige Übersetzung von Ringelblums Schriften während der deutschen Besatzung erschien kürzlich: Joanna Nalewajko-Kulikov (Hrsg.): Pisma Emanuela Ringelbluma z getta [Die Schriften Emanuel Ringeblums aus dem Ghetto] (Archiwum Ringelbluma: Konspiracyjne archiwum getta Warszawy, 29). Warschau 2018; Eleonora Bergman/Tadeusz Epsztein/Magdalena Siek (Hrsg): Pisma Emanuela Ringelbluma z bunkra [Die Schriften Emanuel Ringelblums aus dem Versteck] (Archiwum Ringelbluma. Konspiracyjne archiwum getta Warszawy, 29a). Warschau 2018.

Czytelnik (dt.: Der Leser) vereinbart worden. Die Veröffentlichung zog sich allerdings bis 1968, als der Verlag das Projekt schließlich vor dem Hintergrund der antisemitischen Kampagne der polnischen Regierung und unter politischem Druck zurückzog.[97] Anfangs waren die Bedenken des Verlags jedoch ästhetischer Natur: Der jüdische Dichter Stanisław Wygodzki hatte die polnische Übersetzung Adam Rutkowskis aus dem jiddischen Original für den Verlag begutachtet und sollte es sprachlich überarbeiten. Georgia Peet, einer Übersetzerin, die Ringelblums Tagebuch für den DDR-Verlag Rütten & Loening übersetzen sollte, schrieb er:

> Der Übersetzer, Herr [Adam] Rutkowski, kennt weder die jiddische noch die polnische Sprache [...]. Das Ganze droht, die Ausmaße eines Skandals anzunehmen, den wir vielleicht noch vermeiden können. [...] [E]s geht hier um eine große und heilige Sache, sie darf nicht vermurkst werden.[98]

Der Verlag legte das Projekt danach zunächst zu den Akten und wartete erfolglos auf die polnische Ausgabe.

Andere Publikationsprojekte mit DDR-Verlagen waren hingegen sehr erfolgreich. Bereits 1957 erschien Marks Buch *Der Aufstand im Warschauer Ghetto* im zentralen Parteiverlag und erlebte drei Auflagen. Noch erfolgreicher war die Tagebuchsammlung *Im Feuer vergangen,* die das JHI gemeinsam mit dem Verlag Rütten & Loening, dem Leitverlag für historische Literatur, herausgab. Zwischen 1958 und 1962 erschienen insgesamt sieben Auflagen mit 38.000 Exemplaren sowie eine Taschenbuchausgabe bei Reclam mit weiteren 5.000 Stück.[99] Das Vorwort zu diesem Buch hatte der deutsch-jüdische Schriftsteller Arnold Zweig verfasst, Victor Klemperer besprach es für die Zeitschrift *neue deutsch literatur.* Auch die Dokumentensammlung *Faschismus – Getto – Massenmord*[100] hatte nicht nur eine hohe Auflage, sondern wurde in der Wissenschaft wie auch in der Presse beiderseits des Eisernen Vorhangs rezipiert. Im Reclam Verlag erschien 1966 die von Hubert Witt herausgegebene Anthologie jiddischer Lyrik *Der Fiedler vom Getto.* Ber Mark hatte für diesen Band eine Einführung verfasst, Witt bei der Auswahl der Werke

---

97 Artur/Aron Eisenbach: List do redakcji »Dokumenty i fałszerstwa.« [Brief an die Redaktion zu »Dokumente und Fälschungen.«] In: *Trybuna Ludu,* 4. Juli 1968.

98 Staatsbibliothek zu Berlin IIIA, Dep. 38, Nachlass Rütten & Loening 173, Bl. 10. Brief Stanisław Wygodzkis an Georgia Peet vom 30. 08. 1961 (Übersetzung des Autors).

99 Im Feuer vergangen: Tagebücher aus dem Ghetto. Mit einem Vorwort von Arnold Zweig. Berlin 1958–1962 (sieben Auflagen) und bei Reclam als: Tagebücher aus dem Ghetto (Reclams Universal-Bibliothek, 8934/3938). Leipzig 1961.

100 Faschismus – Getto – Massenmord, hrsg. vom Jüdischen Historischen Institut Warschau. Berlin 1960, 1961.

beraten und bei der Einholung der Rechte unterstützt.[101] Das Buch wurde in der DDR und der BRD mehrfach neu aufgelegt – zuletzt 1993.[102]

Der Erfolg der deutschsprachigen Publikationen war für das Institut auch deshalb wichtig, weil diese international wesentlich breiter rezipiert wurden als polnischsprachige Werke und einen anderen Leserkreis erreichten als jiddische Publikationen. Für die Leser*innen in der DDR gehörten die Arbeiten des JHI bis in die 1970er Jahre hinein zu den wenigen zugänglichen Arbeiten über den Holocaust. In ihnen zeigt sich auch die internationale Bedeutung des JHI als Forschungseinrichtung: Bis zum Ende der 1960er Jahre war es neben Yad Vashem eines der größten und wichtigsten Holocaustforschungszentren weltweit.

Im Verlauf der 1960er Jahre zeichnete sich der kommende Bedeutungsverlust des Instituts ab. Die staatliche, auf nationalistische Töne setzende polnische Geschichtspolitik der 1960er Jahre rückte Leid und Widerstand der ethnisch definierten Pol*innen im Zweiten Weltkrieg in den Mittelpunkt. Das Schicksal der polnischen Jüdinnen und Juden drängte sie hingegen an den Rand. In der antisemitischen Kampagne von 1968 kulminierte dieser Nationalismus und richtete sich gegen die jüdische Bevölkerung Polens und auch gegen das Jüdische Historische Institut. Die überwiegende Mehrzahl seiner Forscher*innen emigrierte daraufhin und nahm ihre Expertise mit.[103]

## 6. Zusammenfassung

Das Jüdische Historische Institut wurde 1947 als wissenschaftliches Institut zur Dokumentation und Erforschung des deutschen Massenmords an den europäischen und polnischen Jüdinnen und Juden gegründet. Die Hoffnung, mit dieser Einrichtung an die Traditionen der polnisch-jüdischen Historiographie der Vorkriegszeit anzuknüpfen und vor diesem Hintergrund den Holocaust aus jüdischer Sicht dokumentieren und erforschen zu können, erfüllte sich jedoch nur teilweise. Mit dem Beginn des Stalinismus in Polen änderten sich die Gegebenheiten im Land, das heißt auch die Rahmenbedingungen für wissenschaftliches Arbeiten und somit für die Tätigkeit des JHI. Dank des politischen Geschicks seines Direktors

101 Gespräch mit Hubert Witt am 1. November 2015 in Leipzig. Siehe auch Stephan Stach: Sein Partisanenstückwerk war ein Meisterstück. Ins staatlich kontrollierte DDR-Verlagswesen brachte er frischen Wind: Zum Tod des Leipziger Lektors Hubert Witt. In: *Frankfurter Allgemeine Zeitung,* 26. Oktober 2016, S. 12.

102 Der Fiedler vom Getto, hrsg. und übersetzt von Hubert Witt (Leipzig 1966, 1968, 1978, 1985, 1993).

103 Dazu Stach: Geschichtsschreibung (wie Anm. 39), S. 425–431.

Ber Mark bestand das Institut als jüdische Einrichtung in einem kommunistischen Land sowie als wichtiges Zentrum der Holocaustforschung fort und überstand auch den Stalinismus. Trotz immensen Drucks bemühte sich das JHI darum, die politische Beeinflussung seiner wissenschaftlichen Arbeit so gering wie möglich zu halten, was in den engen Grenzen des stalinistischen Polen nicht immer möglich war. Doch selbst während des Stalinismus gelang es dem JHI, an internationalen Debatten über den Holocaust teilzunehmen. Nach dem Ende des Stalinismus begann das JHI, seine internationalen Kontakte zu reaktivieren und neue Kontakte aufzubauen. In den späten 1950er und 1960er Jahren entwickelte sich das Institut zu einem international anerkannten Holocaust-Forschungszentrum, dessen Publikationen beiderseits des Eisernen Vorhangs rezipiert und verlegt wurden. Obwohl die Publikationen des JHI oft für die Polemik des Kalten Krieges instrumentalisiert wurden, waren sie sicherlich nicht für derartige Propagandazwecke geschrieben worden.

Alexandra Bandl/Sebastian Voigt

# Konkurrierende Erinnerungen

## Das Gedenken an die Shoah und der Entkolonialisierungsdiskurs in Frankreich

> Gerade weil ich algerische Widerstandskämpfer verteidigt habe, bin ich heute auch Barbies Anwalt. Die französische Armee hat in Algerien weitaus schlimmere Verbrechen begangen als die deutsche Wehrmacht in Frankreich. [...] Ich kann es deshalb nicht zulassen, dass ein Staat, dessen derzeitiger Präsident während des Algerien-Kriegs Polizeiminister war, die Chuzpe hat, einem deutschen Offizier den Prozess zu machen, ohne sich selbst den Prozess gemacht zu haben.[1]

In einem im Jahre 1987 geführten Interview mit dem Magazin *Der Spiegel* verglich Jacques Vergès, der Strafverteidiger Klaus Barbies, die Verbrechen der Nationalsozialisten mit der französischen Repression gegen die algerische Unabhängigkeitsbewegung. Es habe während der deutschen Besatzung in Frankreich 200.000 zivile Opfer gegeben, wohingegen in Algerien 1 Million Tote zu beklagen gewesen seien. Gemessen an der Einwohnerzahl der jeweiligen Länder habe die französische Kolonialmacht in Algerien demnach »20- bis 25mal mehr« Opfer auf dem Gewissen als die Deutschen in Frankreich. In dem Interview erklärte Vergès, der 1925 in Thailand als Sohn eines französischen Vaters und einer vietnamesischen Mutter geboren wurde, er verteidige den »Henker von Lyon«, um die Aufarbeitung der französischen Kolonialvergangenheit zu erzwingen. Damit wolle er dem Land zur »Genesung« verhelfen.

Vergès übernahm während seiner turbulenten Karriere als Anwalt häufiger spektakuläre und höchst politische Fälle. Neben der Strafverteidigung des ehemaligen Gestapo-Chefs von Lyon zählten zu seinen Mandanten unter anderem der als Carlos bekannte venezolanische Terrorist Ilich Ramírez Sánchez, Khieu Samphan – hoher Funktionär der Roten Khmer in Kambodscha – sowie der wegen Völkermords in Den Haag angeklagte ehemalige jugoslawische Präsident

1 Vgl. »Die Ehre der Justiz ist befleckt«. Spiegel-Interview mit Rechtsanwalt Jaques Vergés über das Abdullah-Urteil und den Barbie-Prozess. In: *Der Spiegel*, 9. März 1987. Abgerufen unter der URL: http://www.spiegel.de/spiegel/print/d-13521835.html, letzter Zugriff: 08.05.2020.

Slobodan Milošević. In der Strafverteidigung galt Vergès als Provokateur. So betonte er immer wieder, dass er auch Hitler verteidigt hätte.[2]

Seine militante Gegnerschaft zum französischen Kolonialismus lässt sich auch biographisch herleiten. Seine Kindheit verbrachte er zu großen Teilen in dem Überseegebiet La Réunion, bevor er sich der Résistance gegen die deutsche Besatzung anschloss und später der Kommunistischen Partei Frankreichs (KPF) beitrat. Im Jahre 1962 heiratete er die algerische Unabhängigkeitskämpferin Djamila Bouhired. Beide teilten eine Affinität zur Militanz. Bei aller Extravaganz und Spezifik weisen Vergès' Positionen zahlreiche Überschneidungen mit französischen Intellektuellen und Aktivist*innen der Nachkriegszeit auf. Die weitgehende Solidarisierung mit den antikolonialen bzw. antiimperialistischen Befreiungsbewegungen stellte die hegemoniale Position in der radikalen Linken in Frankreich nach 1945 dar.[3] Die Dekolonisierung beurteilten sowohl die Gegner als auch die Befürworter der Unabhängigkeit durch die Brille der Résistance. Die eigene Position wurde in eine Kontinuität mit dem Kampf gegen die deutsche Besatzung gestellt.[4] Vergès' Lebensweg verdeutlicht auf eindrückliche Weise, wie sich die unterschiedlichen Erinnerungsdiskurse überlagerten und politisch instrumentalisiert wurden.

Der vorliegende Beitrag skizziert zunächst den historischen Kontext vom Zweiten Weltkrieg bis zum Algerienkrieg. Vor dem Hintergrund jener Ereignisse soll im Weiteren verdeutlicht werden, in welchem Zusammenhang die unterschiedlichen Phasen der Erinnerung an die Shoah und die Aufarbeitung der französischen Kollaboration mit dem Algerienkrieg und dem Dekolonisierungsdiskurs stehen. Am Ende des Beitrags werden aktuelle Erinnerungskontroversen in Frankreich dargelegt. Anhand dieser tagespolitischen Auseinandersetzungen manifestiert sich der Konflikt zwischen einem aufklärerischen Universalismus und partikularen Identitäten.

---

2 Siehe Sascha Lehnartz: Jacques Vergès. Der Anwalt der Schlächter. In: *Die Welt,* 16. August 2013. Abgerufen unter der URL: https://www.welt.de/politik/ausland/article119088718/Jacques-Verges-Der-Anwalt-der-Schlaechter.html, letzter Zugriff: 08.05.2020.

3 Über die Position der französischen Linken nach 1945 zu Dekolonisierung und »dritter Welt« vgl. Christoph Kalter: The Discovery of the Third World. Decolonization and the Rise of the New Left in France. Frankfurt am Main 2011.

4 Zu den Analogien siehe Hee Ko: Trespass of Memory. The French-Indochina War as World War II. In: Alec G. Hargreaves (Hrsg.): Memory, Empire, and Postcolonialism. Legacies of French Colonialism. Lanham (Md.) 2005, S. 98–111.

## 1. Die französische Niederlage und das Vichy-Regime

Im Mai 1940 überfiel das Deutsche Reich Frankreich. Da Frankreich als bedeutende militärische Macht galt, wirkte die rasche Niederlage wie ein Schock. Der Historiker Marc Bloch prägte dafür den Begriff der »étrange défaite«, der seltsamen Niederlage. Damit schied Frankreich aus dem Zweiten Weltkrieg aus und nahm als Nation erst ab 1944 wieder an den Kampfhandlungen teil. Der Waffenstillstand zwischen Deutschland und Frankreich wurde in Compiègne unterzeichnet, einem symbolischen Ort, der die ›Schmach‹ noch größer machen sollte. Denn gut 22 Jahre zuvor, am 11. November 1918, war an derselben Stelle die deutsche Kapitulation im Ersten Weltkrieg signiert worden.[5] Der Unterzeichnung im Jahre 1940 war der Rücktritt der Regierung von Paul Reynaud vorausgegangen, der für eine Fortsetzung des Krieges an der Seite der Alliierten plädiert hatte. Staatspräsident Albert Lebrun beauftragte daraufhin Marschall Philippe Pétain, den bereits über 80-jährigen ›Helden von Verdun‹, mit der Regierungsbildung.

Der Waffenstillstandsvertrag teilte das französische Territorium. Elsass und Lothringen wurden mehrheitlich von Deutschland annektiert und rund 60 Prozent der gesamten Landesfläche von deutschen Truppen besetzt. In der unbesetzten Zone wurde in Vichy der État Français errichtet, eine Regierung unter Marschall Pétain. Das neue Regime zielte auf die autoritäre Umstrukturierung der Gesellschaft. Die Machthabenden erklärten das parlamentarische System und die politischen Auseinandersetzungen der Dritten Republik für die Kriegsniederlage verantwortlich. Deshalb sollte ein neuer nationaler Konsens gestiftet werden. Als Feinde des ›wahren Frankreichs‹ galten von jetzt an Jüdinnen und Juden, Freimaurer und Einwander*innen. Die ideologische Ausrichtung der »Nationalen Revolution« manifestierte sich im veränderten Leitspruch der Nation: Pétain ließ an allen öffentlichen Gebäuden die Parole der Revolution »Liberté, Égalité, Fraternité« (dt.: Freiheit, Gleichheit, Brüderlichkeit) durch das neue Motto »Travail, Famille, Patrie« (dt.: Arbeit, Familie, Vaterland) ersetzen.[6] Diese autoritäre Umstrukturierung hatte ihren ideologischen Ursprung in den (prä-)faschistischen Bewegungen Frankreichs im späten 19. und frühen

---

5 Zur Beschreibung der Vertragsunterzeichnung siehe Eberhard Jäckel: Frankreich in Hitlers Europa. Die deutsche Frankreichpolitik im Zweiten Weltkrieg. Stuttgart 1966, S. 37–45.

6 Zur Errichtung des Regimes und seiner ideologischen Grundlagen siehe Henry Rousso: Les années noires. Vivre sous l'occupation. Paris 1992; Ders.: Frankreich und die »dunklen Jahre«. Das Regime von Vichy in Geschichte und Gegenwart. Göttingen 2010; Marc Oliver Baruch: Das Vichy-Regime. Frankreich 1940–1944. Stuttgart 1999.

20. Jahrhundert. Der israelische Historiker Zeev Sternhell beschrieb Paris nicht nur aufgrund der Dreyfus-Affäre als die Metropole des europäischen Antisemitismus im ausgehenden 19. Jahrhundert.[7]

Bei Ausbruch des Zweiten Weltkrieges lebten ungefähr 330.000 Jüdinnen und Juden in Frankreich, wovon nach Schätzungen etwa 200.000 die französische Staatsbürgerschaft besaßen. Etwa ein Viertel war eingebürgert worden und etwa 150.000 galten als Ausländer*innen. Außerdem hielten sich gut 40.000 geflohene deutsche und österreichische Jüdinnen und Juden im Land auf. Nachdem die Führung des Vichy-Regimes im Oktober 1940 die ersten antijüdischen Maßnahmen erlassen hatte, verschärfte sich die Situation drastisch.[8]

Am 3. Oktober 1940 erließen die Machthabenden das »statut des Juifs«, das »Judenstatut«. Für die meisten freien Berufe wurde ein Numerus clausus eingeführt, während der vermeintliche ›jüdische Einfluss‹ in der Presse und im öffentlichen Dienst angeprangert wurde. Jüdinnen und Juden durften keinerlei Tätigkeiten im Erziehungswesen und in der Justiz mehr ausüben. Sie wurden vom Dienst in Polizei, Diplomatie und Armee ausgeschlossen.[9] Im März 1941 wurde das Commissariat général aux questions juives (dt.: Generalkommissariat für Judenfragen) eingerichtet. Das Regime kollaborierte mit Deutschland auch in ökonomischer, politischer und polizeilicher Hinsicht umfassend.[10] Diese Zusammenarbeit wäre ohne die aktive Beteiligung oder stillschweigende Akzeptanz eines Großteils der Bevölkerung nicht möglich gewesen.[11]

Der Widerstand gegen die Besatzer und das neue Regime formierte sich nur langsam. Charles de Gaulle, Befehlshaber einer Panzereinheit, der gerade erst zum Unterstaatssekretär im Verteidigungsministerium ernannt worden war, hatte

---

7 Zeev Sternhell beschreibt die explosive Mischung aus »nationaler und sozialer Frage« eindrücklich in seiner Einleitung, in Zeev Sternhell: La droite révolutionnaire. Les origines françaises du fascisme. Paris 1978.

8 Zur Nationalen Revolution siehe Robert Paxton: La France de Vichy. 1940–1944. Paris 1997, S. 185–286; Zur Situation der Jüdinnen und Juden siehe André Kaspi: Les juifs pendant l'Occupation. Paris 1991.

9 Zu den antisemitischen Maßnahmen siehe Michael Marrus/Robert Paxton: Vichy et les juifs. Paris 1981, S. 17–43. Lange herrschte die Ansicht vor, dass das Regime von Deutschland gedrängt worden sei. Neuere Forschungen haben hingegen seine Eigeninitiative zweifellos herausgearbeitet.

10 Über die Kollaboration wird kontrovers diskutiert. Die Erklärungen reichen von Zwang über Alternativlosigkeit bis hin zu ideologischer Affinität. Zu unterschiedlichen Motiven der Kollaborateur*innen siehe Pascal Ory: Les collaborateurs. 1940–1945. Paris 1976.

11 Eine Untersuchung zur öffentlichen Meinung ist Pierre Laborie: L'opinion française sous Vichy. Les Français et la crise d'identité nationale 1936–1944. Paris 2001; Ders.: Le chagrin et le venin. La France sous l'Occupation, mémoire et idées reçues. Montrouge 2001.

den Auftrag bekommen, den Kontakt zum britischen Premierminister Winston Churchill zu halten. Da er den Waffenstillstand ablehnte und Pétains Regierung als illegitim erachtete, floh de Gaulle schließlich am 17. Juni 1940 nach London. An diesem Tag rief Pétain die französische Bevölkerung »mit gebrochenem Herzen« dazu auf, den Kampf einzustellen.[12] Am 18. Juni wandte sich de Gaulle in der *British Broadcasting Corporation (BBC)* mit einer Rede an das französische Volk. Er positionierte sich angesichts der Niederlage gegen jeglichen Defätismus und bezichtigte das Vichy-Regime des Verrats und der Zusammenarbeit mit dem Feind. Frankreich sei nicht allein, sondern habe ein riesiges Imperium hinter sich. Es könne außerdem auf die Unterstützung Großbritanniens und der Vereinigten Staaten von Amerika zählen. In seiner Ansprache fuhr de Gaulle fort:

> Dieser Krieg ist nicht auf das unglückselige Gebiet unseres Landes begrenzt. Dieser Krieg ist nicht durch die Schlacht von Frankreich bestimmt. Dieser Krieg ist ein Weltkrieg. [...] Was auch immer geschieht, die Flamme des französischen Widerstands darf nicht erlöschen und sie wird nicht erlöschen.[13]

Im Auftrag de Gaulles wurde ein Plakat erstellt und zunächst in Großbritannien verteilt, bevor es am 15. August auf der Titelseite der ersten Ausgabe des *Bulletin officiel des Forces françaises libres* abgedruckt wurde: »An alle Franzosen. Frankreich hat eine Schlacht verloren! Aber Frankreich hat nicht den Krieg verloren! [...] Unser Vaterland ist in Todesgefahr. Kämpfen wir dafür, es zu retten. Es lebe Frankreich!«[14] Nach der Gründung des Freien Frankreich wurden eigene Streitkräfte aufgestellt, die Forces françaises libres, die anfangs vor allem aus Soldaten der Kolonien bestanden.[15]

Eine politische Strömung beteiligte sich zunächst überhaupt nicht am Widerstand gegen die Besatzung: die Kommunist*innen. Seit ihrer Gründung changierte

12 In der Ansprache sagte Pétain: »Mit gebrochenem Herzen sage ich Ihnen heute, dass der Kampf eingestellt werden muss.« Der gesamte Text und eine Originalradioaufnahme findet sich unter der URL: https://www.youtube.com/watch?v=due4avh81h4, letzter Zugriff: 06.05.2020.

13 Die Radioansprache findet sich unter der URL: https://www.youtube.com/watch?v=fo4yqbVPtxw, letzter Zugriff: 06.05.2020; das Manuskript der Rede ist einsehbar unter der URL: http://www.charles-de-gaulle.org/lhomme/dossiers-thematiques/refus-de-larmistice-lappel-18-juin/manuscrit-de-lappel-18-juin/, letzter Zugriff: 06.05.2020.

14 »A tous les Français. La France a perdu une bataille! Mais la France n'a pas perdu la guerre. [...] Notre patrie est en peril de mort. Luttons tous pour la sauver! Vive la France!« Das Plakat findet sich unter der URL: http://www.charles-de-gaulle.org/lhomme/dossiers-thematiques/refus-de-larmistice-lappel-18-juin/affiche-a-francais-placardee-murs-de-londres-3-aout-1940/, letzter Zugriff: 08.05.2020.

15 Für einen Überblick Jean-Louis Crémieux-Brilhac: La France libre. Paris 1996.

die KPF zwischen dem Erbe der Französischen Revolution auf der einen und der unbedingten Treue zu Moskau auf der anderen Seite. Im Zuge der Stalinisierung der kommunistischen Parteien und der außenpolitischen Wandlungen der Sowjetunion wurde dieser Balanceakt immer diffiziler.[16] Als im August 1939 der Hitler-Stalin-Pakt geschlossen wurde, rechtfertigte die KPF diesen offiziell als notwendig zum Schutz der Sowjetunion und als reine Defensivaktion.[17] Trotz großer Bedenken verteidigten selbst viele kritische Kommunist*innen die Parteilinie. Die Regierung unter Édouard Daladier brach nach Unterzeichnung des Pakts alle diplomatischen Beziehungen zur Sowjetunion ab und verbot die kommunistische Presse. Die Parteizeitung *l'Humanité* musste ihr Erscheinen einstellen.

Den Zweiten Weltkrieg tat die KPF zunächst als ›innerimperialistische Angelegenheit‹ ab, mit der die französische Bevölkerung nichts zu schaffen habe. Die KPF setzte in ihrer Propaganda das nationalsozialistische Deutschland mit dem französischen und britischen Imperialismus gleich. Sie stellte jegliche antifaschistische Aktivität ein, publizierte stattdessen Friedensappelle und rief zur Sabotage der Kriegsindustrie auf.[18] Ende September 1939 wurde die KPF verboten. Die Partei änderte ihre Position auch nach dem Angriff auf Frankreich im Mai 1940 nicht, sondern bemühte sich um die Wiederzulassung ihrer Zeitungen bei den deutschen Besatzungsbehörden.[19] Dieser Kurs war vor allem bei jüdischen Kommunist*innen umstritten. Die Mitglieder der Main-d'œuvre immigrée (MOI) gehörten deshalb zu den ersten, die den bewaffneten Kampf aufnahmen.[20] Bereits im Herbst 1940

---

16 Nach internen Machtkämpfen wurde Maurice Thorez, der sich gegen den späteren Kollaborateur Jacques Doriot durchgesetzt hatte, 1934 zum Generalsekretär der KPF gewählt. Um Thorez herum bildete sich ein Führungszirkel bestehend aus Jacques Duclos, Benoît Frachon und Eugen Fried, dem Abgesandten der Komintern. Zu Thorez' Leben siehe ANNETTE WIEVIORKA: Maurice et Jeannette. Biographie du couple Thorez. Paris 2010. Eine wechselvolle Lebensgeschichte besaß Eugen Fried, der 1900 in der Slowakei in eine jüdische Familie geboren wurde. Ab 1931 war er Komintern-Abgesandter in Frankreich. 1943 wurde er von der Gestapo erschossen. Eine Biographie legt nahe, dass Fried vom sowjetischen Geheimdienst KGB ermordet wurde. Siehe ANNIE KRIEGEL/STÉPHANE COURTOIS: Eugen Fried. Le grand secret du PCF. Paris 1997.

17 Siehe JEAN-YVES BOURSIER: La politique du PCF 1939–1945. Le Parti communiste français et la question nationale. Paris 1992, S. 13–38. Die KPF-Position entfremdete auch viele Intellektuelle und einfache Mitglieder. Siehe DAVID CAUTE: Communism and the French Intellectuals. London 1964, S. 137–146.

18 Siehe ROGER MARTELLI: Communisme français. Histoire sincère du PCF. 1920–1984. Paris 1984, S. 82–94.

19 Zur KPF im Krieg siehe STÉPHANE COURTOIS: Le PCF dans la Guerre. Paris 1980.

20 Zwischen 1921 und 1926 gelangten rund 200.000 Menschen nach Frankreich, die Mehrheit stammte aus Osteuropa und Italien. Diese Immigrant*innen stellten einen nicht geringen Teil der KPF-Mitglieder und schufen sich eigene Organisationen jenseits der offiziellen Parteistruktur,

verfügte die MOI in Paris wieder über eine funktionierende Struktur. Die KPF hingegen begann erst nach dem deutschen Überfall auf die Sowjetunion im Juni 1941 mit dem Aufbau eines effektiven Widerstands. Viele MOI-Aktivist*innen hatten bereits im Spanischen Bürgerkrieg gekämpft.[21] Besonders aktiv war die Organisation in der Gegend um Lyon.[22]

## 2. Die Shoah in Frankreich

Seit 1941 führten französische Polizisten vermehrt antijüdische Razzien durch. Viele Inhaftierte wurde im Sammellager Drancy nordöstlich von Paris festgehalten. Von dort wurden am 27. März 1942 die ersten Gefangenen nach Auschwitz deportiert. Bis zur Befreiung Frankreichs im August 1944 folgten 78 weitere Transporte.[23]

Die größte Aktion fand am 16. und 17. Juli 1942 statt, als die Polizei alle Jüdinnen und Juden ohne französische Papiere in Paris verhaftete, derer sie habhaft werden konnte. Dabei wurden mehr als 13.000 Personen, darunter viele Kinder, in der Radsporthalle Vélodrome d'Hiver zusammengepfercht.[24] Das im September 1940 eingerichtete »Judenreferat« organisierte diese Maßnahmen.[25] Bereits im März 1941 ernannte die Vichy-Regierung einen »Generalkommissar für

---

was die Parteiführung dazu veranlasste, spezielle Sektionen zu gründen, um den eingewanderten Arbeiter*innen die Möglichkeit zu bieten, sich separat, aber dennoch innerhalb der Partei zu organisieren. Die Main-d'œuvre immigrée (MOI) hatte zwölf Untergruppierungen, von denen die jiddischsprachige Sektion neben der italienischen die meisten Mitglieder hatte. Siehe Stéphane Courtrois/Denis Peschanski/Adam Rayski: Le sang de l'étranger. Les immigrés de la MOI dans la Résistance. Paris 1989, S. 18 f.

21 Siehe Greg Lamazéres: Marcel Langer, une vie de combats. Juif, communiste, resistant … et guillotine (1903–1943). Toulouse 2003.

22 Lyon galt als die Hauptstadt des Widerstands. Siehe David Diamant: 250 combattants de la résistance témoignent. Témoignages recueillies de septembre 1944 à décembre 1989. Paris 1991, S. 347–351.

23 Siehe die Auflistung der Transporte bei Serge Klarsfeld: Vichy – Auschwitz. Le rôle de Vichy dans la solution finale de la question juive en France 1943–1944. Paris 1985, S. 396.

24 Siehe Maurice Rajsfus: Jeudi noir. Paris 1988; Claude Lévy/Paul Tillard: La grande rafle du Vel' d'Hiv'. Paris 1967.

25 Zur Besatzungsherrschaft siehe Bernhard Brunner: Der Frankreich-Komplex. Die nationalsozialistischen Verbrechen in Frankreich und die Justiz der Bundesrepublik Deutschland. Frankfurt am Main 2007, S. 31–79. Zu der sich aus der Rivalität der deutschen Behörden mit den Instanzen des Vichy-Regimes ergebenden Radikalisierung der Judenverfolgung siehe Wolfgang Seibel: Macht und Moral. Die »Endlösung der Judenfrage« in Frankreich, 1940–1944. Konstanz 2010.

Judenfragen«, Xavier Vallat, der dieses Amt bis 1942 innehatte. Mit weit reichenden Vollmachten ausgestattet, konnte er Polizeikräfte einsetzen und in alle Angelegenheiten intervenieren, die Jüdinnen und Juden betrafen. Die deutschen Besatzungsbehörden waren allerdings mit dem Vorgehen Vallats nicht zufrieden. Als Nachfolger setzten sie Louis Darquier de Pellepoix ein.[26]

Nach Anlandung alliierter Truppen an der Küste Nordafrikas am 8. November 1942 übernahm die Wehrmacht ohne nennenswerten Widerstand des Vichy-Regimes die Kontrolle über das gesamte Land.[27] Die deutsche Besatzungsmacht hielt sich nun nicht mehr an die Abmachung, keine französischen Jüdinnen und Juden zu deportieren. Nach Untersuchungen von Serge Klarsfeld wurden bis zur Befreiung im August 1944 insgesamt 75.721 Jüdinnen und Juden deportiert, davon ca. 50.000 Jüdinnen und Juden ohne französische Staatsangehörigkeit. 2.560 der Deportierten überlebten den Holocaust. Insgesamt wurde ein Viertel der Jüdinnen und Juden ermordet, die sich zu Beginn des Zweiten Weltkriegs in Frankreich aufgehalten hatten.[28]

Das Schicksal der maghrebinischen Jüdinnen und Juden während des Zweiten Weltkrieges war abhängig von der jeweiligen Minderheitenpolitik des Landes. In den französischen Protektoraten Marokko und Tunesien wurden die antisemitischen Gesetze in einem schwächeren Maße umgesetzt als in Algerien. Hier verloren die Jüdinnen und Juden 1940 durch die Abschaffung des Décret Crémieux ihre 70 Jahre zuvor verliehene französische Staatsbürgerschaft und mussten den gelben Stern als Erkennungsmerkmal tragen. Es wurde zudem eine eigene Abteilung geschaffen, die die antisemitischen Gesetze durchsetzen sollte, und die algerischen Verwalter waren bei der Durchführung der erlassenen Maßnahmen für ihren Eifer bekannt.[29] Der jüdischen Bevölkerung von Algerien, Marokko und Tunesien blieb die massenhafte Vernichtung erspart, nachdem die Truppen des

26 Siehe Laurent Joly: Vichy dans la »Solution finale«. Histoire du Commissariat général aux questions juives 1941–1944. Paris 2006.

27 Zu den Konsequenzen der Operation Torch siehe Jean-François Muracciole: La France pendant la Seconde Guerre mondiale. De la défaite à la Libération. Paris 2002, S. 432–445.

28 Siehe Tal Bruttmann/Laurent Joly/Barbara Lambauer: Der Auftakt zur Verfolgung der Juden in Frankreich 1940. Ein deutsch-französisches Zusammenspiel. In: *Vierteljahrshefte für Zeitgeschichte* 60 (2012), S. 381–407; Tal Bruttmann/Laurent Joly/Annette Wieviorka: Qu'est-ce qu'un déporté? Histoire et mémoires des déportations de la Seconde Guerre mondiale. Paris 2009. Siehe außerdem Alain Michel: Vichy et la Shoah. Enquête sur le paradoxe français. Paris 2012.

29 Die algerischen Behörden arbeiteten bei der Durchsetzung von Repressionen gegen jüdische Grund- und Mittelschüler*innen teils eifriger als ihre Kolleg*innen in Vichy-Frankreich Michel Abitbol: The Jews of North Africa During the Second World War. Detroit 1989, S. 59.

Generalfeldmarschalls Erwin Rommel bei El Alamein im Herbst 1942 geschlagen worden waren und sich bis Mai 1943 aus Tunesien zurückzogen.

Nach der Befreiung wünschten sich viele Überlebende vor allem die Rückkehr zu einem normalen Leben.[30] Sie suchten deswegen keine öffentliche Aufmerksamkeit für das erlittene Schicksal. Wenn sie in der Illegalität den Krieg und die Besatzung überstanden hatten, behielten sie nicht selten die angenommenen nichtjüdischen Namen.

Außerdem schlug vielen Jüdinnen und Juden bei der Rückkehr in ihre Heimatorte eine feindliche Stimmung entgegen. Auch die Widerstandsbewegung war nicht frei von Antisemitismus gewesen.[31] Der Umgang mit der Vichy-Gesetzgebung beschäftigte die Exilregierung in London und in der Folge die ersten Nachkriegsregierungen. Die mehr als 100.000 Jüdinnen und Juden in Algerien, die ihrer Staatsangehörigkeit beraubt worden waren, erhielten ihre Rechte auch nach 1945 nicht sofort zurück.[32]

## 3. Die Dekolonisierung und der Algerienkrieg

Bereits während des Krieges hatten sich Differenzen in der Anti-Hitler-Koalition angedeutet. Die Konfliktlinien verliefen keineswegs nur zwischen der Sowjetunion auf der einen und den Westmächten auf der anderen Seite. Denn während Großbritannien und Frankreich den Krieg auch führten, um ihre Kolonialreiche zu erhalten, drängten die Vereinigten Staaten von Amerika mit ihrer

---

30 Siehe Andreas Rinke: Le grand retour. Die französische Displaced-Person-Politik (1944–1951). Frankfurt am Main 2002. Einen Überblick über die Rückkehr von Jüdinnen und Juden nach Westeuropa und den Umgang mit der unmittelbaren Vergangenheit bietet Pieter Lagrou: The Legacy of Nazi Occupation. Patriotic Memory and National Recovery in Western Europe, 1945–1965. Cambridge 2000. Bereits kurz nach der Befreiung setzte eine Auseinandersetzung über den Umgang mit Displaced Persons ein. Besonderes Augenmerk wurde dabei auf die jüdischen Überlebenden gelegt. Siehe François Berge (Hrsg.): Personnes déplacées. Paris 1948.

31 Dieses Paradoxon wird dadurch verstärkt, dass führende Kollaborateur*innen den Antisemitismus verurteilt hatten. Siehe Simon Epstein: Un paradoxe français. Antiracistes dans la Collaboration, antisémites dans la Résistance. Paris 2008.

32 Zur Schwierigkeit, die Gesetzgebung wiederherzustellen, siehe Patrick Weil: Qu'est-ce qu'un Français? Histoire de la nationalité française depuis la Révolution. Paris 2002, S. 135–165. Zur Situation der Jüdinnen und Juden in Französisch-Nordafrika unter dem Vichy-Regime siehe Michel Abitbol: Les Juifs d'Afrique du Nord sous Vichy. Paris 1983; Hannah Arendt: Why the Crémieux Decree was abrogated (1943). In: Dies.: The Jewish Writings. New York 2007, S. 244–253.

traditionell antikolonialen Politik auf die Unabhängigkeit der Kolonien. In der Atlantik-Charta vom August 1941 wurden deshalb nicht nur das Prinzip des freien Marktes sowie eine liberale und demokratische Weltordnung, sondern auch die Dekolonisierung proklamiert. Sowohl Großbritannien als auch das Freie Frankreich benötigten für den Krieg gegen Deutschland die Rohstoffe und Truppen aus den Kolonien.

Vor allem in Frankreich standen das Ende des Zweiten Weltkrieges und der Beginn einer brutal verlaufenden Entkolonisierung in einem unmittelbaren Zusammenhang, der in geradezu unheimlicher Weise an einem einzigen Tag zum Ausdruck kam: am 8. Mai 1945.

Während in Reims die bedingungslose Kapitulation der deutschen Wehrmacht unterzeichnet wurde, die den Zweiten Weltkrieg in Kontinentaleuropa beendete, spitzten sich die Ereignisse in Algerien zu. An diesem Tag waren in Sétif Tausende Menschen zusammengekommen, um den Sieg über das nationalsozialistische Deutschland zu feiern und zugleich für die Autonomie Algeriens zu demonstrieren. Dabei wurde nicht nur die Trikolore, sondern auch die grünweiße Unabhängigkeitsfahne mitgeführt. Polizisten schossen auf die Demonstranten. Die aufgebrachte Menge drang ins europäische Viertel ein und tötete wahllos Unbeteiligte. Der Aufstand breitete sich rasch in benachbarte Gebiete aus. Die Sicherheitskräfte unterdrückten ihn mit äußerster Gewalt.[33]

Diese Koinzidenz von Ereignissen großer Tragweite am 8. Mai 1945 war von kaum zu überschätzender Symbolkraft. Während der koloniale Konflikt in Algerien unter der Oberfläche des niedergeschlagenen Aufstands brodelte und Frankreich 1947 eine weitere Revolte in Madagaskar blutig erstickte, verschob sich der Fokus der Dekolonisierung vorläufig in eine andere Weltgegend, nach Französisch-Indochina.[34] Die Kolonie war seit 1941 von Japan besetzt, das von der Befreiungsbewegung der Viet Minh bekämpft wurde. Deren Anführer Ho Chi Minh rief nach dem Abzug der Besatzungstruppen am 2. September 1945

---

33 Siehe Boucif Mekhaled: Chronique d'un massacre. 8 mai 1945. Sétif Guelma Kherrata. Paris 1995; Jean Louis Planche: Sétif 1945. Histoire d'un massacre annoncé. Paris 2006. Die Angaben über die Toten auf algerischer Seite schwanken stark, und zwar zwischen 1.000 und 45.000. Bis heute existiert keine unabhängige Untersuchung über die genaue Anzahl der Opfer. Annierey-Goldzeiguer weist darauf hin, dass die Zahl der Opfer auf algerischer Seite in jedem Fall hundertfach höher als die auf französischer Seite gewesen sei. Siehe Annie Rey-Goldzeiguer: Aux origines de la guerre d'Algérie 1940–1945. De Mers El-Kébir aux massacres du Nord-Constantinois. Paris 2001.

34 In Madagaskar wurden zwischen 11.000 und 90.000 Menschen ermordet. Siehe Jacques Trochon: L'insurrection malgache de 1947. Essai d'interprétation historique. Paris 1974; Eugène-Jean Duval: La révolte des sagaies. Madagascar 1947. Paris 2002.

unter Bezug auf die Prinzipien der Französischen Revolution die Unabhängigkeit aus. Nachdem alle Vermittlungsbemühungen zwischen Frankreich und der Befreiungsbewegung gescheitert waren, brach 1946 der achtjährige Indochinakrieg aus.[35] Er endete mit der als schmachvoll empfundenen Niederlage der französischen Armee in der Schlacht von Dien Bien Phu in der Nacht vom 7. auf den 8. Mai 1954, genau neun Jahre nach dem Ende des Zweiten Weltkrieges in Europa und dem Massaker von Sétif.[36]

Nur ein halbes Jahr nach dem Indochinakrieg verwandelte sich der schwelende Konflikt in Algerien in eine offene Auseinandersetzung. Am 1. November 1954 verübte die algerische Unabhängigkeitsbewegung Front de Libération Nationale (dt.: Nationale Befreiungsfront, FLN) mehrere Attentate. Algerien hatte seit jeher eine Sonderrolle im französischen Kolonialreich inne. Es war bereits 1830 von Frankreich erobert, zu einer Siedlungskolonie gemacht und als integraler Bestandteil des französischen Mutterlandes betrachtet worden.[37] Bei Ausbruch des Algerienkrieges lebten dort etwa 800.000 französische Siedler*innen, außerdem an die 150.000 Jüdinnen und Juden.[38] Algerische Jüdinnen und Juden besaßen seit 1870 die französische Staatsbürgerschaft. Fast alle flohen kurz nach der Unabhängigkeit von Frankreich 1962, da das neue Regime diskriminierende Gesetze erließ und Nichtmuslimen die Staatsbürgerschaft entzog.[39]

Der Kolonialkrieg wurde sowohl auf französischer als auch auf algerischer Seite brutal geführt. Von der Folter durch französische Soldaten legte 1958 die Schrift *La question* des Kommunisten Henri Alleg Zeugnis ab.[40] Ferner setzte die Armee Napalm ein, errichtete Lager für die Zivilbevölkerung und vertrieb Hunderttausende aus ihren Häusern. Die 10. Fallschirmspringerbrigade unter General Massu, einem früheren Résistance-Kämpfer, wurde mit Sondervollmachten nach Algier verlegt, um die Unabhängigkeitsbewegung zu zerschlagen und die Hauptstadt zu befrieden. Das Vorhaben war kurzzeitig von Erfolg gekrönt, indes nur mit dem

---

35 Siehe Martin Windrow: The French Indochina War, 1946–1954. Oxford 1998. Vgl. auch Yves Marc Duval: Indochine 1946–1954. De la paix manquée à la »sale guerre«. Paris 2004.

36 Eine Beschreibung der Schlacht liefert Martin Windrow: The Last Valley. New York 2004.

37 Siehe Benjamin Stora: Histoire de l'Algérie coloniale, 1830–1954. Paris 2004.

38 Viele Immigrant*innen in Algerien hatten aus anderen Gebieten fliehen müssen oder waren aus wirtschaftlichen Gründen gekommen. Nicht wenige stammten aus dem Elsass, so auch die Familie von Albert Camus. Siehe Olivier Todd: Albert Camus. Une vie. Paris 1996, S. 16.

39 Siehe Algerian Nationality Code, Law no. 63–69 of Mar. 27, 1963, section 34.

40 Dt.: Henri Alleg: Die Folter. Wien 1958. Zur Folter durch die französische Armee siehe Hafid Keramane: Schwarzbuch Algerien. Dokumente. Hamburg 1961.

Abb. 1 Empfangsbüro des Flüchtlingslagers in Marseille für jüdische Flüchtlinge aus Algerien. Über der Tür steht »Herzlich Willkommen«, 1962

Einsatz ungebremster Brutalität.[41] Auch die FLN schreckte vor Anschlägen auf Zivilist*innen nicht zurück und deponierte Bomben in Cafés.

Der Algerienkrieg rief die schwerste Krise der 1944 gegründeten Vierten Republik hervor. Die Opposition gegen den Krieg wuchs. Für großes Aufsehen sorgte das am 6. September 1960 in der Zeitschrift *Vérité-Liberté* abgedruckte *Manifest der 121*, in dem zur Verweigerung des Militärdienstes in Algerien aufgerufen wurde. Unterzeichnet hatten es unter anderem Simone de Beauvoir, André Breton, Marguerite Duras, Claude Lanzmann, Alain Resnais, Jean-Paul Sartre und Vercors (Jean Marcel Bruller). Es wurde sofort zensiert. Einige der Unterzeichner*innen wurden aus dem staatlichen Dienst entlassen und gegen mehr als zwei Dutzend von ihnen wurde Anklage erhoben. In Frankreich entstand mit den sogenannten Kofferträgern eine Unterstützungsstruktur für die FLN. Jean-Paul Sartre rechtfertigte die revolutionäre Gewalt im Vorwort von Frantz Fanons Buch *Die Verdammten dieser Erde*, das zur Kampfschrift des

41 Davon handelt der Film *Schlacht um Algier* von Gillo Pontecorvo (1966), der einige Jahre in Frankreich nicht gezeigt werden durfte.

Antikolonialismus wurde.[42] Zugleich wurde der Druck der französischen Siedler in Algerien auf die Regierung stärker. Am 13. Mai 1958 demonstrierten Tausende in Algier für den Erhalt des kolonialen Status. Daraufhin putschten einige Generäle und errichteten eine Wohlfahrtsregierung. Der Konflikt drohte, sich auf Frankreich auszuweiten.

General de Gaulle kehrte nach seinem abrupten Rückzug aus der Politik im Jahr 1946 auf die Bühne zurück und erhielt von der Nationalversammlung alle Vollmachten zur Beendigung der Krise zugesprochen. Zugleich wollte er durch ein Referendum die Verfassung ändern und die Rolle des Präsidenten stärken. Am 28. September 1958 stimmten knapp 80 Prozent der Wahlberechtigten zu. Die Krise steuerte aber zunächst auf einen weiteren Höhepunkt im Jahr 1961 zu. In Reaktion auf de Gaulles Politik, die deutlich auf eine Unabhängigkeit Algeriens hinauslief, gründete sich die rechtsextreme Organisation de l'armée secrète (dt.: Organisation der geheimen Armee, OAS), um den Konflikt eskalieren zu lassen und das Militär zum Eingreifen zu provozieren. Dieser Plan ging allerdings nicht auf. Schließlich wurden am 18. März die Verträge von Évian zwischen der französischen Regierung und der FLN geschlossen, die Algerien die nationale Autonomie garantierten. Damit war der Algerienkrieg beendet, seine Auswirkungen blieben aber noch jahrzehntelang zu spüren.[43] Befürworter wie Gegner beurteilten den Algerienkrieg in den Kategorien der Résistance. Die Apologet*innen sahen den Kampf gegen die Unabhängigkeitsbewegung als Fortsetzung des Kampfes gegen die deutschen Besatzer, während die Kritiker*innen den französischen Kolonialismus mit der deutschen Besatzung parallelisierten.[44]

---

42 »Denn in der ersten Zeit des Aufstands muss getötet werden: einen Europäer erschlagen heißt, zwei Fliegen auf einmal treffen, nämlich gleichzeitig einen Unterdrücker und einen Unterdrückten aus der Welt schaffen.« Jean-Paul Sartre: Vorwort. In: Frantz Fanon: Die Verdammten dieser Erde. Frankfurt am Main 1981, S. 7–28, hier S. 20 (Erstausgabe 1961). Fanon gilt als der Theoretiker des Antikolonialismus. Zum Algerienkrieg siehe Ders.: Aspekte der Algerischen Revolution. Frankfurt am Main 1969; allgemein zu Fanon siehe Udo Wolter: Das obskure Objekt der Begierde. Frantz Fanon und die Fallstricke des Subjekts der Befreiung. Münster 2001.

43 Siehe etwa Frank Renken: Frankreich im Schatten des Algerienkrieges. Die Fünfte Republik und die Erinnerung an den letzten großen Kolonialkonflikt. Göttingen 2006; Christiane Kohser-Spohn/Frank Renken: Trauma Algerienkrieg. Zur Geschichte und Aufarbeitung eines tabuisierten Konflikts. Frankfurt am Main 2006; Benjamin Stora: Der Algerienkrieg im Gedächtnis Frankreichs. In: Volkhard Knigge/Norbert Frei (Hrsg.): Verbrechen erinnern. Die Auseinandersetzung mit Holocaust und Völkermord. München 2002, S. 75–89.

44 Siehe Ko: Trespass of Memory (wie Anm. 4), S. 98–111.

## 4. Der Umgang mit der Shoah im Nachkriegsfrankreich

Über politische Differenzen hinweg wurde der Mythos der gesamten Nation im Widerstand und in der Selbstbefreiung genährt. Andere Kriegs- und Opfererfahrungen blieben ausgeklammert. Das Vichy-Regime wurde aus der französischen Geschichte exterritorialisiert, die Kollaboration verdrängt. Das »Vichy-Syndrom«, wie es der Historiker Henry Rousso nannte, bestimmte die gesellschaftliche Erinnerung über Jahrzehnte.[45] Die Gaullist*innen und die Kommunist*innen teilten als bestimmende politische Strömungen in der Nachkriegszeit die verklärende Sicht auf die jüngste Vergangenheit. Beide sahen in der Widerstandsbewegung eine Angelegenheit des ganzen französischen Volkes und eine patriotische Reaktion auf eine feindliche Besatzung. Die KPF betonte darüber hinaus den klassenübergreifenden und revolutionären Charakter der Résistance. Lange Zeit galt in Frankreich das Konzentrationslager Buchenwald und nicht das Vernichtungslager Auschwitz-Birkenau als Symbol für die Barbarei des Nationalsozialismus.[46] Nach Buchenwald waren fast ausschließlich politische Gegner des Nationalsozialismus deportiert worden, darunter viele Kommunisten. Die Mehrheit war nicht jüdisch gewesen und war nicht aus ›rassischen‹ Gründen verfolgt worden. Im Nachkriegsdiskurs spielte die qualitative Differenz zwischen Konzentrations- und Vernichtungslagern keine Rolle und die Stimme der kommunistischen Widerstandskämpfer*innen war lauter zu vernehmen als die der überlebenden Jüdinnen und Juden.[47] Außerdem wurden die jüdischen Mitglieder der Résistance kaum thematisiert. Die Erinnerung an die jüdischen

45 Henry Rousso: Le syndrome de Vichy. De 1944 à nos jours, deuxième édition revue et mise à jour. Paris 1990. Außerdem Ders.: The Legacy of World War II in France. Mapping the Discourses of Memory. In: Richard Ned Lebow/Wulf Kantsteiner/Claudio Fogu (Hrsg.): The Politics of Memory in Postwar Europe. Durham (N. C.) 2006, S. 73–101.

46 Der Holocaust wurde erst 1994 zum Teil der staatlichen Erinnerungspolitik, als der Präsident François Mitterand an der Einweihung eines Denkmals für die Opfer der rafle du Vel' d'Hiv' (dt.: Razzia des Wintervelodrom) teilnahm. Ein Jahr später räumte Präsident Jacques Chirac eine Mitschuld von Französinnen und Franzosen an der Judendeportation ein. Siehe Mechthild Gilzmer: Die Shoah in der französischen Erinnerungskultur (Jahrbuch für Antisemitismusforschung, 13). Berlin 2004, S. 213–230; Joan Wolf: Harnessing the Holocaust. The Politics of Memory in France. Stanford (Calilf.) 2004. Am 21. September 2012 weihte Präsident François Hollande ein Denkmal für die deportierten Jüdinnen und Juden in Drancy ein, siehe François Hollande inaugure un mémorial de la Shoah à Drancy. In: *Le Monde,* 21. September 2012, S. 3.

47 Siehe Éric Conan/Henry Rousso: Vichy. Un passé que ne passe pas, nouvelle édition. Paris 1996, S. 29 f.

Widerstandskämpfer*innen der MOI hatte keinen angemessenen Platz in der Heldengeschichtsschreibung.[48]

Direkt nach der Befreiung kam es zu wilden »Säuberungen« gegen Kollaborateur*innen.[49] Der Hass richtete sich unter anderem gegen diejenigen, die Widerstandskämpfer*innen denunziert hatten, aber auch gegen Frauen, die sich mit Besatzungssoldaten eingelassen hatten. Sie wurden öffentlich gedemütigt, kahlgeschoren und durch die Stadt geführt.[50] An die 9.000 Menschen wurden standrechtlich erschossen. Bald wurden die unkontrollierten Racheaktionen in administrative Bahnen gelenkt. Ungefähr 330.000 Fälle der Kollaboration wurden an die Gerichte weitergeleitet. 44.000 Personen wurden zu einer Gefängnisstrafe verurteilt, rund 50.000 wurden die Bürgerrechte entzogen und knapp 25.000 Vichy-Funktionsträger durften keine öffentlichen Posten mehr besetzen. Das härteste Strafmaß traf die Führungsriege des Vichy-Regimes. Zwischen 1.500 und 1.600 Personen wurden zum Tode verurteilt und exekutiert.[51] Auch Pétain erhielt am 15. August 1945 die Todesstrafe, die allerdings in eine lebenslange Freiheitsstrafe umgewandelt wurde. Bis zu seinem Tod 1951 lebte er deshalb in Verbannung auf der Insel d'Yeu vor der Atlantikküste.

Die spektakulärsten Prozesse wurden gegen intellektuelle Kollaborateur*innen, also Schriftsteller*innen und Journalist*innen, geführt, die Propaganda für das Vichy-Regime betrieben hatten und des nationalen Verrats bezichtigt wurden.[52]

---

48 Ehemalige MOI-Mitglieder begannen bald nach dem Krieg, ihre Geschichte selbst aufzuschreiben, wurden aber kaum beachtet. Der sozialistische Zionist Marc Jarblum schrieb bereits 1945 sein Buch *La lutte des juifs contre les Nazis*. Auch der oberste MOI-Kommandant, Adam Rayski, setzte sich jahrzehntelang mit der Geschichte des jüdischen Widerstands auseinander. Siehe etwa Adam Rayski: Le choix des juifs sous Vichy. Entre soumission et résistance. Paris 1992. Außerdem Ders.: L'affiche rouge. Paris 2004; Ders.: Au stand de tir. Le massacre des résistants. Paris 1942–1944. Paris 2006. Ferner Lucien Lazare: La résistance juive en France. Paris 1987.

49 Siehe Philippe Bourdel: L'épuration sauvage. 1944–1945. Paris 2002. Außerdem die drei umfangreichen Bände von Robert Aron: Histoire de l'épuration. 3 Bde. Paris 1967–1975.

50 Siehe Fabrice Virgili: La France »virile«. Des femmes tondues à la Libération. Paris 2000, S. 225–279.

51 Siehe Henry Rousso: L'épuration en France. Une histoire inachevée. In: *Vingtième siècle. Revue d'histoire,* Januar–März 1992, S. 78–105, hier S. 102. Bald forderten hochrangige Résistants ein Ende der »Säuberungen«. Eine wichtige Rolle nahm dabei General François d'Astier de la Vigerie ein, der dem Zusammenschluss Défense de la libertés françaises vorsaß. Siehe François d'Astier de La Vigerie: L'épuration arme politique. Cahiers de la France liberée. Bd. 1. Paris 1947; Ders.: Les morts vivants. Cahier s de la France liberée. Bd. 2. Paris 1947.

52 Siehe David Carroll: French Literary Fascism. Nationalism, Anti-Semitism and the Ideology of Culture. Princeton (N.J.) 1998; Pierre-André Taguieff (Hrsg.): L'antisémitisme

Im Zentrum der Anklage stand unter anderem Pierre Drieu La Rochelle, der 1940 die ehemals von André Gide ins Leben gerufene *Nouvelle Revue Française* neu gegründet und zum wichtigsten Organ der Kollaborateur*innen gemacht hatte.[53] Bevor der Prozess eröffnet werden konnte, nahm er sich das Leben. Der antisemitische Schriftsteller Robert Brasillach wurde hingegen zum Tode verurteilt und hingerichtet. Ein von mehreren namhaften Literat*innen unterzeichnetes Gnadengesuch blieb erfolglos. In der Öffentlichkeit wurde deshalb kontrovers diskutiert, inwieweit Intellektuelle eine Mitschuld trügen und zur Verantwortung gezogen werden müssten.[54]

Die juristischen Verfolgungen wurden bald beendet und viele hohe Vichy-Funktionäre entweder freigesprochen oder begnadigt. René Bousquet etwa, der Generalsekretär der Vichy-Polizei und einer der Verantwortlichen für die Judendeportation, wurde aufgrund mildernder Umstände lediglich zu einem fünfjährigen Entzug der Bürgerrechte verurteilt. Selbst diese Strafe wurde später amnestiert. So konnte er seine Karriere unbehelligt fortsetzen. Auch der hohe Milizionär Paul Touvier, der für die Infiltration der Résistance verantwortlich gewesen war, entging einer harten Bestrafung. Obwohl er 1947 zum Tode verurteilt worden war, konnte er fliehen und untertauchen. Touvier versteckte sich jahrzehntelang in verschiedenen Klöstern. Nach der Verjährung seines Todesurteils wurde er vom Präsidenten Georges Pompidou 1971 begnadigt.[55] Der spektakulärste Fall personeller Kontinuitäten war Maurice Papon, ein hoher Vichy-Funktionär in der Region um Bourdeaux. In seinen Zuständigkeitsbereich fielen auch die Judendeportationen. Nach der Befreiung war Papon zunächst

---

de plume. 1940–1944. Études et documents. Paris 1999.

53 Siehe Dominique Desanti: Drieu La Rochelle. Du dandy au nazi. Paris 1978. Drieu La Rochelle kooperierte mit dem NS-Kulturfunktionär Gerhard Heller. Siehe Gerhard Heller: NS-Kulturpolitik in Frankreich. Erinnerungen 1940–1944. Hamburg 1982, S. 59–78.

54 So unterschrieb auch Albert Camus aufgrund moralischer Prinzipien das Gnadengesuch für Brasillach. Allgemein zur Reaktion der Intellektuellen auf die Säuberung siehe Tony Judt: Past Imperfect. French Intellectuals, 1944–1956. Berkeley (Calif.) 1992, S. 45–74; Pierre Assouline: L'épuration des intellectuels. Brüssel 1985.

55 Erst in den 1980er Jahren setzte die zweite Welle der juristischen Aufarbeitung der Vichy-Verbrechen ein. Paul Touvier wurde 1989 in einem Kloster aufgespürt. Er wurde 1994 als erster Franzose wegen Verbrechen gegen die Menschheit zu einer lebenslangen Haftstrafe verurteilt. Touvier starb allerdings bereits 1996. Davor war schon René Bousquet auf Initiative von Serge Klarsfeld 1991 wegen Verbrechen gegen die Menschheit angeklagt worden. Erst zu diesem Zeitpunkt beendete der damalige Präsident François Mitterand den Kontakt. Da Bousquet 1993 erschossen wurde, konnte er nie verurteilt werden. Zu beiden Prozessen siehe Richard Holsan (Hrsg.): Memory, the Holocaust and French Justice. The Bousquet and Touvier Affairs. Hanover (N. H.) 1996; Pascale Froment: René Bousquet. Nouvelle edition revue et augmentée. Paris 2001.

Präfekt in Algerien und Marokko, bevor er 1958 zum Polizeipräsidenten von Paris ernannt wurde. In dieser Funktion war er für das Massaker am 17. Oktober 1961 mitverantwortlich, als auf einer Demonstration für die algerische Unabhängigkeit fast 200 Menschen ums Leben kamen.[56] Später war Papon Abgeordneter der gaullistischen Partei im Nationalparlament und Ende der 1970er Jahre Finanzminister.[57]

Viele Kollaborateur*innen entzogen sich einer Bestrafung gänzlich. Louis Darquier de Pellepoix beispielsweise setzte sich ins franquistische Spanien ab.[58] In Abwesenheit 1947 zum Tode verurteilt, wurde sein Besitz beschlagnahmt. Er lebte unbehelligt, bis er durch ein Interview mit der Zeitschrift *L'Express* im Jahre 1978 für großes Aufsehen sorgte. Nach der »unvollendeten Trauer«, um Roussos Terminologie zu verwenden, setzte gleichzeitig mit dem Ausbruch des Algerienkriegs 1954 für fast zwei Jahrzehnte eine Verdrängung der Vichy-Vergangenheit ein.[59]

Der 1959 veröffentlichte Roman *Le Dernier des Justes (dt.: Der Letzte der Gerechten)* von André Schwarz-Bart konnte trotz der Auszeichnung mit dem Prix Goncourt die öffentliche Diskussion kaum beeinflussen.[60] Auch andere frühe Auseinandersetzungen mit dem Holocaust und dem jüdischen Widerstand, die meist von Überlebenden angestoßen worden waren, wurden kaum beachtet. Zu nennen sind die Werke Léon Poliakovs, der ab 1946 über den Antisemitismus und die Situation der Jüdinnen und Juden unter der Besatzung schrieb.[61] David

56 Siehe Jean-Luc Einaudi: La Bataille de Paris. 17 octobre 1961. Paris 1991. Bilder von der Demonstration machte Élie Kagan, der 1928 in einer jüdisch-polnischen Familie in Paris geboren worden war. Die Besatzung überlebte er im Untergrund. Später war Kagan der Fotograf in den Goldman-Prozessen. Die Aufnahmen finden sich im Archiv Bibliothèque de documentation internationale contemporaine (BDIC). Einige Bilder zum 17. Oktober 1961 sind digitalisiert und einsehbar unter der URL: http://www.bdic.fr/index.php?option=com_content&view=article&com_content=&id=99&Itemid=106, letzter Zugriff: 08.05.2020.

57 Sukzessive wurde Papons Rolle bei den Judendeportationen bekannt. Schließlich wurde er 1997 wegen Mitwirkung an Verbrechen gegen die Menschheit angeklagt und 1998 zu einer langjährigen Gefängnisstrafe verurteilt, aber aufgrund seines Gesundheitszustands 2002 frei gelassen. Er starb 2007. Siehe Henry Rousso: Justiz, Geschichte und Erinnerung in Frankreich. Überlegungen zum Papon-Prozeß. In: Norbert Frei/Dirk van Laak/Michael Stolleis (Hrsg.): Geschichte vor Gericht. Historiker, Richter und die Suche nach Gerechtigkeit. München 2000, S. 141–164.

58 Siehe Laurent Joly: Darquier de Pellepoix et l'antisémitisme français. Paris 2002.

59 Siehe Jürg Altwegg: Die langen Schatten von Vichy. Frankreich, Deutschland und die Rückkehr des Verdrängten. München/Wien 1998.

60 Der Roman entfachte eine Kontroverse über die Kontinuität des Antisemitismus. Zur Rezeption siehe Francine Kaufmann: Pour relire »Le dernier des justes«. Paris 1986.

61 Léon Poliakov: La condition des juifs en France sous l'occupation italienne. Paris 1946; Ders.: L'Étoile jaune. Paris 1949; Ders.: Bréviarie de la haine. Le IIIe Reich et les juifs.

Abb. 2 Plakat des Films *Le chagrin et la pitié*, 1971

Diamant hatte schon im September 1944 begonnen, die Stimmen jüdischer Widerständler*innen zu dokumentieren. Diese Bemühungen blieben jedoch ohne nennenswerten gesellschaftlichen Widerhall. Die literarische Beschäftigung mit dem Holocaust fand ihre Fortsetzung in dem 1966 erschienenen *Treblinka. La révolte d'un camp d'extermination (dt.: Treblinka. Die Revolte eines Vernichtungslagers)* des damals 28-jährigen Jean-François Steiner.[62] Das Vorwort hatte Simone de Beauvoir beigesteuert. Steiners Schrift wurde von einigen Résistance-Kämpfer*innen wie David Rousset kritisiert, weil sie das antifaschistische Nachkriegsnarrativ in Frage stellte. Der ehemalige Häftling von Buchenwald und Neuengamme prägte die Debatte über das deutsche Konzentrationslagersystem mit seinem 1946 erschienenen Buch *L'univers concentrationnaire (dt.: Das Universum der Konzentrationslager)* nachhaltig.[63] Er traf gerade keine Unterscheidung

---

Paris 1951. Siehe das Kapitel über seine ersten Forschungen DERS.: L'auberge des musiciens. Mémoires. Paris 1981, S. 179–191.

62 JEAN-FRANÇOIS STEINER: Treblinka. La révolte d'un camp d'extermination. Paris 1966.

63 DAVID ROUSSET: L'univers concentrationnaire. Paris 1946.

zwischen den unterschiedlichen Lagertypen, sondern sah sie alle als Bestandteile eines einheitlichen Systems. Die Veröffentlichung von *Treblinka* fachte die innerjüdische Diskussion über ihre Stellung im Nachkriegsfrankreich erneut an. Aus Steiners Perspektive konnte nur der Holocaust die Grundlage einer jüdischen Selbstverortung in Europa nach 1945 sein. Sie war notwendigerweise partikular. Diese Haltung stand allerdings konträr zum universalen Selbstverständnis der assimilierten Jüdinnen und Juden.[64]

Anfang der 1970er Jahre begann schließlich eine neue Phase der Auseinandersetzung mit der Vichy-Vergangenheit, die Rousso als »zerbrochenen Spiegel« bezeichnete. Ausschlaggebend war der skandalträchtige Film *Le chagrin et la pitié (dt.: Das Haus nebenan – Chronik einer französischen Stadt im Kriege)* von Marcel Ophüls, der 1971 in die Kinos kam. In dieser Dokumentation über Frankreich in den Jahren 1940 bis 1944 wurden ehemalige Résistance-Kämpfer*innen, Kollaborateur*innen und hohe politische Entscheidungsträger interviewt. Deutlich wurde dabei, dass ein nicht geringer Teil der französischen Bevölkerung am Widerstand nicht beteiligt gewesen war, sondern vielmehr Sympathien für das Vichy-Regime gehegt hatte. Der Film durfte auf politischen Druck zunächst nicht im Fernsehen gezeigt werden.[65] Auch die Begnadigung Paul Touviers durch den französischen Präsidenten Georges Pompidou 1971 verstärkte die Beschäftigung mit der Beteiligung von Französinnen und Franzosen an den Judendeportationen. Die bisher durch Mechanismen der Verdrängung umgangene und durch den Kolonialkrieg überdeckte Wahrnehmung des Holocaust hatte damals erst zögerlich begonnen. Die Nachkriegsmythen waren angekratzt, aber noch intakt.

Die Generation der um 1945 geborenen Jüdinnen und Juden weigerte sich, die Verdrängung der Vichy-Vergangenheit und das Schweigen über ihre Herkunft länger hinzunehmen. Diese Weigerung bedeutete häufig den Bruch mit den Vorstellungen der Elterngeneration, die Frankreich aus tiefster Überzeugung verehrt und zuweilen sogar mythologisiert hatte. Seit Mitte der 1980er Jahre erodierten die Nachkriegsmythen in Frankreich auch zunehmend auf offizieller Ebene.[66]

---

64 Zur Diskussion über das Buch unter französischen Jüdinnen und Juden siehe Samuel Moyn: A Holocaust Controversy. The Treblinka Affair in Postwar France. Hanover (N. H.) 2005, S. 86–121.

65 Marcel Ophüls wurde 1927 in Frankfurt am Main als Sohn des Filmemachers Max Ophüls geboren, der 1933 nach Frankreich floh. Der Film durfte erst 1981 im französischen Fernsehen gezeigt werden.

66 Siehe Heidemarie Uhl: Warum Gesellschaften sich erinnern. In: Forum Politische Bildung (Hrsg.): Erinnerungskulturen (Informationen zur Politischen Bildung, 32). Innsbruck/Wien/Bozen 2010, S. 11.

## 5. Aktuelle Erinnerungskonflikte und konstruierte Opferhierarchien

Die Brutalität der französischen Armee im Algerienkrieg spielte ebenfalls jahrzehntelang keine Rolle in der offiziellen Erinnerung. Bis heute erhitzt das Thema die Gemüter. So entflammte die Kontroverse um die Nachkommen der Opfer von Sklaverei und Kolonialismus in Frankreich zu Beginn des neuen Jahrhunderts erneut. Die Bewegung Les Indigènes de la République (dt.: Die Ureinwohner der Republik) forderte vehement die Anerkennung dieser Opfergruppen. Ihre Pamphlete forderten ein uneingeschränktes Schuldeingeständnis des französischen Staates gegenüber den Eingewanderten und ihren Nachkommen.[67] Die Wortführer*innen dieser Bewegung entstammten den ehemaligen Kolonien oder waren Nachkommen von Einwander*innen. Zu ihren Adressaten gehörten besonders migrantische Jugendliche aus den Banlieues großer Städte. Neben der Kritik am französischen Kolonialismus verbreiteten sie allerdings auch antizionistische und teils antisemitische Positionen unter einem antirassistischen Banner.

Sie verurteilten das offizielle Gedenken an die Shoah als einseitig und eurozentristisch. Dem französischen Staat unterstellten sie strukturellen Rassismus und Philosemitismus.[68] So organisierte Les Indigènes de la République im Jahre 2012 eine Konferenz mit dem Titel *Pour une lecture décoloniale de la Shoah (dt.: Für eine entkolonisierende Lesart der Shoah).* In der Ankündigung hieß es, die Shoah müsse als »zivile Religion« dekonstruiert werden. Die geschichtsrevisionistische Ausrichtung der Konferenz steht hierbei stellvertretend für die politischen Ziele der Organisation.[69] Dieser heutige Geschichtsrevisionismus weist Parallelen zu den Diskursen über den Algerienkrieg auf. Die Kritiker*innen des französischen Kolonialismus verglichen ihn seinerzeit mit der deutschen Besatzung und der nationalsozialistischen Gewaltherrschaft. Die Indigènes de la République wenden diese Argumentation zusätzlich noch antizionistisch, indem sie Israel als vermeintlich rassistische Kolonialmacht

67 Siehe Thomas Hahn: Die Erfindung des umgekehrten Hitlergrußes. In: *Die Welt,* 3. Januar 2014. Abgerufen unter der URL: https://www.welt.de/print/die_welt/kultur/article123488966/Die-Erfindung-des-umgekehrten-Hitlergrusses.html, letzter Zugriff: 08. 05. 2020.

68 Siehe Sadri Khiari: Pour une politique de la racaille. Immigrées, indigènes et jeunes banlieues. Paris 2006.

69 Auf der Konferenz durfte Youssef Boussoumah, als »spécialiste de la question palestinienne« vorgestellt, zu dem Thema *Le sionisme: une idéologie blanche* referieren. Das Programm der Konferenz findet sich unter der URL: http://indigenes-republique.fr/pour-une-lecture-decoloniale-de-la-shoah/, letzter Zugriff: 08. 05. 2020.

dämonisieren und den palästinensischen Widerstand als heldenhaften Antifaschismus präsentieren.[70]

In den sozial marginalisierten und stigmatisierten Banlieues brachen seit den 1980er Jahren regelmäßig Unruhen aus, die im Jahre 2005 einen Höhepunkt erreichten.[71] Viele Banlieue-Bewohner*innen stammen aus den ehemaligen französischen Protektoraten und Kolonien. Doch auch die meisten Jüdinnen und Juden in Frankreich sind nordafrikanischer Herkunft. Das Land weist neben den USA und Israel den drittgrößten jüdischen Bevölkerungsanteil auf. Wie in vielen europäischen Staaten führte die sogenannte Zweite Intifada in Frankreich zu einem signifikanten Anstieg antisemitischer Delikte zu Beginn des 21. Jahrhunderts.[72] In den letzten Jahren lässt sich darüber hinaus eine religiöse Radikalisierung in migrantischen Communitys beobachten, die auch von Konflikten um Zugehörigkeit und Identität geprägt ist.[73] Diese Radikalisierung von Muslim*innen geht oft mit einer Überidentifikation mit den Palästinenser*innen einher, denen als Glaubensbrüdern und -schwestern bedingungslose Solidarität zukommt. Die damit einhergehenden Ressentiments schlagen nicht selten in manifeste Gewalt gegen Jüdinnen und Juden und als solche Identifizierte um. Dass in Frankreich alle antisemitischen Morde seit dem Jahr 2000 von Täter*innen mit muslimischem Hintergrund begangen wurden, verdeutlicht die Brisanz.[74]

---

70 Siehe Aya Ramadan: De l'oppression du peuple palestinien en général et d'un tweet en particulier, 11.06.2016, abgerufen unter der URL: http://indigenes-republique.fr/de-loppression-du-peuple-palestinien-en-general-et-dun-tweet-en-particulier/, letzter Zugriff: 08.05.2020.

71 Siehe Peter Imbusch: Die Proteste in Frankreich. Einige einleitende Überlegungen. In: Johannes M. Becker u.a. (Hrsg.): Die Proteste in Frankreich 2005. Interdisziplinäre Perspektiven der Konfliktforschung. Marburg 2006, S. 10.

72 Siehe: Angriffe auf Juden. Zahl der antisemitischen Übergriffe in Frankreich gestiegen. In: *Spiegel Online,* 12. Februar 2019. Abgerufen unter der URL: https://www.spiegel.de/politik/deutschland/frankreich-zahl-der-antisemitischen-uebergriffe-ist-gestiegen-a-1252795.html, letzter Zugriff: 08.05.2020.

73 Meir Litvak spricht hier gezielt von einer Islamisierung des Nahostkonfliktes. Siehe Meir Litvak: The Islamization of the Palestinian-Israeli Conflict: The Case of Hamas (Middle Eastern Studies, 34). Paris 1998, S. 148–163.

74 Siehe Ulrich Jakov Becker: »Im 21. Jahrhundert wurden alle antisemitischen Morde in Europa von Moslems begangen«. Eine Analyse des Antisemitismus-Forschers Manfred Gerstenfeld. In: *Jüdische Rundschau,* 13. Dezember 2016, S. 8. Abgerufen unter der URL: https://juedischerundschau.de/issue.2016-12.pdf, letzter Zugriff: 08.05.2020.

## 6. Schluss

Am 20. Juli 2014 ereigneten sich am Rande einer propalästinensischen Demonstration antisemitische Ausschreitungen. Ort des Geschehens war das jüdische Viertel des Pariser Vororts Sarcelles, wo sich nach der Unabhängigkeit Algeriens sephardische Jüdinnen und Juden angesiedelt hatten. Bis heute weist der Ort eine hohe Dichte jüdischer Einrichtungen und Läden auf. Die Demonstrationsteilnehmer*innen attackierten das Viertel gezielt und plünderten die dort befindlichen Geschäfte ohne Rücksicht.[75]

Auf einigen Schildern und Transparenten waren geschichtsrevisionistische und offen antisemitische Darstellungen und Karikaturen zu sehen.[76] Auch die Sprechgesänge unterstrichen die Ausrichtung der Demonstration.[77] Dieser »Antisemitismus der Marke Dieudonné«[78] bezeichnet eine neue Entwicklung innerhalb der französischen Gesellschaft, die sich durch eine Allianz zwischen antiimperialistischen, islamistischen und rechtsextremen Gruppierungen, einer Solidarisierung mit den Palästinenser*innen sowie einer vehementen Feindschaft gegen den Westen auszeichnet. Dass hier von einem Antisemitismus des französisch-kamerunischen Komikers gesprochen wird, ist kein Zufall. Dieudonnés Markenzeichen ist die gezielte Provokation und Leugnung der Shoah aus vermeintlich ehrbaren Motiven wie der Parteinahme für die unterdrückten Völker und Opfer des Kolonialismus. Deshalb stilisiert er sich zum Sprachrohr der Banlieue-Bewohner*innen.[79] Der Erfinder der »Quenelle«, eines umgedrehten Hitlergrußes, und des antisemitischen Topos der »Shoananas«

---

75 Als Ausdruck einer zweifelhaften Israelkritik wählten die Demonstrant*innen gezielt das jüdische Viertel als Angriffspunkt und zogen auch das Eigentum nichtjüdischer Ladenbesitzer in Mitleidenschaft. Siehe Dan Bilefsky: A Militant Jewish Group Confronts Pro-Palestinian Protesters in France. In: *The New York Times,* 7. August 2014. Abgerufen unter der URL: https://www.nytimes.com/2014/08/07/world/europe/militant-jewish-group-confronts-protesters-in-a-tense-france.html?_r=, letzter Zugriff: 08.05.2020.

76 Bilder von der Demonstration finden sich unter der URL: http://sanidessinateur.blogspot.com/2014/07/dessins-affiches-dans-la-manifestation.html, letzter Zugriff: 08.05.2020.

77 Siehe Gaza conflict: France criticises »anti-Semitic« riot. In: *BBC News,* 21. Juli 2014. Abgerufen unter der URL: https://www.bbc.com/news/world-europe-28402882, letzter Zugriff: 08.05.2020.

78 Vgl. Thomas Pany: Antisemitismus. Gelbwesten unter Beweisdruck. In: *Telepolis,* 20. Februar 2019. Abgerufen unter der URL: https://www.heise.de/tp/features/Antisemitismus-Gelbwesten-unter-Beweisdruck-4313451.html?seite=all, letzter Zugriff: 08.05.2020.

79 Siehe Mounia Meiborg: Ein Komiker fordert die Franzosen heraus. In: *ZEIT ONLINE,* 11. Januar 2014. Abgerufen unter der URL: https://www.zeit.de/gesellschaft/zeitgeschehen/2014-01/dieudonne-frankreich-antisemitismus/seite-2, letzter Zugriff: 08.05.2020.

wurde mehrfach von französischen Behörden mit Auftrittsverboten und Geldstrafen belegt. Er repräsentiert stellvertretend die antikolonialistische sowie juden- und israelfeindliche Querfront.

Trotz seiner Nähe zur extremen Rechten fanden Dieudonnés Positionen Unterstützung bei den Anhänger*innen der Indigènes de la République. Insbesondere Houria Bouteldja, die französisch-algerische Sprecherin der aus der Bewegung hervorgegangenen Parti des Indigènes de la République (dt.: Partei der Ureinwohner der Republik, PIR) betonte ihre Zustimmung zu Dieudonnés antizionistischen Positionen.[80] Das von Bouteldja 2016 veröffentlichte Buch *Les Blancs, les Juifs et nous – Vers une politique de l'amour révolutionnaire (dt.: Die Weißen, die Juden und wir – Für eine Politik der revolutionären Liebe)* löste heftige Kontroversen aus. Serge Halimi, der Chefredakteur der *Le Monde diplomatique,* warf ihr vor, dass die Linke wegen solcher Bücher ihre universalistischen Positionen zugunsten eines von postkolonialen Theorien beeinflussten Kulturrelativismus über Bord werfe.[81]

An der Positionierung Halimis zeigt sich die tiefe Besorgnis über einen Konflikt, der an den Grundfesten der französischen Gesellschaft zu rütteln droht. Der in Frankreich trotz zahlreicher Skandale populäre Komiker Dieudonné entfachte mehrfach eine Kontroverse über den Widerspruch zwischen einer notwendigen Unterbindung antisemitischer Hetze und dem Recht auf freie Meinungsäußerung. Auch anhand des Widerspruchs zwischen den Partikularinteressen gesellschaftlicher Minderheiten und den universalistischen Ideen der französischen Republik offenbart sich ein Erinnerungskonflikt, der seit Jahrzehnten brodelt und bis in die Gegenwart hineinragt. Diese Auseinandersetzung wird die französische Gesellschaft sicherlich noch lange Zeit beschäftigen.

---

80 Siehe Gilles-William Goldnadel: Petit rappel de la litanie raciste d'Houria Bouteldja à une Insoumise amnésique. In: *Le Figaro,* 7. November 2017. Abgerufen unter der URL: http://www.lefigaro.fr/vox/politique/2017/11/07/31001-20171107ARTFIG00209-petit-rappel-de-la-litanie-raciste-d-houria-bouteldja-a-une-insoumise-amnesique.php, letzter Zugriff: 08.05.2020.

81 Siehe Serge Halimi: Ahmadinejad, mon héros. In: *Le Monde diplomatique,* August 2016, S. 26.

Jutta Fleckenstein

# Wie kann jüdische Geschichte nach 1945 musealisiert werden?

## Föhrenwald und St. Ottilien – Zwei Beispiele aus dem Jüdischen Museum München

Die Geschichte der jüdischen Displaced Persons (DPs), jene durch den Krieg aus ihrer Heimat verschleppten und an einem fremden Ort gestrandeten Shoah-Überlebenden, ist erst in den 1990er Jahren zum Thema der historischen Forschung – insbesondere in den USA, in Israel und Deutschland – geworden. Die Abteilung für Jüdische Geschichte und Kultur an der Ludwig-Maximilians-Universität ebenso wie das Institut für Zeitgeschichte in München haben hierbei eine wichtige Rolle eingenommen.

Im Jüdischen Museum München wurde deshalb seit seiner Eröffnung im Jahr 2007 ein konzeptioneller Schwerpunkt auf die direkte Nachkriegsgeschichte gelegt. Dies ist nicht zuletzt der Tatsache geschuldet, dass niemals mehr Jüdinnen und Juden in Bayern gelebt haben als in den Jahren unmittelbar nach der Shoah. Die amerikanische Armee und die Nothilfe- und Wiederaufbauverwaltung der Vereinten Nationen (engl.: United Nations Relief and Rehabilitation Administration, UNRRA) richtete zahlreiche Lager für Displaced Persons ein. Eine nicht geringe Zahl jüdischer DPs entschied sich außerdem, außerhalb eines DP-Lagers in der Stadt München zu leben. Dazu waren in München auch die Büros verschiedener jüdischer Hilfsorganisationen und der Selbstverwaltungseinrichtungen der jüdischen DP-Gesellschaft untergebracht, an die sich nicht nur die Münchner Jüdinnen und Juden, sondern auch die DPs aus den DP-Camps im Umland wie Föhrenwald oder St. Ottilien wandten. So wurde München, die ehemalige »Stadt der Bewegung«, zur inoffiziellen Hauptstadt für die Sche'erit Hapleta, für den geretteten Rest, wie sich die jüdischen Überlebenden selbst nannten.

Vor diesem Hintergrund begann das Jüdische Museum München bereits in seiner Planungsphase, Interviews mit ehemaligen Displaced Persons zu führen. Es waren Zeitzeug*innen, die sich zunächst vorübergehend, später dauerhaft in München niedergelassen hatten und bis Ende der 1980er Jahre die Mehrheit der jüdischen Nachkriegsgemeinde stellten. Ihre persönlichen Erinnerungsstücke und die mit ihnen verbundenen Erinnerungen an die Zeit nach 1945 in München wurden die ersten Exponate in einem neuen Sammlungsbereich und bedeutende Zeitdokumente der Münchner Nachkriegsgeschichte.

Nach der Eröffnung des Jüdischen Museums München nahm schnell die Idee Gestalt an, der DP-Zeit eine umfassende Ausstellung zu widmen. Ziel war es, die Geschichte der DPs von ihrem Ankommen bis zu ihrer Auswanderung anhand von Objekten zu beleuchten. Aber was ist geblieben von dieser kurzen Zeit zwischen der Shoah und der Staatsgründung Israels? Es ist nicht überraschend, dass viele Exponate nicht in Deutschland, sondern in den Vereinigten Staaten und Israel gefunden wurden, wo viele der ehemaligen Displaced Persons nach ihrer unfreiwilligen Zeit in München eine neue Heimat fanden und ihre Erinnerungsstücke dort in Museen gaben. Beispielhaft ist die Geschichte von Frania Bratt. Im Konzentrationslager Dachau befreit, nähte sie sich und ihrer Schwester aus dem Stoff, der von den amerikanischen Soldaten an die Überlebenden verteilt wurde, Sommerkleider. Ihr Symbol für den Neubeginn – das Kleid – gab sie in die Sammlung des Museum of Jewish Heritage in New York. Andere Objekte werden erst durch ihre Geschichte außergewöhnlich: Ein unscheinbarer Metallkoffer aus dem Besitz der Familie Beer in Montreal, Kanada, gehört heute in die Sammlung des Jüdischen Museums Berlin. Nach der Familienüberlieferung wurde dieser Koffer für den 1949 im DP-Lager Pocking geborenen Sohn Max als Kinderbadewanne verwendet.

Im Laufe der zweijährigen Ausstellungsvorbereitungen konnten mehr als 200 Exponate recherchiert werden, die mehrheitlich noch nicht öffentlich gezeigt worden waren. Neben dieser inzwischen großen Anzahl an Objekten stand eine Vielzahl konzeptioneller Fragen im Raum: Wie kann Zeitgeschichte verhandelt werden, wenn so viele Objekte gerade erst inventarisiert worden sind – und diese noch dazu auf eine provisorische Situation verweisen? In welcher Rolle und Funktion können Zeitzeug*innen in der Ausstellung auftreten und eine Stimme bekommen? Wie kann eine Geschichte in Bewegung – ein Leben im Transit – thematisiert werden? Als Weitergehen? Als das Zufällige? Als eine »Zwischenzeit«? An einem Zwischenort?

## 1. Föhrenwald in der Ausstellung *Von da und dort – Überlebende aus Osteuropa* (November 2011 – Juni 2012)

### 1.1 Kleidungsstücke als Wegweiser

Beim Betreten der Ausstellungsräume stehen die Besucher*innen vor einem Gürtel: ein mehr als alltägliches Exponat. Erst die erzählte Geschichte des Objektes und der biographische Kontext seines Trägers legen die Einzigartigkeit des überlieferten Gegenstandes offen. Diese subjektive Ebene des Objektes wird neben

Abb. 1 Blick in den Eingangsbereich der Ausstellung *Von da und dort*

Objekttitel, Material, Maßen und Sammlung für die Besucher*innen in folgender Beschriftung lesbar:

> Bei seiner Befreiung durch die amerikanischen Soldaten am 29. April 1945 nahm Hersz Alexander im Konzentrationslager Dachau diesen Gürtel eines toten Mithäftlings an sich und behielt ihn. Weil er selbst so abgemagert war, musste er seine Häftlingskleider damit festbinden. Hersz Alexander (geb. 1916 in Sieradz im heutigen Polen; gestorben 1975 in Frankfurt am Main) wurde 1940 ins Arbeitslager Sandomierz deportiert, von dort in das Vernichtungslager Auschwitz, weiter ins Lager Vaihingen und dann in das Konzentrationslager Dachau.

Der Gürtel eröffnet mit der ersten Station *Befreiung* den Blick auf die Zeit unmittelbar nach dem damals noch namenlosen Ereignis. Die Besucher*innen folgen nun einem Gang, der mit raumhohen grauen Platten umgeben ist, bis ihnen ein weiteres Kleidungsstück den Weg verstellt: das Leinenkleid von Haya Swartzman. Erneut wird die museale Objektbeschreibung durch die Geschichte des Kleidungsstückes und der seiner Trägerin ergänzt:

> Das Leinenkleid zeigt am Rücken den Abdruck eines »Judensterns«, der nach 1939 in allen von den Deutschen besetzten Gebieten von Juden getragen werden musste. Haya Swartzman (geb. 1926 in Alytus im heutigen Litauen) wurde von ihrer Familie getrennt und

Abb. 2 Das Provisorische darstellen: Archivhülle statt Glasvitrine

in das Ghetto Kaunas gebracht. Später wurde sie in das KZ Stutthof deportiert. Ihr Cousin, der ebenfalls dorthin verschleppt worden war, organisierte für sie einen Wintermantel, der sie die Kälte überleben ließ. Nach ihrer Befreiung entfernte Haya Swartzman die Läuse vom Leinenmantel und reinigte ihn. Wegen des Kleidermangels brachte sie den Mantel zu einem Schneider und ließ sich ein Kleid daraus nähen. Bei ihrer Heirat trug sie das Kleid als Hochzeitskleid, wodurch sie das »Zeichen der Schande« in ein Zeichen des Stolzes und der Erneuerung verwandelte.

Durch weitere Textilien – für uns so selbstverständliche Alltagsgüter – erschließen sich in der Ausstellung die individuellen Schicksale von jüdischen DPs in den ersten Nachkriegsjahren. Neun Kleidungsstücke weisen als Leitobjekte durch die Ausstellung und eröffnen einen Einblick in den Alltag und die Geschichten der jüdischen Überlebenden und Flüchtlinge, die in den ersten Nachkriegsjahren in und um München eine provisorische Heimat fanden. Sie begleiten die Besucher*innen durch die Themen der Ausstellung: *Befreiung, Überlebende und Flüchtlinge, Hilfe zur Selbsthilfe, She'erit Hapleta – Der gerettete Rest, Erinnerung, Tradition und Religion, Neuanfänge, Sammeln und Dokumentieren, Bleiben?* und *Bleiben oder Gehen.*

## 1.2 Alltagsgegenstände in transparenten Hüllen

Neben den Gegenständen aus Museumssammlungen gelangten die meisten Exponate als Leihgaben ehemaliger Displaced Persons und ihrer Nachkommen in die Ausstellung. Sie lagen unbeachtet von ihren – bis dahin noch selten als Zeitzeug*innen befragten – Besitzer*innen im untersten Regal des Wohnzimmerschrankes oder vergessen im Kellerabteil und wurden nun temporär den Kurator*innen anvertraut. Sie sind dingliche Verweise auf eine »Zwischenzeit« der jüdischen Geschichte, die bis dahin noch nicht in den Fokus der Jüdischen und anderer Museen gelangt war. In transparenten Archivhüllen werden sie nun im Museum erfasst und gesichert. Hier werden sie in der Ausstellung konsequent nicht in Schaukästen und Vitrinen ausgestellt, sondern verbleiben in Hüllen. Diese Präsentationsform wirkt provisorisch und temporär. Sie verweist auf den Status der Objekte zwischen Auffindsituation und Museumssammlung, zwischen persönlichem Erinnerungsstück und inventarisiertem Museumsexponat. Ebenso verdichtet sich das Bild des Lebens im Provisorium, in einer »Zwischenzeit« an einem Zwischenort.

Nicht nur in der Präsentationsform der Alltagsgegenstände, sondern insbesondere in ihrer Qualität und Anzahl offenbart sich eine Besonderheit der Ausstellung: Während vorangegangene kleinere DP-Ausstellungen die Geschichte der Displaced Persons vorwiegend über das Medium Fotografie erzählten, stehen im Mittelpunkt der Ausstellung *Von da und dort – Überlebende aus Osteuropa* dingliche Zeugnisse, Objekte, die von den jüdischen Displaced Persons aus ihren Herkunftsregionen in Osteuropa mitgebracht, in den Lagern angefertigt oder von Hilfsorganisationen bereitgestellt wurden. Sie eröffnen für die Besucher*innen neue Einblicke in die vielfältigen Erfahrungen und Wahrnehmungen der Sche'erit Hapleta.

## 1.3 Der Weg als Labyrinth

Hinter jeder Wegbiegung stoßen die Besucher*innen auf einen weiteren leeren Gang, der nur durch die Kleidungsstücke verstellt ist. Es entsteht in der Ausstellung niemals ein Raum, sondern immer nur ein Weg; ein Weg durch den Zwischenort München, aus Deutschland heraus und in die Emigration. Das Leben der Displaced Persons in und um München wird anhand der Metapher des Labyrinths erzählt. Die langen, kahlen Gänge ziehen die Besucher*innen auf den Weg der jüdischen Displaced Persons, immer nur mit der Möglichkeit des Zurückgehens und Weitergehens.

Abb. 3 Blick in den Ausstellungsteil zum DP-Lager Föhrenwald

Die jüdische DP-Bevölkerung in der amerikanischen Besatzungszone war von 130.000 Personen im Herbst 1947 auf 90.000 im Sommer 1948 gesunken. Ein weiteres Jahr später hielten sich nur noch 30.000 jüdische DPs in der US-Zone auf. In den frühen 1950er Jahren hatten die meisten DPs Deutschland verlassen. Zurück blieben diejenigen, die aus familiären oder gesundheitlichen Gründen nicht emigrieren konnten oder die Emigration immer wieder hinausgeschoben hatten. Als letztes Lager blieb Föhrenwald bis 1957 bestehen.

## 1.4 Die Musealisierung der Zeugen – Das DP-Lager Föhrenwald

Nachdem die Besucher*innen das Labyrinth mit der Geschichte der Displaced Persons in und um München verlassen haben, erreichen sie auf einer zweiten Ausstellungsebene, die ein DP-Lager exemplarisch vorstellt, das Camp Föhrenwald.

Ausgangspunkt für alle konzeptionellen Überlegungen war hier die besondere Situation hinsichtlich der ehemaligen Föhrenwalder DPs – den Protagonist*innen der Campgeschichte. Dr. Rachel Salamander, die ihre Kindheit in Föhrenwald verbrachte und heute eine jüdische Buchhandlung im Foyer des Jüdischen Museums München führt, lenkt seit 1990 mit Konferenzen und Vorträgen das öffentliche Interesse auf die Geschichte der Displaced Persons. 2008 organisierte sie im Museum ein Treffen ehemaliger Föhrenwalder*innen, an dem mehr als 100 ehemalige DPs aus Amerika, Kanada, Israel und Deutschland teilnahmen. Dank ihrer Unterstützung wurde eine Basis geschaffen, um anhand von Erzählungen, Erinnerungsstücken, Fotos, Filmen und Dokumenten Einblicke in verschiedene Aspekte des Lagerlebens und in die Geschichten einzelner Familien zu erarbeiten. Ziel war es, die innerjüdische Sicht der DP-Community auf die direkte Nachkriegszeit erkennbar zu machen, ohne ›den Juden hinter Glas‹ auszustellen.

Gemeinsam mit dem Architekten Detlef Weitz wurde eine Szenographie entwickelt, welche

> die Typologie des Föhrenwalder Siedlungshauses […] als Schnitte durch die Gebäude ins Museum transferiert. Hintereinander gereiht, wie ein auseinandergezogenes Haus, entstehen Ausstellungsflächen und Zwischenräume, die weder dem Innen noch dem Außen zugeordnet werden können.[1]

Auf den entstandenen Wandflächen werden die vielfältigen Fundstücke aus der DP-Community ausgestellt, die wie Mosaiksteine die Sichtweisen auf den Alltag im DP-Lager zusammensetzen – oder manchmal auch hinterfragen.

Durch die Bespielung der Außenwände erfolgt die Einordnung des DP-Camps als Zwischenort für die Zeit von 1945 bis 1957. So werden die Silhouetten der Föhrenwald-Häuser durch eine Videoprojektion in die Gegenwart, in den heutigen Wolfratshausener Stadtteil Waldram, projiziert. Die wechselvolle Geschichte der Siedlung können die Besucher*innen besonders deutlich mittels Einblendungen der jeweiligen Straßennamen verfolgen. Die ursprünglichen Bezeichnungen aus nationalsozialistischer Zeit wurden unter amerikanischer Besatzung ersetzt. Aus der Memeler Straße wurde so beispielsweise die New York Straße, aus Adolf-Hitler-Platz wurde der Roosevelt Square. Die jüdischen DPs verliehen einigen Straßen in Föhrenwald zusätzlich noch jüdische Namen wie Bialik-Straße oder Medina-Iwrit-Straße. Nach der Auflösung des DP-Lagers Föhrenwald 1957 wurden die Straßen und Plätze erneut für die neu angesiedelten katholischen Heimatvertriebenen umbenannt.

Die Sicht auf die Gegenwart wird den Besucher*innen auch durch viele Filmaufnahmen und Interviews vermittelt, die beispielsweise die Fahrt der ehemaligen Föhrenwalder*innen nach Föhrenwald bzw. Waldram im Jahr 2008 dokumentieren. Ehemalige Bewohner*innen besuchten ihre ehemaligen Häuser, trafen auf die heutigen Bewohner*innen und gaben so einen ›missing link‹ zur Zeit der Displaced Persons.

1 Rose Epple/Detlef Weitz: Von da und dort – Zur Szenografie. In: Jutta Fleckenstein/Tamar Lewinsky (Hrsg.): Juden 45/90. Von da und dort – Überlebende aus Osteuropa. München 2011, S. 30–36, hier S. 35.

Abb. 4 Mönch mit einem 1946 in St. Ottilien gedruckten *Talmud*

## 2. St. Ottilien – Ein Projekt der Abteilung für jüdische Geschichte und Kultur des Jüdischen Museums München und der Erzabtei St. Ottilien (Mai – September 2018)

Nach der Ausstellung *Von da und dort – Überlebende aus Osteuropa* erhielt die Sammlung des Jüdischen Museums München interessante Erinnerungsstücke aus der Nachkriegszeit. Dadurch gelangte ein anderer Ort aus der Geschichte der Displaced Persons in den Fokus des Museums: St. Ottilien, ungefähr 40 Kilometer entfernt von München.

Das Kloster der Missionsbenediktiner war zwischen 1945 und 1948 unfreiwillige Station für über 5.000 Überlebende aus Osteuropa. Die jüdische Geschichte des Klosters begann im April 1945. Alliierte, die glaubten, einen deutschen Zug zu bombardieren, trafen die dort eingesperrten jüdischen KZ-Häftlinge aus den Außenlagern von Kaufering. Die Verletzten wurden in ein seit 1941 in St. Ottilien bestehendes Krankenhaus der Wehrmacht gebracht, in dem zu dieser Zeit um die 1.000 deutsche Soldaten versorgt wurden. In St. Ottilien entwickelte sich – anfangs unter der Verwaltung der Alliierten – ein jüdisches DP-Krankenhaus und zusätzlich ein DP-Lager sowie ein Geburtshaus, in dem mehr als 400 Kinder geboren wurden.

Abb. 5 Installation zu St. Ottilien im Foyer des Jüdischen Museums München

Für das Projekt *St. Ottilien – das Benediktinerkloster und seine jüdische Geschichte 1945–1948* stellte sich die Frage, wie die Rechercheergebnisse – neben dem geplanten wissenschaftlichen Symposium und einem Tagungsband – einer breiteren Öffentlichkeit vorgestellt werden könnten. Wie kann die Geschichte des DP-Hospitals verortet werden? In welcher Rolle und Funktion können die Stimmen der Zeitzeug*innen hörbar werden?

Anders als 2011/2012 war es nicht das Ziel, die Geschichte eines DP-Camps im Jüdischen Museum München in einer Ausstellung vorzustellen. Vielmehr wollte das Museum einen Verweis auf einen authentischen Ort – St. Ottilien – geben. Museumsbesucher*innen sollten durch eine Installation im Museumsfoyer angeregt werden, nach St. Ottilien zu fahren und sich für eine jüdische Perspektive auf das Klostergelände zu interessieren.

## 2.1 Orte der DP-Geschichte in St. Ottilien – Einladung zu einem Rundgang

In St. Ottilien wurden elf Orte der DP-Geschichte mit einer Hinweistafel versehen. Interessierte, aber auch Spaziergänger*innen, die das Klostergelände kennen, erhalten so eine jüdische Perspektive auf den Ort. So war das heutige Gästehaus der Benediktiner von 1945 bis 1948 ein Geburtshaus, in dem mehr als 400 Kinder

Abb. 6 DP-Lager und Personalunterkünfte (heute Kloster)

Abb. 7 DP-Krankenhaus (heute Gästehaus)

geboren wurden. Das heutige Tagesheim des Gymnasiums wurde für Krankenzimmer und Behandlungsräume der Displaced Persons genutzt. Auf jeder Rundgangstafel findet sich neben einer kurzen Einordnung des Ortes ein historisches Foto und ein Zitat eines Zeitzeugen oder einer Zeitzeugin. Die Erzabtei St. Ottilien entschied sich für eine temporäre Konstruktion, da davon auszugehen war, dass in den nächsten Monaten und Jahren immer wieder neue Fotos und Informationen auftauchen würden.

## 2.2 Stimmen der Zeitzeug*innen in St. Ottilien

Als dritter Teil des Erinnerungskonzeptes wurde eine temporäre Audioinstallation entworfen, die in der Galerie des Klosterladens realisiert wurde. Die Vielzahl der überlieferten Stimmen von Zeitzeug*innen – in Interviews der Shoah Foundation, in Memoiren, in Reden und Zeitungsberichten – stellen nicht nur eine Besonderheit von St. Ottilien im Vergleich zu anderen DP-Camps dar, sondern sind auch eindrucksvolle Hördokumente.

Die Situation der Displaced Persons direkt nach Kriegsende – geprägt durch das Zusammentreffen der Religionen in St. Ottilien und der Begegnung von jüdischen Displaced Persons mit amerikanischen Soldaten, deutschen und jüdischen Ärzt*innen sowie Ordensbrüdern – wird durch die verschiedenen Sprachen und Sichtweisen in der Audioinstallation abgebildet. Zu hören sind unter anderem: ein Text des Autors David Volpe (nachgesprochen in Jiddisch), ein Auszug aus einem Originalinterview der deutschen Physiotherapeutin Erika Grube sowie Auszüge aus ihren Erinnerungen (nachgesprochen in Deutsch), die ergreifende Rede des Überlebenden und medizinischen Leiters von St. Ottilien, Dr. Zalman Grinberg, von 1945 in Deutsch, aber auch die Erinnerungen der ehemaligen Displaced Persons Abram Savicki und Lola Lieber in Englisch. Die Zitate wurden immer in der jeweiligen Originalsprache eingesprochen und dann ins Deutsche bzw. Englische übersetzt.

# 3. Zusammenfassung: Wie kann jüdische Geschichte nach 1945 musealisiert werden?

Obwohl sich die Konzepte für die Präsentationen zu Föhrenwald und St. Ottilien sehr stark unterscheiden, wurden mehrere Grundgedanken beibehalten: In beiden Konzepten wurde eine Visualisierung des Begriffs ›Displaced‹ in der Ausstellungsarchitektur gefunden. Die Stimmen der Zeitzeug*innen und ihrer Nachkommen bilden eine entscheidende Komponente und geben verschiedene Perspektiven auf die direkte Nachkriegszeit. Das Jüdische Museum wurde durch die beiden Projekte zu einem Kommunikationsort ehemaliger Displaced Persons, deren Erinnerungen und einer interessierten Öffentlichkeit. Außerdem wurden bisher nicht öffentliche Erinnerungsstücke und die dazugehörigen Objektgeschichten Teil des kollektiven Gedächtnisses.

Abb. 8 Blick in die Ausstellung in der Galerie des Klosterladens

# Autorinnen und Autoren

*Bandl, Alexandra,* Staatsexamen; geb. 1993 in Heidenheim an der Brenz; von 2013 bis heute Studium Gymnasiallehramt in den Fächern Geschichte und Spanisch an der Universität Leipzig; seit 2016 tätig als freie Bildungsreferentin mit Schwerpunkt auf historische Genese und aktuelle Erscheinungsformen des Antisemitismus; seit 2019 freie Mitarbeiterin im Präventionsprojekt *Abbau von Antisemitismus* des Ariowitsch-Hauses e.V.

*Čapková, Kateřina,* Dr. phil.; geb. 1973 in Prag; Promotion in Geschichte 2003; seit 2011 wissenschaftliche Mitarbeiterin am Institut für Zeitgeschichte an der tschechischen Akademie der Wissenschaften; seit 1999 Professorin für moderne jüdische Geschichte an der New York University in Prag; als externe Dozentin gibt sie Kurse über jüdische Geschichte und Migration an der Karls-Universität in Prag; 2016 Gründerin des Prague Forum for Romani Histories am Institut für Zeitgeschichte in Prag: www.romanihistories.usd.cas.cz. Zurzeit studiert sie Roma-Studien in Prag. Fellowships und Stipendien (Auswahl): Humboldtstipendium für erfahrene Wissenschaftler an der Freien Universität Berlin; an der Universität Basel; INALCO Paris; Universität in Wien; Oxford University; University of Chicago.

Publikationen (Auswahl): Czechs, Germans, Jews? National Identity and the Jews of Bohemia. New York/Oxford 2012 (Tschechisch 2005 und 2014); mit Michal Frankl: Unsichere Zuflucht. Tschechoslowakei und ihre Flüchtlinge aus dem Nazi-Deutschland und Österreich 1933–1938. Köln/Weimar/Wien 2012 (Tschechisch 2008); (Hrsg.) mit Hillel Kieval: Zwischen Prag und Nikolsburg. Jüdisches Leben in den böhmischen Ländern (Veröffentlichungen des Kollegium Carolinum, 140). Göttingen 2020.

*Fleckenstein, Jutta,* Erstes Staatsexamen; geb. 1971 in Aschaffenburg; Studium der Geschichte und Germanistik an den Universitäten Erlangen und Rom; 1999–2005 Kuratorin am Jüdischen Museum Franken, Fürth und Schnaittach; seit 2005 Kuratorin und stellvertretende Direktorin am Jüdischen Museum München. Arbeitsschwerpunkte: Identität und Migration.

Publikationen (Auswahl): (Hrsg.) mit Bernhard Purin: Stimmen_Orte_Zeiten. Juden in München. München 2004; (Hrsg.) mit Tamar Lewinsky: Juden 45/90. Von da und dort – Überlebende aus Osteuropa. München 2011; (Hrsg.) mit Piritta Kleiner: Juden 45/90. Von ganz weit weg. Zuwanderer aus der ehemaligen Sowjetunion. München 2012; (Hrsg.): Never walk alone. Jüdische Identitäten im Sport. München 2017.

*Freimüller, Tobias,* Dr. phil.; geb. 1973 in Herdecke; Studium der Geschichte, Germanistik, Pädagogik und Sozialwissenschaften an der Ruhr-Universität Bochum; 2007 Promotion an der Friedrich-Schiller-Universität Jena; dort bis 2017 wissenschaftlicher Mitarbeiter am Lehrstuhl für Neuere und Neueste Geschichte; 2010 Heuss Lecturer an der New School for Social Research in New York; 2012 Fellow am Franz Rosenzweig Minerva Center for German-Jewish Literature and Cultural History an der Hebrew University Jerusalem; seit 2017 stellvertretender Direktor des Fritz Bauer Instituts; 2019 Habilitation an der Johann Wolfgang Goethe-Universität in Frankfurt am Main.

Publikationen (Auswahl): Alexander Mitscherlich. Gesellschaftsdiagnosen und Psychoanalyse nach Hitler. Göttingen 2007; (Hrsg.) mit Tim Schanetzky u. a.: Demokratisierung der Deutschen. Errungenschaften und Anfechtungen eines Projekts. Göttingen 2020; Frankfurt und die Juden. Neuanfänge und Fremdheitserfahrungen 1945–1990. Göttingen 2020.

*Ganzenmüller, Jörg,* Prof. Dr. phil.; geb. 1969 in Augsburg; Studium der Neueren und Neuesten Geschichte, Osteuropäischen Geschichte und Wissenschaftlichen Politik an der Albert-Ludwigs-Universität in Freiburg; 2000–2001 und 2002–2004 wissenschaftlicher Mitarbeiter am Lehrstuhl für Neuere und Osteuropäische Geschichte an der Universität Freiburg; 2003 Promotion an der Universität Freiburg mit einer Studie zum belagerten Leningrad; 2004–2010 wissenschaftlicher Mitarbeiter am Lehrstuhl für Osteuropäische Geschichte der Friedrich-Schiller-Universität Jena; 2008–2009 Stipendiat des Historischen Kollegs in München; 2010 Habilitation an der Universität Jena mit einer Studie zum polnischen Adel in den westlichen Provinzen des russischen Zarenreichs; 2010–2014 Vertreter des Lehrstuhls für Osteuropäische Geschichte an der Universität Jena; seit 2014 Vorstandsvorsitzender der Stiftung Ettersberg in Weimar, seit 2017 zudem Inhaber der Professur für Europäischen Diktaturenvergleich am Historischen Institut der Friedrich-Schiller-Universität Jena.

Publikationen (Auswahl): (Hrsg.) mit Raphael Utz: Orte der Shoah in Polen. Gedenkstätten zwischen Mahnmal und Museum (Europäische Diktaturen und ihre Überwindung, 22). Köln/Weimar/Wien 2016; (Hrsg.): Recht und Gerechtigkeit. Die strafrechtliche Aufarbeitung von Diktaturen in Europa (Europäische Diktaturen und ihre Überwindung, 23). Köln/Weimar/Wien 2017; Russische Staatsgewalt und polnischer Adel. Elitenintegration und Staatsausbau im Westen des Zarenreiches (1772–1850) (Beiträge zur Geschichte Osteuropas,

46). Köln/Weimar/Wien 2013; Das belagerte Leningrad 1941 bis 1944. Die Stadt in den Strategien von Angreifern und Verteidigern (Krieg in der Geschichte, 22). Paderborn u. a. 2005, 2., durchges. Auflage 2007.

*Graf, Philipp,* Dr. phil.; geb. 1976 in Leipzig; 1996–2003 Studium der Geschichte und Germanistik an der Universität Leipzig; 2003–2007 Promotion mit einer Arbeit zur jüdischen Diplomatiegeschichte der Zwischenkriegszeit; 2007–2016 Mitarbeiter am Akademieprojekt *Enzyklopädie jüdischer Geschichte und Kultur;* seit 2016 Stipendiat am Leibniz-Institut für jüdische Geschichte und Kultur – Simon Dubnow, dort Arbeit an einer politischen Biographie des jüdischen Juristen Leo Zuckermann (1908–1985).

Publikationen (Auswahl): Die Bernheim-Petition 1933. Jüdische Politik in der Zwischenkriegszeit. Göttingen 2008; (Hrsg.) u. a.: Ein Paradigma der Moderne. Jüdische Geschichte in Schlüsselbegriffen. Festschrift für Dan Diner zum 70. Geburtstag. Göttingen/Bristol (Conn.) 2016; (Hrsg.) mit Elisabeth Gallas/Frank Mecklenburg: Forced Migration and Flight: New Approaches to the Year 1938. Schwerpunkt in: *Dubnow Institute Yearbook* 16 (2017), S. 149–288.

*Grüner, Frank,* Prof. Dr. phil.; geb. 1968 in Bensheim; 1989–1997 Studium der Geschichte und Slavischen Literaturwissenschaft an den Universitäten Heidelberg, Sankt Petersburg und Moskau sowie Gaststudium an der Hochschule für Jüdische Studien in Heidelberg und an der Jüdischen Universität Moskau; Promotion 2005 an der Universität Heidelberg; 1998–2000 Stipendiat der Landesgraduiertenförderung Baden-Württemberg und des DAAD; 2001–2003 wissenschaftlicher Mitarbeiter am Slavischen Institut; 2003–2008 wissenschaftlicher Assistent am Lehrstuhl für Osteuropäische Geschichte des Historischen Seminars der Universität Heidelberg; 2008–2012 Nachwuchsgruppenleiter und 2012–2017 Projektleiter am Exzellenzcluster *Asia and Europe in a Global Context* der Universität Heidelberg; 2013–2014 Vertretung der Professur für Kultur- und Wirtschaftsgeschichte (Cultural Economic History) an der Universität Heidelberg; seit 2017 Professor für Osteuropäische Geschichte an der Universität Bielefeld; Forschungsschwerpunkte: Geschichte des Russischen Imperiums und der Sowjetunion, Geschichte der Juden in Osteuropa, Geschichte Nordostasiens, kulturelle Austauschprozesse und Verflechtungen zwischen Europa, Russland und Asien im 19. und 20. Jahrhundert sowie transkulturelle Geschichte der Melancholie.

Publikationen (Auswahl): (Hrsg.) mit Dan Ben-Canaan/Ines Prodöhl: Entangled Histories: The Transcultural Past of Northeast China. Heidelberg/New York 2014; (Hrsg.) u. a.: The Russian Revolution of 1905 in Transcultural Perspective: Identities, Peripheries, and the Flow of Ideas. Bloomington 2013;

Patrioten und Kosmopoliten: Juden im Sowjetstaat 1941–1953. Köln/Weimar/Wien 2008; (Hrsg.) mit Urs Heftrich/Heinz-Dietrich Löwe: »Zerstörer des Schweigens«. Formen künstlerischer Erinnerung an die nationalsozialistische Rassen- und Vernichtungspolitik in Osteuropa. Köln/Weimar/Wien 2006.

*Hellmuth, Stefan,* M. A.; geb. 1988 in Erfurt; 2008–2012 Bachelorstudium der Geschichts- und Literaturwissenschaft an der Universität Erfurt; 2012–2016 Masterstudium Geschichtswissenschaft an der Universität Erfurt; 2016–2018 pädagogisch-wissenschaftliches Volontariat in der Gedenk- und Bildungsstätte Andreasstraße in Erfurt; seit 2018 Doktorand an der Friedrich-Schiller-Universität Jena mit dem Thema *Die unterbliebene Restitution. Der Verbleib »arisierten« Eigentums in der SBZ/DDR am Beispiel Thüringens 1945–1990.*

Publikationen (Auswahl): Haftalltag und Haftregime im Erfurter Gerichtsgefängnis. In: Christiane Kuller u. a. (Hrsg.): Nieder mit Hitler! Der Widerstand der Erfurter Handelsschüler um Jochen Bock. Erfurt 2016, S. 147–159.

*Knellessen, Dagi,* M. A.; geb. 1962 in Stuttgart; 1995–2001 Magisterstudium Erziehungswissenschaft, Politik und Psychologie an der Technischen Universität Berlin; 2001–2005 wissenschaftliche Mitarbeiterin am Fritz Bauer Institut, Frankfurt am Main, Mitarbeit an der Ausstellung über den ersten Frankfurter Auschwitz-Prozess (1963–1965); 2005–2015 freie Wissenschaftlerin in Berlin; 2015–2019 wissenschaftliche Mitarbeiterin am Leibniz-Institut für jüdische Geschichte und Kultur – Simon Dubnow, Leipzig, mit dem Forschungs- und Dissertationsprojekt *Paradoxien der Zeugenschaft. Jüdische Überlebende in bundesdeutschen Sobibor-Prozessen, 1949–1989;* seit Oktober 2019 Fellow am Wiener Wiesenthal Institut für Holocaust Studien. Forschungsschwerpunkte: Wahrnehmungsgeschichte des Holocaust, juristische Aufarbeitung nach 1945, Formen der Zeugenschaft von NS-Verfolgten und jüdischen Überlebenden, Oral History und Biographieforschung.

Publikationen (Auswahl): Zeugen gesucht. Nehemia Robinson und die Zentrale Stelle. In: *Jüdische Geschichte & Kultur. Magazin des Simon-Dubnow-Instituts* 3 (2019), S. 22 f.; (Hrsg.) mit Ralf Possekel im Auftrag der Stiftung Erinnerung, Verantwortung und Zukunft: Zeugnisformen. Berichte, künstlerische Werke und Erzählungen von NS-Verfolgten (Bildungsarbeit mit Zeugnissen, 1). Berlin 2015; Momentaufnahmen der Erinnerung – Juristische Zeugenschaft im ersten Frankfurter Auschwitz-Prozess – ein Interviewprojekt. In: Fritz Bauer Institut (Hrsg.): Zeugenschaft des Holocaust. Frankfurt am Main 2007, S. 116–138.

*van Laak, Jeannette,* PD Dr. phil.; 1990–1996 Studium Geschichte, Deutsch, Philosophie an der Friedrich-Schiller-Universität Jena; 2001 Promotion an der

Friedrich-Schiller-Universität Jena; 2008–2016 wissenschaftliche Mitarbeiterin an der Justus-Liebig-Universität Gießen; 2016 Habilitation; 2017 bis März 2020 wissenschaftliche Mitarbeiterin am Leibniz-Institut für Jüdische Geschichte und Kultur – Simon Dubnow in Leipzig; seit April 2020 wissenschaftliche Mitarbeiterin an der Martin-Luther-Universität Halle-Wittenberg; seit 2019 Umhabilitierung an der Martin-Luther-Universität Halle Wittenberg.

Publikationen (Auswahl): Einrichten im Übergang. Das Aufnahmelager Gießen (1946–1990). Frankfurt am Main 2017; Die Aktivisten der ersten Stunde. Die Antifa in der Sowjetischen Besatzungszone. Köln/Weimar/Wien 2002; Bühne der Dissidenz. Kulturpolitische Konflikte in der Provinzhauptstadt Gera in den 1980er Jahren. In: Lutz Niethammer/Roger Engelmann (Hrsg.): Bühne der Dissidenz und Dramaturgie der Repression. Ein Kulturkonflikt in der späten DDR. Göttingen 2014, S. 55–119; Sehnsuchtsort Gießen? Zur Geschichte des Notaufnahmelagers nach dem Mauerbau. In: *Mitteilungen des Oberhessischen Geschichtsvereins Gießen* 99 (2014), S. 185–194; Aufbruch ins Morgen. Zum Werk Lea Grundigs in Palästina (1940–1948). In: *Zeitschrift für Museum und Bildung* 86–87 (erscheint 2020); Eine Erfahrungsgeschichte der Rückkehr. Jüdische Emigranten-Ehepaare über ihre ersten Jahre in der SBZ/DDR. In: *Jahrbuch des Simon-Dubnow-Instituts* 17 (2020).

*Stach, Stephan,* Dr. phil.; geb. 1982 in Leipzig; 2002–2008 Studium der Mittleren und Neuen Geschichte und Westslavistik an den Universitäten Leipzig und Warschau; 2008–2009 wissenschaftlicher Mitarbeiter am Simon-Dubnow-Institut für jüdische Geschichte und Kultur, Leipzig; 2009–2014 wissenschaftlicher Mitarbeiter in der Emmy-Noether-Forschungsgruppe *Wege der Rechtsfindung in ethnisch-religiös gemischten Gesellschaften. Erfahrungsressourcen in Polen-Litauen und seinen Nachfolgestaaten* am Institut für Slavistik der Universität Leipzig; 2015 Promotion an der Martin-Luther-Universität Halle; 2015–2016 wissenschaftlicher Mitarbeiter am Aleksander-Brückner-Zentrum für Polenstudien an der Martin-Luther-Universität Halle; 2016–2018 wissenschaftlicher Mitarbeiter am Institut für Zeitgeschichte der tschechischen Akademie der Wissenschaften, Prag; 2018–2019 Senior Historian, 2018 – Mai 2020 Chief Specialist-Historian am POLIN Museum für die Geschichte der polnischen Juden, Warschau; seit Juni 2020 Landesgeschäftsführer von Bündnis 90/Die Grünen Sachsen.

Publikationen (Auswahl): (Hrsg.) mit Yvonne Kleinmann/Tracie Wilson: Religion in the Mirror of Law. Eastern European Perspectives from the Early Modern Period to 1939 (Studien zur europäischen Rechtsgeschichte, 280). Frankfurt am Main 2016; (Hrsg.) mit Peter Hallama: Gegengeschichte. Zweiter Weltkrieg und Holocaust im ostmitteleuropäischen

Dissens (Schriftenreihe der Societas Jablonoviana, 3). Leipzig 2015; (Hrsg.) mit Christhardt Henschel: Nationalisierung und Pragmatismus. Staatliche Institutionen und Minderheiten in Polen 1918–1939. In: *Zeitschrift für Ostmitteleuropaforschung* 62 (2013), 2 (Themenheft).

*Stoll, Katrin*, Dr. phil; geb. 1976; 1996–2002 Studium der Geschichtswissenschaft und Anglistik an der Universität Bielefeld und der National University of Ireland (NUI) Maynooth; Promotion 2008 an der Universität Bielefeld; 2010–2013 Gastwissenschaftlerin, 2015–2018 wissenschaftliche Mitarbeiterin am Deutschen Historischen Institut Warschau; seit Oktober 2019 wissenschaftliche Mitarbeiterin am Imre Kertész Kolleg der Friedrich-Schiller-Universität Jena; Mitglied in der Redaktion der Zeitschrift *Studia Litteraria et Historica*; Forschungsschwerpunkte: Holocaust Studies, insbesondere Historiographie, Täterforschung, Zeugnisse, Räume und Nachwirkungen des Holocaust in Polen und Deutschland; Antisemitismus; Strafverfolgung von NS-Verbrechen in der Bundesrepublik Deutschland; Erinnerungs- und Geschichtspolitik in Polen und Deutschland; Übersetzerin von Texten Elżbieta Janickas zum »post-ghetto space« in Warszawa aus dem Polnischen ins Englische.

Publikationen (Auswahl): Die deutschen Verbrechen bezeugen. Jüdische Zeugnisse der Shoah aus Polen/Bearing Witness to German Crimes. Jewish Testimonies of the Shoah from Poland. In: Hans-Christian Jasch/Stephan Lehnstaedt (Hrsg.): Verfolgen und Aufklären. Die erste Generation der Holocaustforschung/Crimes Uncovered. The First Generation of Holocaust Researchers. Berlin 2019, S. 232–255; Vernichtungswissenschaft. Zur Erforschung der nationalsozialistischen Vernichtungslager der »Aktion Reinhardt« durch die Zentrale Jüdische Historische Kommission, 1944–1947. In: Stephan Lehnstaedt/Robert Traba (Hrsg.): Die »Aktion Reinhardt«: Geschichte und Gedenken. Berlin 2019, S. 161–181; (Hrsg.) mit Alexandra Klei: Leerstelle(n)? Der deutsche Vernichtungskrieg 1941–1944 und die Vergegenwärtigungen des Geschehens in der Bundesrepublik Deutschland nach 1989. Berlin 2019.

*Voigt, Sebastian*, Dr. phil.; geb. 1978; Studium in Freiburg im Breisgau, Amherst (Mass.) und Leipzig; Promotion an der Universität Leipzig; seit 2013 wissenschaftlicher Mitarbeiter am Institut für Zeitgeschichte München-Berlin, Fellow am Institut für Soziale Bewegungen (Bochum) und Lehrbeauftragter an der Ruhr-Universität Bochum. Mitglied der vom Deutschen Gewerkschaftsbund eingesetzten Kommission *Erinnerungskulturen der sozialen Demokratie*.

Publikationen (Auswahl): (Hrsg.) mit Bernd Heyl/Edgar Weick: Ernest Jouhy – zur Aktualität eines leidenschaftlichen Pädagogen. Frankfurt am Main

2017; Erforderliche Reaktionen. Moritz Lazarus' Erwiderung auf Heinrich von Treitschkes »Unsere Aussichten« (1879) und Bernard Lazares Auseinandersetzung mit Édouard Drumonts »La France Juive« (1886). In: Mareike König/Oliver Schulz (Hrsg.): Antisemitismus im 19. Jahrhundert aus internationaler Perspektive. Göttingen/Bristol (CT) 2019, S. 335–354; Wandel der Arbeitswelt – Ökonomische Transformationen, Gewerkschaften und soziale Ungleichheit seit den 1970er Jahren. In: *Vierteljahrshefte für Zeitgeschichte* 4 (2018), S. 685–699; Vorstellung und Realität. Die Planungskonzeptionen der bundesrepublikanischen Gewerkschaftsbewegung in den 1960er und 1970er Jahren. In: Elke Seefried/Dierk Hoffmann (Hrsg.): Plan und Planung. Deutsch-deutsche Vorgriffe auf die Zukunft. Berlin 2018, S. 101–117.

*Waldman, Ofer*, M. A.; geb. 1979 in Jerusalem; 2000–2006 Diplomstudium als Hornist an der Universität der Künste Berlin; 2009–2013 Studium der Deutschlandstudien an der Hebräischen Universität Jerusalem; 2014 Aufnahme einer cotutelle-Promotion an der Hebräischen Universität Jerusalem (Jüdische Geschichte) und der Freien Universität Berlin (Germanistik), Stipendiat des DAAD und der Konrad-Adenauer-Stiftung; 2000–2014 Mitglied in führenden deutschen und israelischen Kulturorchestern; seit 2015 freier Autor beim Deutschlandfunk Kultur.

Publikationen (Auswahl): Deutsche Distanzräume. Christa Wolf, Thomas Brasch und Marcel Reich-Ranicki: innerdeutsche Rückkehrer. In: Bettina Bannasch/Michael Rupp (Hrsg.): Rückkehr-Erzählungen. Über die (Un-)Möglichkeit nach 1945 in Deutschland als Jude zu leben. Göttingen 2018, S. 179–198; יטילופ-יתורפס ןחבמ הרקמכ יקצינר-דייר – ףלוו סומלופ – הינמרגל הינמרג ןיב זכרמ לש תוגהו תוברת ,הרבח ,הירוטסיה ינײנעל יתנש תע בתכ ,רובט .תקלוחמה הינמרגב הפוריא, 2015 (1), 82–112. [Zwischen Deutschland und Deutschland: Der Wolf-Reich-Ranicki-Streit als eine kulturpolitische Fallstudie im geteilten Deutschland]. In: *Tabur. Yearbook for European History, Society, Culture and Thought* 1 (2015), S. 82–112.; Jenseits der Vertreibung. Religiös geprägte Deutungsmuster der Vergangenheit im Gründungsjahrzehnt der sudetendeutschen, katholischen Ackermann-Gemeinde. In: *Bohemia. Zeitschrift für Geschichte und Kultur der böhmischen Länder* 55 (2015), 2, S. 336–365; ›I Wanted to Show – We are Here!‹ Memory Activism in the former Sudetenland. In: Marija Wakounig/Markus Peter Benham (Hrsg.): Mind and Memory in Discourse. Critical Concepts and Constructions (Europa Orientalis, 15). Wien u. a. 2014, S. 111–136; Eine hebräische Fassung von Dan Diners »Gegenläufige Gedächtnisse. Über Geltung und Wirkung des Holocaust« im Auftrag des Goethe-Instituts Israel, Tel Aviv (in Arbeit).

*Walther, Alexander,* Erstes Staatsexamen; geb. 1989 in Meerane; 2008–2014 Studium an der Friedrich-Schiller-Universität Jena; 2014 Erstes Staatsexamen für das Lehramt an Gymnasien in den Fächern Geschichte und Englisch; 2015–2018 wissenschaftlicher Mitarbeiter am Europäischen Kolleg Jena ›Das 20. Jahrhundert und seine Repräsentationen‹; seit 2015 Doktorand an der Friedrich-Schiller-Universität Jena mit einer Arbeit zur Erinnerung an die Shoah in der DDR; seit 2017 Stipendiat der Studienstiftung des Deutschen Volkes.

Publikationen (Auswahl): Keine Erinnerung, nirgends? Die Shoah und die DDR. In: *Deutschland-Archiv,* 15. Juli 2019; Helmut Eschwege and Jewish Life in the German Democratic Republic. In: Jay Geller/Michael Meng (Hrsg.): Rebuilding Jewish Life in Germany. New Brunswick 2020, S. 101–117; mit Christian Jänsch: Zur Würde von Menschen an Orten nationalsozialistischer Massenverbrechen. In: Jörg Ganzenmüller/Raphael Utz (Hrsg.): Orte der Shoah in Polen. Gedenkstätten zwischen Mahnmal und Museum (Europäische Diktaturen und ihre Überwindung, 22). Köln/Weimar/Wien 2016, S. 329–348.

# Abbildungsverzeichnis

*Hellmuth: Der Neubeginn jüdischen Lebens nach 1945 in den westlichen Besatzungszonen*
Abb. 1 © Quelle: United States Holocaust Memorial Museum, courtesy of Alice Lev, Fotograf: E. M. Robinson
Abb. 2 © United States Holocaust Memorial Museum, courtesy of Alice Lev, Fotograf: E. M. Robinson
*Freimüller: Kontinuität, Migration und Fremdheitserfahrungen*
Abb. 1 © akg-images/picture-alliance/dpa
Abb. 2 © bpk/Abisag Tüllmann
*van Laak: Jüdische Remigrant*innen und ihr Refugium in der SBZ/DDR*
Abb. 1 © Bundesarchiv, Bild 183-N1113–0336/Fotograf: Otto Donath
Abb. 2 © ap/dpa/picture alliance/Süddeutsche Zeitung Photo
*Waldman: Ödipus in Charlottenburg*
Abb. 1 © Röhnert, Ursula/Süddeutsche Zeitung Photo
Abb. 2 © Quelle: Akademie der Künste, Berlin, Thomas-Brasch-Archiv, Nr. 1424, Privatfoto
Abb. 3 © Bildarchiv Pisarek/akg-images
*Grüner: Sowjetische Jüdinnen und Juden*
Abb. 1, 2 © akg-images/Universal Images Group/Sovfoto
*Čapková: Jüdinnen und Juden in der Tschechoslowakei und der Slánský-Prozess*
Abb. 1 © Rue des Archives/Tallandier/Süddeutsche Zeitung Photo
Abb. 2 © Quelle: Privatarchiv Malvina Hoffmann
Abb. 3 © Quelle: Privatarchiv Harry Farkaš
*Graf: Restitution und Wiedergutmachung in Ost-Berlin*
Abb. 1 © Quelle: Bundesarchiv (SAPMO-BArch) DY 30/68822, Bl. 51.
Abb. 2 © Bildarchiv Pisarek/akg-images
Abb. 3 © SLUB Dresden/Deutsche Fotothek/Fritz Eschen
*Stoll: Zum Fortleben des Antisemitismus in Polen nach der Shoah*
Abb. 1 © United States Holocaust Memorial Museum, courtesy of Arlene Chasin Strowman
Abb. 2 © akg-images/East News
*Knellessen: Transnationale Zeugenschaft*
Abb. 1 © gettyimages/Bettmann
Abb. 2 © Quelle: Mit freundlicher Genehmigung des NIOD Institute for War, Holocaust and Genocide Studies, Amsterdam; diesem überlassen von Jules Schelvis; Rechtsnachfolger unbekannt
*Walther: (Jüdische) Historiker*innen in der DDR*
Abb. 1 © Quelle: Zentralarchiv zur Erforschung der Geschichte der Juden in Deutschland, Heidelberg, B.2/11, Nr. 10, Bl. 1
Abb. 2 © Quelle: Zentralarchiv zur Erforschung der Geschichte der Juden in Deutschland, Heidelberg, B.2/11, Nr. 6
*Stach: Zwischen »Klassenkampf im Ghetto« und dem »Zauber Israels«*
Abb. 1 © picture alliance/ap

Abb. 2 © Quelle: Mit freundlicher Genehmigung des Jüdischen Historischen Instituts ›Emanuel Ringelblum‹ Warschau; Signatur: ŻHI-III-10266; Fotograf: T. Hermańczyk; Rechtsnachfolge ungeklärt

*Bandl/Voigt: Konkurrierende Erinnerungen*

Abb. 1 © akg-images/Paul Almasy

Abb. 2 © Rue des Archives/RDA/Süddeutsche Zeitung Photo

*Fleckenstein: Wie kann jüdische Geschichte nach 1945 musealisiert werden?*

Abb. 1, 2, 3, 5 © Franz Kimmel/Jüdisches Museum München (JMM)

Abb. 4 © Benyamin Reich/JMM

Abb. 6, 7, 8 © Jens Weber/JMM

# Personenregister